Sebastian Kohlmann

# Franz Müntefering

Eine politische Biographie

# GÖTTINGER JUNGE FORSCHUNG

Schriftenreihe des Göttinger Instituts für Demokratieforschung
Herausgegeben von Dr. Matthias Micus
ISSN 2190-2305

4   *Johanna Klatt*
    Rita Süssmuth
    Politische Karriere einer Seiteneinsteigerin in der Ära Kohl
    ISBN 978-3-8382-0150-4

5   *Bettina Munimus*
    Heide Simonis
    Aufstieg und Fall der ersten Ministerpräsidentin Deutschlands
    Mit einem Geleitwort von Heide Simonis
    ISBN 978-3-8382-0170-2

6   *Michael Lühmann*
    Der Osten im Westen – oder: Wie viel DDR steckt in Angela Merkel,
    Matthias Platzeck und Wolfgang Thierse?
    Versuch einer Kollektivbiographie
    ISBN 978-3-8382-0138-2

7   *Frauke Nicola Schulz*
    „Im Zweifel für die Freiheit"
    Aufstieg und Fall des Seiteneinsteigers Werner Maihofer in der FDP
    ISBN 978-3-8382-0111-5

8   *Daniela Kallinich*
    Nicolas Sarkozy
    Vom Außenseiter zum Präsidenten
    ISBN 978-3-8382-0122-1

9   *Sebastian Kohlmann*
    Franz Müntefering
    Eine politische Biographie
    ISBN 978-3-8382-0236-5

Sebastian Kohlmann

# FRANZ MÜNTEFERING

Eine politische Biographie

*ibidem*-Verlag
Stuttgart

**Bibliografische Information der Deutschen Nationalbibliothek**
Die Deutsche Nationalbibliothek verzeichnet diese Publikation in der Deutschen Nationalbibliografie; detaillierte bibliografische Daten sind im Internet über http://dnb.d-nb.de abrufbar.

**Bibliographic information published by the Deutsche Nationalbibliothek**
Die Deutsche Nationalbibliothek lists this publication in the Deutsche Nationalbibliografie; detailed bibliographic data are available in the Internet at http://dnb.d-nb.de.

Umschlagsfoto: Der SPD-Parteivorsitzende Franz Müntefering gibt am Montag, 3. November 2008, eine Pressekonferenz in Berlin. Muentefering äußerte sich zur Lage der SPD in Hessen. (AP Photo/Franka Bruns). Copyright: ddp images/AP. Abdruck mit freundlicher Genehmigung.

∞

Gedruckt auf alterungsbeständigem, säurefreien Papier
Printed on acid-free paper

ISSN: 2190-2305

ISBN-13: 978-3-8382-0236-5

© *ibidem*-Verlag
Stuttgart 2011

Alle Rechte vorbehalten

Das Werk einschließlich aller seiner Teile ist urheberrechtlich geschützt. Jede Verwertung außerhalb der engen Grenzen des Urheberrechtsgesetzes ist ohne Zustimmung des Verlages unzulässig und strafbar. Dies gilt insbesondere für Vervielfältigungen, Übersetzungen, Mikroverfilmungen und elektronische Speicherformen sowie die Einspeicherung und Verarbeitung in elektronischen Systemen.

All rights reserved. No part of this publication may be reproduced, stored in or introduced into a retrieval system, or transmitted, in any form or by any means (electronical, mechanical, photocopying, recording or otherwise) without the prior written permission of the publisher. Any person who does any unauthorized act in relation to this publication may be liable to criminal prosecution and civil claims for damages.

Printed in Germany

# Eine neue Kultur des Schreibens

*Idee*

„Göttinger Junge Forschung", unter diesem Titel firmiert eine Publikationsreihe des „Instituts für Demokratieforschung", das am 1. März 2010 an der Georg-August-Universität in Göttingen gegründet worden ist. Ein Ziel dieses Institutes ist die Synthese zwischen Universität *und* Gesellschaft, Politik *und* Wissenschaft, Forschung *und* Öffentlichkeit.

In einem solchen Sinne sind auch die Bände der „Göttinger Jungen Forschung" als Scharnier gedacht. Junge Wissenschaftler können aus der universitären Eigenwelt heraustreten und einer breiteren Öffentlichkeit die Resultate ihrer Forschungen präsentieren. Sie können zeigen, dass sie die Techniken wissenschaftlichen Arbeitens beherrschen – und gleichzeitig zu farbigen und ausdrucksstarken Formulierungen fähig sind. Das mag feuilletonistisch klingen und manchem Kollegen unseriös anmuten. Doch meint die Synthese, wie sie uns vorschwebt und durch die Publikationsreihe promoviert werden soll, nicht zuletzt dies: auf eine manierierte Fachsprache weitestgehend zu verzichten, den exklusiven Sonderjargon zumindest dort zu unterlassen, wo er zur Präzisierung nicht erforderlich ist, und – jedenfalls wo das möglich ist, ohne die Interpretationen übermäßig zu verkürzen oder zu trivialisieren – stattdessen spannend und originell zu formulieren.

*Inspiration*

Am neu gegründeten „Institut für Demokratieforschung" verankert, steht diese Buchreihe zugleich in der Tradition der „Göttinger Schule" der Politikwissenschaft. Was ist damit gemeint, wodurch zeichnet sich der so titulierte politikwissenschaftliche Ansatz aus? Als in den 1990er Jahren in der Politikwissenschaft die Bezeichnung „Göttinger Schule" aufkam, bezog sich das vor allem auf die Milieustudien der Göttinger Parteienforscher. Unter Rückgriff auf das Milieukonzept war es gelungen, die zeitgenössische Stabilität der bundesrepublikanischen Parlamentsparteien bei Wahlen, die starke Bindung ihrer Sympathisanten, ebenso parteipolitische Feindbilder und grundlegende Überzeugungen vor allem durch die eigenkulturelle Abschottung der Parteien und ihrer Anhänger in parallelgesellschaftlichen Organisationsnetzwerken zu erklären. Die Hochphasen der klar voneinander separierten Milieus mochten zum Zeitpunkt der Betrachtung weit zurückliegen, die Ideologien und Mythen längst verblasst sein, die alten Feste und Bräuche allenfalls noch erinnert, nicht aber mehr demonstrativ gepflegt werden – vielfach modifiziert, transformiert und dem Gesellschaftswandel angepasst, besaßen emotionale Milieuresiduen trotzdem immer noch Erklärungskraft für die Analyse regionaler Wählerhochburgen sowie zur Untersuchung beispielsweise der Besonderheiten des sozialstrukturellen Profils der Parteimitglieder wie auch des politischen Selbstverständnisses der Parteianhänger.

Die wegweisenden Analysen zu den Milieus korrespondierten mit bestimmten Forschungsschwerpunkten, die bis heute unverändert im Fokus der Göttinger Politikwissenschaft stehen. Milieus siedeln im Schnittfeld verschiedener Ursachen, Einflüsse und Wirkungen. Wer auf sie sein Augenmerk richtet, der kommt an Parteien nicht vorbei, den, nach der klassischen Formulierung von M. Rainer Lepsius, „politischen Aktionsausschüssen"[1] der Milieus. Auch Fragen der politischen Kultur sind schnell bei der Hand, wo erklärt werden muss, warum die eine Gesellschaft organisatorisch gestützte, sämtliche Lebensbereiche umfassende Vergemeinschaftungen hervorbringt, die andere dagegen nicht; oder weshalb manche Bevölkerungsgruppen eine Affinität zur Selbstausgrenzung in einer introvertierten Separatkultur zeigen, die anderen fremd ist.

Und insofern Milieus nicht von selbst, gleichsam voraussetzungslos und aus dem Nichts heraus, entstehen, sondern Ergebnisse bewussten Organisationshandelns sind, liegen auch Untersuchungen zu politischer Führung nahe, wenn von Milieus die Rede ist. Politische Anführer agieren nicht im luftleeren Raum, sie sind in institutionelle Strukturen und kulturelle Kontexte eingebun-

---

[1] Lepsius, M. Rainer: Parteiensystem und Sozialstruktur. Zum Problem der Demokratisierung der deutschen Gesellschaft, in: ders.: Demokratie in Deutschland, Göttingen 1993, S.25-50, hier: S.37.

den und können – wie im 19. Jahrhundert bereits Otto von Bismarck wusste – den Strom der Zeit nicht schaffen, sondern allenfalls auf ihm steuern. Doch immer dann, wenn sich der gesellschaftliche Wandel beschleunigt, wenn lange Bewährtes überständig und vermeintliche Sicherheiten brüchig werden, dort also, wo sich die berühmten Gelegenheitsfenster öffnen – in diesen Momenten kommt es dann doch auf die individuellen Fähigkeiten der politischen Führungspersonen an, da vermögen der Instinkt und die Weitsicht, die Chuzpe, Entschlusskraft und das Verhandlungsgeschick, kurz: der Machtwille und die politische Tatkraft Einzelner den Geschichtsfluss umzuleiten und neue Realitäten zu schaffen.

Obwohl nun die Göttinger Politikwissenschaft in den vergangenen Jahren sukzessive ihr Blickfeld erweitert und immer weitere Dimensionen in ihre Analysen integriert hat, bilden die alten Kernbereiche unverändert das Zentrum der Göttinger Forschungen. Thematisch werden die in diese Reihe aufgenommenen Arbeiten daher um folgende Untersuchungsgebiete kreisen: An Fallbeispielen werden Möglichkeiten und Grenzen, biographische Hintergründe und Erfolgsindikatoren politischer Führung untersucht. Kulturelle Phänomene, beispielsweise die Gestalt und Wirkung gesellschaftlicher Generationen, werden ebenso Thema sein wie auch klassische Organisationsstudien aus dem Bereich der Parteien- und Verbändeforschung.

*Sprache*

Gleichwohl: Seit einiger Zeit wird die Bezeichnung „Göttinger Schule" breiter verwendet, als ihr Kennzeichen gilt heute nicht mehr die Beschäftigung mit Milieus oder spezifischen, klar abgrenzbaren Inhalten an sich, sondern allgemeiner ein spezifischer Darstellungsstil, der Forschungsergebnisse für ein interessiertes, fachfremdes Publikum aufarbeitet und die Vermittlung der akademischen Erkenntnisse weit über die engen Grenzen der eigenen Disziplin in die Öffentlichkeit hinein anstrebt. Die „Göttinger Schule" steht für die Lust an der öffentlichen Einmischung und den Verzicht auf akademische Wortungetüme. Dabei bedeutet der eher lockere, essayistische Stil nicht, dass die Texte rasch oder unbedacht heruntergeschrieben würden. Eher im Gegenteil: Sozialwissenschaftliche Phänomene spannend darzustellen ist harte Arbeit. Man muss sich hinsetzen, die Gedanken in fesselnde Sätze verwandeln, die Sinn ergeben, welche zudem der Komplexität des untersuchten Gegenstandes gerecht werden und den Leser dennoch zum Umblättern veranlassen. Um Barbara Tuchman zu zitieren: „Das ist mühselig, langsam, oft schmerzlich und manchmal eine Qual. Es bedeutet ändern, überarbeiten, erweitern, kürzen, umschreiben."[2]

Diese Ausdrucksweise zu fördern, und in Anbetracht des dominanten Präsentationsstiles der zeitgenössischen Sozialwissenschaften könnte man etwas hochtrabend auch von einer neuen „Kultur des Schreibens" sprechen, ist ein zentrales Anliegen der vorliegenden Buchreihe. Schreiben, davon sind wir überzeugt, lernt man nur durch die Praxis des Schreibens. Praxis des Schreibens heißt aber Veröffentlichung, und die Möglichkeit zu einer frühen Publikation und gleichzeitig zu einem frühzeitigen Training sowie Nachweis der eigenen Vermittlungskompetenz soll mit der Reihe „Göttinger Junge Forschung" geboten werden.

Es liegt nun nahe, dieses Ziel, eine neue Kultur des Schreibens herauszubilden, nicht kurzfristig anzustreben. Ebenso offensichtlich wird die bloße Absichtsbekundung, verständlichere und lesbarere Texte zu verfassen und sich verstärkt in die öffentlichen Diskurse einzumischen, zunächst einmal wenig bewirken. Perspektivisch wird es vielmehr darum gehen müssen, eine neue Generation von Politik- und Sozialwissenschaftlern zu begründen, deren Talente zu Vermittlung und Transfer ihrer Forschungsresultate, zum melodiösen Schreiben wie auch zu wirkungsvoller öffentlicher Intervention von Anfang an während des Studiums weiterzuentwickeln sind. In diesem Sinne hat die Buchreihe die Funktion, vorhandene Begabungen im Umfeld des Göttinger „Instituts für Demokratieforschung" durch die reizvolle Offerte einer frühzeitigen Publikation gezielt zu – horribile dictu – fördern und fordern.

---

[2] Tuchman, Barbara: In Geschichte denken, Frankfurt a.M. 1984, S.27.

*Offenheit*

Kreativ schreiben aber kann nur, wer beizeiten seine Gedanken schweifen lässt. Die neue Kultur des Schreibens verträgt sich daher nicht mit der Neigung zu starrer Kategorienbildung, der Glättung realer Widersprüche in konstruierten Systemen und scheinexaktem Schubladendenken, wie sie in den Sozialwissenschaften verbreitet sind. Die Autoren dieser Reihe arbeiten daher mit methodisch sehr viel offeneren Verfahren, die als „dichte Beschreibung" oder „aufmerksame Beobachtung" apostrophiert werden können. Die aufmerksame Beobachtung gleicht einer Entdeckungsreise in unbekannte Erkenntnisfelder. Es wird aufzunehmen, festzuhalten und zu berücksichtigen versucht, was in einer konkreten Handlungssituation geschieht. Der Fluchtpunkt ist das Aufspüren und Sichtbarmachen von möglichen Zusammenhängen. Kann die aufmerksame Beobachtung insofern mit einem Weitwinkelobjektiv verglichen werden, so ist die dichte Beschreibung der Zoom. Alles das, was für die gewählte Fragestellung entbehrlich ist, wird herausgefiltert und der Rest zu einer fesselnden Erzählung komponiert. Mithilfe von Faktenkenntnis, Einfühlungsvermögen und Vorstellungskraft werden die Zusammenhänge und Bedeutungen hinter den Details sichtbar gemacht, durch die Konzentration auf das Wesentliche und die scharfe erzählerische Konturierung zunächst verschwimmender Linien die Leser in den Bann geschlagen.

In diesem Sinne setzen die Autoren der Reihe „Göttinger Junge Forschung" auf die Integration ganz unterschiedlicher Aspekte, Sichtweisen und Methoden, um das für komplexe Probleme charakteristische Zusammenspiel multipler Faktoren analysieren und die internen Prozesse eines Systems – die sogenannte "black box" – verstehen zu können. Menschliches Handeln ist häufig unlogisch, politische Entscheidungen entspringen nicht selten Zufällen. Der Gefahr, Nuancen einzuebnen und Geradlinigkeit zu behaupten, wo tatsächlich Unebenheiten dominieren, kann man nur durch forschungspragmatische Offenheit entgehen. Einer interessanten, anregenden, inspirierenden Darstellung und also dem Genuss bei der Lektüre kommt das ohnehin zugute.

Matthias Micus
Göttingen, im April 2010

# Inhalt

1. Der späte Aufstieg und schnelle Fall von Franz Müntefering: Einleitung und Fragestellung ...................................................... 7

2. Mensch Müntefering ........................................................ 13
   - 2.1 Der Undurchsichtige ................................................ 13
   - 2.2 Sauerländisches Dreieck ........................................... 20

3. Frühe Jahre. Von Sundern ins Arbeitsministerium ................... 23
   - 3.1 Schneller Aufstieg ................................................. 23
     - 3.1.1 Eintritt in die SPD .......................................... 23
     - 3.1.2 Bauausschuss ................................................. 27
     - 3.1.3 Koordinator fürs Innere ..................................... 30
   - 3.2 Westliches Westfalen und Nordrhein-Westfalen ................. 33
     - 3.2.1 Westliches Westfalen ........................................ 34
     - 3.2.2 Unter Johannes Rau – Minister in Nordrhein-Westfalen ... 38
       - 3.2.2.1 Ja oder Nein? – Nach langem Überlegen ins Amt ....... 38
       - 3.2.2.2 Arbeit als Minister ..................................... 39
       - 3.2.2.3 Nordrhein-Westfälischer Aufstieg ...................... 41
       - 3.2.2.4 Rudolf Scharping ........................................ 43
   - 3.3 Frühe Jahre. Von Sundern ins Arbeitsministerium. Fazit ...... 45

4. Aufstieg zum Höhepunkt des Erfolgs .................................... 49
   - 4.1 Bundesgeschäftsführer ............................................ 49
     - 4.1.1 Die Jahre bis zur Kampa oder Konsolidierung auf Bundesebene ... 49

4.1.1.1 Hoffnungen .................................................................. 49

4.1.1.2 Im Amt: Erste Veränderungen ................................... 55

4.1.1.3 Konsolidierung und Koalitionssuche .......................... 57

4.1.1.4 Das Zentrum wird kleiner ........................................... 59

4.1.2 Die Kampa ............................................................................ 62

4.1.2.1 Erfolg für Müntefering ................................................ 62

4.1.2.2 Intrigen im Vorfeld der Nominierung ......................... 66

4.1.2.3 Ernennung und neue Parteistrukturen ......................... 68

4.1.2.4 Kult .............................................................................. 73

4.1.2.5 Konflikt mit Schröder ................................................. 75

4.1.3 Der Einende und Zusammenführende. Der Bundesgeschäftsführer 79

**4.2 Generalsekretär ................................................................................ 81**

4.2.1 Vom Verkehrsminister zum Generalsekretär ...................... 81

4.2.2 Zurück in die Partei .............................................................. 83

4.2.3 „Geschäftsführender Vorsitzende" und eine neue Organisation ..... 86

4.2.4 Amtsführung ......................................................................... 88

4.2.5 Organisationsreformen auf Bundesebene und in NRW ...... 94

4.2.5.1 Parteireform ................................................................. 94

4.2.5.2 Bezirksreform in Nordrhein-Westfalen ...................... 97

4.2.6 Beliebtheit ........................................................................... 104

4.2.7 Wahlkampf 2002 ................................................................ 106

4.2.8 Generalsekretär – der heimliche Parteivorsitzende ........... 109

**4.3 Fraktionsvorsitzender ................................................................... 112**

4.3.1 Wieder drei Jahre: Fraktionsvorsitzender ......................... 112

4.3.2 Neue Machtarithmetik ....................................................... 113

4.3.3 Im Amt ..................................................................................... 116

4.3.3.1 Fehlstart ................................................................................ 116

4.3.3.2 (Fraktions-)Führung unter Franz Müntefering ..................... 118

4.3.3.3 Agenda 2010 ......................................................................... 123

4.3.4 Der Dreifach-Loyale. Der Fraktionsvorsitzende ..................... 129

**4.4 Der Aufstieg zum Höhepunkt des Erfolgs. Zwischenfazit ....... 131**

# 5. Abstieg ...................................................................................... 135

**5.1. Partei- und Fraktionsvorsitz ..................................................... 135**

5.1.1 Müntefering in Personalunion .................................................. 135

5.1.2 Putsch oder geplanter Coup – Mit Eitelkeit ins Amt ................ 137

5.1.3 Doppelte Führung – doppelte Belastung .................................. 140

5.1.3.1 Parteivorsitz ........................................................................... 140

5.1.3.2 Fraktionsvorsitz ..................................................................... 144

5.1.3.3 Doppelbelastung .................................................................... 147

5.1.4 Lafontaine ................................................................................. 148

5.1.5 Wahlkampf ................................................................................ 153

5.1.6 Rücktritt .................................................................................... 156

5.1.7 Der scheinbare Seelenstreichler und Doppeltbelastete –
Der Partei- und Fraktionsvorsitzende .............................................. 158

**5.2 Die letzten vier Jahre ................................................................. 160**

5.2.1 „Meine erste Loyalität gehört dem Regierungshandeln" –
Der Arbeitsminister .......................................................................... 160

5.2.2 Die Rückkehr ........................................................................... 167

5.2.3 Der Entrückte – Der Arbeits- und Sozialminister und
erneuter Parteivorsitzender ............................................................... 173

**5.3 Abstieg. Fazit .............................................................................. 175**

6. Wildwest in Berlin – Das ‚System Müntefering' ....................... 177

7. Der späte Aufstieg und schnelle Fall von Franz Müntefering.
Fazit .................................................................................................... 183


Literaturverzeichnis ........................................................................ 193

Abbildungsverzeichnis ................................................................... 211


Anhänge ............................................................................................ 213
   I. Allgemeine Hinweise zur Transkription ............................................. 213
   II. Interview mit Friedhelm Farthmann am 07.01.2010 ....................... 214
   III. Interview mit Frank-Walter Steinmeier am 12.01.2010 ................. 229
   IV. Interview mit Kajo Wasserhövel am 25.01.2010 ............................ 241
   V. Interview mit Franz Müntefering am 23.02.2010 ............................ 267


Dank .................................................................................................. 295

# 1. Der späte Aufstieg und schnelle Fall von Franz Müntefering: Einleitung und Fragestellung

„Eines Tages hat mir Vogel gesagt, Du sollst parlamentarischer Geschäftsführer werden und dann hat Johannes Rau mich angerufen und hat gesagt, Du musst Sozialminister werden. Und dann bin ich dem Farthmann nochmal gefolgt. In Nordrhein-Westfalen. [...] Und dann hat Scharping mich angerufen und gesagt, Du musst jetzt Bundesgeschäftsführer werden. Und dann hat Schröder gesagt, Du wirst jetzt Minister. Und wenn ich das nicht geworden wär', hätte ich auch damit leben können."[1]

(Franz Müntefering im Februar 2010)

Es ist das Jahr 1995, in dem sich die Scheinwerferaugen der Medien auf den 55-jährigen Franz Müntefering richten. Gerhard Schröder (51) ist mittlerweile Ministerpräsident in Niedersachsen, Oskar Lafontaine (52) hat bereits eine Kanzlerkandidatur hinter sich und Rudolf Scharping (48) entpuppt sich immer mehr als falscher Parteivorsitzender. Der sozialdemokratische Übervater Johannes Rau (64) verliert seine absolute Mehrheit und regiert nun nur noch in einer rot-grünen Koalition im mittlerweile sechzehnten Jahr in Nordrhein-Westfalen. Die SPD befindet sich ein Jahr nach der verlorengegangenen Bundestagswahl 1994[2] in einem desolaten Zustand, in einer – wie Politologe Franz Walter analysiert – „heillosen, verzweifelten Lage, wie nur selten in ihrer Geschichte"[3].

---

[1] Müntefering, Franz im Gespräch mit dem Autor dieser Arbeit am 23.02.2010 [im Folgenden: Müntefering, F. im Gespräch mit dem Autor dieser Arbeit am 23.02.2010].
[2] Die SPD konnte mit 36,4 Prozent ihren Stimmanteil im Vergleich zur Bundestagswahl 1990 zwar um 2,9 Prozentpunkte verbessern, blieb allerdings erneut deutlich hinter der CDU/CSU, die 41,5 Prozent der Stimmen bekam und mit der FDP erneut die Regierung stellte; vgl. Korte, Karl-Rudolf: Wahlen in der Bundesrepublik Deutschland, August 2005, S.32.
[3] Walter, Franz: Die SPD, Hamburg 2009, S. 165 [im Folgenden: Walter, F: Die SPD, 2009].

# 1. Der späte Aufstieg und schnelle Fall von Franz Müntefering

Müntefering fiel bisher vor allem durch seine (öffentliche) Unauffälligkeit auf, obwohl er bereits zu diesem Zeitpunkt politisch aktiv war. Etwa als Bundestagsabgeordneter, als Minister in Nordrhein-Westfalen oder in seinen diversen bundespolitischen Ämtern und Posten im Westlichen Westfalen. Er hat eine politische Karriere absolviert, die jedoch – wie Politologe Arnulf Baring und Historiker Gregor Schöllgen analysieren – „in der breiten Öffentlichkeit kaum beachtet wurde, ihm aber in der Partei beste Verbindungen schuf."[4]

Mit Münteferings Berufung zum Bundesgeschäftsführer, 1995, ändert sich das. Gedämpft-optimistisch geben sich viele Sozialdemokraten[5], andere wiederum fragen: „Was soll der noch aus dieser dissonanten und desolaten Organisation machen?"[6] Tatsächlich wird Müntefering einiges aus dieser Organisation ‚herausholen', sie verändern und in den folgenden vierzehn Jahren eine politische Karriere absolvieren, in der er so beinahe jedes Amt ausgeführt haben wird, das man als ‚Spitzengenosse' ausführen kann. Er wird Bundesgeschäftsführer, Generalsekretär, Fraktionsvorsitzender, Parteivorsitzender, Vizekanzler und wieder Parteivorsitzender. Ein Weggefährte erinnert sich passend dazu: „Hätte mir in den früheren Jahren seiner politischen Tätigkeit jemand gesagt, dass Müntefering eines Tages Nachfolger von Willy Brandt werden würde, ich hätte gedacht, der ‚tickt' wohl nicht ganz richtig"[7]. Müntefering wird mit Scharping, Lafontaine und Schröder genauso zusammengearbeitet haben wie mit Angela Merkel und Frank-Walter Steinmeier. Es sind vierzehn Jahre, in denen die (Bundes-)SPD mit Müntefering und Müntefering mit der SPD einen rasanten Aufstieg und einen noch größeren Abstieg erlebt. Unter seiner Mithilfe[8] erreicht die SPD 1998 eines ihrer besten bundesrepublikani-

---

[4] Baring, Arnulf; Schöllgen, Gregor: Kanzler, Krisen, Koalitionen. Von Konrad Adenauer bis Angela Merkel, München 2006, S.318 [im Folgenden: Baring, A; Schöllgen, G.: Kanzler, Krisen, Koalitionen, 2006].

[5] Vgl. z.B.: Potthoff, Heinrich; Miller, Susanne: Kleine Geschichte der SPD. 1848-2002, Bonn 2002, S.367 [im Folgenden: Potthoff, H; Miller, S.: Kleine Geschichte der SPD, 2002].

[6] Farthmann, Friedhelm: Blick voraus im Zorn. Aufruf zu einem radikalen Neubeginn der SPD, Düsseldorf 1996, S.183 [im Folgenden: Farthmann, F.: Blick voraus im Zorn, 1996].

[7] Farthmann, Friedhelm im Gespräch mit dem Autor dieser Arbeit am 07.01.2010 [im Folgenden: Farthmann, F. im Gespräch mit dem Autor dieser Arbeit am 07.01.2010].

[8] Vgl. z.B.: Bergmann, Knut: Der Bundestagswahlkampf 1998, Wiesbaden 2002, S.76 [im Folgenden: Bergmann, K.: Bundestagswahlkampf 1998, 2002].

# Einleitung und Fragestellung 9

schen Ergebnisse, bevor sie elf Jahre später ihre größte Niederlage seit 1949 erlebt.[9]

Immer ist es Müntefering, der in diesen Jahren mit den Ereignissen und Entscheidungen rund um die SPD in Verbindung gebracht wird. Immer ist er es auch, der vorgibt, stets das ‚Wohl der Partei' im Auge gehalten und sein eigenes Wohl dem ‚Wohl der Partei' untergeordnet zu haben. Es ist der Mythos eines selbstlosen Mannes, dessen Handeln allein der Partei verschrieben ist, der sich in dieser Zeit festigt; von einem, „der seine Aufgabe überall dort sieht, wo seine Partei ihn gerade am dringendsten braucht, der persönlichen Machtzuwachs gern annimmt, aber nie offensichtlich danach strebt"[10]. Das Eingangszitat zeigt: Müntefering selbst pflegt dieses Image. Doch entspricht es tatsächlich der Realität? Ist Müntefering nicht vielleicht doch der machtbewusste Politiker und Taktierer, „keineswegs der gütige Kumpel ‚Münte'", sondern – wie es die *FAZ* schreibt – vielmehr ein „eiskalter Apparatschik, der immer im Sinne der Partei zu handeln angab"[11]? War es vielleicht geschickte Selbstinszenierung, die ein solches Bild von ihm entstehen ließ? Glaubt man Müntefering, scheint seine Karriere in der Tat eine Karriere des Zufalls zu sein, in der er aktiv nicht viel zu seinem Aufstieg beigetragen hat, sondern einfach immer wieder gerufen worden ist. Zweifelsohne ist es jedoch eine ungewöhnliche Karriere.

Für die vorliegende Arbeit ergeben sich so die folgenden Fragen: Welche Faktoren waren ausschlaggebend für den Auf- und Abstieg dieses Mannes, der die ersten 55 Jahre seines Lebens in der Öffentlichkeit so gut wie nicht bekannt war, der weder zu den „Brandt-Enkeln" gezählt wurde[12] noch als Hoffnungs-

---

[9] Die SPD bekommt mit 23 Prozent das schlechteste Ergebnis seit Bestehen der Bundesrepublik; für die Vergleichswerte vgl.: Korte, Karl-Rudolf: Wahlen in der Bundesrepublik Deutschland, August 2005, S.32.

[10] Nassheimer, Karl-Heinz: Franz Müntefering; in: Kempf, Udo; Merz, Hans-Georg (Hrsg.): Kanzler und Minister 1998 – 2005. Biographisches Lexikon der deutschen Bundesregierung, Wiesbaden 2008, S.250. [im Folgenden: Nassheimer, K.H.: Müntefering; in: Kempf, U.; Merz, H.G.: Kanzler und Minister 98-05, 2008].

[11] Schmiese, Wulff: Der lange Weg weg von der SPD; in: FAZ, 09.10.2007, abrufbar im Internet unter: http://www.faz.net/s/Rub594835B672714A1DB1A121534F010EE1/Doc~E3633AA30896942ABA8B3D430BD10B44B~ATpl~Ecommon~Scontent.html [zuletzt eingesehen am 20.04.2010].

[12] Zu den Brandt-Enkeln, der sog. „Enkel-Generation", wurden Björn Engholm, Rudolf Scharping, Gerhard Schröder, Heidemarie Wieczoreck-Zeul und Oskar Lafontaine gezählt; vgl.

## 1. Der späte Aufstieg und schnelle Fall von Franz Müntefering

träger galt, bald aber schon zum Inbegriff der SPD wurde[13]? Hinzu kommt die Frage: Welchen Einfluss hatte Müntefering mit seinem Handeln auf die Entwicklung der SPD? Aus diesen zwei Leitfragen soll eine biographische Analyse von Franz Müntefering entstehen, in der es auch um das Verstehen von Münteferings Handlungen geht und nicht nur um die Untersuchung gemachter Fehler. In den einzelnen Unterkapiteln sollen anhand der jeweiligen Positionen und Wegmarken in Münteferings politischen Leben die Gründe und Einflussfaktoren seines Auf- und Abstiegs analysiert werden. In diesem Zusammenhang soll etwa auf die Rolle seines Führungsstils, seiner inhaltlichen Themensetzungen und nicht zuletzt auf seinen Willen zur Macht eingegangen werden. Sein Werdegang wird für diese Analyse in drei Phasen eingeteilt: In die ‚frühen Jahre', wo gerade im Westlichen Westfalen die Keime für Münteferings späteren Aufstieg gelegt werden; in den ‚Aufstieg zum Höhepunkt des Erfolgs', wo sich Verhaltensweisen und Machtstrukturen von Müntefering ausprägen, auf die er in den folgenden Jahren immer wieder zurückgreifen und nach ihnen handeln wird; und in den ‚Abstieg', in dem Müntefering über seine zuvor aufgebauten Machtstrukturen stolpert, die sich zusammengenommen wie ein roter Faden durch seine Karriere ziehen. Abschließend sollen sie als das ‚System Müntefering' zusammenfassend beschrieben werden. Vorangestellt ist dieser Untersuchung eine Annäherung an den Menschen Müntefering und seiner kindlichen Sozialisation, die zweifelsohne für Kriterien des Aufstiegs interessant erscheint. Gerade seine Jugendjahre stehen stereotypisch für die ungewöhnliche Karriere des Politikers Münteferings.

Mit Hilfe von leitfadengestützten Experteninterviews, die der Autor – frei nach den wissenschaftlichen Vorgaben der Politologin Christiane Frantz[14] – unter anderem[15] mit Frank-Walter Steinmeier, Kajo Wasserhövel, Friedhelm Farthmann und Franz Müntefering geführt hat[16], Vor-Ort-Recherchen etwa bei

---

hierzu Micus, Matthias: Die „Enkel" Willy Brandts. Aufstieg und Politikstil einer SPD-Generation, Frankfurt/Main 2005, S.11.

[13] Der politische Satiriker Harald Schmidt bezeichnete Franz Müntefering in Anspielung auf dessen öffentliche Wahrnehmung beispielsweise 2009 einmal als „Gründer der Sozialdemokratie"; vgl. Harald Schmidt, 15.10.2009, Das Erste, 22.45.

[14] Vgl. Frantz, Christiane: Qualitatives Interview; in: Schmitz, Sven-Uwe; Schubert, Klaus (Hrsg.): Einführung in die Politische Theorie und Methodenlehre, Opladen 2006, S.61f.

[15] Nicht alle Autoren haben einer namentlichen Veröffentlichung ihrer Aussagen zugestimmt.

[16] Die Interviews liegen dieser Arbeit bei.

Wahlkampfveranstaltungen, kürzeren Gesprächen am Rande des Dresdener Parteitags 2009, wissenschaftlicher Analysen rund um die Themen Führung und Regieren, Autobiographien und Biographien sowie den bisweilen sehr hilfreichen journalistischen Quellen soll ein biographisches Porträt von Franz Müntefering mit dem Schwerpunkt auf seinem Auf- und Abstieg entstehen. Hinzu sollen einzelne, für diese Arbeit erhobene empirische Daten, etwa zum Durchschnittsalter bei Amtsantritt der jeweiligen Ämter, mit den daraus resultierenden Grafiken sowie vereinzelt auch Schaubildern weitere Anhaltspunkte für Müntefering Karriere bieten und einzelne Thesen innerhalb der Arbeit untermauern.

Vor allem die Interviews stellen für die Untersuchung eine besondere Herausforderung dar. Sozialpsychologe Harald Welzer beispielsweise analysiert, dass „nur im extremen Ausnahmefall das Gedächtnis das speichert, wie es wirklich war."[17] Es gilt somit, die Interviews stets in einen inhaltlichen Kontext, ja einen Rahmen zu stellen, der aus den anderen Quellen – den journalistischen und wissenschaftlichen – gegeben wird.

Politische Machtstrukturen, persönliche Eitelkeiten, Führungsstrukturen und Netzwerke – all das soll in dieser biographischen Analyse in Bezug auf Münteferings Karriere berücksichtigt werden. Welche Faktoren waren verantwortlich für diesen späten, dann aber steilen Auf- und kurzen Abstieg von Franz Müntefering? Wie veränderte er dabei die SPD? Davon soll die folgende Analyse handeln.

---

[17] Welzer, Harald: Das kommunikative Gedächtnis, München 2002, S.21.

## 2. Mensch Müntefering

Bisweilen lassen Lebensläufe von Politikern einen Rückschluss auf spätere Entscheidungen zu, aber auch ganz allgemein sind sie für ein politisches Porträt unabdingbar. Auch hier soll eine kurze Annäherung an den Menschen Müntefering erfolgen. Unter welchen Umständen fand Müntefering kindliche Sozialisation statt? Was für ein Mensch ist Franz Müntefering eigentlich? Oder besser: Als was für ein Mensch wird Müntefering wahrgenommen und inszeniert er sich? Nachdem sich zunächst an den ‚Undurchsichtigen' herangetastet wird, wird in einem zweiten Unterkapitel die frühe Sozialisation im, in dieser Arbeit als ‚Sauerländisches Dreieck' bezeichneten Region, skizziert und damit der Bogen zum darauffolgenden Kapitel gespannt, dem Aufstieg von Franz Müntefering.

### 2.1 Der Undurchsichtige

„Irgendwann hat jemand gemeint, ich sei ein autoritärer Knochen. Viele haben das nachgeschrieben und erzählen das seitdem bereitwillig. Ich habe diese Charakterisierung immer mit Amüsement betrachtet. Zum Abschied darf ich nun erleichtert feststellen: Ich bin diesbezüglich unerkannt durch die lange Zeit der Ämter gekommen. Es war mir eine Ehre und es war mir ein Vergnügen!"[18]

Mit diesen Worten verabschiedet sich Müntefering, an seine Kritiker gewandt, auf dem Parteitag der SPD im November 2009.[19] Nur über wenige Politiker gibt es so viele Mythen wie über Franz Müntefering, wenn es darum geht, den Menschen zu beschreiben. Wechselnd wurde er von Journalisten als „autokra-

---

[18] Vgl. Pressemitteilung Nr. 1184 des SPD-Parteivorstands am 13.11.2009.
[19] Der Autor dieser Arbeit war auf dem Parteitag und dem Presseabend vom 12. bis 15.11.2009 vor Ort.

tisch"[20], „autistisch"[21] oder „emotionslos"[22] beschrieben. Gleichzeitig gibt es jedoch auch freundliche Darstellungen – von Menschen, die mit ihm zusammengearbeitet haben. Was nun tatsächlich stimmt, kann auch in dieser Arbeit nicht abschließend beantwortet werden. Eine Annäherung sei jedoch erlaubt.

*Freundlich lächelnd öffnet Franz Müntefering die Tür seines Büros und bittet den Autor hinein. Auf den bauchnabelhohen Regalen sieht man eine Bücherreihe, unter anderem mit Büchern von und über Helmut Schmidt sowie über Peter Maffay. Es sind nicht viele Bücher, die da stehen. Auf dem runden Tisch, an dem das Gespräch stattfindet, stehen Kekse und frisches Obst, außerdem Kaffee. Sein persönlicher Referent sitzt schweigend neben ihm und schreibt eifrig mit.*

Müntefering redet nicht, er erzählt. Mit einer Überzeugungskraft, dass ihm die Menschen auf den Marktplätzen zu glauben scheinen. Er wirkt auf den Bühnen wie ein Übervater, vielleicht wie ein Großvater, der seine Kinder in die Arme nimmt und sie beschützt, der sie erheitert und sich selbst daran erfreut. Manchmal wirkt er aber auch wie ein Verwalter, einer, der seine Pflicht tut, tun muss und getan hat, ein bisschen wie ein Roboter. Also diese Kehrseite eines Großvaters, der Verknöcherte, bisweilen Verbissene. Es ist dieser Gegensatz, aus der seine fast magische Aura entsteht.[23] Vor dem obligatorischen Gruppenfoto mit einer Geehrten packt er selber an, stellt das Mikrofon zur Seite.[24] Er scherzt mit den Beistehenden. Auf dem Foto aber wirkt er steif, schaut ernst, lächelt nicht. Er möchte sich wieder hinsetzen, kehrt aber noch einmal um, geht zum Rednerpult. Er hat sein Redemanuskript, wenige

---

[20] Vgl. z.B. Mara, Michael; Metzner, Thorsten: Matthias Platzeck – die Biographie, München 2006, S.223.
[21] Vgl. z.B. Lohse, Eckart; Wehner, Markus: Es wird eng für Müntefering; Frankfurter Allgemeine Sonntagszeitung, 14.10.2007, S.3.
[22] Vgl. z.B. Tadeusz, Frank: Grundsatzrede von Müntefering; in: tagesschau.de, 13.04.2005, abrufbar unter: http://www.tagesschau.de/inland/meldung188138.html [zuletzt eingesehen am 26.04.2010].
[23] Vgl. z.B. Pörtner, Rainer: Im Dienste des Kandidaten; in: Focus.de, 13.10.2008, abrufbar unter: http://www.focus.de/politik/deutschland/portraet-im-dienst-des-kandidaten_aid_339944.html [zuletzt eingesehen am 30.05.2010].
[24] So Franz Müntefering nach einer Laudatio, die er auf einer Veranstaltung zu Ehren der fünfzigjährigen SPD-Mitgliedschaft von Inge Wetting-Danielmeier im Jungen Theater Göttingen am 07.08.2009 gehalten hat. Der Autor dieser Arbeit war dort vor Ort.

## 2.1 Der Undurchsichtige 15

**Abb. 1:** Müntefering im Gespräch mit dem Autor dieser Arbeit

zusammengefaltete DIN-A5 Zettel, vergessen. Bei einem anderen Foto versteckt Müntefering sein Bierglas hinter seinem Rücken.[25] Auch hier ein Profi, der den Fotografierten mit auf den Weg gibt: „Wenn Du die Kamera siehst, sieht dich die Kamera auch."[26] Alles scheint organisiert. Niemand soll zu lesen bekommen, von dem er nicht selbst bestimmt hat, dass man es lesen soll. Die Fotos scheinen einem Bild entsprechen zu sollen. Er kontrolliert, ist selbst stets kontrolliert, möchte kontrollieren, was um ihn herum geschieht.

*Auch im Interview mit dem Autor pflegt er sein Image, etwa wenn er sagt, dass er bis 18 Fußball gespielt habe und ab dann gelesen. Es ist ein Satz, den er so schon häufig gesagt hat. Ob es stimmt, bleibt dahingestellt. Aber es sind solche Sätze, die man schon mehrmals gehört hat. Und auch hier: Mehrmals betont*

---

[25] So Franz Müntefering am Rande des Presseabends vor dem Parteitag in Dresden vom 12. bis 15.11.2009. Der Autor dieser Arbeit war dort vor Ort.
[26] So Franz Müntefering beim Besuch des Ausbildungszentrums für Technik, Informationsverarbeitung und Wirtschaft in Paderborn am 09.09.2009. Der Autor dieser Arbeit war dort vor Ort.

*Müntefering persönlicher Referent, dass alles, was später zitiert werden sollte, auch abgesegnet werden müsse. Insgesamt aber wirkt Müntefering freundlich, weniger distanziert als in der Öffentlichkeit.*

Dort ist Müntefering ein Mann, dessen Distanziertheit auf den Außenstehenden bisweilen schon gespenstisch wirkt. Gut zu sehen ist sein ganz eigenes Naturell beim Wahlkampfauftakt der SPD in Hannover 2009.[27] Die Einmarschmusik erklingt, und Franz Müntefering und Kanzlerkandidat Frank-Walter Steinmeier bahnen sich nebeneinander einen Weg zur Bühne. Händeschütteln, bisweilen auch Autogramme und eine hier und da tatsächlich euphorisch wirkende Stimmung. In der vierten Reihe ist eine halbe Stunde zuvor Altkanzler Gerhard Schröder mit seiner Ehefrau Doris Schröder-Köpf eingetroffen. Als Kandidat und Parteichef nach etwa zehn Minuten zu den beiden durchgedrungen sind, umarmt Doris den Frank, der fast zwanzig Jahre zu den engsten Vertrauten ihres Mannes gehörte[28], ganz herzlich und beinahe überschwänglich. Steinmeier schaut fast ein wenig pikiert von so viel Nähe und ehrlich wirkender Freude. Müntefering würde man so wohl nicht umarmen. Dieser reicht Schröder und seiner Frau tatsächlich lediglich die Hand und bleibt ein wenig länger stehen als bei den ‚Normalbürgern'. Doch dennoch: Etwas distanziert wirkt es, weit weniger herzlich als beim Kanzlerkandidaten. Vielleicht ist es das aber gar nicht. Vielleicht ist es tatsächlich Münteferings Naturell. Denn: Es gibt auch ein anderes Gesicht. Müntefering spricht in seiner Abschiedsrede – wie eingangs beschrieben – von einem Unerkannten. Enge Vertraute beschreiben ebenfalls eher diese Seite als die in den Medien häufig veröffentlichte. In den Wochen nach der Wahl war dieses Gesicht womöglich ein wenig mehr zu sehen.

*Beim Presseabend vor dem Parteitag beginnt Müntefering mit den Worten „Seit der...". Er stockt. Das Wort „Wahlniederlage" bringt er an diesem Abend nicht über die Lippen. Stattdessen setzt er erneut an: „Seit dem Wahler-*

---

[27] Beobachtungen des Autors dieser Arbeit, der bei der Auftaktveranstaltung zum SPD Bundestagswahlkampf 2009 am 31.08.2009 in Hannover vor Ort war.
[28] Vgl. hierzu: Lütjen, Torben: Frank-Walter Steinmeier – Die Biographie, Breisgau 2009, S.37ff [im Folgenden: Lütjen, T.: Frank-Walter Steinmeier, 2009].

## 2.1 Der Undurchsichtige

*eignis am 27. September". Von einem „Wahlereignis" spricht er also, von den „sechs, sieben Wochen", die seitdem vergangen sind. Dann sagt er, dass es darum gehe, zu begreifen, die Sozialdemokratie wieder nach vorne zu bringen. Er wiederholt es noch einmal. „Es geht darum", seine Stimme bleibt im Hals stecken, er muss kurz schlucken, „Es geht darum, dass wir die Sozialdemokratie wieder nach vorne bringen." Die letzten beiden Wörter sind kaum noch zu hören.*[29]

Zu dem zukünftigen ‚wir' wird er nur noch bedingt gehören – als einfaches Mitglied. Es scheint, als ob Müntefering leidet. Es passt zu dem, was Petra Crone sagt, die ihn aus ihrer Zeit im Parteirat recht gut kennt und nun selbst im Bundestag sitzt.[30] Eine Woche vor dem Parteitag habe sie ihn getroffen, erzählt sie, und direkt gefragt: „Franz, wie geht es Dir?" Seine Antwort: „Nicht gut. Nicht gut." Er sei ein bisschen von der Spur gewesen. Keine Zuversicht mehr. Kein Tatendrang. Die ganze Anspannung weg. Sie sagt: „Ja, er leidet. Er leidet sehr." Hubertus Heil findet dieses Leiden ein Stück weit sympathisch: „[D]ass ihn der Niedergang persönlich so angekratzt hat […] - das zeigt, dass er doch kein so taktisches Verhältnis zur Sozialdemokratie hat."[31]

*Auf die Eingangsfrage, ob er nun – wie Schmidt – „außer Dienst" sei, antwortet Müntefering etwas entrüstet, leicht getroffen, ertappt, aber ruhig: „Ich bin nicht, ja, bin nicht außer Dienst. Bin noch Bundestagsabgeordneter. Und seh' da 'ne ganze Menge an Dingen, die ich noch tun kann. Also außer Dienst bin ich noch nicht. Das bin ich dann, wenn ich mal aus dem Bundestag ausgeschieden bin." Zweimal muss er betonen, dass er nicht „außer Dienst" ist. Verunsichert wirkt er. Emotional getroffen.*

---

[29] Der Autor dieser Arbeit war auf dem Parteitag und dem Presseabend vom 12. bis 15.11.2009 vor Ort.
[30] So Petra Crone in einem Gespräch mit dem Autor dieser Arbeit am Rande des SPD-Parteitags in Dresden vom 12. bis 15.11.2009.
[31] So Hubertus Heil in einem Gespräch mit dem Autor dieser Arbeit am 25.01.2010 [im Folgenden: Hubertus, H. im Gespräch mit dem Autor dieser Arbeit am 25.01.2010].

Klaus-Uwe Benneter, der von Müntefering 2004 zum Generalsekretär berufen worden ist, beschreibt Müntefering als einen „ganz sensiblen Mensch[en]"[32]. Nicht nach außen hin, aber nach innen. Er kenne ihn als einen, der sich sehr viele Gedanken gemacht und immer viel mehr Verpflichtungen wahrgenommen habe, als er hätte wahrnehmen müssen. Zu jeder Ehrung eines SPD-Mitglieds sei er persönlich gefahren, habe „noch am Samstag mehrere hunderte Kilometer auf sich genommen" und sich im Voraus viel damit beschäftigt, was er sage, damit die geehrte Person sich auch freuen könne. Diese beschriebene sentimentale Seite ist der Öffentlichkeit nur selten zugänglich. Bei seiner Abschiedsrede auf dem Parteitag spult er sein Programm herunter. Am Tag danach zeigt Müntefering dann aber tatsächlich einmal Gefühl. Nach einer sehr herzlichen, bisweilen auch launigen Dankesrede von Sigmar Gabriel an Franz Müntefering, nimmt dieser sichtlich gerührt – mit Tränen in den Augen – den stehenden, langen und herzlichen Applaus der Delegierten entgegen. Er muss jetzt nicht mehr leiden. Er ist wieder einer von ihnen. Er kann sein ‚wahres Ich' nun wieder ‚unerkannt' lassen.

In das Bild des emotionalen, eigentlich gefühlvollen und mitfühlenden Menschen passt auch seine Entscheidung, Ende 2007 seine erkrankte Ehefrau Ankepetra zu pflegen und der Politik den Rücken zuzukehren. Mit einem Mal ist der Politiker Müntefering auch in der Bevölkerung und der Presselandschaft Mensch geworden, wo vorher so gern geschrieben worden ist, es gebe keinen Menschen hinter dem Politiker. Er ist nun greif- und fassbarer. Loslassen kann er jedoch auch da schon nicht vollständig von der Politik. Bei seiner (ersten) Abschiedsrede 2007 kündigt er bereits an, dass „im Verlauf des Jahres 2008 vielleicht auch wieder mehr Zeit ist, mit mir als MdB in die laufende Politik einzuschalten und mitzuhelfen und Ratschläge zu geben."[33] Die Reha seiner Frau zeigt jedoch keine Wirkung, 2008 verstirbt sie. Müntefering „hat sie selbst gepflegt, hat außer der palliativen Unterstützung keine Hilfe in Anspruch genommen", erzählt Mirja, eine seiner zwei erwachsenen Töchter in ei-

---

[32] So Klaus-Uwe Benneter in einem Gespräch mit dem Autor dieser Arbeit am Rande des SPD-Parteitags in Dresden vom 12. Bis 15.11.2009.
[33] Vgl. Knipphals, Dirk: Die mögliche Liebe; in: taz.de, 15.11.2007; abrufbar unter: http://www.taz.de/1/leben/alltag/artikel/1/die-moeglichkeit-liebe/?src=ST&cHash=397bb9a7bd [zuletzt eingesehen am 30.05.2010].

## 2.1 Der Undurchsichtige

nem Interview.[34] Nicht nur sie dürfte davor „größten Respekt" haben. Müntefering hat bald eine neue, vierzig Jahre jüngere Freundin, eine SPD-Genossin[35]. Ansonsten hat er jetzt nur noch die Politik. Er kann nicht anders. Für ein Jahr kehrt er nochmal zurück, bevor er unfreiwillig und diesmal vermutlich unwiderruflich abtreten muss.

\*\*

Hubertus Heil erzählt, dass Müntefering ruhig wird und schweigt, wenn er sauer wird. Kajo Wasserhövel bezeichnet ihn als einen „tolle[n] Chef". Steinmeier meint vielsagend: „Mir gegenüber kann ich jedenfalls nur sagen, war das ein Verhältnis, bei dem ich mich, jedenfalls von ihm, nicht dominiert gefühlt habe."[36] Nach enormer Herzlichkeit klingt das zumindest nicht. Müntefering selbst bekennt: „Es gibt Menschen, die sind eitel, und es gibt Menschen, die sind ehrgeizig. Ehrgeizig war ich nie. Das hat mich wirklich überhaupt, das ist mir egal gewesen und geblieben und so. Und — zu dem ‚eitel' sag' ich jetzt mal nichts." Doch auch das ist schon vielsagend.

So bleibt der dreifach-verheiratete Spitzenpolitiker Müntefering auch im Rückblick ein Mann der vielen, zumindest aber der zwei Gesichter. Zumindest in der Öffentlichkeit gibt es eine wahrgenommene Diskrepanz zwischen dem gefühlskalten Technokraten, der Schröders Freundschaftsgesuch mit den Worten „Ich bin kein Kumpeltyp"[37] ablehnt, und der anderen Seite, die ihn als einen sentimentalen Menschen beschreibt.

---

[34] Müntefering, Miriam im Gespräch mit der Bild-Zeitung: Kujacinsky, Dona: „ Ich kenne die Freundin meines Vaters noch nicht"; in: Bild, 04.07.2009, abrufbar unter: http://www.bild.de/BILD/politik/2009/07/05/mirjam-muentefering/ich-kenne-die-freundin-meines-vaters-noch-nicht-teil-zwei.html

[35] O.V.: Franz Müntefering heiratet Freundin Michelle; in: Spiegel Online, 30.11.2009; abrufbar unter: http://www.spiegel.de/panorama/leute/0,1518,664211,00.html [zuletzt eingesehen am 15.05.2010].

[36] Alle Aussagen sind den Interviews der Interviewten mit dem Autor dieser Arbeit entnommen.

[37] Müntefering, Franz im Interview mit dem Tagesspiegel am 22.03.2004: o.V.: „Ich hätte ihn gern zum Freund", S.1.

## 2.2 Sauerländisches Dreieck

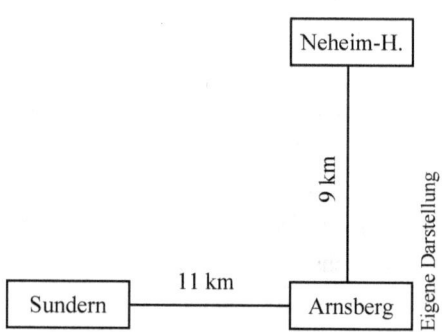

**Schaubild 1:** ‚Sauerländisches Dreieck'

20 Kilometer. So lang ist die größte Distanz zwischen den drei Orten, in denen sich Müntefering erste 40 Lebensjahre abspielen. Es ist ein kleines, beschauliches Dreieck im Sauerland. In Neheim-Hüsten ist sein Geburtsort, in Sundern seine Schule und Wohnort, in Arnsberg sein späterer SPD-Bezirk und seine Arbeitsstätte. Damals zählten die drei Orte lediglich 29000, 15000 und 19000 Einwohner.[38] Auch heute sind es nur unwesentlich mehr.[39]

Der 1940 geborene Franz Müntefering wächst im konservativ und katholisch geprägten Sauerland auf. Seine Mutter ist Hausfrau, sein Vater Landwirt.[40] Noch im Krieg geboren, wird er in den frühen Nachkriegsjahren sozialisiert, in einer Zeit, in der nur wenig Geld zu Hause war, mitten in der Zeit des Wiederaufbaus, aber noch vor der Hochphase des Wirtschaftswunders. Die Kriegsfolgen bekommt das einzige Kind in der Familie am eigenen Leibe zu spüren. Seinen Vater lernt er erst mit sechseinhalb Jahren kennen, nachdem

---

[38] Vgl. Heineberg, Hein; Köhne, Reinhard; Hildegard, Richard; Temlitz, Klaus: Der Hochsauerlandkreis, Münster 1999, S.30, S.39, S.145; außerdem zum Vergleich: Göttingen hatte 1965 bereits 100000 Einwohner.

[39] In Neheim-Hüsten sind die Einwohnerzahlen bis heute lediglich um 5000 auf 34000 gestiegen, in Sundern haben sie sich knapp auf rund 29000 Einwohner verdoppelt. Lediglich in Arnsberg haben sie sich auf rund 75000 Einwohner fast vervierfacht; vgl. ebd.

[40] Bannas, Günter: Begibt sich ins Gestrüpp; in: FAZ, 12.10.1995, S.14 [im Folgenden: Bannas, G.: Begibt sich ins Gestrüpp; in: FAZ, 12.10.1995].

## 2.2 Sauerländisches Dreieck

dieser aus der Kriegsgefangenschaft 1946 zurückgekehrt ist. Gerhard Schröder und Oskar Lafontaine beispielsweise sind zu diesem Zeitpunkt noch gar nicht geboren.

Sundern ist ein Ort der CDU. Auch seine Eltern waren Anhänger der Zentrumspartei, einer Vorgänger-Organisation der CDU. Bis zur Neusortierung des Wahlkreises 1980 entscheiden sich stets über 50 Prozent der Wähler für den CDU-Wahlkreiskandidaten.[41] Bei den Zweitstimmen ist ein ähnliches Bild vorhanden. Neben Müntefering ist zumindest noch ein bedeutender Politiker aus diesem Wahlkreis hervorgegangen: der spätere Bundespräsident Heinrich Lübke.[42] Der CDU-Politiker war der erste Direktkandidat dieses Wahlkreises bei der ersten Bundestagswahl im Jahr 1949, er kandidierte jedoch nicht noch einmal. Bis heute hält die Dominanz der CDU an. 2009 erreicht die Partei im heutigen Wahlkreis Hochsauerlandkreis mit 40,1 Prozent der Zweitstimmen immer noch deutlich mehr Stimmen als die SPD, die bei 24,4 Prozent lag.[43] Bei den Erststimmen kommt die CDU sogar abermals, wenn auch knapp, über 50 Prozent. Es sind nur einige wenige Zahlen, doch zeigen sie sehr deutlich: Eine sozialdemokratische Karriere in die Wiege gelegt bekam Müntefering nicht. Auch der Weg zu einer Bildungskarriere scheint zumindest steinig.

Mit 14 Jahren legen ihm seine Lehrer nahe, ans Gymnasium zu gehen. Müntefering wählt jedoch die Volksschule: „Du wirst auch so ein guter Katholik"[44], habe ihm die Mutter damals gesagt. Tatsächlich war Müntefering in seinen Jugendjahren Messdiener und Pfarrjugendführer.[45] In dem katholischen Elternhaus wurde er so, wie die Aussagen vermuten lassen, auch katholisch erzogen. Zur SPD passt auch das nicht. „In großen Teilen der sozialdemokratischen Mitgliedschaft existierten nach wie vor stark freidenkerische Affekte

---

[41] Vgl. Erststimmenergebnisse des 1. bis 8. Deutschen Bundestages; Bundeswahlleiter: Ergebnisse der Bundestagswahlen 1949 bis 2009; abrufbar unter: http://www.bundeswahlleiter.de/de/bundestagswahlen/fruehere_bundestagswahlen/ [zuletzt eingesehen am 08.01.2010]
[42] Vgl. Winter, Ingelore M.: Unsere Bundespräsidenten. Von Theodor Heuss bis Roman Herzog: sieben Porträts, Düsseldorf 1994, S.56f.
[43] Bundeswahlleiter: Wahlkreisergebnis Hochsauerlandkreis 2009; abrufbar unter: http://www.bundeswahlleiter.de/de/bundestagswahlen/BTW_BUND_09/ergebnisse/wahlkreisergebnisse/l05/wk148/ [zuletzt eingesehen am 01.04.2010]
[44] Müntefering, Franz im Interview mit dem Stern: Luik, Anno: „Die Leute sind falsch gepolt. Und ich habe recht!"; in: Stern, 22.05.2003, S.56.
[45] Bannas, G.: Begibt sich ins Gestrüpp; in: FAZ, 12.10.1995.

gegen Religion und Kirche", fassen die Politologen Franz Walter und Peter Lösche die Lage in den fünfziger Jahren zusammen.[46] Insofern überrascht es nicht, dass Müntefering nicht schon in den fünfziger Jahren in die SPD eintritt, sondern erst viel später, Mitte der 1960er. Nach seinem Volksschulabschluss macht Müntefering eine klassische Ausbildung zum Industriekaufmann und arbeitet fortan – wie er sich selbst rühmt – 20 Jahre in demselben Unternehmen.[47]

Eine Kindheit in einfachen Verhältnissen, die Volksschule, weil für das Gymnasium kein Geld da war, eine klassische Ausbildung – ‚einfach', könnte man sagen, war Münteferings Aufwachsen und ist sein Leben. Genauso beschreibt es Müntefering selbst: „Sicher ein wenig provinziell" sei sein Lebensstil.[48] Sein Elternhaus besitzt Müntefering bis heute.[49] So untypisch- ‚SPD' die Gegend, aus der er kommt und in der er sozialisiert worden ist, auch sein mag, so untypisch das Katholische zu dieser Zeit für das Sozialdemokratische ist, so sehr bedient Müntefering als einfacher Arbeiter und mit seinem einfachen Duktus, vor allem später, die klassische Wählerklientel der SPD, der (einstigen) Arbeiterpartei. Man könnte sagen: er ist klassische Arbeiterkost. Doch wann und warum ist er eigentlich in die SPD eingetreten? Mit dieser Frage wird sich unter anderem im folgenden Kapitel zunächst beschäftigt, um dann nach Faktoren für die frühen Jahre seines Aufstiegs zu suchen.

---

[46] Lösche, Peter; Walter, Franz: Die SPD. Klassenpartei. Volkspartei. Quotenpartei, Darmstadt 1992, S.299 [im Folgenden: Lösche, P.; Walter, F.: Die SPD. Klassenpartei. Volkspartei. Quotenpartei, 1992].
[47] Geyer, Matthias: Der Vorsitzende; in: Der Spiegel, 24.05.2004, S.40 [im Folgenden: Geyer, M.: Der Vorsitzende; in: Der Spiegel, 2004]; und: Vierhaus, Rudolf; Herbst, Ludolf (Hrsg.): Biographisches Handbuch der Mitglieder des Deutschen Bundestages 1949-2002, Band 1, München 2002, S.590 [im Folgenden: Vierhaus, R.; Herbst, L. (Hrsg.): Biographisches Handbuch des Dt. Bundestages 1949-2002, 2002.]
[48] O.V.: Der Genosse Ausputzer; in: Focus: 25.05.1996, S.55.
[49] So Franz Müntefering im Vorfeld des Gesprächs mit dem Autor am 23.02.2010.

# 3. Frühe Jahre. Von Sundern ins Arbeitsministerium

Welche Faktoren seines Aufstiegs liegen in seinen frühen Jahren? Welche Wirkung erzielte Müntefering in der Zeit vor seiner bundespolitischen Karriere? Anhand wichtig erscheinender Wegmarken soll dies untersucht werden. Zweifelsohne steht in diesem Kapitel über die ‚frühen Jahre' der Eintritt in die SPD am Anfang. Weiter wird nicht ohne Grund ein Blick auf den „Bauausschuss" im Bundestag geworfen, bevor auf die Rolle des Koordinators fürs Innere eingegangen wird. Von da aus geht der Blick zurück nach Nordrhein-Westfalen und noch mehr ins Westliche Westfalen, wo die Grundlagen für Münteferings Aufstieg zu suchen sind.

## 3.1 Schneller Aufstieg

### 3.1.1 Eintritt in die SPD

Auf einer Wahlkampfveranstaltung im August 2009 erzählt Franz Müntefering von der Vergangenheit.[50] Von der Zeit, als die Sozialdemokraten in der Weimarer Republik an der Regierung beteiligt waren. Von der Zeit des Wirtschaftswunders nach dem zweiten Weltkrieg, als es bis in die späten fünfziger Jahre vielen Muts bedurft habe, in die SPD einzutreten. Wenn man Müntefering da so reden hört, glaubt man, er wäre schon seit der Gründung der Sozialdemokratie ein Sozialdemokrat gewesen. Nein, so lange ist er dann doch noch nicht Mitglied der ältesten Partei Deutschlands[51]. Im Januar 1966 tritt Müntefering mit 26 Jahren in die SPD ein, also als einer unter vielen in der Frühphase der größten Eintrittswelle in der SPD-Geschichte [52] und kurz bevor Willy Brandt Außenminister wird.[53] Es ist aber auch eine Zeit, in der die langen,

---

[50] So auf einer Wahlkampfveranstaltung am 24.08.2009 in Northeim bei der Autor vor Ort war.
[51] Vgl. z.B. Schmidt, Manfred G.: Das politische System Deutschlands: Institutionen, Willensbildung und Politikfelder, München 2007, S.90.
[52] Vgl. hierzu Walter, F.: Die SPD, 2009, S.279.
[53] Vgl. Brandt, Willy: Erinnerungen, Hamburg 2006, S.557.

## 3. Frühe Jahre. Von Sundern ins Arbeitsministerium

**Abb. 2:** Nach dem Eintritt in die SPD 1966 macht Müntefering bald Wahlkampf, hier mit Willy Brandt, 1976

mühseligen und bisweilen hoffnungslos erscheinenden Annäherungsversuche an die katholische Wählerschaft und die katholische Kirche Früchte tragen und sich die „Freundlichkeiten für die Sozialdemokratie [...] aus den Reihen der katholischen Kirche" ganz allgemein seit 1965 mehren, wie es die Politologen Walter und Lösche analysieren.[54] Die SPD wird von katholischen Organisationen nun auch schon mal als „realistische und vernünftige, [als] eine akzeptable Alternative zur CDU" beschrieben.[55] Dennoch: Selbst 1982 – vorher gab es keine konfessionsbedingten Erhebungen für die SPD[56] – besteht die SPD nur zu 28 Prozent aus katholischen Mitgliedern.[57] Es kann angenommen werden, dass 1966 die Zahl demnach signifikant geringer, zumindest aber nicht höher war. Auch die Wahlergebnisse spiegeln dieses Bild wider. 1965 haben laut

---

[54] Lösche, P.; Walter, F.: Die SPD. Klassenpartei. Volkspartei. Quotenpartei, 1992, S.309.
[55] Ebd.
[56] So zumindest stellt es Thomas Brehm fest, doch auch der Autor fand keine Zahlen aus dieser Zeit; vgl. hierzu Brehm, Thomas: SPD und Katholizismus – 1957 bis 1966; Frankfurt am Main, 1989, S.176.
[57] Vgl. Rudzio, Wolfgang: Das politische System der Bundesrepublik Deutschland, Wiesbaden 2006[7], S.156 [im Folgenden: Rudzio, W.: Das politische System der Bundesrepublik Deutschland, 2006[7]].

## 3.1 Schneller Aufstieg 25

Nachwahlbefragungen nur etwa 26 Prozent der Katholiken die SPD gewählt, insgesamt kam die Partei jedoch auf 39,5 Prozent. Bei den Arbeitern waren es zwar 40 Prozent der Katholiken, die CDU/CSU hat allerdings in etwa 58 Prozent der Stimmen erhalten.[58] Im tief katholischen Sundern bekamen die CDU--Wahlkreiskandidaten – wie beschrieben – bis in die 80er Jahre stets über 50 Prozent der Stimmen. Insofern ist es für den praktizierenden Katholiken Müntefering keineswegs gewöhnlich oder gar Trend, in die SPD einzutreten. Vielmehr scheint es eine ganz bewusste Entscheidung gewesen zu sein.

Die tatsächlichen Beweggründe lassen sich heute nicht mehr zweifelsfrei feststellen. Den Zusammenhang zur Kirche sieht Müntefering selbst jedoch nicht so gravierend.[59] Rückblickend erklärt er seine Motive mit den Worten, dass er dafür kämpfen wollte, „dass sich die Menschen auf gleicher Augenhöhe begegnen, unabhängig von ihrer Herkunft".[60] Und in der Tat: Ein Eintritt nur auf dem Papier scheint es nicht gewesen zu sein. Bereits 1969, in dem Jahr, in dem Willy Brandt Bundeskanzler wird, wird er als Direktkandidat in den Stadtrat der Stadt Sundern gewählt.[61] Flyer und Plakate seien im Wahlkampf von Münteferings Garage aus über die ganze Stadt verteilt worden, erinnert sich ein damaliger Weggefährte.[62] Schnell arbeitet sich Müntefering zudem zum stellvertretenden Vorsitzenden des, wie er selbst sagt, „armen" SPD-Unterbezirks Arnsberg hoch, einem der drei Orte aus dem ‚Sauerländischen Dreieck'. In seiner Funktion ist er für die Niederungen der Parteienorganisation zuständig und organisiert etwa „personelle Veränderungen in der örtlichen SPD"[63]. So muss Müntefering beispielsweise 1971 in einem umfangreichen Briefwechsel einen Abgeordneten disziplinieren, seine Parteispenden unab-

---

[58] Vgl. Schindler, Peter: Datenhandbuch zur Geschichte des Deutschen Bundestages 1949 bis 1999, Band I, Berlin 1999, S.233 ff.
[59] Müntefering, F. im Gespräch mit dem Autor dieser Arbeit am 23.02.2010.
[60] Lennartz, Stephan: Kantig und echt sozialdemokratisch, in: www.wdr.de, 01.08.2002; abrufbar unter: http://www.wdr.de/themen/wahl2002/kandidat/portraet_muentefering.jhtml [zuletzt eingesehen am 09.11.2009].
[61] Vgl. Vierhaus, R.; Herbst, L. (Hrsg.): Mitglieder des Deutschen Bundestages 1949-2002, 2002, S.590.
[62] Vgl. Plass, Gerd-Josef auf einer Laudatio der SPD-Sundern für Müntefering; nachzulesen im Internet unter:
Spdsundern.de/diesunddas/muente40jahre2006/muentebeck.htm [zuletzt eingesehen am 16.04.2010].
[63] Nassheimer, K.: Müntefering; in: Kempf, U.; Merz, H. (Hrsg.): Kanzler und Minister 98-05, 2008, S.244.

hängig von seiner Nominierung für einen aussichtsreichen Listenplatz im Bundestag zu zahlen.[64] In dieser Zeit bleibt Müntefering seiner Arbeitsstelle im genannten metallverarbeitenden Betrieb treu, aus der er erst ausscheidet, als er 1975 in den Bundestag nachrückt. Dort folgt er auf Friedhelm Farthmann[65], der in das nordrhein-westfälische Kabinett von Johannes Rau eintritt und dem er später wieder folgen wird. Sein Amt im Stadtrat Sundern wird Müntefering zunächst weiter behalten. Erst bei seiner erneuten Wahl in den Bundestag – und damit mit einer gewissen Sicherheit – gibt er es 1979 schließlich auf.[66] Bereits 1974 steigt Müntefering zum Vorstandsmitglied des Westlichen Westfalen auf.[67] Sehr schnell scheint er somit in immer größeren Kreisen der Partei etabliert. Eben diese Mitgliedschaft soll für ihn zudem noch von großer Bedeutung sein, da der Ursprung seiner Karriere im Westlichen Westfalen und noch mehr im Sauerland zu suchen ist.

Müntefering erlebt die SPD als solche seit seinem Eintritt zunächst fast nur aus der Regierungsperspektive. Bereits kurz nach Erhalt seines Parteibuches wird die SPD 1966 in Nordrhein-Westfalen die Landesregierung übernehmen, auf Bundesebene kommt die Partei mit Willy Brandt als Außenminister erstmals in ihrer bundesrepublikanischen Geschichte in Regierungsverantwortung. Zehn Jahre später gehört Müntefering selbst zur Regierungsfraktion. Er hat sich diesen Job nicht ausgesucht. Er kommt als Nachrücker in den Bundestag. Spätestens dort begegnet er Herbert Wehner, der zu diesem Zeitpunkt Vorsitzender der SPD-Bundestagsfraktion ist. Er soll Müntefering die folgenden Jahre prägen. Anders als Schröder, der 1980 in den Bundestag hinzustößt[68] und Wehner somit nur drei Jahre mitbekommt und anders als Lafontaine und Scharping, die beide erstmals 1994 in den Bundestag kommen und Wehner überhaupt nicht als Fraktionsvorsitzenden begegnen, erlebt Fraktionsmitglied Müntefering Wehner als Fraktionschef sieben Jahre ‚hautnah' – so lange wie Schröder später einmal Kanzler sein wird. Einmal erzählt Müntefering von ei-

---

[64] Vgl. hierzu: O.V.: Stiller Arbeiter; in: Der Spiegel, 06.09.1971, S.72.
[65] Vgl. Farthmann, F. im Gespräch mit dem Autor am 07.01.2010.
[66] Vgl. Vierhaus, R.; Herbst, L. (Hrsg.): Mitglieder des Deutschen Bundestages 1949-2002, 2002, S.590.
[67] Ebd.
[68] Schröder ist am 05. Oktober 1980 erstmals in den Bundestag eingezogen; vgl. Schröder, Gerhard: Entscheidungen. Mein Leben in der Politik, Hamburg 2006, S.523 [im Folgenden: Schröder, G.: Entscheidungen, 2006].

## 3.1 Schneller Aufstieg

ner seiner ersten Begegnungen mit ihm und vergleicht Wehner dabei mit einem Onkel. Glaubt man Müntefering, soll er dem Fraktionsvorsitzenden kurz nach seinem Eintritt in den Bundestag erläutert haben, „wie das alles weitergehen soll auf der Welt und was da zu machen ist."[69] „Na ja gut", soll Wehner geantwortet haben, „fang mal an. Aber pass auf, dass du nicht austrocknest." „So typisch Onkel sei das gewesen", erinnert sich Müntefering. Der Vergleich mit einem Onkel lässt zumindest Raum für Spekulationen zu, dass Wehner in irgendeiner Weise beeindruckend auf Müntefering gewirkt haben muss. Denn: Auch in den folgenden Jahren wird Müntefering immer wieder im positiven Sinne Bezug nehmen auf Wehner. Ähnlich wie dieser gab zudem auch Müntefering vor, es ginge ihm nur um die Sache. Doch bei Wehner „war nicht mal klar", schreibt einmal treffend der Spiegel, „ob Wehner für die Marktwirtschaft war oder dagegen. Wehner war auf jeden Fall dafür, dass die SPD an der Macht blieb."[70] Es erinnert an Franz Müntefering, wenn man diese Sätze liest. Ob sie auf ihn tatsächlich zutreffen, wird sich im Verlauf der Untersuchung noch zeigen.

### 3.1.2 Bauausschuss

Für Gerhard Schröder war der Bauausschuss nach seinem Einzug in den Bundestag mehr ein kurzes Intermezzo. Es wirkt nicht wie der Weg, mit dem man auf Dauer Karriere machen kann. Müntefering hat sich dieses Thema nach seinem Einzug in den Bundestag hingegen schnell ausgesucht und hält mehr als 15 Jahre an ihm fest. Um eine politische Karriere scheint es ihm zu diesem Zeitpunkt nicht zu gehen. Anfang der 1980er Jahre ist er einer der zwei (offiziellen) Wohnungsbauexperten[71] seiner Partei und stellvertretender Vorsitzender des Bauausschusses im Bundestag geworden.[72] Mit diesem Thema wird er auch 1981 bei Fraktionschef Wehner vorstellig, um ihm seine Sorgen über den „verschlafenen Wohnungsbau" vorzutragen.[73] Auch nach dem Ausscheiden

---

[69] Müntefering, Franz: Macht Politik!, Freiburg im Breisgau 2008, S.214.
[70] Geyer, M.: Der Vorsitzende; in: Der Spiegel, 2004, S.40.
[71] O.V.: Mehr Steuern für den Wohnungsbau; in: Der Spiegel, 04.05.1981, S.19.
[72] Urschel, Reinhard: Gerhard Schröder. Eine Biographie, München 2002, S.69 [im Folgenden: Urschel, R.: Gerhard Schröder, 2002].
[73] O.V.: Mehr Steuern für den Wohnungsbau; in: Der Spiegel, 04.05.1981, S.19.

der SPD aus der Bundesregierung 1982 ist es dieses Thema, an dem Müntefering festhält. Als Vorsitzender dieses Ausschusses wird er – wie es Schröder-Biograph Reinhard Urschel beschreibt – Anfang der 1980er-Jahre Gerhard Schröder den Parlamentarismus lehren[74], der ja weit später in den Bundestag hinzustößt. Dann, 1984, ist abermals ein Wendepunkt in Müntefrings Karriere zu suchen. In diesem Jahr wird er zum Vorsitzenden des SPD-Unterbezirks Hochsauerlandkreis gewählt und baut seine Verbindungen damit weiter aus.[75] An seinem Amt als Bau-Obmann hält er dennoch weiter fest und wird in dieser Funktion auch nach 1986 bleiben, als Schröder schon längst Oppositionsführer im niedersächsischen Landtag geworden ist. In seinem Amt wird er immer wieder Denkschriften und Bestandsaufnahmen zum Thema Bau veröffentlichen. Dass das Thema dabei kein Thema von Welt ist, weiß auch Müntefering selbst: Der Raumordnung fehle, so schreibt er in einem Aufsatz 1981, „das entscheidende machtpolitische Instrument, das Geld. Und deshalb kommt sie in den Augen vieler vom Image der Sonntagsreden-Disziplin nicht los. Sie gilt als Küraufgabe, die ausgelassen werden darf, wenn, wie jetzt, die Pflicht besonders anstrengend wird und keine Extras zu verteilen sind."[76] Übersetzt könnte dies heißen, dass es zwar ein wichtiges Thema ist, ja sogar eine Küraufgabe, aber gleichzeitig eines, mit dem man nicht politisch punkten kann. Nach ‚großer' (Macht-)Politik klingt es zumindest nicht, eher nach Detailpolitik für den einfachen Abgeordneten, der nicht nach Macht strebt.

Dennoch, dies sei auch gesagt, bedarf es dieser Politiker. Mit seiner Themenbesetzung schafft es Müntefering schließlich auch in die 22-köpfige Arbeitsgruppe der SPD, die unter Oskar Lafontaines Führung zwei Jahre „in 15 ein- bis zweitägigen Sitzungen" das (Wahl-) Programm „Fortschritt '90", ein Programm „für eine moderne Bundesrepublik […]", erarbeitet hat.[77] In seinem Konzept zum Wohnungsbau wird bereits sein später bisweilen kultig[78], dann

---

[74] Urschel, R.: Gerhard Schröder, 2002, S.69
[75] Vgl. hierzu Lebenslauf von Franz Müntefering; abrufbar unter: http://www.franz-muentefering.de/pdf/lebenslauf_muentefering.pdf [zuletzt eingesehen am 27.04.2010].
[76] Müntefering, Franz: Die Raumordnung ist keine überflüssige Kür; in: Die neue Gesellschaft, Heft 8, 1981, S.688.
[77] Dreßler, Rudolf; Matthäus-Maier, Inge; Roth, Wolfgang; Schäfer, Harald B.; Schmidt, Renate (Hrsg.): Fortschritt '90. Fortschritt für Deutschland, München 1990, S.19.
[78] Vgl. zum Beispiel: Schwennicke, Christoph: Müntefrings Versprechen; in: Der Spiegel, 24.08.2009, S.24.

## 3.1 Schneller Aufstieg

wieder nervig[79] empfundener Sprachstil deutlich, der beinahe vollständig aus kurzen Hauptsätzen besteht – und so zumindest sehr klar wirkt. Die ersten Sätze lauten: „Das Wohnungsproblem eskaliert. Es wurde ausgelöst durch die Politik der Regierung Kohl. Es verschärft sich durch die hohe Zahl von Zuwanderern."[80] Dieser Stil zieht sich über die ganze Beschreibung hinweg. Es ist ein Sprachstil, der wenig Widerspruch duldet, der suggeriert: „So ist es. Basta." Es ist ein Sprachstil, mit dem Müntefering noch viel Erfolg haben soll.

Spätestens 1990 wird deutlich, dass Müntefering sein Thema ernst nahm. Es zeigt sich, dass er 1981 schon vorausschauend gedacht hatte, und neun Jahre später das eingetreten ist, vor dem er den mittlerweile verstorbenen Wehner damals schon gewarnt hat: Es gibt zu wenig Wohnungen für zu viele Menschen. Auch die Kohl-Regierung hat den Bau neuer Wohnungen versäumt, sodass die Wohnungsnot „selbst in kleineren Orten" grassiere, wie die *Zeit* 1990 zu berichten weiß.[81] Müntefering sieht in dem Problem gar ein „ergiebiges Thema für die Bundestagswahl".[82] 1992 erklärt er – mittlerweile als parlamentarischer Geschäftsführer der Bundestagsfraktion – die Frage des Wohnungsbaus tatsächlich „zur Chefsache" und lädt die „Kollegen der Regierungsparteien" dazu ein, „gemeinsam zu handeln."[83] Somit wird deutlich: Inhaltlich ist es vor allem der Wohnungsbau, der ihn in dieser Zeit auszeichnet. Und dennoch: Bauausschuss hin oder her, so wichtig der Wohnungsbau auch sein mag, es ist kein Thema, das begeistert, dass einen Antlitz einer Vision birgt. Es wirkt wie ein bodenständiges Thema für den pragmatischen Abgeordneten. Mit anderen Themen fällt Müntefering in dieser Zeit, also in einem Zeitraum von rund 17 Jahren seit 1975, tatsächlich nur bedingt auf.

\*\*

Dass Münteferings Wille zur politischen Karriere in den achtziger Jahren sehr ausgeprägt war, kann somit bezweifelt werden. Es müssen andere als die thematischen Aspekte sein, die für seine Karriere verantwortlich sind. Und in der

---

[79] Ebd.
[80] Müntefering, Franz: Gut wohnen in attraktiven Städten und Dörfern; in: Dreßler, Rudolf; Matthäus-Maier, Inge; Roth, Wolfgang; Schäfer, Harald B.; Schmidt, Renate (Hrsg.): Fortschritt '90. Fortschritt für Deutschland, München 1990, S.19.
[81] Hupe, Rainer: Die Not kommt erst noch; in: Die Zeit, 20.04.1990.
[82] Ebd.
[83] Heuser, Uwe-Jean: Der Druck wird größer; in: Die Zeit, 06.11.1992.

Tat: Müntefering baut sich ein dichtes Netzwerk auf, das ihn in Nordrhein-Westfalen, noch mehr im Westlichen Westfalen fest verankert und weiter aufsteigen lässt. Doch auch im Bundestag etabliert er sich als leises aber effizientes Mitglied, wie im folgenden Unterkapitel zu sehen sein wird.

### 3.1.3 Koordinator fürs Innere

„Wenn ich durch die Dortmunder Innenstadt gehe, erkennt mich kein Mensch", stellt Müntefering 1992 fest.[84] Neben seiner wenig öffentlichkeitswirksamen Arbeit im Bauausschuss wirkt Müntefering vielmehr ins Innere der SPD. Vor allem den Nordrhein-Westfalen scheint er seinen Aufstieg verdankt zu haben. Zu sehen ist das unter anderem an seinem jeweiligen Platz in der nordrhein-westfälische Landesliste, mit dem er jeweils in den Bundestag einzieht. Seit 1976, spätestens aber seit 1980, steht er auf einem sicheren Rang und 1990 bereits auf Platz 4 [siehe Diagramm 1, nächste Seite].[85]

1990 wird Müntefering als parlamentarischer Geschäftsführer der Bundestagsfraktion – die schon mal „als organisatorische Manager des Parlaments bezeichnet" werden[86] – zum einflussreichen Mann neben dem Fraktionsvorsitzenden Hans-Jochen Vogel[87]. „Um das Räderwerk eines geordneten Parlamentsbetriebes möglichst reibungslos arbeiten zu lassen, sind sie unverzichtbar", beschreibt der Bundestag die Aufgabe selbst.[88] Das Durchschnittseintrittsalter der in dieses Amt Berufenen liegt bei der SPD bei 45 Jahren[89] [vgl. auch Diagramm 8, S.136]. Müntefering ist bereits 50 Jahre alt, als er parlamentarischer Geschäftsführer wird, was nicht auf eine schnelle Karriereabsicht hindeutet. In seiner neuen Funktion wird er Vorsitzender der sogenannten

---

[84] Vgl. Kirbach, Roland: Faust in der Tasche; in: Die Zeit, 02.10.1992.
[85] Vgl. Vierhaus, R.; Herbst, L. (Hrsg.): Mitglieder des Deutschen Bundestages '49-'02, Band 3, 2002, S.458.
[86] http://www.bundestag.de/dokumente/textarchiv/2007/was_gesch/index.html
[87] Vgl.: Nassheimer, K.: Müntefering; in: Kempf, U.; Merz, H. (Hrsg.): Kanzler und Minister 98-05, 2008.
[88] Vgl. hierzu http://www.bundestag.de/dokumente/textarchiv/2007/was_gesch/index.html [zuletzt eingesehen am 07.05.2010].
[89] Berechnungen des Autors dieser Arbeit. Die Zahlen basieren auf dem Einstiegsalter der parlamentarischen Geschäftsführer der SPD seit 1949. Berücksichtigt wurden alle Bundesgeschäftsführer, also auch die zweiten, dritten, usw. parlamentarischen Geschäftsführer.

## 3.1 Schneller Aufstieg

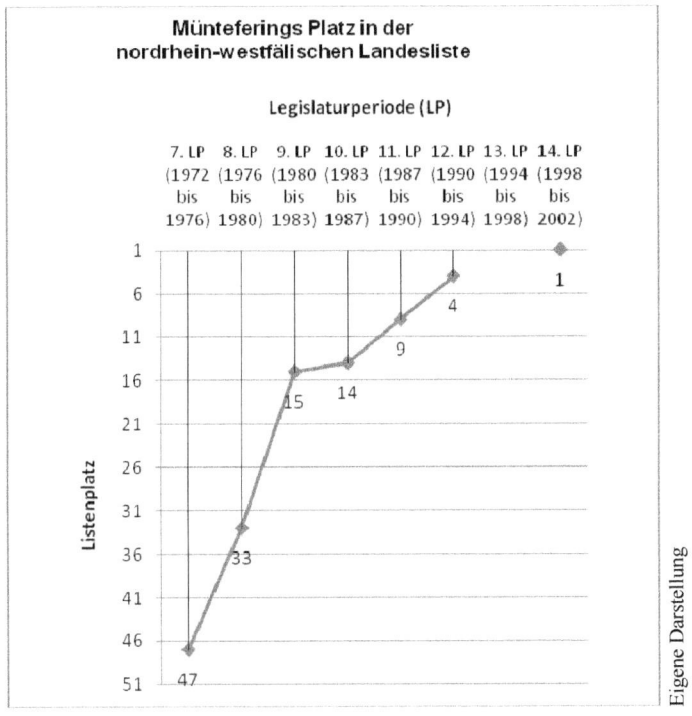

**Diagramm 1:** Steter Aufstieg dank „NRW". Immer sicherere Listenplätze für den Bundestag

„Planungseinheit", dessen Mitglieder er zu „Denk- und Planspielen"[90] über Strategien zur Zukunftsfähigkeit der SPD einlädt. Auch positioniert sich Müntefering erstmals – hörbar – inhaltlich außerhalb des Bauausschusses – und damit weit früher, als gemeinhin geschrieben wird. Das Interessante: Er positioniert sich auf außenpolitisch-brisantem Terrain und fordert eine Diskussion über UNO-Einsätze innerhalb seiner Partei und eine Grundgesetzänderung, um auch deutsche Soldaten an UNO-Blauhelmeinsetzen beteiligen zu lassen. Es gehe hier, so seine Begründung, um die Verhinderung von Massenmorden. Die *Süddeutsche Zeitung* räumt dieser Thematik mit einem halbseitigen Interview viel Platz ein. Hier fordert Müntefering: „Ich meine, dass auf Dauer auch deutsche Soldaten für friedensstiftende UNO-Einsätze zur Verfügung stehen soll-

---

[90] Perger, Werner A.: Spitze nur beim Streit; in: Die Zeit, 07.02.1992.

ten. Nicht automatisch. In jedem Fall muss entschieden werden. Aber im Prinzip: ja."[91] Müntefering ist zudem zunächst federführend an Initiativen beteiligt, die auf einen nur teilweisen Hauptstadtumzug von Bonn nach Berlin hinzielen. „Angesichts des ‚nicht unerheblichen Widerstandes in Bonn' schlägt Müntefering vor, von allen Ministerien lediglich die Spitze und etwa ein Drittel der Bürokratie nach Berlin zu verlagern und den überwiegenden Teil in Bonn zu belassen", berichtet die *taz*.[92] Er sehe „eine große Gruppe" in seiner Fraktion, die diesen Vorstoß unterstützen würde und kündigt eine parlamentarische Initiative an.

Ansonsten ist Müntefering jedoch auch hier nach außen hin wenig aufgefallen. Er macht vorwiegend die Kernerarbeit im Bundestag und sitzt in mehreren Ausschüssen. Dennoch gilt Müntefering für die Bonner Medienvertreter als einer der einflussreichsten SPD-Bundestagsabgeordneten, was auf seine hohe Position im Westlichen Westfalen und in Nordrhein-Westfalen – er ist auf Platz 4 der Landesliste – sowie eben auf seine beständige Arbeit im Bundestag zurückzuführen ist. Nicht zuletzt aber gehört Müntefering als parlamentarischer Geschäftsführer zum einflussreichen „geschäftsführenden Vorstand"[93] der SPD-Bundestagsfraktion: Dieser diskutiert – wie es Politologe Wolfgang Rudzio beschreibt – fernab der offiziellen Entscheidungsprozesse in informellen Runden, besetzt mit dem Fraktionsvorsitzenden selbst, seinem Stellvertreter, eben den parlamentarischen Geschäftsführern und Mitgliedern des Bundestagspräsidiums, Entscheidungen und führt sie herbei.[94]

1991 rückt Müntefering zudem in den Bundesvorstand der SPD auf, in dem beispielsweise Gerhard Schröder schon seit 1986 sitzt.[95] Müntefering scheint hier zuvor nicht übermäßig wahrgenommen worden zu sein. Dass er nun aber, mit seinen 51 Jahren, in den Kreis der ‚Alphatiere' Scharping, Lafontaine und Schröder aufgenommen worden ist, ist somit interessant. Als parlamentarischer Geschäftsführer der Bundestagsfraktion scheint Müntefering

---

[91] Müntefering, Franz im Interview mit der Süddeutschen Zeitung: Prantl, Haribert: „Ich bin für Uno-Kampfeinsatz deutscher Soldaten"; in: Süddeutsche Zeitung, 21.08.1992.
[92] Rulff, Dieter: Keine Alliierten-Wohnungen in Berlin; in: taz, 21.08.1992, S.19.
[93] Rudzio, W.: Das politische System der Bundesrepublik Deutschland, 2006$^7$, S.213.
[94] Ebd.
[95] Vgl. http://www.bundestag.de/bundestag/abgeordnete/bio/S/schroge0.html [zuletzt eingesehen am 05.05.2010].

eine gute Arbeit geleistet zu haben. Der langjährige Müntefering-Beobachter Günther Bannas schreibt in einem Artikel für die *FAZ* 1995 rückblickend, dass er dort „seine Fähigkeit zur internen Koordinierung" unter Beweis stellen konnte und die Bonner Oppositionspolitik mit der nordrhein-westfälischen Regierungspolitik „in Übereinstimmung" gebracht habe.[96] Friedhelm Farthmann, ein Weggefährte aus dieser Zeit und selber im Parteivorstand, erinnert sich allerdings anders: „Ich hätte noch nicht einmal gewusst, dass er in der Zeit, in der ich im Parteivorstand war, parlamentarischer Geschäftsführer gewesen ist. Es hat da nicht eine einzige Begebenheit gegeben, zu der man gesagt hätte: Da müssen wir mal den Müntefering fragen. Es kam keiner auf die Idee."[97] Aber der damalige Weggefährte sagt auch: „Er war ein absolut loyaler Parteiarbeiter, der seine Befehle kriegte, [...] der das ausführte, was ihm der Vorstand aufgegeben hatte." Die Befehle aber muss er gut umgesetzt haben. So soll es – wie sich Müntefering im Gespräch mit dem Autor erinnert – kurzzeitig Überlegungen von Björn Engholm gegeben haben, ihn zum Bundesgeschäftsführer zu machen. Es kommt jedoch anders.

Franz Müntefering organisiert mehr, als dass er große Pläne entwirft. Er ist ein Abgeordneter, der seinen Job macht – und das ohne großes Brimborium, einer, der eine Arbeitsgruppe nicht als Strafe ansieht. „Politik ist Organisation", sagte einst schon Herbert Wehner.[98] Müntefering wird diesen Satz in immer neuen Varianten einige Jahre später immer wieder gerne verwenden. Bereits zu diesem Zeitpunkt praktiziert er dessen Aussage – im Inneren der SPD.

## 3.2 Westliches Westfalen und Nordrhein-Westfalen

Das Westliche Westfalen und Münteferings Arbeit für die SPD in Nordrhein-Westfalen dürfen als wesentliche Bausteine für seine Karriere angesehen werden. An dieser Stelle sollen sie daher im Rahmen der „Frühen Jahre. Von Sundern bis ins Arbeitsministerium" näher analysiert werden.

---

[96] Bannas, G.: Begibt sich ins Gestrüpp; in: FAZ, 12.10.1995, S.14.
[97] Farthmann, F. im Gespräch mit dem Autor dieser Arbeit am 07.01.2010.
[98] Müller, Kay; Walter, Franz: Graue Eminenzen der Macht: Küchenkabinette in der deutschen Kanzlerdemokratie, Wiesbaden 2004, S.176.

## 3.2.1 Westliches Westfalen

Irgendwann kommen Herrmann Heinemann, seit 1975 und bis Anfang der 1990er-Jahre Vorsitzender des bundesweit mitgliederstärksten und sehr einflussreichen SPD-Bezirks Westliches Westfalens, und Friedhelm Fahrtmann, SPD-Fraktionsvorsitzender im nordrhein-westfälischen Landtag, zu einer Unterhaltung zusammen. Letzterer erinnert sich: „Eines Tages" habe Heinemann zu ihm gesagt, „dann wird Müntefering wohl mein Nachfolger werden, da führt ja gar kein Weg dran vorbei, das ist auch ein anständiger Kerl [...], oder siehst du das anders, ich sagte nein, das seh' ich ganz genauso."[99] Tatsächlich dürfte Heinemann – und das Westliche Westfalen insgesamt – so einen großen Einfluss auf Müntefrings weitere Karriere gehabt haben. Er ist es auch, der – nach Müntefrings Erinnerungen – zu ihm kam und ihn 1988 bereits als stellvertretenden Vorsitzenden eben dieses Bezirks vorschlug. Zu diesem Zeitpunkt ist Müntefering – wie beschrieben – bereits Vorsitzender des Hochsauerlandkreises. Dieses Amt legte er nach Übernahme des neuen Postens nieder.

Müntefrings Aufstieg im Westlichen Westfalen erklärt Farthmann im weiteren Gespräch mit den einleuchtenden Worten: „Er hat sich im Westlichen Westfalen als treuer Parteiarbeiter hochgedient. Keine Frage, das war er auch – das möchte ich nicht negativ verstanden wissen. Aber er war einer ohne Glanz und Gloria. Er hat sich im guten Sinne des Wortes hochgearbeitet: er war bieder, anständig und ohne Allüren. Aber auch ohne jede programmatische oder führungsmäßige Ausstrahlung."[100] Aber warum hat es dann keiner gemacht, der mehr herausragt, könnte man sich jetzt fragen. Farthmann entgegnet, dass es im Westlichen Westfalen damals wie heute gar keine „herausragenden Kräfte" gegeben habe. Müntefering will das angesprochene „Hochdienen" selbstredend nicht so verstanden wissen: „Ja, gedient ist so ein, da drin steckt so ein bisschen, dass ich das gemacht hätte, um irgendetwas zu werden. [...] So war das nicht. Ich war in meinem Unterbezirk im Hochsauerland — da aktiv und von dort aus bin ich in den Bezirksvorstand geschickt und gewählt worden."[101] Letztendlich musste Müntefering nur abwarten, bis Heinemann irgendwann

---

[99] Farthmann, F. im Gespräch mit dem Autor am 07.01.2010.
[100] Ebd.
[101] Müntefering, F. im Gespräch mit dem Autor am 23.02.2010.

## 3.2 Westliches Westfalen und Nordrhein-Westfalen

geht. Als Nachfolger scheint er gesetzt. Im westlich westfälischen SPD-Netzwerk ist er dank seiner verschiedenen Funktionen, die vom stellvertretenden Vorsitzenden des Kreises Arnsberg, dem Vorsitz des Unterbezirks Hochsauerlandkreis und eben dem stellvertretenden Vorsitz des Westlichen Westfalen reichen, fest verankert.

Das Jahr 1992 wird nun zum entscheidenden Wendejahr in Münteferings Karriere. Nachdem Heinemann auf Grund einer politischen Affäre nach 18 Jahren im Amt[102] überraschend zurücktreten muss[103], ist es sofort Müntefering, der als sein Nachfolger auserkoren wird.[104] Die Personalie ist schnell besiegelt. Anders als bei seinem Ruf in das nordrhein-westfälische Kabinett von Rau braucht er bei seiner Kandidatur für den Vorsitz nicht überlegen. Nach seinen früheren, bereits beschriebenen Posten in der Parteiorganisation und -arbeit, scheint es wie eine logische Konsequenz. Dass er das Amt des Ministers hingegen annimmt, dürfte weniger aus Interesse an dem Amt – bisher hatte er noch kein exekutives Amt inne –, sondern womöglich mehr mit seiner steten Loyalität zu Partei und Person zusammenhängen; sicher aber auch mit den Machtstrukturen in Nordrhein-Westfalen. Der Vorsitzende des Westlichen Westfalen war bis dato fast durchgehend auch Kabinettsmitglied. Und auch Müntefering selbst sieht die Wahl zum Vorsitzenden zumindest als „Basis [...] für den Arbeits- und Sozialminister"[105]. Der damalige Vorsitzende Heinemann und er „haben da ja [...] 20 Jahre zusammengearbeitet", erinnert sich der Sauerländer, „und er hat offensichtlich Rau gesagt, nimm' den dafür". Weiter glaubt er, dass Heinemann es eben auch gewollt habe, das auf den ehemaligen Chef des Westlichen Westfalen im Kabinett eben auch der Neue folgt. Die Aussagen decken sich mit denen von Farthmann und mit der Mehrzahl der Presseberichte aus der damaligen Zeit, sodass sie in ihrer Gesamtheit ein stimmiges Bild ergeben.

---

[102] O.V.: Müntefering neuer Chef des stärksten SPD-Bezirks; in: Süddeutsche Zeitung, 29.06.1992.
[103] Kirbach, Roland: Faust in der Tasche; in: Die Zeit, 02.10.1992.
[104] Vgl.: Korte, Karl-Rudolf; Florack, Martin; Grunden, Timo: Regieren in Nordrhein-Westfalen, Wiesbaden 2006, S.102 [im Folgenden: Korte, K.-R.;Florack, M.; Grunden, T.: Regieren in Nordrhein-Westfalen, 2006].
[105] Müntefering, F. im Gespräch mit dem Autor am 23.02.2010.

Im Oktober 1992 wird Müntefering mit 97,3 Prozent zum Vorsitzenden eben jenes Bezirks gewählt.[106] Bereits hier scheint die Basis, die im Westlichen Westfalen rund 128.000 Mitglieder umfasst, beinahe voll und ganz hinter ihm zu stehen. Mit seiner „ausgleichenden Art" biete der neue Vorsitzende am ehesten Gewähr dafür, "daß der Laden zusammengehalten werden kann", sagen SPD-Mitglieder gegenüber der *taz* – und bezeichnen seine Wahl als „Glücksfall"[107]. Ein damaliger Weggefährte schwärmt noch heute: „Als Müntefering den Vorsitz von Heinrich Heinemann übernommen hat, da war die Diskussionskultur groß. Richtig auf hohem Niveau. Das hat er weitergeführt"[108]. Aus der Sicht dieses Weggefährten haben sich „alle" mitgenommen gefühlt. Dann verdunkelt sich sein Gesicht. Mit dem heutigen Blick in die Vergangenheit fügt er hinzu, da habe sich etwas verändert. „Sein Führungsstil war irgendwann zum Teil stalinistisch." Ob dies stimmt, wird sich im Verlauf dieser Arbeit noch zeigen. An dieser Stelle kann jedoch festgehalten werden, dass es bei einigen die Wahrnehmung gab, dass Müntefering wirklich diskutieren wollte, diskussionsfreudig war und diskutiert hat. Müntefering führte die Gruppe an und war gleichzeitig ein Teil von ihr.

\*\*

Dass Müntefering in seiner neuen Funktion auch bundespolitisch nicht unerheblichen Einfluss gewonnen hat, zeigt sich bereits im Jahr 1993, als er einer der Ersten ist, der eine Urwahl des Parteivorsitzenden, der indirekten Kanzlerkandidatenkür, fordert[109] und sein Ruf in der Debatte zunehmend Gehör findet. Er gehört damit zu jenen, die aktiv gegen Gerhard Schröder Stellung beziehen, der womöglich zwar von den Medien als Kanzlerkandidat auserkoren werden könnte, nicht jedoch von den Mitgliedern der Partei in einer Urwahl gewählt werden würde.[110] Kurzum: Müntefering macht gewieft Parteipolitik, in der er auch Intrigen im Hintergrund spinnt.

---

[106] O.V.: Müntefering neuer Chef des stärksten SPD-Bezirks; in: Süddeutsche Zeitung, 29.06.1992.
[107] Jakobs, Walter: Franz Müntefering; in: taz, 09.11.1992, S.11 [im Folgenden: Jakobs, W.: Franz Müntefering; in: taz, 09.11.1992].
[108] So Axel Schäfer in einem Gespräch mit dem Autor dieser Arbeit am Rande des SPD-Parteitags in Dresden vom 12. bis 15.11.2010.
[109] Opitz, Olaf; Bruenny, Nicola: Der ungeliebte Favorit; in: Focus, 10.05.1993 [im Folgenden: Opitz, O.; Bruenny, N.: Der ungeliebte Favorit; in: Focus, 10.05.1993].
[110] Ebd.

## 3.2 Westliches Westfalen und Nordrhein-Westfalen

Im SPD-Landesverband Nordrhein-Westfalen steigt Müntefering neben Wolfgang Clement – auch dank seiner Ministertätigkeit – schnell zu einem der zwei neuen starken Männer auf. Neben seinem bundespolitischen Einfluss ist es eben einmal mehr das Westliche Westfalen, in dem er anders als Clement – ebenfalls Westfale – fest verankert ist, das ihm großen Einfluss sichert: 43 Prozent der stimmberechtigten Parteitagsdelegierten stammen bei den Landesparteitagen von dort.[111] Keiner der anderen drei Bezirke kommt auf eine ähnlich hohe Zahl, aus Ostwestfalen-Lippe stammen lediglich 9 Prozent, aus dem Niederrhein knapp 23 Prozent und aus dem Mittelrhein rund 18 Prozent der Delegierten. Mit seinen 139 stimmberechtigten Delegierten ist das Westliche Westfalen somit deutlich stärker vertreten als die anderen Bezirke. Herbert Wehner bezeichnete diesen Bezirk auf Grund seiner hohen Mitgliederzahl zudem einmal als die „Herzkammer der SPD".[112] *FAZ*-Hauptstadtkorrespondent Bannas analysiert folgerichtig, dass Müntefering als Vorsitzender des Westlichen Westfalen nun zu den „Fürsten in Nordrhein-Westfalen"[113] gehöre.

Seine Machtbasis und seine tiefe Verwurzelung in die Niederungen dieses Bezirkes hinein werden neben der bundespolitischen Verankerung aus seiner langen Parlamentszeit und den unter Beweis gestellten organisatorischen Fähigkeiten auf seine weiteren Karrieresprünge starken Einfluss haben. Auf die Nominierung zum Bundesgeschäftsführer 1995 genauso wie auf die Wahl zum Landesparteivorsitzenden 1998, und eben zunächst, 1992, auf die Berufung zum Arbeits- und Sozialminister.[114] Heinemann, über den Willy Brandt einmal gesagt haben soll, dass an ihm „keiner vorbei" komme[115], darf in diesem Geflecht als wichtigerer Förderer und als Baustein für Müntefering weitere Karriere genannt werden. Noch 2005 setzte er sich für ihn ein.

---

[111] Die Prozentzahlen beruhen auf eigenen Berechnungen; Vgl. hierzu Beschlussprotokoll des 13. Ordentlichen Landesparteitag der NRW-SPD am 02. Und 03. März 1996 in Duisburg, abrufbar im Internet unter: http://www.nrwspd.de/db/docs/doc_3830_200448104155.pdf [zuletzt eingesehen am 14.12.2009]

[112] Korte, K.-R.; Florack, M.; Grunden, T.: Regieren in Nordrhein-Westfalen, 2006.

[113] Bannas, Günter: Scharpings neue Rolle; in: FAZ, 29.11.1996, S.16.

[114] Der Autor verweist an dieser Stelle auf die Kapitel 4.1.1.1 und 4.1.2.3, in denen sich mit den einzelnen Nominierungen und Berufungen näher beschäftigt wird.

[115] O.V.: SPD-Urgestein Hermann Heinemann gestorben; in: Handelsblatt, 16.11.2005.

## 3.2.2 Unter Johannes Rau – Minister in Nordrhein-Westfalen

### 3.2.2.1 Ja oder Nein? – Nach langem Überlegen ins Amt

Da Heinemann nicht nur als Vorsitzender des SPD-Bezirks Westliches Westfalen, sondern auch als Arbeits- und Sozialminister zurücktritt, muss auch hier nach einem Nachfolger gesucht werden. Anders als im Westlichen Westfalen dauert diese Suche aber deutlich länger, nämlich mehrere Monate, da Personalentscheidungen unter Johannes Rau „zumeist das Ergebnis zeitraubender Abstimmungsprozesse" waren, in die – wie unter anderem Politologe Karl-Rudolf Korte analysiert – „parteiendemokratische Proporzüberlegungen und verhandlungsdemokratische Erwägungen einflossen."[116] Seine Wahl fiel, nach langen Überlegungen und unter dem im letzten Kapitel beschriebenen Einfluss des Westlichen Westfalen, schließlich auf Müntefering. Dieser ist somit in gewisser Weise ein Kompromisskandidat und scheint zunächst „wenig Interesse an einem Platzwechsel" aus dem Bundestag und seinem Bauausschuss hin ins Arbeits- und Sozialministerium in Nordrhein-Westfalen zu haben.[117] Kurzzeitig wurde von *Spiegel*-Journalisten daher gemutmaßt, dass er das Bauministerium bekommen solle.[118] Es ist einmal mehr das Thema ‚Bau', das Müntefering seit nunmehr 17 Jahren für sich besetzt. Letztendlich nimmt Müntefering jedoch das ihm eigentlich angetragene Amt des Arbeits- und Sozialministers unter Regierungschef Rau an[119], einem Mann, dem „Veränderungen [nicht] behagen", der seine „vertraute Umgebung" braucht, wie der *Spiegel* Raus Amtsführung kritisiert.[120] Eine weitere Kabinettsumbildung bleibt denn auch aus. Raus Regierungsstil wird sich später ansatzweise bei Müntefering wider-

---

[116] Korte, K.-R.; Florack, M.; Grunden, T.: Regieren in Nordrhein-Westfalen, 2006, S.163.
[117] O.V.: Schwache Stunde; in: Der Spiegel, 14.09.1992, S.35.
[118] Ebd.
[119] Feist, Ursula; Hoffmann, Hans-Jürgen: Die nordrhein-westfälische Landtagswahl am 14.Mai 1995; in: Zeitschrift für Parlamentsfragen, Heft 2/1996, S.270.
[120] O.V.: Guter Dinge; in: Der Spiegel, 09.11.1992, S.75.

## 3.2 Westliches Westfalen und Nordrhein-Westfalen

**Abb. 3:** Müntefering, der neue starke Mann der NRW-SPD neben Rau und Clement

spiegeln. Auch er wird seinen vertrauten Kreis immer wieder mit sich nehmen, andere Leute nur bedingt neben sich akzeptieren.

Bei der Entscheidung Münteferings für das Amt fällt auf, dass er sich nicht darum gerissen zu haben scheint. Wie er früher schon in den Bundestag nachrückte, rückt er auch nun wieder nach. Neben dem Wohnungsbau ist es dort eher zufällig die Arbeits- und Sozialpolitik, für die er zuständig ist. Abermals ist er die zweite Wahl, die gerufen wird, nachdem die erste abhanden gekommen ist. Ein anderes Bild zeichnet sich – dies sei noch einmal erwähnt – bei administrativen Aufgaben ab, wie bei der Entscheidung für den Vorsitz im Westlichen Westfalen zu sehen ist. Für diese Aufgabe wurde Müntefering schnell auserkoren, genauso schnell nahm er sie an.

### 3.2.2.2 Arbeit als Minister

SPD-Insider prophezeien bereits vor Münteferings Berufung zum Minister, dass er „nach einem Eintritt ins Kabinett sehr schnell zu einer der tragenden

Säulen der nordrhein-westfälischen SPD werden könnte."[121] Eine weitsichtige Einschätzung, wie sich bald herausstellen wird. Doch wie sieht es mit seiner Ministerarbeit zunächst aus? Dort macht er vor allem eines: Er macht seinen Job, ohne großes Aufsehen zu erregen. Es sind die nüchternen Themen des Alltags, mit denen sich Müntefering zu beschäftigen scheint. In seinen drei Amtsjahren löst er unter anderem eine Debatte über ein Werbeverbot im Kinderfernsehen aus.[122] Eine Debatte, die bis heute anhält und mittlerweile auch die Europäische Union erreicht hat.[123] Auch ein Verbot von Zigarettenautomaten und weitere Beschränkungen bei der Tabakwerbung – ebenfalls zum Schutze von Kindern und Jugendlichen[124] – fordert er. Interessant an diesen Themen ist, dass sie eine gewisse Weitsicht erfordern und gleichzeitig doch recht nüchtern daherkommen. Es erinnert an seine Arbeit im Bauausschuss, bei der er Warnungen aussprach, die Jahre später tatsächlich Realität wurden. Auch nun ist es ähnlich: Es sind Themen, die 2010 genauso aktuell sind wie damals.

Die *FAZ* beschreibt seinen nüchternen Stil mit den Worten: „Müntefering ist ein Mann des Apparats. Er hat gehandelt, wenn andere noch nicht diskutiert haben."[125] Dies passt zu der These, dass Müntefering schlicht nüchtern seinen Job gemacht habe, die auch Politologe Walter teilt, wenn er feststellt: „Akzente oder Profil hat er hier [in NRW] […] nicht setzen können."[126] Weggefährte Farthmann, damals Fraktionsvorsitzender, meint passend dazu: „Er leistete […] nur solide Bodenübung. Er hat nichts verkehrt gemacht. Aber er war auch keiner, den man als Sozialpolitiker ins Schaufenster hätte stellen müssen."[127]

---

[121] Jakobs, W.: Franz Müntefering; in: taz, 09.11.1992, S.11.
[122] O.V.: „Spiel mit mir Seife FA"; in: Der Spiegel, 13.12.1993, S.78.
[123] Zum Beispiel: Büchner, Gerold: Es darf ein bisschen mehr sein. EU-Fernsehrichtlinie regelt Fernsehwerbung neu; in: Berliner Zeitung, 15.11.2006,S.34.
[124] O.V.: Müntefering fordert Verbot von Zigarettenautomaten; in: FAZ, 21.10.1995, S.1.
[125] Bannas, Günter: Scharping benennt neuen Bundesgeschäftsführer und kündigt Verjüngung des Parteivorstands an; in: FAZ, 12.10.1995, S.1.
[126] Walter, Franz: Charismatiker und Effizienzen. Porträts aus 60 Jahren Bundesrepublik; Frankfurt am Main 2009, S.270 [im Folgenden: Walter, F: Charismatiker und Effizienzen, 2009].
[127] Farthmann, F. im Gespräch mit dem Autor dieser Arbeit am 07.01.2010.

## 3.2.2.3 Nordrhein-Westfälischer Aufstieg

Über Münteferings innerparteiliche Verankerung wurde bereits einiges geschrieben. Mit seiner unaufgeregten aber effektiven Art scheint Müntefering es nun auch ins nordrhein-westfälische Personaltableau der Ämterspekulationen geschafft zu haben. Schon 1993, ein halbes Jahr nach Amtsantritt, wird er – neben dem Sozialpolitiker Rudolf Dreßler – als möglicher Kandidat für einen der Posten der stellvertretenden Bundesparteivorsitzenden gehandelt, sollte Rau nicht noch einmal kandidieren.[128] Dies mag mit Proporzgründen zusammenhängen, da nach dem Willen Scharpings Nordrhein-Westfalen als mitgliederstärkster Landesverband neben Lafontaine, einer Frau und einem Ostdeutschen dort vertreten sein sollte[129]. Und obwohl Rau dann doch nochmal kandidiert, zeigen diese Planspiele, in denen Münteferings Name immer wieder fällt, bereits die innerparteiliche Bedeutung des Sauerländers, die in kurzer Zeit gewachsen zu sein scheint. Ein Jahr später hat er es in Nordrhein-Westfalen – wie weiter oben angedeutet – denn auch zum ernsthaften Konkurrenten von Clement geschafft. Clement, der lange Zeit als einziger Kronprinz für eine mögliche Nachfolge des Ministerpräsidenten Rau galt[130], muss sich damit abfinden, dass mit Müntefering ein Konkurrent in Windeseile herangewachsen ist. Die Nachfolgefrage ist aufgekommen, weil Rau 1994 für das Amt des Bundespräsidenten kandidierte und bei einer möglichen Wahl sein Ministerpräsidentenamt abgeben hätte müssen. Zu diesem Zeitpunkt wird mit Müntefering unter anderem seine in den Kommunen vorangetriebene Öffnung der SPD zu den Grünen hin verbunden. Dies erscheint interessant, weil eine erneute absolute Mehrheit der Sozialdemokraten bei den Landtagswahlen ein Jahr später, 1995, keineswegs mehr sicher ist – und rot-grüne Bündnisse noch keine Lieblingsbündnisse der Sozialdemokraten sind.[131] Der *Focus* befindet denn auch, dass Müntefering „seine Reifeprüfung als künftiger Ministerpräsident einer sozial-ökologischen Landesregierung bereits" abgelegt habe: „Gemeinsam mit

---

[128] O.V.: Der doppelte Rudolf; in: Der Spiegel, 21.06.1993, S.24.
[129] Ebd.
[130] Vgl. Jakobs, Walter: Die Partei liegt Rau zu Füßen; in: taz, 17.01.1994, S.4.
[131] Friedhelm Farthmann etwa schimpft noch heute gegenüber dem Autor dieser Arbeit, dass sich Johannes Rau durch seine Koalition mit den Grünen die „Finger schmutzig gemacht" habe. Und damit die SPD in den Augen vieler Ruhrgebietsbürger diskreditiert habe. [siehe Farthmann, F. im Gespräch mit dem Autor dieser Arbeit am 07.01.2010]

dem parlamentarischen Geschäftsführer der Landtags-Grünen Michael Vesper, kungelte er rot-grüne Bündnisse in Nordrhein-Westfalens Kommunen aus."[132] Müntefering bringt sich – mit Blick auf seine Vorsitzenden-Funktion im Westlichen Westfalen – nun erstmals auch selbst ins Gespräch und spricht „demonstrativ von seiner 130 000 Mitglieder zählenden Machtbasis rings um Dortmund".[133] Diese Aussage lässt nur wenig Interpretationsspielraum zu. Der bisher wenig aufgefallene Politiker scheint Gefallen gefunden zu haben an der Macht der Politik, zumindest aber an dem Spiel mit der Macht. Erstmals strebt er deutlich erkennbar nach einem Amt, wie sich auch Journalisten des *Focus* sicher zeigten,[134] zumindest aber sät er den Nährboden, für ein solches gehandelt zu werden. Einziges Problem: Müntefering besitzt kein Landtagsmandat und kann damit erst nach einer möglichen Neuwahl Ministerpräsident werden. Diese Frage erübrigt sich jedoch, da Rau nicht zum Bundespräsidenten gewählt wird. Auch mit einem drohenden rot-grünen Bündnis, gegen das der langjährige Ministerpräsident 1994 noch vehement gekämpft hat – „Nicht mal ignorieren" werde er Koalitionsangebote der Grünen[135] – scheint er sich langsam aber beständig anzufreunden. Die Nachfolgefrage wird so erneut vertagt.

Der Einfluss Münteferings auf Rau wird in der folgenden Zeit – obwohl das Verhältnis zwischen den beiden menschlich keineswegs gut gewesen sein soll[136] – hingegen noch wachsen. 1995 zeigt sich dies sehr deutlich, als bei den Koalitionsverhandlungen mit den Grünen auch Müntefering und eine weitere Bezirksvorsitzende als Mitglieder der Verhandlungsführung der Koalitionsgespräche fungieren[137], die Rau nach den Worten von Rau-Biograph Cornelius Bornmann lediglich „halbherzig" führt.[138] Gerade Müntefering ist, neben dem Bundesparteivorsitzenden Scharping und anders als der „skeptische" Clement, der sich meist „von Idioten umstellt" sieht[139] und der „zögernde Ministerpräsi-

---

[132] O.V.: Rot-Grüne Ehe ohne Rau; in: Focus, 14.11.1994.
[133] Ebd.
[134] O.V.: Die Erben warten schon; in: Focus, 20.09.1993.
[135] O.V.: Rot-Grüne Ehe ohne Rau; in: Focus, 14.11.1994.
[136] Dies berichtet Friedhelm Farthmann im Gespräch mit dem Autor.
[137] Korte, K.-R.; Florack, M.; Grunden, T.: Regieren in Nordrhein-Westfalen, 2006, S.181.
[138] Bornmann, Cornelius: Ein Stück menschlicher. Johannes Rau. Die Biographie, Wuppertal 1999, S.213.
[139] Hoffmann, Markus: Regierungsstile von Ministerpräsident Johannes Rau 1990 bis 1998, Marburg 2006, S.86.

## 3.2 Westliches Westfalen und Nordrhein-Westfalen

dent", einer der Befürworter eines rot-grünen Bündnisses, um – wie es Politologe Korte formuliert – „die generelle Regierungsfähigkeit [...] unter Beweis zu stellen."[140] Ideologien scheinen Müntefering auch hier wieder fremd. Einmal mehr bestimmt bei ihm die Macht des Faktischen, aber auch – dies sei auch erwähnt – der Demokratie-Gedanke des Mitgestaltens.

### 3.2.2.4 Rudolf Scharping

Trotz seiner nordrhein-westfälischen Ministerarbeit bleibt Müntefering auch der Bundespolitik erhalten. Dort gehört er zu einer Verhandlungskommission zwischen Opposition und Regierung bezüglich einer Reform der Pflegeversicherung. Die Sozialdemokraten müssen hier mit einbezogen werden, da für das Gesetz die Zustimmung des Bundesrates benötigt wird, in dem die SPD stark genug vertreten ist. Der damalige SPD-Parteivorsitzende Scharping hat die Leitung auf SPD-Seite inne, unterstützen sollen ihn neben Peter Struck Dreßler und Müntefering. Seitdem die beiden in die Verhandlungen eingebunden sind, so glaubt damals ein SPD-Landesminister, könne die Pflegeversicherung nicht mehr scheitern.[141] Auch hier ist es wieder das Aushandeln, Verhandeln und Organisieren von Mehrheiten, das geschickte Taktieren in Hinterzimmern, das insbesondere Müntefering zugetraut wird. Er ist der Mann, der die Fäden mitzieht und in der Öffentlichkeit zitiert wird. Nachdem es kurzzeitig nach einem Scheitern aussieht[142], können die Zeitungen im März 1994 vermelden: „Kompromiss über Pflegeversicherung."[143] Müntefering hat hier neben Scharping, Struck und Dreßler die Verhandlungen auf SPD-Seite erfolgreich zu einem guten Ende gebracht. Spätestens da dürfte der Kanzlerkandidat und Parteivorsitzende Scharping auf ihn aufmerksam geworden sein. „Sehr wirksam, vielleicht nicht so auffällig", beschreibt er später Müntefering.[144] In der Frage von rot-grünen Bündnissen sind beide – wie bereits erwähnt – ebenfalls auf einer Wellenlänge.

---

140  Korte, K.-R.; Florack, M.; Grunden, T.: Regieren in Nordrhein-Westfalen, 2006, S.297.
141  O.V.: Zierde der Fürsten; in: Der Spiegel, 15.11.1993, S.33.
142  O.V.: Schuhe in Marokko; in: Der Spiegel, 13.12.1993, S.25.
143  Vgl. z.B.: Bannas, Günter: Kompromiss über Pflegeversicherung; in: FAZ, 11.03.1994.
144  Bannas, G.: Begibt sich ins Gestrüpp; in: FAZ, 12.10.1995, S.14.

Auch positiv auf Scharping gewirkt haben dürfte, dass Müntefering 1993 – wie im Kapitel über das Westliche Westfalen schon angedeutet – zu den Ersten gehört, die für eine Mitgliederbefragung in der Frage des nächsten Parteivorsitzenden argumentieren[145] und in der er offen Scharping favorisierte. Auf dem Höhepunkt des innerparteilichen Wahlkampfes der drei Kandidaten Schröder, Scharping und Heidemarie Wieczorek-Zeul ist es so auch Müntefering, der im Hintergrund die Fäden zieht. Glaubt man den Ausführungen vom späteren stellvertretenden Regierungssprecher Bela Anda, hat der SPD-Bezirkschef für einen Auftritt in Essen eigentlich kalkuliert, dass Schröder „sich [...] in einer halbvollen Grugahalle mit der [ungeliebten] Parteibasis auseinandersetzen" solle und Scharping dagegen „wenige Kilometer entfernt in Dortmund vor Parteifunktionieren reden" dürfe.[146] Es kommt anders, als es Müntefering und die nordrhein-westfälische SPD-Führung womöglich geplant haben. Mit einer launigen und humorvollen Rede erkämpft sich Schröder die Sympathien der Zuhörer, sein Auftritt in Essen wird ein Erfolg, der jedoch nicht in einen Wahlsieg bei der Urabstimmung umgewandelt werden kann. Müntefering erinnert sich mit den Worten: „In dieser Entscheidung damals habe ich für Scharping argumentiert – und auch für ihn gestimmt. Die meisten aus NRW, sicher nicht alle. Was Schröder wusste. [...]".[147] Zusammen mit dem möglichen Intrigenspiel, welches von Anda beschrieben wird, und den weiteren Zeitungsberichten aus der damaligen Zeit ergibt sich so ein stimmiges Bild. Wie bei den Entscheidungen zu rot-grünen Bündnissen und der Frage nach einer Reform der Sozialversicherung organisiert Müntefering geräuschlos Mehrheiten. Er zeichnet sich einmal mehr als Organisator im Hintergrund aus – und baut dabei sein Netzwerk aus.

\*\*

In Nordrhein-Westfalen hat es Müntefering in kurzer Zeit geschafft, neben Rau und dem von der Basis ungeliebten Clement zu einem der wichtigsten nordrhein-westfälischen Politiker aufzusteigen. Erstmals kommt in diesen Aufstieg nun auch persönliches Zutun, ja Machtstreben hinzu, indem er bis-

---

[145] Vgl. z.B. Opitz, O.; Bruenny, N.: Der ungeliebte Favorit; in: Focus, 10.05.1993.
[146] Anda, Bela; Kleine, Rolf: Gerhard Schröder. Eine Biographie, München 2002, S.139 [im Folgenden: Bela, A.; Kleine, R.: Gerhard Schröder, 2002].
[147] Müntefering, F. im Gespräch mit dem Autor dieser Arbeit 23.02.2010.

weilen immer wieder seine hervorgehobene Stellung durch seine Vorsitzfunktion im Bezirk Westliches Westfalen hervorhebt. Vielleicht aber ist dies schlicht Eitelkeit; Eitelkeit und Stolz, dass er – als einfacher Arbeiter – es soweit geschafft hat.

### 3.3 Frühe Jahre. Von Sundern ins Arbeitsministerium. Fazit

Stellvertretender Vorsitzender des Kreises Arnsberg, Mitglied des Vorstands des Westlichen Westfalen, Vorsitzender des Unterbezirks Hochsauerland, stellvertretender Vorsitzender des Westlichen Westfalen, dann Vorsitzender desselben Bezirks, dazwischen immer Bundestagsabgeordneter und schließlich Landesminister unter Johannes Rau. Die Liste von Münteferings Ämtern ist lang. Außer den letzten beiden sind all seine bisher ausgeführten Posten solche administrativer und innerparteilicher Art. Es geht darum, zu organisieren und zu verwalten, weniger darum aufzusteigen – zumindest nicht primär. Politologe Nassheimer sieht in Münteferings Karriere „ein geradezu perfektes Beispiel für die klassische ‚Ochsentour'. Müntefering diente sich hoch in den Hierarchien von Fraktion und Partei."[148] Doch: Müntefering strebte nicht nach Ämtern. Er machte lediglich stets seinen Job und überzeugte damit. Er organisierte Mehrheiten, arbeitete still, aber effizient und stand den gerade Führenden loyal gegenüber. Er arbeitete sich unbemerkt (und nur bedingt beabsichtigt) im Hintergrund nach oben und legte so eine Karriere hin, „die in der breiten Öffentlichkeit kaum beachtet wurde, ihm aber in der Partei beste Verbindungen schuf."[149] Über die Jahre baute sich Müntefering – gewollt oder ungewollt – ein umfangreiches Netzwerk im Westlichen Westfalen auf, eine eingeschworene Gemeinschaft, in der viel diskutiert wurde – und Müntefering zu den führenden Diskutanten zu gehören schien. Es wirkt wie ein eng verflochtenes Netzwerk, in dem er bald eine Schlüsselrolle innehaben sollte und in dem er in Heinemann seinen Förderer fand. Und in der Tat: Spätestens mit der Übernahme des stellvertretenden Vorsitzes des SPD-Bezirks Westliches Westfalen war klar: Müntefering wird eines Tages auch Vorsitzender. Die Wahrschein-

---

[148] Nassheimer, K.: Müntefering; in: Kempf, U.; Merz, H. (Hrsg.): Kanzler und Minister 98-05, 2008, S.250.
[149] Baring, A.; Schöllgen, G.: Kanzler, Krisen, Koalitionen, 2006, S.318.

lichkeit, dass er dann auch ins nordrhein-westfälische Kabinett kommen würde, war ebenfalls hoch. Denn: Bisher war fast jeder Vorsitzende des Westlichen Westfalen im Kabinett der Landesregierung. Nach seiner Berufung zum Arbeits- und Sozialminister unter Johannes Rau, die er seiner Verankerung in die NRW-SPD hinein zu verdanken hatte, wurde er von der Medienlandschaft und auch innerhalb der Partei bald als ernsthafter Konkurrent von Clement wahrgenommen – in der Nachfolgefrage von Rau im Amt des Ministerpräsidenten und SPD-Landesvorsitzenden. Dass er seine über hunderttausend Mitglieder zählende SPD-Machtbastion in dieser Frage nun hervorhob, die er durch seine Vorsitzfunktion im SPD-Bezirk Westliches Westfalen hinter sich versammelt wähnte, zeigt, dass er nun erstmals offen nach Ämtern strebte oder aber zumindest stolz auf das war, was er erreicht hatte. Der aus einfachen Verhältnissen kommende Müntefering hatte es geschafft, weiter aufzusteigen als es Weggefährten lange Zeit vermutet hatten. Doch: Bereits Mitte der 1980er-Jahre werden die Weichen für diesen Aufstieg gelegt, da die innerparteilichen (unausgesprochenen) Statuten eben auch bestimmte Wege vorausbestimmten – unter anderem den, dass der Vorsitzende des Westlichen Westfalen gleichzeitig Minister im Landeskabinett sein sollte.

Auch auf Bundesebene etablierte sich Müntefering schnell. Unter Herbert Wehner kam er 1976 in den Bundestag und erfuhr unter ihm seine erste bundespolitische Sozialisation. Als parlamentarischer Geschäftsführer der SPD-Bundestagsfraktion konnte Müntefering nun sein Organisationstalent, das innerhalb der NRW-SPD bereits bekannt war, auch auf Bundesebene unter Beweis stellen. Schon in die Materie Bau arbeitete sich Müntefering im Bauausschuss des Bundestages schnell ein, formulierte zukunftsweisende Warnungen und stieg bald zum Vorsitzenden des Ausschusses auf. In mehreren Verhandlungen mit den CDU/FDP-Regierungsparteien dürfte er in der ersten Hälfte der 1990er-Jahre schließlich auch der Bundesparteispitze, insbesondere dem Parteivorsitzenden Rudolf Scharping, nachhaltig aufgefallen sein.

Sechs Punkte können somit an dieser Stelle festgehalten werden, die für seine zukünftige Karriere auf dem Weg zum ‚Höhepunkt des Erfolgs' genauso verantwortlich sein werden wie für seinen frühen Aufstieg von Sundern bis ins Arbeitsministerium:

## 3.3 Frühe Jahre. Von Sundern ins Arbeitsministerium. Fazit

- **das umfangreiche Netzwerk**, das ihn bis in die Ortsverbände des Westlichen Westfalen vernetzte,
- **seine lange Arbeit im Bundestag**, die ihn zu einem der einflussreichsten Bundestagsabgeordneten machen sollte,
- **das (wahrgenommenes) Organisationstalent** sowohl auf Landes- als auch auf Bundesebene,
- **sein (mutmaßliches) Desinteresse an einem Aufstieg**,
- **das Hochdienen innerhalb der einzelnen Ämter**, das von den „Genossen" als Ochsentour angesehen werden konnte,
- **seine Förderer** Herrmann Heinemann und (etwas später) Johannes Rau.

\*\*

1995 gilt Müntefering als „Paradebeispiel für ruhiges, effektives Arbeiten: ohne Skandale, aber auch ohne besonders öffentlichkeitswirksame Auftritte"[150]. So schreibt eine Nachrichtenagentur kurz nach seinem Wechsel zurück in die Bundesebene in das Amt des Bundesgeschäftsführers. „Seine letzte Reserve" habe Rau mobilisiert, um in Berlin weiterhin Einfluss zu haben, kommentiert der CDU-Fraktionsführer Helmut Linssen in Düsseldorf. „Ein Prägendes Duo für NRW"[151] wird der *Focus* im Rückblick festhalten.

---

[150] Reimann, Erich: „Der Nebel lichtet sich in Düsseldorf und anderswo", Pressemitteilung vom 11.10.1995.
[151] Mayer, Iris: Moses Müntefering steigt vom Berg; in: Focus.de, 13.11.2009, abrufbar unter: http://www.focus.de/politik/deutschland/tid-16203/spd-parteitag-moses-muentefering-steigt-vom-berg_aid_453783.html [zuletzt eingesehen am 01.06.2010].

# 4. Aufstieg zum Höhepunkt des Erfolgs

Noch im Rückblick nennen viele SPD-Mitglieder die Bundestagswahl 1998 als Münteferings größten Verdienst für die Partei.[152] Doch wie groß war Münteferings Einfluss wirklich? Es sind diese und die folgenden Jahre, die seinen Aufstieg besiegeln und eine Mythisierung Münteferings einsetzen lassen. Bald schon trägt ihn sein – wahrgenommenes – Organisationstalent und der Ruf des In-die-Partei-Verwurzelten ins Amt des Generalsekretärs und damit in den engen Dunstkreis von Bundeskanzler Gerhard Schröder. Den Höhepunkt seines Erfolgs, nicht der innerparteilichen Macht, erlebt Müntefering wohl mit der Ernennung zum Fraktionsvorsitzenden, wo er bald auch als faktischer Parteivorsitzender und heimlicher Generalsekretär bezeichnet wird.

In diesem Kapitel sollen die Faktoren für Münteferings ‚Aufstieg zum Höhepunkt des Erfolgs' analysiert werden, angefangen mit der Übernahme des Amtes des Bundesgeschäftsführers.

## 4.1 Bundesgeschäftsführer

### 4.1.1 Die Jahre bis zur Kampa oder Konsolidierung auf Bundesebene

#### 4.1.1.1 Hoffnungen

Mit Münteferings Nominierung zum Bundesgeschäftsführer verbinden sich in der SPD große Hoffnungen. Der Sauerländer übernimmt das Amt ein Jahr nach der 1994 verloren gegangen Bundestagswahl, in einer – nach einer Analyse des Politologen Walter – für die Sozialdemokraten „heillosen, verzweifelten Lage wie nur selten in ihrer Geschichte".[153] In Nordrhein-Westfalen hat die SPD gerade die absolute Mehrheit verloren und kann nur noch mit den Grünen – damals keineswegs ein Wunschpartner – regieren, auf Bundesebene hat

---

[152] So sagen es zumindest vom Autor dieser Arbeit zufällig ausgewählte und befragte Politiker, die auf dem Dresdener Parteitag der SPD im November 2009 wie der Autor vor Ort waren.
[153] Walter, F.: Die SPD, Hamburg 2009, S.221.

Scharping im September 1995 Günther Verheugen als Bundesgeschäftsführer entlassen, wodurch sich eine Nachrichtensendung der *ARD* zu dem Titel hinreißen ließ: „Parteimanager verzweifelt gesucht"[154]. Einen Monat später scheint mit Müntefering ein solcher gefunden. Der Historiker Heinrich Potthoff bezeichnet diese Wahl zusammen mit Autorin Susanne Miller als „eine richtungsweisende Entscheidung für den Wiederaufstieg der SPD", da Müntefering Vertrauen ausgestrahlt und „das Herz der Genossen" erreicht habe.[155] Tatsächlich verbinden sich mit Münteferings Nominierung große Erwartungen. In der nordrhein-westfälischen SPD hofft man darauf, dass sich mit ihm ein politischer Stil in Bonn durchsetzen werde, wie er unter Raus Führung in Düsseldorf üblich sei.[156] Auch in Bonn müssten Meinungsverschiedenheiten in internen Gesprächen und nicht vor Fernsehkameras und Mikrofonen ausgetragen werden.[157] Der Berliner SPD-Landesvorstand wertet die Nominierung als „Befreiungsschlag für die SPD in Berlin."[158] Und ganz allgemein wurde davon ausgegangen, dass sich mit Müntefering, einem Vertrauten Raus, Scharping auf eine lange Amtszeit einstellen könne, „mit Rau als verlässlicher Schutzmacht, der allen Störenfrieden auf die Finger klopfen würde."[159]

Zumindest öffentlich wollte Müntefering dieses Amt zunächst gar nicht. Noch Ende September, zwei Wochen nach Verheugens Rücktritt, verkündet er, dass er für das Amt des Bundesgeschäftsführers nicht zur Verfügung stehe.[160] Sind die damaligen Presserecherchen richtig, bedurfte es erst „intensiver Überzeugungsarbeit"[161] Raus, bis Müntefering schließlich zusagte und „vom sicheren Amt in Nordrhein-Westfalen, wo er als einer der möglichen Nachfolger Raus galt, in das Gestrüpp sozialdemokratischer Intrigen nach Bonn" zurückkehrt, um dieses zu lichten.[162] Müntefering selbst erinnert sich heute anders. Zwar hätten ihn verschiedene Spitzenpolitiker der SPD überzeugen wollen und

---

[154] Urschel, R.: Gerhard Schröder, Stuttgart, 2002, S.165.
[155] Vgl. Potthoff, H; Miller, S.: Kleine Geschichte der SPD, 2002, S. 367.
[156] Vgl. o.V.: Mit Mut und Zuversicht nach Bonn; in: FAZ, 11.10.1995, S.2.
[157] Vgl. Ebd.
[158] O.V.: Berlins SPD hofft auf Stimmungsumschwung; in: FAZ, 13.10.1995, S.1.
[159] Schaeffer, Albert: Der Herbst des Patriarchen; in: FAZ, 18.11.1995, S.14.
[160] Vgl. o.V.: Im Turm; in: FAZ, 12.10.1995, S.1.
[161] Ebd.
[162] Bannas, G.: Begibt sich ins Gestrüpp; in: FAZ, 12.10.1995, S.14.

## 4.1 Bundesgeschäftsführer

seine damalige Frau sei „sowieso sofort dagegen" gewesen.[163] Dass er dann aber doch angenommen habe, habe mit einem Treffen im Ortsverein Gelsenkirchen Ruhr III zu tun gehabt, wo ihn mehrere SPD-Mitglieder gefragt hätten: „Junge, was macht ihr eigentlich, die Partei? Das ist ganz schrecklich mit Euch." Die eigentliche Intervention, ihn überhaupt vorzuschlagen, kam jedoch aus einem Konstrukt aus NRW- und Bundesebene. Zeitungsberichte aus der damaligen Zeit wie auch die Erinnerungen Münteferings selbst, deuten darauf hin. Letzterer erinnert sich, dass er von Scharping noch am Tag von Verheugens Rücktritt angerufen wurde und selbst überrascht gewesen sei: „Ich hab' mich da nicht beworben. [...] Irgendein Rau, oder wer auch immer, muss ihm das wahrscheinlich geflüstert haben. Denn so genau kannte ich Scharping überhaupt nicht."[164] „Geflüstert" haben könnte es dem Parteivorsitzenden Scharping tatsächlich SPD-Übervater Rau, der – wie es zum Beispiel *FAZ*-Hauptstadtkorrespondent Bannas einmal mehr gut recherchiert hat – die SPD nicht „den Lafontaines und Schröders" überlassen wollte.[165] Für ihn und seinen engen Mitstreiter Clement war Schröder eine „Persona non grata", wie es Journalist Daniel Friedrich Sturm in einem Buch über die Zukunft der SPD formuliert[166]. Müntefering war der dritte Mächtige in Nordrhein-Westfalen. Mit ihm sollte, so die Mutmaßung, ein Vertrauter Raus in Bonn etabliert werden.[167] Gleichzeitig schien es, als entledigte sich Rau mit der Entscheidung, Müntefering nach Bonn zu schicken, eines nordrhein-westfälischen Problems. Denn: Nun, so das mögliche Kalkül, war der nordrhein-westfälische Superminister Clement der einzige Kronprinz.[168] Wenn es denn Kalkül war – wofür es durchaus Anhaltspunkte gibt –, dann ging dieses nicht auf, die Debatte über die ‚Personalie Müntefering' als Nachfolger hielt sich bis ins Jahr 1998. Zu der Entscheidung könnten zudem die organisatorischen und taktischen Fähigkeiten Münteferings, die Scharping bei den Verhandlungen zur Pflegeversicherung selbst kennenlernen konnte, beigetragen haben.

---

[163] Müntefering, Franz im Gespräch mit dem Autor
[164] Ebd.
[165] Bannas, G.: Begibt sich ins Gestrüpp; in: FAZ, 12.10.1995, S.14.
[166] Sturm, Daniel Friedrich: Wohin geht die SPD?, München 2009, S.15 [im Folgenden: Sturm, D: Wohin geht die SPD?, 2009].
[167] Bannas, Günter: Lafontaine will Scharping alle Ämter lassen; in: FAZ, 18.10.1995, S.1.
[168] Vgl. o.V.: Im Turm; in: FAZ, 12.10.1995, S.1.

Müntefering willigt zwar ein, nach Bonn zu gehen, den einflussreichen Vorsitz des Westlichen Westfalen behält er aber. So betreibt der Mann mit der „konservativ-zeitlosen Frisur"[169] einmal mehr ein Doppelspiel. In zur Schau gestellter Loyalität nimmt Müntefering die Ämter nach längeren Überlegungen (zumindest scheinbar selbstlos) an, gleichzeitig behält er jedoch stets eine einflussreiche Mitgliederbastion im Hintergrund. Es kristallisiert sich bereits hier heraus, was für Münteferings Karriere in der Vergangenheit und auch in Zukunft noch häufig Muster sein wird: Müntefering greift nicht nach Ämtern, er sucht sie nicht, er bekommt sie angetragen. Auch in den folgenden Untersuchungen dieser Arbeit wird sich dieses Bild immer wieder, abgesehen von einigen Ausnahmen, bestätigen.

Ganz geheuer scheint ihm die Nominierung zum Bundesgeschäftsführer tatsächlich nicht zu sein. Sein Amt des Arbeits- und Sozialministers in Nordrhein-Westfalen will er erst aufgeben, wenn er auf dem Mannheimer Parteitag auch zum Bundesgeschäftsführer gewählt worden ist,[170] kurzeitig übt er so beide Ämter aus. Die Wahl verläuft für ihn dann aber gut. Während es zwischen Scharping und Lafontaine zu einer überraschenden Kampfkandidatur für das Amt des Parteivorsitzenden kommt, in der Scharping letztlich unterliegt, bekommt Müntefering 471 beziehungsweise 98,12 Prozent der 480 abgegebenen Stimmen.[171] Dieses Ergebnis zeigt: An der Basis ist Müntefering bereits zu diesem Zeitpunkt ungemein beliebt. Es lässt, so folgert auch Politologe Knut Bergmann, auf die enorme Hausmacht Münteferings schließen[172]. Diese wiederum sieht Historiker Potthoff zusammen mit einem „Wir-Gefühl", das er den Genossen vermittle, seinem Organisationstalent und der „Bereitschaft zu Innovation und Durchsetzungsfähigkeit" als „sein großes Plus".[173] Positiv dürfte sich für Münteferings Wahl ausgewirkt haben, dass er im Streit um die Kandidatur Scharping/Lafontaine keinerlei Präferenzen erkennen ließ und beiden Kandidaten loyal gegenüberstand.[174] Dieses Konzept der unbedingten Loyalität

---

[169] O.V.: Generalverdacht Franz Müntefering; in: Berliner Zeitung 16.04.2002.
[170] Vgl. Bannas, G.: Scharping benennt neuen Bundesgeschäftsführer; in: FAZ, 12.10.1995, S.1.
[171] Vgl. Protokoll des Parteitags; abrufbar im Internet unter: http://www.november1995.spd-parteitag.de/bgf.html [zuletzt eingesehen am 15.12.2009].
[172] Bergmann, K.: Bundestagswahlkampf 1998, 2002, S.48.
[173] Potthoff, H.; Miller, S.: Kleine Geschichte der SPD, 2002, S.377.
[174] Bergmann, K.: Bundestagswahlkampf 1998, 2002, S.48.

## 4.1 Bundesgeschäftsführer

auch gegenüber zwei Führungsfiguren, deren beidseitige Loyalität sich eigentlich ausschließt, wird das Erfolgsrezept Münteferings im Amt des Bundesgeschäftsführers werden.

**

Müntefering formuliert gleich zu Beginn seiner Amtszeit mehrere Forderungen. Hierzu gehören die Reintegration Schröders, eine neue Offenheit für rotgrüne Bündnisse, eine neue „Aktion Vertrauensarbeit"[175], und auch eine starke Linke in der SPD. Gerade Punkt eins und drei erscheinen interessant. So plädiert Müntefering – anders und deutlicher als der Parteivorsitzende Scharping – bereits vor seiner Wahl durch die Delegierten auf dem Parteitag für eine Kooperation Scharpings nicht nur mit Rau und Lafontaine, sondern auch mit Schröder.[176] Dass Lafontaine auf dem Parteitag überraschend zum Vorsitzenden gewählt wird, kann für diese Bemühungen als unterstützend bewertet werden. Schon vor seiner Wahl hält, wie im Rückblick Schröder-Biograph Urschel analysiert, nämlich auch Lafontaine ein „flammendes Plädoyer"[177] für die Begnadigung Schröders. Nachdem dieser im Spätsommer desselben Jahres noch von Scharping als wirtschaftspolitischer Sprecher entlassen worden ist, soll er nun in dieses Amt zurückkehren[178]. Auch einen Platz im 45-köpfigen Parteipräsidium soll Schröder bekommen, eine Entscheidung, die schon unter Scharping beschlossen worden ist, dann aber erst auf dem Parteitag bestätigt werden konnte. Dort wird der Niedersachse jedoch erst im zweiten Wahlgang gewählt, was eindeutig nicht für seine große Beliebtheit innerhalb der Partei, ja sogar – anders herum – fast für eine Abneigung spricht.[179] Politologe Klaus Kampf analysiert die Entscheidung der Rückkehr Schröders und – mit gleicher Tragweite – die Berufung Münteferings zum Bundesgeschäftsführer dennoch als „wichtige Personalentscheidungen zur Konsolidierung der SPD nach ihrer Wahlniederlage 1994".[180]

---

[175] Bannas, G.: Lafontaine verdrängt Scharping; in: FAZ, 17.11.1995, S.1.
[176] Bannas, Günter: Scharping legt sich bei der Wiederwahl Schröders in den Vorstand nicht fest; in: FAZ, 02.11.1995, S.2.
[177] Urschel, R.: Gerhard Schröder, 2002, S.166.
[178] O.V.: SPD-Präsidium; in: taz, 28.11.1995, S.2; und: Kamps, Klaus: Politisches Kommunikationsmanagement: Zur Professionalisierung moderner Politikvermittlung, 2007, S.226 [im Folgenden: Kamps, K.: Politisches Kommunikationsmanagement, 2007].
[179] Vgl. Sturm, D.: Wohin geht die SPD?, 2009, S.11.
[180] Kamps, K.: Politisches Kommunikationsmanagement, 2007, S.226.

**Abb. 4:** Die Jusos werden unter Müntefering und Lafontaine einbezogen

Und tatsächlich: Auch in Puncto Vertrauensarbeit werden neue Weichen gestellt. Noch kurz vor dem Mannheimer Parteitag sagt Müntefering, dass er glaube, dass die Parteimitglieder neu mobilisiert werden müssten, sie auf einen Ruf „Wir wollen voran" der Parteiführung warteten.[181] Auch werden bei der Förderung der Jusos neue Wege eingeschlagen. Seit Engholm Parteivorsitzender war, hat kein SPD-Vorsitzender mehr am Bundeskongress der Jungorganisation der SPD teilgenommen. Nun reisen gleich zwei Spitzenpolitiker an, nämlich Lafontaine und Müntefering, der auf eigenen Wunsch mitkommt.[182] Für Andrea Nahles, der damaligen Vorsitzenden der Jusos, ist dies denn auch ein Beleg dafür, dass sich die Parteispitze wieder um die Jungsozialisten kümmern wolle, aus deren Kreisen es seit den 1980er-Jahren, den Zeiten Schröders an deren Spitze, keiner mehr in den Bundestag geschafft hat.[183]

---

[181] Vgl. Bannas, G.: Lafontaine verdrängt Scharping; in: FAZ, 17.11.1995, S.1.
[182] Vgl. Bannas, Günter: Kritik und Forderungen erwartet; in: FAZ, 03.05.1996, S.4.
[183] Vgl. Ebd.

## 4.1.1.2 Im Amt: Erste Veränderungen

Die genannten Forderungen lassen auf ein diffuses Bild der deutschen Sozialdemokratie schließen. Müntefering kommt in einer Zeit nach Bonn, in der – wie es Politologe Walter analysiert – das sozialdemokratische Machtzentrum „über mehrere Staatskanzleien sozialdemokratisch regierter Bundesländer" verteilt gewesen war,[184] und nicht mehr allein in Bonn lag: „die Partei hatte sich seit den späten achtziger Jahren föderalisiert und segmentiert." Mehr noch: „Sie verlor insgesamt an Geschlossenheit, an willensbildender Kraft, sicher auch an Disziplin."[185] Die Ausgangslage war demnach keineswegs günstig. Für die Werbeagentur, die 1996 den Auftrag für eine SPD-Kampagne übernommen hatte, sah die SPD aus „wie eine von Termiten zerfressene Baracke, windschief, offene Türen, offene Fenster."[186] Außerdem wurde die SPD beschrieben als „ein von Selbstzweifeln durchlöcherter Haufen, dem man erst mal eine Kampagne zur Mitgliedermotivation verordnen musste"[187]. Hinzu kam ein sich andeutender, zermürbender Kanzlerkandidatenkampf zwischen den potentiellen Kanzlerkandidaten Lafontaine und Schröder. Der langjährige Fraktionsvorsitzende der nordrhein-westfälischen SPD Farthmann, der 1995 im Zuge der Landtagswahlverluste sein Amt verlor, bedauerte den „armen" Franz Müntefering noch 1996 in seinem autobiographischen Interview-Buch und fragte: „Was soll der noch aus dieser dissonanten und desolaten Organisation machen?"[188] Im Interview mit dem Autor bekennt Farthmann noch einmal explizit: „Das habe ich ihm damals nicht zugetraut."[189] Gleichwohl fügt er hinzu, dass er ihn vielleicht auch ein wenig beneidet habe, auch weil für ihn selbst der Job des Bundesgeschäftsführers ein Traumjob gewesen sei.[190]

Was aber nun machte Müntefering aus seinem neuen Amt? Was änderte er? Bei der Arbeitsteilung zunächst nicht viel. Lafontaine agierte weiterhin von

---

[184] Walter, Franz: Führung in der Politik. Am Beispiel sozialdemokratischer Parteivorsitzender, in: Zeitschrift für Politikwissenschaft, Heft 4/1997, S.1322f.
[185] Ebd.
[186] Geyer, Matthias; Kurbjuweit, Dirk; Schnibben, Cordt: Operation Rot-Grün. Geschichte eines politischen Abenteuers, München 2005, S.44 [im Folgenden: Geyer, M; Kurbjuweit, D; Schnibben, C: Operation Rot-Grün, 2005].
[187] Ebd. S.44.
[188] Farthmann, F.: Blick voraus im Zorn, 1996.
[189] Farthmann, F. im Gespräch mit dem Autor am 07.01.2010.
[190] Vgl. ebd.

Saarbrücken aus, in Bonn hingegen bildete sich „ein eigenständiges, aber nicht konkurrierendes Machtzentrum um Franz Müntefering".[191] Politologe Joachim Raschke sieht in Müntefering „einen Mann des Parteiapparats, der – ähnlich wie früher Herbert Wehner – die Partei wirksam strukturieren und steuern konnte, ohne die Nr. 1 zu sein."[192] In der Tat lag darin eine Stärke Münteferings. Zumindest nach außen hin gab es keine Anzeichen, dass er Nummer Eins sein wollen würde. Im Hintergrund zog er allerdings in einer Weise die Strippen, dass er bisweilen wie die heimliche, wenn auch ungewollte Nummer Eins agierte und Lafontaine einmal über ihn sagte, dass er sich aufführe, wie der Parteivorsitzende.[193] Steinmeier sieht das im Rückblick nicht so: „Franz Müntefering hatte auf Grund seiner Position natürlich eine herausgehobene Position in der Partei. Die hat er nicht verweigert. Die hat er ausgefüllt, aber die Position des Parteivorsitzenden dabei nicht in Frage gestellt."[194] Dennoch gelang es Müntefering scheinbar unbemerkt eine enorme Hausmacht für sich zu etablieren. Neben dem Amt des Bundesgeschäftsführers war er weiterhin Vorsitzender des mitgliederstärksten SPD-Bezirks Westliches Westfalen und damit – wie bereits erwähnt – einer der „Fürsten in Nordrhein-Westfalen".[195] Außerdem war er Abgeordneter in eben diesem Landtag. „Für einen Bundesgeschäftsführer eine auffällige Ämterkombination", befindet die *FAZ*.[196] In jedem Falle – ob bewusst oder nicht – fährt Müntefering doppelgleisig. Stolpert und verheddert er sich doch noch im Bonner Politik-Gestrüpp, hat er immer noch eine sichere heimische Basis, die ihm in Bonn Rückenwind gibt und in die er gleichzeitig gegebenenfalls zurückkehren könnte. Dort wird er Ende 1996 abermals als möglicher Nachfolger im Amt des Ministerpräsidenten gehandelt[197], wenngleich Müntefering das dementiert. Clement habe seine volle Unterstützung, sagt er[198]. Müntefering-Intimus Kajo Wasserhövel sieht es im

---

[191] Raschke, J.; Tils, R.: Politische Strategie, 2007, S.442.
[192] Ebd., S.498.
[193] Ebd.
[194] Steinmeier, Frank-Walter im Gespräch mit dem Autor dieser Arbeit am 12.01.2010 [im Folgenden: Steinmeier, F.-W. im Gespräch mit dem Autor dieser Arbeit am 12.01.2010].
[195] Bannas, Günter: Scharpings neue Rolle; in: FAZ, 29.11.1996, S.16.
[196] Schäfer, Albert: Freudlose Sozialdemokraten; in: FAZ, 18.12.1996, S.1.
[197] Vgl. ebd.
[198] So sagte Müntefering: „Wenn tatsächlich die Situation im Jahr 2000 oder früher kommt, dass Johannes Rau nicht mehr, dann läuft das auf Wolfgang Clement zu. Und er hat auch meine

# 4.1 Bundesgeschäftsführer

Rückblick anders: „Also, es hat auch Debatten in Nordrhein-Westfalen gegeben über die Frage, wer soll eigentlich Ministerpräsident werden nach Rau. Wenn er es gewollt hätte, hätte er es auch werden können. Dann wär's nicht Wolfgang Clement geworden. Wollt' er aber nicht." Der damalige persönliche Referent scheint sich seiner Sache sicher, denn auch auf nochmalige Nachfrage antwortet er: „Wenn er's gewollt hätte, dann wär' er es geworden. Aber das wollt' er nicht."[199] Eine Begründung bleibt er jedoch auch da schuldig.

Dennoch: Es kann die These aufgestellt werden, dass Müntefering durch die Hintertür ins Machtzentrum der (Bundes-)Partei gelangte, sich dort etablierte und unverzichtbar machte. Mit seiner nordrhein-westfälischen Machtbasis hatte er zudem eine Absicherung, eben nicht weggeschoben zu werden, da das starke Auswirkungen in der innerparteilichen Machtarithmetik hätte haben können.

### 4.1.1.3 Konsolidierung und Koalitionssuche

Die Landtagswahlen im März 1996, die als Testwahlen für die Bundestagswahl galten, gehen „eindeutig nicht zugunsten des Koalitionsmodells Rotgrün" aus.[200] In Baden-Württemberg fliegt die SPD aus der Regierung, in Rheinland-Pfalz kommt es nur dank der Loyalität der FPD nicht zu Schwarz-Gelb, sondern es bleibt bei Rot-Gelb, in Schleswig-Holstein verliert die SPD ihre absolute Mehrheit deutlich und kann nur noch mit den neu-erstarkten Grünen weiterregieren.[201] Einzig Müntefering findet danach, dass eine Debatte

---

       volle Unterstützung dabei"; vgl. o.V.: Müntefering will Rau nicht nachfolgen; in: FAZ, 14.12.1996, S.4.
[199]  Wasserhövel, Kajo im Gespräch mit dem Autor dieser Arbeit am 25.01.2010.
[200]  Bergmann, K.: Bundestagswahlkampf 1998, 2002, S.122.
[201]  In Rheinland-Pfalz konnte die CDU ihr Ergebnis mit 38,7 Prozent halten, die FDP gewann zwei Prozentpunkte und kam auf 8,9 Prozent. Die SPD verlor hingegen fünf Prozent und lag mit 39,8 nur noch leicht vor der CDU. Die Grünen konnten ihr Ergebnis leicht auf 6,9 Prozent verbessern. Zwar kam es zu einer Fortsetzung von Rot-Gelb unter Kurt Beck. Gleichwohl hätte das Ergebnis auch eine schwarz-gelbe Koalition zugelassen, nicht aber eine rot-grüne. (vgl. hierzu: http://www.wahlrecht.de/ergebnisse/rheinland-pfalz.htm [zuletzt eingesehen am 08.03.2010]); In Baden-Württemberg fiel die SPD mit 25,1 Prozent sogar auf ihren schlechtesten Wert seit Bestehen der Bundesrepublik. Die Grünen konnten ihr Ergebnis zwar auf ihren bis heute nicht wieder erreichten Bestwert von 12,1 Prozent verbessern. Für ein rot-grünes Bündnis war dies zweifelsohne kein Signal. Vielmehr konnten CDU (41,3) und FDP (9,6) ihre Ergebnisse verbessern und kamen zusammen auf über 50 Prozent der Wählerstimmen. Nach der Großen Koalition bis 1996 kam es hier somit zu einer schwarz-

über eine mögliche Große Koalition nach der Bundestagswahl 1998 tunlichst vermieden werden müsste, da dies lediglich der FDP nützen würde.[202] Tatsächlich würde es zu diesem Zeitpunkt auch bundesweit nicht für Rot-Grün reichen, jedoch auch nicht immer für Schwarz-Gelb. [siehe auch Diagramm 2, S.65]. Das „Aufzeigen und Offenhalten einer realistischen Siegesperspektive für die Bundestagswahl" sorgt denn auch dafür – so zumindest analysiert es Politologe Bergmann –, dass auch Müntefering in seiner Funktion als Bundesgeschäftsführer im Juli 1997 auf eine Koalitionsaussage verzichtet und ankündigt, „daß die SPD sich frühestens auf ihrem Parteitag im April 1998 auf eine Koalitionsaussage festlegen werde."[203] Rot-Grün bezeichnet er dabei lediglich als eine Option, wenngleich er erkennen lässt, dass er sie weit realistischer finde als eine mit der FDP.[204] Bereits in Nordrhein-Westfalen hat Müntefering schließlich – wie bereits erwähnt – an ersten rot-grünen Bündnissen auf zunächst lokaler und schließlich auf Landesebene entscheidend mitgewirkt.

Eine bis heute andauernde Diskussion in dieser Zeit bezieht sich auf den richtigen Umgang mit der PDS, der heutigen Linkspartei. Müntefering gehörte bereits damals zu den Bremsern solcher rot-roter Bündnismöglichkeiten. Noch Mitte 1996 hatten der SPD-Fraktionschef im Bundestag Scharping und eben Bundesgeschäftsführer Müntefering eine Zusammenarbeit ihrer Partei mit der PDS im Bund oder in den Ländern abgelehnt.[205] Sie beziehen sich auf die von Scharping initiierte Dresdener Erklärung aus dem Jahr 1994, in der es heißt: „Eine Zusammenarbeit kommt für uns nicht in Frage". Der brandenburgische Ministerpräsident Manfred Stolpe bezeichnete diese nun als eine „zeitge-

---

gelben Koalition, die SPD verlor die Regierungsbeteiligung. (vgl. hierzu: http://www.wahlrecht.de/ergebnisse/baden-wuerttemberg.htm [zuletzt eingesehen am 08.03.2010]); Auch in Schleswig-Holstein ließen sich die Ergebnisse nicht als Aufbruchsignal für Rot-Grün deuten. Die SPD verlor über sechs Prozent der Stimmen und kam nur noch auf 39,8 Prozent. Nur dank der mit einem sehr guten Ergebnis von 8,1 Prozent neu in den Landtag eingezogenen Grünen kann die SPD an der Regierung bleiben und eine rot-grüne Koalition eingehen. Hier kann noch am nächsten ein Signal für Rot-Grün hineininterpretiert werden. (vgl. hierzu: http://www.wahlrecht.de/ergebnisse/schleswig-holstein.htm [zuletzt eingesehen am 08.03.2010]).

202 Vgl. Bergmann, K.: Bundestagswahlkampf 1998, 2002, S.122.
203 Ebd.
204 Vgl. o.V.: Lafontaine begrüßt Annäherung in Steuerpolitik; in: FAZ, 03.12.1996, S.2.
205 Vgl. Lohse, Eckart: Verstöße aus der Tiefe des Sommerlochs; in: FAZ, 13.08.1996, S.10.

# 4.1 Bundesgeschäftsführer

schichtliche Form der Meinungsäußerung."[206] *FAZ*-Journalist Bannas kommentiert in diesem Zusammenhang denn auch: „Mögen andere – wie Scharping und Müntefering – jenes Dokument noch als gültige Linie der Partei bezeichnen, Stolpe hat es ins Archiv geschlossen."[207] Müntefering hat die Realitäten nicht immer anerkannt, Schröder hatte etwa längst dafür plädiert, die Landesverbände „in dieser Frage nicht zu bevormunden".[208] Mit Blick auf die SPD-Entwicklung in den neuen Bundesländern sagt Müntefering in diesem Zusammenhang einen Satz, der aus heutiger Sicht wie ein Menetekel wirkt: „Ich weiß auch nicht, ob es jemals die Größenordnung wie in Westdeutschland erreichen wird, weil die Zeit der großen Mitgliederparteien vielleicht vorbei ist, für die nächsten Jahre zumindest."[209] Münteferings Prophezeiung wird sich auch für Westdeutschland schneller bewahrheiten, als er es vielleicht erwartet hat.

### 4.1.1.4 Das Zentrum wird kleiner

Mit seiner (scheinbaren) Selbstlosigkeit etabliert sich Müntefering schnell als eines von drei Zentren in Bonn, dem einzigen, dem am ehesten alle der fast 800000 Mitglieder vertrauen. Zwei weitere Zentren bilden sich zu diesem Zeitpunkt heraus, die untereinander vielleicht nicht bitterlich verfeindet sind, sich aber zumindest keineswegs über den Weg trauen. Es sind die zwei Zentren um Schröder und Lafontaine herum. Politologe Raschke beschreibt diesen „Tri-Zentrismus" mit den Worten: „Der Parteivorsitzende und potentielle Kanzlerkandidat Lafontaine trug die Gesamtverantwortung [...]. Daneben agierte der zweite potentielle Kanzlerkandidat Schröder, der vor allem Selbstpräsentation betrieb. [...] Das dritte Zentrum um Franz Müntefering arbeitete seit 1998 an der politischen Vorbereitung, Planung und Steuerung der Wahlkampagne, wozu auch die Koordinierung der beiden Kandidaten und die Steuerung der Kanzlerkandidatenfrage gehörten."[210] Müntefering wird so zu einer

---

[206] Bannas, Günter: Nach kurzem Aufbrausen war dieses Mal die Debatte zu Ende; in: FAZ, 03.08.1996, S.4.
[207] Ebd..
[208] Lohse, E.: Verstöße aus der Tiefe des Sommerlochs; in: FAZ, 13.08.1996, S.10.
[209] O.V.: Mitgliederentscheid über den SPD-Kanzlerkandidaten?; in: FAZ, 14.10.1996.
[210] Raschke, J.; Tils, R.: Politische Strategie, 2007, S.498.

Schlüsselfigur für die folgenden Jahre, zu einem Scharnier zwischen Lafontaine und Schröder. Der eine betrieb ein Modernisierungs-Projekt, der andere ein Gerechtigkeitsprojekt.[211] Hieraus wurde später der Wahlkampfslogan „Innovation und Gerechtigkeit". Müntefering selbst hatte kein inhaltliches Projekt. Sein Projekt war es, eine „organisierende und strategisch-konzeptionelle Einheit" aus diesen beiden Projekten herzustellen.[212]

Dies schien nicht einfach. So gab es die SPD-Parteizentrale „Baracke", die von Geschäftsführer Müntefering angeführt wird und von wo aus er – wie es Schröder-Biograph Urschel schreibt – „dem Parteivorsitzenden Lafontaine den Rücken freihält."[213] Hier verortet der Politologe eine „nicht zu unterschätzende Untergrundtätigkeit einer eingeschworenen Gruppe, deren höchster Lebenszweck die Verhinderung von Gerhard Schröder zu sein scheint." Ihr dürfte die zweite Reihe der Lafontainisten und ein Großteil der nordrheinwestfälischen Sozialdemokraten um Rau herum angehört haben. Ob ihr Müntefering angehört hat, kann nicht sicher beurteilt werden. Es gibt sowohl für die eine als auch andere Theorie Anhaltspunkte, die in diesem Kapitel noch näher analysiert werden. Dem wirkt auf der anderen Seite ein kleiner Kreis von Schröderianern entgegen, die Schröder zum Kanzlerkandidaten machen wollen. Schröder war in seiner Partei – wie Journalist Sturm schreibt – „über Niedersachsen hinaus kaum vernetzt oder verankert" und misstraute den Akteuren in der „Baracke".[214]

In seiner Funktion agierte Müntefering in der Tat ausgesprochen eigenständig. Denn: In zentrale Entscheidungen der zu entwickelnden Wahlkampfstrategie wurden sowohl Schröder als auch Lafontaine, der kraft seines Amtes eigentlich einer der führenden Köpfe sein müsste, erst sehr spät eingeweiht. 1996 gab es zwar noch „kein komplettes, mehrjähriges Strategiepapier, aber die Milestones waren klar umrissen."[215] Doch weder Lafontaine noch dem Präsidium, dem Schröder angehörte, ist ein Gesamtkonzept zur Entscheidung vorgelegt worden. Raschke folgert, dass „die Verletzung individueller Interessen"

---

[211] Vgl. Raschke, J.; Tils, R.: Politische Strategie, 2007, S.501.
[212] Ebd.
[213] Urschel, R.: Gerhard Schröder, 2002, S.210.
[214] Vgl. Sturm, D.: Wohin geht die SPD?, 2009, S.19.
[215] Raschke, J.; Tils, R.: Politische Strategie, 2007, S.504.

## 4.1 Bundesgeschäftsführer

voraussehbar gewesen war, und „der Führung einzelne Schritte" daher „wie Häppchen schmackhaft" gemacht werden mussten.[216] Sturm resümiert, dass die SPD „in einen Wahlkampf [zog], bei dem weder die beiden Hauptakteure noch Form und Inhalt miteinander korrespondierten".[217] Mit Müntefering an der Spitze entstand so bald ein strategisches Zentrum, deren „Aushängeschilder Lafontaine und Schröder [...] bald keine Chance mehr [hatten], eine Alternativstrategie zu entwickeln. Die Zentralbegriffe waren gesetzt, der Diskurs lief, die Linie war festgelegt." Beide mögliche Kandidaten waren beteiligt, „aber sozusagen ohne ihr Wissen."[218] Zweifelsohne erscheint dies als ein ungewöhnlicherer Vorgang, auch wenn sich Steinmeier, damals Chef der niedersächsischen Staatskanzlei unter Schröder, anders erinnert und entschieden verneint: „Ich kann nur sagen: In diesem Wahlkampf 1998 hätte die Möglichkeit so dafür nicht bestanden. [...] Und von daher – selbst wenn der ein oder andere das so vorgehabt hätte – war mit einem Kandidaten Schröder neu zu planen."[219] Wasserhövel merkt zudem an: „Wir hatten diese Kampa gemacht, diese außerhäusliche Wahlkampfzentrale, [...] und das war alles ein bisschen spektakulär und neu gemacht. Was hätten 'se auch dagegen sagen sollen, da hat auch keiner den Versuch gemacht."[220] Dennoch gab es zum damaligen Zeitpunkt – anders als es heute in den Erinnerungen der Protagonisten präsent ist – tatsächlich Beschwerden, dass sich Müntefering wie ein Parteivorsitzender gebärde.[221] Dem hat Müntefering etwas zu entgegnen, was recht einleuchtend wirkt: „Ich hab' von Anfang [an] gesagt, ich bin der Geschäftsführer der Partei, nicht vom Vorsitzenden. [...] Das war für alle Beteiligten nicht immer ganz einfach, weil ich immer diese Meinung sehr stark vertreten habe."[222]

Der beschriebene Vorgang selbst aber, nämlich die wenig diskutierte Themensetzung, zeigt jedoch entweder Müntefelings Unfähigkeit zum Dialog oder aber ein zweifelsfrei gekonntes Intrigenspiel. Als inszenierter neutraler Dritter nimmt er der Partei die Furcht und durch die Setzung der Zentralbegrif-

---

[216] Ebd.
[217] Sturm, D.: Wohin geht die SPD?, 2009, S.19.
[218] Ebd.
[219] Steinmeier, F.-W. im Gespräch mit dem Autor dieser Arbeit am 12.01.2010.
[220] Wasserhövel, K. im Gespräch mit dem Autor dieser Arbeit am 25.01.2010.
[221] Vgl. z.B. Bannas, Günter: Müntefering handelt, wenn andere noch diskutieren; in: FAZ, 01.08.1996, S.2.
[222] Müntefering, F. im Gespräch mit dem Autor dieser Arbeit am 23.02.2010.

fe, die auf beide Kandidaten zutreffen, den jeweiligen Anhängern den Wind aus den Segeln, in einer weiteren zermürbenden Diskussion über das richtige Konzept zu streiten. Die Verknüpfung der inhaltlich-konträren Schröder- und Lafontaine-Projekte mit der Zusammenführung der verschiedenen Parteigruppen wird im Rückblick eines der größten Verdienste Münteferings innerhalb seiner politischen Karriere sein.

\*\*

Müntefering ist es nun, der die Wahlkampfzentrale aus dem Lafontainschen Machtzentrum, der biederen Parteizentrale, ausgliedert. Fortan kann er noch weniger einem Zentrum zugeordnet werden. Die Sozialdemokraten werden mit der neu geschaffenen Zentrale „einen in Deutschland bis dato unbekannten Wahlkampf modernen Typs" organisieren, analysiert rückblickend Journalist Sturm.[223] Der Kommunikationswissenschaftler Helmut Schneider wird über den SPD-Wahlkampf, der im folgenden Unterkapitel näher untersucht wird, urteilen: „Eine neue Qualität des Politmarketing in Deutschland, nicht nur in inhaltlicher, sondern auch organisatorischer Hinsicht, markierte der SPD-Wahlkampf zur Bundestagswahl 1998."[224]

## 4.1.2 Die Kampa

### 4.1.2.1 Erfolg für Müntefering

Am Abend des 26. September 1997 und damit genau ein Jahr vor der Bundestagswahl am 27. September 1998, ist es so weit. Müntefering weiht bei kalten Buffet „stolz die Zentrale der Kampagne 98", von den Mitarbeitern und bald auch den Medien nur noch „Kampa" genannt, ein.[225] Schröder begrüßte diese Kampa prinzipiell, „hielt sie jedoch für eine Institution Lafontaines."[226] Die Kampa kann gleichzeitig als Zeichen für Münteferings gute Machtbasis bewertet werden. Denn: Nur Müntefering, nicht etwa Schröder oder Lafontaine, bei

---

[223] Sturm, D.: Wohin geht die SPD?, 2009, S.19.
[224] Schneider, Helmut: Marken in der Politik; Wiesbaden 2004, S.117 [im Folgenden: Schneider, H.: Marken in der Politik, 2004].
[225] Bengeser, Anselm: Für die SPD hat der Countdown schon begonnen; in: Associated Press, 28.09.1997, 03.36 Uhr.
[226] Sturm, D.: Wohin geht die SPD?, 2009, S.20.

## 4.1 Bundesgeschäftsführer

denen es innerparteiliche Flügelkämpfe gegeben hätte, konnte – wie die Politologen Raschke und Tils richtig analysieren – „die Kampa gegen den Parteiapparat durchsetzen."[227] An seine Seite installiert Müntefering einen engen Vertrauten als Wahlkampfleiter: Matthias Machnig, ein Mitglied des später von der Zeit einmal als „Boygroup" betitelten eingeschworenen Kreises von Müntefering-Vertrauten. Neben Machnig, der bis dato und auch weiterhin als Münteferings Büroleiter fungierte, gehörten zu ihnen Michael Donnermeyer als Sprecher der SPD und Kajo Wasserhövel als persönlicher Referent.[228]

Dieser Schritt, die Ausgliederung der Wahlkampfzentrale, die maßgeblich von Müntefering vorangetrieben worden war, ist für den aufkommenden Wahlkampf von enormer Bedeutung. Flügelkämpfe innerhalb der SPD werden unterdrückt, da die Wahlkampfgestaltung nicht mehr klar einem Zentrum zugeordnet werden konnte. Schröder-Biograph Urschel spricht gar von Münteferings „genialsten Coup".[229] Interessant in diesem Geflecht ist, dass es Müntefering tatsächlich geschafft hat, sich auf keine Seite der führenden Protagonisten zu schlagen oder sich öffentlich von einem der beiden einnehmen zu lassen. Zweifelsohne säte dies auch Misstrauen. Schröder soll Müntefering schon allein deswegen misstraut haben, weil „dieser sich nie für eine Seite – oder zu einer Person bekannte."[230] Dies wird noch häufig sichtbar. Zwar soll das Wahlkampfkonzept der Werbeagentur 1997 – also zu einem Zeitpunkt, wo noch keine Entscheidung über die Kanzlerkandidatur gefallen war – deutlich auf Schröder zugeschnitten sein.[231] Auf welcher Seite aber Müntefering stand, kann selbst Lafontaine nicht genau sagen. Er prangert zwar im Rückblick in seinem Abrechnungsbuch „Das Herz schlägt links" den scheinbar offensichtlichen Zuschnitt auf Schröder an. Gleichzeitig fügt er jedoch hinzu, dass er sich nicht sicher sei, „ob Franz Müntefering das bemerkte."[232] Vielleicht ist es aber gar anders herum, dass Müntefering die Zeichen der Zeit erkannt hat und an Lafontaine vorbei den Wahlkampf auf Schröder zugeschnitten hat?

---

[227] Raschke, J.; Tils, R.: Politische Strategie, 2007, S.500.
[228] So erinnert sich Müntefering in einem Interview mit dem Autor dieser Arbeit. Vgl. auch: Sturm, D.: Wohin geht die SPD?, München 2009, S.11.
[229] Urschel, R.: Gerhard Schröder, 2002, S.236.
[230] Sturm, D.: Wohin geht die SPD?, 2009, S.20.
[231] Vgl. Raschke, J.; Tils, R.: Politische Strategie, 2007, S.503.
[232] Lafontaine, Oskar: Das Herz schlägt links, München 1999, S.70 [im Folgenden: Lafontaine, O.: Das Herz schlägt links, 1999, S.127.].

Wasserhövel stimmt dem zu und meint: „Ab 'nem bestimmten Punkt: Ja." Es bleibt so viel Raum für Spekulationen. Endgültig beantwortet werden kann die Frage heute allerdings nicht mehr, gleichwohl wird sie in diesem Kapitel nochmal aufgegriffen werden.

\*\*

Genauso „hochprofessionell"[233] wie die Vorbereitungen des Wahlkampfes liefen,[234] so professionell agierten auch die drei „Kraftfelder"[235] Schröder, Lafontaine und Müntefering miteinander. Die Drei einte der Wille, Kohl abzuwählen und die SPD zurück in die Regierung zu führen. Jeder hatte in diesem Geflecht seine eigene Rolle zu verkörpern. Müntefering schien es um den Weg zur Macht zu gehen, Schröder um die Macht selbst und Lafontaine noch am ehesten um die Inhalte, wenngleich sein Machthunger ganz gewiss ebenfalls ausgeprägt gewesen war. Dennoch muss ihm angerechnet werden, dass er zugunsten Schröders auf das Amt des Kanzlerkandidaten verzichtet hat, das ihm vermutlich niemand hätte nehmen können, hätte er es für sich proklamiert. Für den einfachen Müntefering dürfte diese Zeit jedoch zu einer unverhofften Hochphase seiner politischen Karriere gehören. Man muss bedenken, dass er noch bis Anfang der 1990er-Jahre Wohnungsbaupolitischer Sprecher ohne jegliche Ambitionen gewesen ist. Nun ist er der leidenschaftliche, aber kühle Wahlkampfmanager, der im Hintergrund die Fäden zieht – und das nicht ohne Erfolg.

Nach zwei Jahren im Amt tragen die Bemühungen um ein neues Erscheinungsbild der SPD bereits sichtbare und vor allem messbare Früchte. Dies darf sicherlich nicht als Müntefering alleiniger Verdienst bewertet werden, denn Lafontaines Rolle als Parteivorsitzender und damit als höchster Repräsentant der Partei ist nicht zu unterschätzen. Er war laut Politologe Walter schließlich zwischen 1996 und 1998 zum „Kärner und Truppenführer" seiner Partei geworden.[236] Doch Müntefering gehörte eben auch zum System Lafontaine dazu.

---

[233] Raschke, J.; Tils, R.: Politische Strategie, 2007, S.442.
[234] Ein hochrangiger Wahlkampfmanager des Clinton-Wahlkampfes in den USA beispielsweise redete „den Sozialdemokraten als erstes den erhobenen Zeigefinger" aus und auch sonst waren die Wahlkämpfe in den USA und in Großbritannien im Voraus genauestens analysiert worden; vgl. hierzu: Urschel, R.: Gerhard Schröder, 2002, S.236.
[235] Sturm, D.: Wohin geht die SPD?, 2009, S.12.
[236] Walter, F.: Die SPD, 2009, S.235.

## 4.1 Bundesgeschäftsführer

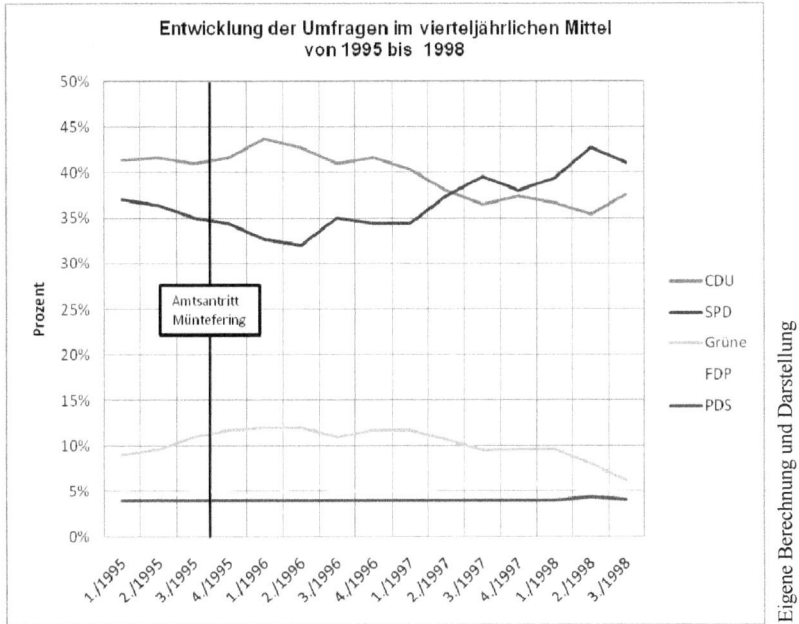

**Diagramm 2:** Wellenförmiger Aufstieg: Nach Müntefering Berufung zum Bundesgeschäftsführer zeigen die Umfragewerte bald nach oben

Er konnte dabei das, was Lafontaine nicht konnte: neutral bleiben. Er war der „neutrale Zentrist", wie es Journalist Sturm beschreibt.[237] So blieben innerparteiliche Streitigkeiten aus, „erstmals seit Jahren agierte die SPD 1996 wieder diszipliniert und geschlossen".[238] Schröder war – auch durch Zutun von Müntefering – reintegriert und wieder eingebunden worden, sodass aus Niedersachsen beispielsweise nur noch wenig Störfeuer zu erwarten waren.

Dieses insgesamt neue Erscheinungsbild der Partei registrierte auch der Wähler, was der Mehrzahl der Umfragen der damaligen Zeit deutlich zu entnehmen ist [siehe Diagramm 2, diese Seite]. Nachdem die Partei in den ersten beiden Quartalen 1996 – also un- und mittelbar nach dem Mannheimer Parteitag und dem Sturz Scharpings – nur noch Werte von durchschnittlich 32 Prozent erreicht[239], steigt sie fortan stufenweise und deutlich erkennbar auf, zu-

---

[237] Sturm, D.: Wohin geht die SPD?, 2009, S.12.
[238] Walter, F.: Die SPD, 2009, S.235.
[239] Die Zahlen basieren auf Durchschnittsberechnungen des Autors dieser auf Basis der monatlich erhobenen Stimmungen durch die Forschungsgruppe Wahlen.

nächst auf rund 35 Prozent im dritten und vierten Quartal 1996 und im ersten Quartal 1997. Der nächste Schwung kommt im zweiten Quartal 1997, in dem die SPD im Schnitt erstmals im untersuchten Zeitraum gleichauf mit der Union liegt. Im dritten Quartal überholt die Partei die Union schließlich und bleibt im Schnitt bis zum Wahlsonntag in Umfragen vor den Konservativen. Die letzte Stufe erreicht die SPD im zweiten Quartal 1998, in dem sie im Schnitt über 40 Prozent der Wählerstimmen erreichen würde und auf diesem hohen Niveau auch bis zur Wahl bleibt. Die öffentliche Einweihung der Kampa geschieht im dritten Quartal 1997 in einem Zeitraum, in der die Sozialdemokraten deutlich von umfragepolitischem Rückenwind geprägt sind. Neben den Abnutzungserscheinungen der Kohl-Regierung ist dieser Aufschwung sicher auch dem neuen, geschlossenen Erscheinungsbild der SPD zu verdanken.

**4.1.2.2 Intrigen im Vorfeld der Nominierung**

Der Kreis des Führungszirkels für den Wahlkampf wird immer kleiner. Müntefering gehört neben Lafontaine und Schröder und anders als Rau und Scharping, die zu Beginn der Planungen noch eine wichtigere Rolle bei der Abstimmung der gegensätzlichen Interessen spielten[240], stets dazu – und zwar an führender Stelle. Den Parteitag im November 1997 in Hannover, der den passenden Titel „Innovation und Gerechtigkeit" – das Motto des Wahlkampfes – trägt, bereitet er großenteils vor. Noch heute sind die beiden Begriffe neben den drei führenden Protagonisten als Inbegriffe für den Wahlkampf 1998 fest in den Köpfen der (ehemaligen) Spitzenpolitiker verankert. Sowohl Frank-Walter Steinmeier als auch Hubertus Heil, Kajo Wasserhövel und Franz Müntefering nennen sie ungefragt und bisweilen mit einem Leuchten in den Augen im Gespräch mit dem Autor.[241]

Vielleicht ist es nur die Lust an der großen Geschichte, dafür sind es aber zu viele renommierte Wissenschaftler und Journalisten, die über die Intrigen im vorderen Zirkel der SPD schrieben. Alleine die Tagesordnung des Parteitages sorgte für Irritationen. So sollte der erste Tag nach den Worten vom Schröder-Vertrauten Anda „ganz im Zeichen der großen Rede des Parteivorsit-

---

[240] Vgl. Geyer, M; Kurbjuweit, D; Schnibben, C: Operation Rot-Grün, 2005, S.40.
[241] Die Gespräche liegen im Anhang bei.

## 4.1 Bundesgeschäftsführer

zenden stehen"[242] – und damit im Zeichen von Lafontaine. Erst für den letzten Tag war Schröders Rede vorgesehen. Dessen Mitarbeiter intervenierten denn auch, „den Zeitpunkt der Rede ihres Chefs vorzuverlegen." Die Parteitagsorganisatoren lehnten dies jedoch ab, auch in seiner wirtschaftspolitischen Rede habe er genug Raum, sich in Szene zu setzen.[243] Deutlicher formuliert es Journalist Sturm. Schröder habe „innerparteilich aus der Position des Underdogs" gekämpft. Zu sehen sei das auf dem Parteitag allein schon an den Größen der Büros. Für Lafontaine und Rau seien zwei riesige Büros ausgestattet, während Schröder mit einem kleinen Container [...] auskommen musste", in dem sich noch nicht einmal ein Computer befunden habe. Sturm konstatiert: „Raumfragen sind Machtfragen"[244]. Und: Für die Planung war eben Müntefering zuständig. All dies könnte darauf hindeuten, dass Müntefering womöglich doch lieber Lafontaine als Schröder als Kanzlerkandidaten gehabt hätte. Dagegen spricht die auf Schröder zugeschnittene Wahlkampfkampagne. Wenn es denn Boshaftigkeiten waren, so sind sie schwer nachzuweisen. Nach außen hin gibt man sich geschlossen und Müntefering sich abermals loyal. So sei er „darum bemüht, beiden Kandidaten durch die Delegierten das gleiche Sympathiemandat zukommen zu lassen" und gibt daher „vor der Wahl zum Parteivorstand die Parole aus, den Kandidaten Schröder ‚breit durchzuwählen' und ihm so bereits im ersten Wahlgang die nötige Mehrheit für den Parteivorstand zu verschaffen".[245] Schröder erregt nach wie vor Misstrauen bei den SPD-Mitgliedern, sie nehmen ihm übel, glauben die drei *Spiegel*-Journalisten Geyer, Kurbjuweit und Schnibben, dass er „zum Medienliebling wurde, durch öffentliche Kritik an der SPD und deren Repräsentanten."[246]

Müntefering zieht in diesem Geflecht im Hintergrund geschickt die Fäden, ohne es sich mit den führenden Genossen zu verderben: Macht er für Lafontaine Stimmung, dann macht er es nur durch derlei symbolische Aktionen. Doch auch dem innerparteilichen Gegner, nämlich Schröder, scheint er mit Blick auf den Zusammenhalt auf die Partei nicht allzu sehr schaden zu wollen

---

[242] Bela, A.; Kleine, R.: Gerhard Schröder, 2002, S.209.
[243] Ebd.
[244] Sturm, D.: Wohin geht die SPD?, 2009, S.21.
[245] Geyer, M; Kurbjuweit, D; Schnibben, C: Operation Rot-Grün, 2005, S.38.
[246] Ebd., S.38.

und fordert zu dessen Wahl auf. Insgesamt aber ist Müntefering Teil einer Gruppe, für die er unaufhörlich, und in voller Loyalität kämpft. Es ist da jedoch noch nicht die Gruppe von Schröder, für die er später an vorderster Front für die Agenda 2010 eintreten wird. Nach dieser Theorie wäre er auf der Seite derjenigen tätig, die Schröder verhindern und lieber Lafontaine haben wollen. Seine unbedingte Loyalität zu seinen politischen Freunden würde eben auch die Illoyalität gegenüber den (innerparteilichen) Gegnern bedeuten. Vielleicht aber – so zumindest könnte der mögliche geheime Zuschnitt der Wahlkampagne auf Schröder als Kandidat hindeuten – ist Müntefering schlicht einfach nur sich selbst, seinen Konzepten für eine erfolgreiche SPD und, vor allem, seiner „Boygroup" verpflichtet und ihr gegenüber loyal.

\*\*

Müntefering wird auf diesem Parteitag mit 97,4 Prozent im Amt bestätigt, seine Hausmacht scheint gefestigt, gerade auch mit Blick auf die Ergebnisse der anderen zur Wahl Stehenden.[247] So kommen Lafontaine (Parteivorsitz), Rau und Scharping (stellvertretende Parteivorsitze) lediglich auf Ergebnisse zwischen 89 und 93 Prozent.[248] Münteferings Appell für Schröder scheint hingegen gewirkt zu haben. Anders als noch 1995, als dieser erst im zweiten Wahlgang – dann aber mit rund 80 Prozent – in den Parteivorstand gewählt wird, erreicht der damalige niedersächsische Ministerpräsident dieses Mal 74,7 Prozent der abgegebenen Stimmen im ersten Wahlgang.[249]

### 4.1.2.3 Ernennung und neue Parteistrukturen

Es ist der 01. März 1998. Die Wahllokale in Niedersachsen haben geschlossen. Schröder kann sein Ergebnis sogar um über drei Prozentpunkte steigern und erreicht mit 47,9 Prozent die absolute Mehrheit der Sitze im Landtag. In Bonn tritt Müntefering vor die Presse und verkündet nach einem „langen Anlauf"[250]:

---

[247] Langguth, Gerd: Kohl, Schröder, Merkel. Machtmenschen, München 2009, S.191 [im Folgenden: Langguth, G.: Kohl, Schröder, Merkel, 2009].
[248] Vgl. Zahlen auf der Parteitagshomepage zum Parteitag im Dezember 1997 in Hannover; abrufbar unter: http://www.dezember1997.spd-parteitag.de/wahlen.htm [zuletzt eingesehen am 15.01.2010].
[249] Vgl. ebd.
[250] Urschel, R.: Gerhard Schröder, 2002, S.224.

## 4.1 Bundesgeschäftsführer 69

**Abb. 5:** An den Gremien vorbei: Wahlkampf-Plakat kurz nach der Ausrufung: Ein Bild für das Desinteresse an der Partei?

„Oskar Lafontaine wird morgen Gerhard Schröder als Kanzlerkandidaten vorschlagen'."[251] Die Ausrufung Schröders geschieht eine halbe Stunde nach den ersten Hochrechnungen, „formal die Gremien der Partei übergehend"[252]. Es erinnert ein wenig an die Neuwahlentscheidung 2005, als es wieder Müntefering ist, der einen Sachverhalt verkündet, den er kraft seines Amtes gar nicht hätte verkünden können. Bis dato spiegelt jedoch der Vorgang um die Verkündung des Kanzlerkandidaten den Höhepunkt in Münteferings Spiel an den Gremien vorbei wider, bei dem er in gewisser Weise eine (von ihm geleitete) zweite innerparteiliche Exekutive aufbaut. „[D]irekt nach der Landtagswahl und der Vor-Nominierung durch SPD-Präsidium und Parteivorstand" und damit immer noch ohne das letztendliche Okay, ja die Legitimation durch die Partei, ist die-

---

[251] Ebd.
[252] Bergmann, K.: Bundestagswahlkampf 1998, 2002, S.25.

sem Muster entsprechend von der Kampa zudem „in mehreren überregionalen Zeitungen eine große SPD-Anzeige erschienen"[253]. Zu sehen war darauf ein Foto vom designierten Kanzlerkandidaten Gerhard Schröder und der Satz: „Ich bin bereit". Was auf eine perfekte Organisation und Vorbereitung der Kampa-Leute um Machnig und Müntefering herum hindeutet, zeigt gleichzeitig das Desinteresse, sich mit der Partei abzustimmen – oder zumindest ihren Entscheidungsgremien einen übergeordneten Wert zuzusprechen.

Es sind diese Jahre, in denen Müntefering auch die Erneuerung der Parteistrukturen vorangetrieben hat. „Nicht mehr langwierig von unten nach oben, nicht mehr meinungsbildend von Ortsverein zu Unterbezirksvorstand zu Bezirkskonferenz, nicht mehr Programmschlachten, sondern Politmarketing, nicht mehr Organisationspartei, sondern Medienpartei, nicht mehr Traditionspflege, sondern Markendenken".[254] Das, was die zitierten drei *Spiegel*-Journalisten später einmal über diese Zeit schreiben werden, spiegelt Münteferings Kampa-Stil wider – und eben auch jener Stil an den Gremien vorbei zu arbeiten. Müntefering hatte damals einen Umbauprozess der Parteizentrale hin zu einem „Dienstleistungsunternehmen"[255] angestoßen, wie es später Schröder-Biograph Urschel beschreibt. Was damals zum baldigen Erfolg bei der Bundestagswahl führte, wurde jedoch womöglich später das größte Verhängnis der SPD. Die Entkopplung von der Basis hat eigentlich bereits zu diesem Zeitpunkt begonnen. Sie war nun – wie auch die Nominierung des Kanzlerkandidaten zeigt – Befehlsempfänger von Müntefering. Seit Gründung der Kampa wendete er sich „jeden Morgen übers Computernetz an die tausend Multiplikatoren der Partei, wünscht ‚einen arbeitsreichen Tag' und speist die Tagesargumente in die Hirne".[256] Ein gerade für die sozialdemokratische Basis so wichtiger wirklicher Dialog findet jedoch nicht mehr statt.

\*\*

---

[253] Langguth, G.: Kohl, Schröder, Merkel, 2009, S.199.
[254] Geyer, M; Kurbjuweit, D; Schnibben, C: Operation Rot-Grün, 2005, S.34.
[255] Urschel, R.: Gerhard Schröder. 2002, S.302.
[256] Geyer, M; Kurbjuweit, D; Schnibben, C: Operation Rot-Grün, 2005.

## 4.1 Bundesgeschäftsführer 71

**Abb. 6:** Sichere Bastion im Hintergrund: Müntefering wird Vorsitzender der NRW-SPD.

Der Kanzlerkandidat ist beschlossen und noch bevor der Wahlkampf richtig beginnen kann, nur kurze Zeit nach der Nominierung Schröders, kommt es zu einer weitreichenden Veränderung in Münteferings politischen Leben. Rau verkündet am 17.03.1998 „etwas überraschend […] seinen Rückzug sowohl aus der Staatskanzlei zugunsten Clements als auch aus dem Amt des SPD-Landesvorsitzenden, in dem ihm Franz Müntefering nachfolgen sollte."[257] Der langjährige Ministerpräsident hat damit eine Lösung gefunden, mit der beide Protagonisten, Clement und Müntefering, leben können. Lange Zeit schien noch nicht einmal sicher, ob sich Rau nicht doch für Müntefering als Ministerpräsidenten-Nachfolger entscheiden könnte.[258] Laut Wasserhövel hätte – wie bereits im Kapitel über das Westliche Westfalen angedeutet – Müntefering das Amt des Ministerpräsidenten auf jeden Fall bekommen, wenn er gewollt hätte. So kommt es zu einer Doppelspitze. Politologe Bergmann sieht einen möglichen Grund für diese Konstellation darin, dass Müntefering „ein die rot-grüne

---

[257] Bergmann, K.: Bundestagswahlkampf 1998, 2002, S.227.
[258] So der damalige Büroleiter von Ministerpräsident Johannes Rau Michael Krüger-Charlé; vgl. Korte, K.-R.; Florack, M.; Grunden, T.: Regieren in Nordrhein-Westfalen, 2006, S.220.

Koalition [in NRW] stabilisierender Faktor" sein könnte – im Ausgleich zum wenig verwurzelten Clement.²⁵⁹ Farthmann erinnert sich noch heute, dass Clement „nie als Parteisoldat empfunden worden" sei.²⁶⁰ „Die Genossinnen und Genossen [...] haben ihn nie ans Herz gedrückt."²⁶¹ Daraus folgert er: „Deswegen gab es praktisch gar keine andere Lösung." Tatsächlich wäre Clement gegen Müntefering und gegen das Westliche Westfalen, deren Vorsitzender Müntefering nach wie vor ist und dessen Mitglieder mit Blick auf die innerparteilichen Wahlergebnisse geschlossen hinter ihm stehen, deutlich schwieriger durchzusetzen gewesen.

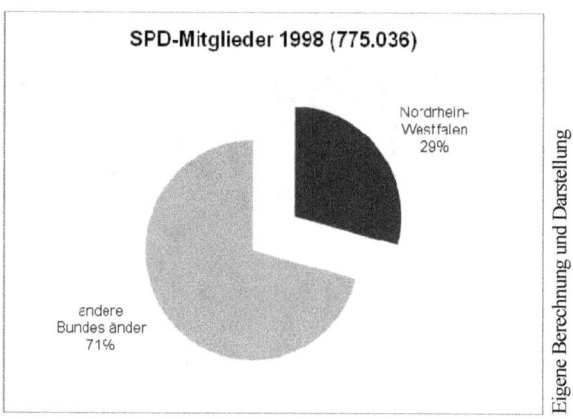

**Diagramm 3:** Rund 1/4 der Mitglieder hinter sich: Münteferings „Macht" ist abgesichert.

So oder so: Mit seinem neuen Amt hat Müntefering nun nicht mehr nur die Sozialdemokraten des größten Bezirksverbandes hinter sich, sondern die ganze Bastion der nordrhein-westfälischen SPD-Mitglieder und somit den größten Landesverband der deutschen Sozialdemokratie. Denn: Müntefering ist nun Vorsitzender von rund 226.000 SPD-Mitgliedern²⁶² und damit Vorsitzender

---

²⁵⁹ Bergmann, K.: Bundestagswahlkampf 1998, 2002, S.227.
²⁶⁰ Farthmann, F. im Gespräch mit dem Autor dieser Arbeit am 07.01.2010.
²⁶¹ Ebd.
²⁶² Nach Auskunft des Pressesprechers der nordrhein-westfälischen SPD, Dirk Borhart, hatte die NRW-SPD 1998 225.766 Mitglieder.

## 4.1 Bundesgeschäftsführer 73

von fast einem Drittel aller SPD-Mitglieder [siehe Diagramm 3, letzte Seite].[263] Sein Einfluss wächst dadurch (unverhofft) deutlich. Auf dem Landesparteitag im Mai 1998 wird er offiziell ins Amt gewählt – mit einem „Traumergebnis"[264] von 98,7 Prozent.[265] Politologe Bergmann sieht in Müntefering denn auch einen „Wahlkampfleiter mit hoher innerparteilicher Autorität."[266] Münteferings Einfluss ist gesichert.

### 4.1.2.4 Kult

Zu Münteferings großem innerparteilichen Einfluss und seinen organisatorischen Fähigkeiten kommt im Laufe des Wahlkampfes auch ein ‚Kult-Faktor' hinzu, den er im Folgenden immer wieder pflegen wird. Der Parteivorsitzende Lafontaine vorne weg adelt ihn zu einem solchen Kultpolitiker, als er am Rande des Kandidaten-Parteitags im April 1998 den Delegierten zuruft: „Franz Müntefering ist die neue Kultfigur der SPD, heute abend bei Harald Schmidt. Heute abend alle gucken!"[267] Zweifelsohne war Müntefering einer derjenigen, die das perfekte Spiel mit den (neuen) Medien verstanden. In der Sat1-Fernsehsendung des Moderators Harald Schmidt, zu der der Sauerländer auf Grund seiner altertümlichen Frisur Bestandteil des satirischen Spots mehrerer Sendungen geworden und nun als Gast dort eingeladen war, legte er – wie es Politologe Thomas Meyer analysiert – einen „intelligent vorbereiteten Auftritt" hin,[268] „bei dem er sich mit wohldosiertem Humor auf die Regeln des Satire-Genres einließ. Es gelang ihm nicht nur, mit sparsamen Mitteln und trockenem Charme einen volksnahen, liebenswürdigen Wahlkämpfer aus Westfalen vor-

---

[263] Die SPD hatte 1998 insgesamt 775.036 Mitglieder; vgl. Niedermeyer, Oskar: Parteimitglieder seit 1990: Version 2006. Arbeitshefte aus dem Otto-Stammer-Zentrum, Nr.10, Berlin 2006, S.5; abrufbar unter: http://www.uni-trier.de/fileadmin/fb3/prof/POL/VRR/Dokumente/PM-IN-2006.pdf [zuletzt eingesehen am 11.03.2010]. Nach Berechnungen des Autors stellt somit die NRW-SPD 29,12 Prozent an den bundesweiten Mitgliedern.
[264] Jakobs, Walter: Vier Fäuste für einen Rau; in: taz, 25.05.1998, S.6.
[265] SPD-Landesverband NRW: Beschlussprotokoll vom Außerordentlichen Landesparteitag der NRW-SPD am 23./24.Mai 1998, S.5; abrufbar im Internet unter: http://www.nrw.spd.de/db/docs/doc_3829_200448103929.pdf [zuletzt eingesehen am 11.03.2010].
[266] Bergmann, K.: Bundestagswahlkampf 1998, 2002, S.76.
[267] O.V.: Zitat; in: Nachrichtenagentur AP, 17.04.1998, 09.10 Uhr.
[268] Meyer, Thomas: Die Inszenierung des Politischen. Zur Theatralik von Mediendiskursen, Wiesbaden 2000, S.65f.

zustellen, sondern er brachte auch etwas Besonders mit" – nämlich Fotos aus früheren Jahren, die er aus der Innentasche seines Jacketts zieht und sie „Schmidt übergibt, nachdem er sie vorher länger in die Kamera gehalten hat." Dazu kommentiert er ironisch: „Bei diesem muß man besonders beachten den tollen Geschmack des Herrn. Das is'n Model, was da drauf ist – dieses Violett mit dem komischen Orange verbunden." Die ganze Szene – so resümiert Meyer – „ist ein Dialog zwischen zwei Kommunikationsprofis und hat darüber hinaus eine treffende Symbolik: Der medienerfahrene Politiker gibt dem Medienhistrionen ein Bild zurück und demonstriert damit, daß auch er mit Bildern umzugehen versteht. Zum Abschluß des Gesprächs – auch das paßt hervorragend ins Bild bzw. zum Bild – gibt sich Müntefering als lockerer Wahlkampf-Organisator und plaudert über die Vorbereitung der Wahl".[269] Politologe Kamps geht noch einen Schritt weiter und analysiert: „Es geht nicht um Nachricht und Information, sondern um Reichweite. Wenn sich SPD-Bundesgeschäftsführer Franz Müntefering im Anschluss an den Parteitag 1998 nicht den Fragen von Journalisten der Informations- oder Nachrichtensendungen stellt, sondern sich lieber mit Harald Schmidt über Frisuren unterhält, dann ist dies zumindest ein deutlicher Indikator dafür, dass die Politik in der ‚Pop-Arena' angekommen ist."[270] Kommunikationswissenschaftler Hannes Schwarz fügt dem folgerichtig hinzu: „Eine gänzlich unpolitische Sache wurde somit zum Türöffner für den Auftritt eines Spitzenpolitikers in einer Unterhaltungssendung." Zweifelsohne war er damit, gerade im Bundestagswahlkampf 1998 kein Einzelfall.[271] Und doch kann in jedem Falle festgehalten werden: Müntefering beherrscht die politische Inszenierung und das Spiel mit den Medien und die dazugehörige Macht der Bilder. Er versteht es, seine Person zu einer Marke auszubauen, wenn er beispielsweise den Spott über seine Haarfrisur ins Positive umkehrt. So sehr unter ihm die SPD immer mehr zu einer neuen Marke avancierte, so sehr avancierte er eben auch selber zu einer. Sein Auftritt ist so nicht nur Gegenstand wissenschaftlicher Betrachtungen geworden, sondern

---

[269] Ebd.
[270] Kamps, K.: Politisches Kommunikationsmanagement, 2007, S.154.
[271] Vgl. Schwarz, Hannes: Wählen via Fernbedienung; in: Schicha, Christian (Hrsg.), Brosda, Carsten: Politikvermittlung in Unterhaltungsformaten, Münster 2002, S.200.

4.1 Bundesgeschäftsführer 75

eben auch in vielen Porträts über Müntefering bis heute immer wieder aufgenommen worden.

Auf jeden Fall aber wird Müntefering mit Auftritten wie diesen zum Liebling der Partei und eben in der nächsten Zeit auch zu einer Kult-Figur, die sogar vom Parteivorsitzenden geadelt worden ist. Sicher dürfte das auch zu seiner Mythisierung beigetragen haben. Die *taz* wird 1998 schreiben: „Müntefering ist nicht nur klug, sondern auch die gewandelte SPD in Person."[272] Vielleicht ist es aber auch schlicht ein inszenierter Wandel. Müntefering versteht die Kunst der Inszenierung, wie dieses Beispiel zeigt. Auch sein roter Schal und die Anstecknadel, die beide bereits in der Einleitung erwähnt worden sind, werden ein Jahr später, Ende 1999, Produkt einer geschickten (Selbst-) Inszenierung sein.

**4.1.2.5 Konflikt mit Schröder**

Lafontaine sagt im Rückblick: „So wie der Wahlkampf angelegt war, war Gerhard Schröder der ideale Kandidat."[273] Für ihn galt Müntefering als ein Mann, „der weder Schröder noch mir besonders verbunden war. Er pflegte in einer für mich fast provozierenden Weise zu sagen, ich bin nicht der Geschäftsführer des Vorsitzenden, sondern der Geschäftsführer der Partei."[274] Dennoch war Müntefering nun dem Kanzlerkandidaten Schröder unterstellt. Für welchen Kandidaten er tatsächlich den Wahlkampf vorbereitete, bleibt – wie in dieser Arbeit auch deutlich gemacht wurde – offen. Auch heute noch unterschieden sich die Analysen deutlich. Interessant erscheint eine Aussage des Schröder-Freundes Uwe-Carsten Heye, der damals „Schröders Einfluss in Bonn [...] sichern"[275] sollte und eine Strategiesitzung in Bonn kopfschüttelnd mit den folgenden Worten verlassen haben soll: „Diesen Kandidaten, den ihr da schildert, den kenn ich nicht."[276] War für Müntefering der Kandidat nur Mittel zum Zweck, Mittel zum Sieg? Und wer es ist, ist eigentlich egal? Denn nicht nur Heye und Lafontaine kritisierten die Wahlkampfvorbereitungen, sondern auch

---

272  Rulff, Dieter: Und der Sieg ist blau, so blau; in: taz, 20.08.1998, S.13.
273  Lafontaine, O.: Das Herz schlägt links, 1999, S.70.
274  Ebd.
275  Sturm, Daniel Friedrich: Wohin geht die SPD?, München 2009, S.20.
276  Geyer, M; Kurbjuweit, D; Schnibben, C: Operation Rot-Grün, 2005, S.49.

– und das ist bezeichnend – Lafontaines Gegenspieler Kanzlerkandidat Schröder selbst. Aus dessen Sicht machte die Kampa keinen Wahlkampf nach Schröders Geschmack: „Die Kampa sollte ‚ausschließlich Dienstleisterin für den Kandidaten' sein. Darin habe sie versagt: ‚Der Kandidat und seine Vorstellungen wurden wenig, zuweilen gar nicht zur Kenntnis genommen'"[277], kritisiert er im Rückblick.

Tatsächlich traten die Spannungen nach dem „filmreifen Parteitag"[278] in Leipzig im April 1998 immer offener zu Tage. So kommt es beispielsweise mehrmals zu strategischen Streitigkeiten zwischen den Schröder-Leuten, angeführt von Bodo Hombach auf der einen Seite, und den Müntefering-Leuten auf der anderen. „Hombachs Erneuerer haben das Parteitagsmotto ‚Die Kraft des Neuen' gegen den Widerstand von Münteferings Leuten durchgesetzt, die wollten lieber ‚Die neue Mitte'."[279] Nachdem bekannt geworden ist, dass der Slogan bereits von Siemens verwendet wird – und die Frage schon erlaubt ist, warum das niemand der Hombacher-Truppe bemerkt hat –, wird doch noch das zunächst unterlegene Motto „Die neue Mitte" Wahlkampfslogan. Doch auch auf der anderen Seite kommt es immer wieder zu Aktionen, die nicht nur die gegnerische Seite provozieren, sondern mit ihr auch nicht abgesprochen waren. So stellt Müntefering Ende Juni „eine Garantiekarte vor, auf der Schröder den Wählern mehr Arbeitsplätze, mehr Innovationen und mehr Steuergerechtigkeit verspricht."[280] Die neun Wahlkampfversprechen entsprachen nach Meinung von Journalist Sturm „voll den Intentionen Lafontaines".[281] Das größere Problem aber: Schröder soll davon nichts gewusst haben, „schon gar nicht vom Punkt neune: ‚Kohls Fehler zu korrigieren, bei Renten, Kündigungsschutz und Lohnfortzahlung im Krankheitsfall'."[282]

Frank-Walter Steinmeier möchte zwar von einem explizit schlechten Klima in diesem damaligen Wahlkampf nichts wissen, sagt aber zumindest, dass es am Anfang nicht ganz einfach gewesen sei. Er spricht von „unterschiedliche[n] Kulturen", die sich herausgebildet hätten und meint: „Das muss-

---

[277] Schröder, Gerhard; Zitiert nach: Raschke, J.; Tils, R.: Politische Strategie, 2007, S.501f.
[278] Sturm, D.: Wohin geht die SPD?, 2009.
[279] Geyer, M.; Kurbjuweit, D.; Schnibben, C.: Operation Rot-Grün, 2005, S.43.
[280] Ebd.
[281] Sturm, D.: Wohin geht die SPD?, 2009, S.20.
[282] Geyer, M.; Kurbjuweit, D.; Schnibben, C.: Operation Rot-Grün, 2005, S.47.

## 4.1 Bundesgeschäftsführer

te sich zusammenrütteln zwischen denjenigen, die in der Staatskanzlei in Niedersachsen drauf geschaut haben, und denen, denen die professionelle Wahlkampfführung in der Baracke oblag."[283] Von einer reibungslosen Zusammenarbeit zeugt das zumindest nicht. So fügt er zwar hinzu, dass es ein „großartiger Wahlkampf" gewesen sei, macht aber auch zwölf Jahre danach noch die Unterteilung zwischen denen in Bonn und denen in Niedersachsen. Ein anderer Mitarbeiter spricht zudem von „Schwierigkeiten und Schwächen im Zusammenspiel von Kampa und Kandidat"[284]. Die Streitigkeiten gingen dabei bis ins Persönliche hinein. So soll sich Schröder gern „über den Mann mit der komischen Frisur" und „dessen seltsame Jackets und Rautenmuster Pullover" lustig gemacht und als „Designerklamotten von C & A" verspottet haben.[285] In einer Unterredung in der saarländischen Landesvertretung soll Schröder zudem Müntefering beschimpft haben: „Du hast doch keine Ahnung von Wahlkämpfen".[286] Nach Erinnerung von Lafontaine hat Müntefering in Bezug auf den Posten des Kanzleramtschefs einmal gesagt: „‚Mit dem mache ich das nicht'."[287] Auch an Aufhören soll er immer wieder gedacht haben, sei aber dann von Lafontaine überredet worden, weiter zu machen.[288] Müntefering will von alledem nichts wissen. Stattdessen sagt er, dass Schröder gewusst habe, dass er damals für Scharping gestimmt hatte, „was ihn aber nicht davon abgehalten hat, dann doch mit mir zusammenzuarbeiten, zwar gut zusammenzuarbeiten."[289] Dies zeige, so sagt er weiter, „dass [es] da auch viele Gerüchte [um] Feindschaften gibt – das ist alles Quatsch!"[290] In der Tat haben Müntefering und Schröder dann sehr gut zusammengearbeitet, vor allem Schröder schien von Müntefering angetan sein. Doch im Wahlkampf sah Müntefering eine große Rolle bei Lafontaine, er schien dem Lafontaine-Lager – unabhängig von der Kanzlerkandidatur – stets näher gewesen zu sein. Im Interview mit dem Autor betont er dessen Rolle, die zweifelsohne wichtig war, gleich mehrmals – und auch ungefragt: „Und, das wir da so gewonnen haben '98, ist auch ein Ver-

---

[283] Steinmeier, F.-W. im Gespräch mit dem Autor dieser Arbeit am 12.01.2010.
[284] So Heins Thörmer; vgl. Sturm, D.: Wohin geht die SPD?, 2009, S.20.
[285] Geyer, M.; Kurbjuweit, D.; Schnibben, C.: Operation Rot-Grün, 2005, S.43.
[286] Ebd.
[287] Lafontaine, O.: Das Herz schlägt links, 1999, S.127.
[288] Geyer, M.; Kurbjuweit, D.; Schnibben, C.: Operation Rot-Grün, 2005, S.43.
[289] Müntefering, F. im Gespräch mit dem Autor dieser Arbeit am 23.02.2010.
[290] Ebd.

dienst mit gewesen von ihm. Ganz klar. Als Parteivorsitzender hat er da sehr erfolgreich die Linie drauf gehabt."[291] Lafontaine soll es eben auch gewesen sein, der Schröder die Zusage abgerungen hat, Müntefering zum Kanzleramtschef zu machen, zumindest wird er in einem Regierungsteam Schröder für diese Aufgabe gehandelt.[292] Vielleicht, so lässt sich vermuten, sollte mit dieser Entscheidung jedoch schlicht die Truppe um Lafontaine einbezogen und damit ruhig gestellt werden, da sie sich so auch berücksichtigt fühlte. Denn: Nach der Wahl ist von einem Kanzleramtschef Müntefering keine Rede mehr. Steinmeier hingegen kann (oder möchte) sich an eine solche Abmachung heute nicht mehr erinnern.

Für die Zeit des Wahlkampfes hingegen bleibt festzuhalten: Müntefering wird auch von seinen Kritikern als perfekter Organisator wahrgenommen, sodass im Wahlkampf nur wenig Kritik an ihm geäußert wird. Für eine inhaltliche Aufgabe ist er hingegen sowohl in den Medien als auch in der Partei und dem Regierungsteam nicht im Gespräch.[293] Zweifelsohne wusste er die inhaltlichen Schwerpunkte zum Zwecke seiner organisatorischen und damit strategischen Überlegungen einzusetzen und eben doch Themen zu setzen, des Wahlzieles wegen. In diesem Wahlkampf waren es „Innovation und Gerechtigkeit".

**\*\***

40,9 Prozent der Wähler stimmten bei der Bundestagswahl 1998 für die SPD. Zusammen mit den Grünen reicht es zu einer rot-grünen Regierung. Die „Boygroup" um Wasserhövel, Machnig und Müntefering selbst wird sich danach bestätigt gefühlt haben und fest etablierter Bestandteil des ‚System Müntefering' geworden sein. Dass von den Streitigkeiten nur noch wenige etwas wissen wollen, mag entweder daran liegen, dass der vergleichsweise große Wahlsieg alles davor Gewesene vergessen gemacht oder aber die Riege der Journalisten irrt und nicht genau recherchiert hat. Ersteres erscheint wahrscheinlicher. Über den Erfolg des Wahlkampfes sagt Müntefering heute in scheinbarer Bescheidenheit: „Schröder und Lafontaine haben ‘nen guten Wahlkampf gemacht. Und ich hab' meinen Teil dazu beigetragen."[294]

---

[291] Ebd.
[292] O.V.: Otto Schily soll in Schröders Kabinett; in: taz, 20.05.1998, S.4.
[293] Urschel, R.: Gerhard Schröder, 2002, S.234.
[294] Müntefering, F. im Gespräch mit dem Autor dieser Arbeit am 23.02.2010.

### 4.1.3 Der Einende und Zusammenführende. Der Bundesgeschäftsführer

Schröder beschreibt nach der Bundestagswahl 1998 einmal: „Der Spitzenkandidat muss deutlich machen, dass er Vorstellungen davon hat, wohin die Reise geht. Er darf nicht als Parteisoldat die Befehle nur ausführen. Er muss welche geben."[295] In verblüffender Weise beschreibt Schröder das Gegenteil dessen, was Müntefering in dieser Zeit und auch in den folgenden Jahren verkörperte, nämlich einen Parteisoldaten, der Befehle entgegennimmt und diese dann – selbstständig und an den Gremien vorbei – zum Erfolg führt.

In Münteferings Karriere – so sagen Sozialdemokraten immer wieder und so wurde es zu Beginn dieses Kapitels auch erwähnt – sei die Bundestagswahl 1998 sein größter Verdienst gewesen. Dies ist nicht von der Hand zu weisen. In diesen Jahren des Bundesgeschäftsführers hat Müntefering tatsächlich einiges erreicht, zumindest aber mit zu verantworten. Zweifelsohne gehört die neue innerparteiliche Einigkeit mit dazu. Lafontaine und Schröder wurden jeweils einem Lager zugeschrieben, während Müntefering derjenige war, dem die Genossen vertrauten – und zwar von beiden Seiten. Seine Ergebnisse bei der Wahl zum Bundesgeschäftsführer bestätigen diese These. Politologe Raschke fügt hinzu, dass es trotz der „Abnutzungserscheinungen" der Regierung Kohl ein „erhebliche[s] Spaltungspotential der SPD" gegeben habe.[296] „Die Leistung von Müntefering und Machnig bestand darin, dieses Potential nicht nur zuzudecken, sondern produktiv zu verwenden, zumindest für die Ebene des Wahlkampfes.[...]"[297]. Neben dieser neuen Einigkeit hat Müntefering zudem die SPD mit zu neuem Leben erweckt. So resümiert Politologe Langguth, dass es Müntefering gelungen sei, „binnen drei Jahren aus der ‚mausetoten' [...] SPD eine hübsch bunt und geschlossen daher kommende Partei zu machen."[298] Zweifelsohne gehört zu seinen Verdiensten – hier zusammen mit Lafontaine – auch die Reintegration von Gerhard Schröder. Ohne das große Bundesland Niedersachsen und gegen Schröder hätte die Wahl vermutlich nicht gewonnen werden können. Die Reintegration führte letztendlich

---

[295] Schröder, Gerhard in einem Interview mit dem Magazin Stern kurz nach der Bundestagswahl 1998; zitiert nach: Langguth, G.: Kohl, Schröder, Merkel, 2009, S.199.
[296] Raschke, J.; Tils, R.: Politische Strategie, 2007, S.504.
[297] Ebd.
[298] Langguth, G.: Kohl, Schröder, Merkel, 2009, S.191.

zu Schröders Kanzlerschaft, doch schon vorher sorgte sie eben mit für das neue ‚Wir-Gefühl'. Der Querulant Schröder, 1995 wieder eingebunden, konnte so nur noch bedingt opportunieren.

Für Münteferings Karriere und seinen Aufstieg selbst sind diese Jahre des Bundesgeschäftsführers von enormer Bedeutung. Er konnte seine später viel gelobte Organisationskompetenz unter Beweis stellen, die nach seinem Abgang – wie Raschke analysiert – „zweimal so gravierend" regredierte, „dass sie nur durch Krisenmanagement zu retten war."[299] Gerade durch den blassen Nachfolger wurde Müntefering bald zu einem Denkmal. Das war nicht abzusehen und konnte nur bedingt von ihm beeinflusst werden. Doch der Bundestagswahlkampf 1998 und Müntefering – das scheint eins. Hier dürften auch die Ursprünge für die spätere Mythisierung des Sauerländers zu suchen sein. Hinzu kommt der Faktor Nordrhein-Westfalen. Dort hat er – wie bereits weiter oben beschrieben – seit den frühen politischen Jahren eine große (innerparteiliche) Bedeutung gehabt und ist tief verwurzelt. Seinen Einfluss auf die Bundesebene sicherten ihm seine stabile Bastion im Westlichen Westfalen und sein schnell ausgebauter Einfluss in Nordrhein-Westfalen. Clement, der sich lange Zeit als alleiniger Nachfolger Raus sah, hatte das Nachsehen und musste sich mit einer Ämterteilung zufrieden geben. Nach Raus Abdankung übernahm er den Posten des Ministerpräsidenten und Müntefering den des Landesparteivorsitzenden übernahm. Fortan hat Müntefering so nicht mehr nur den mächtigsten Bezirk der SPD hinter sich, sondern auch den größten Landesverband, womit sein Einfluss auf Bundesebene auch für die kommenden Jahre gesichert scheint.

Auf Gremien und Absprachen legt Müntefering in seinem Führungsverhalten keinen größeren Wert. Er entscheidet in seiner Kleingruppe, der „Boygroup" rund um Matthias Machnig und Kajo Wasserhövel, und stülpt Parteiführung und Mitgliedern seine Vorstellungen von Wahlkampf und Themensetzung in gewisser Weise über. Die Partei selbst formt Müntefering dabei immer mehr in ein Dienstleistungsunternehmen um, und leitet damit in gewisser Weise schon 1998 den Entkopplungsprozess zwischen Parteibasis und den Partei-

---

[299] Raschke, J.; Tils, R.: Politische Strategie, 2007, S.500.

## 4.2 Generalsekretär

führenden ein – und legt somit mitverantwortlich den Keim für die spätere Unzufriedenheit.

\*\*

Nach der gewonnenen Bundestagswahl will Oskar Lafontaine den Verbleib des bisherigen Fraktionsvorsitzenden Rudolf Scharping „unter allen Umständen verhindern."[300] Lafontaines Wunschkandidat ist der bisherige Bundesgeschäftsführer Müntefering. Dieser soll dieses Amt jedoch – noch – nicht bekommen. „Der designierte Bundeskanzler Gerhard Schröder schlichtete den Personalstreit, in dem er nicht nur Rudolf Scharping, sondern auch den Wunschkandidaten Lafontaines [...] in sein Kabinett berief."[301] Müntefering wird Verkehrsminister und bald darauf Generalsekretär.

### 4.2 Generalsekretär

#### 4.2.1 Vom Verkehrsminister zum Generalsekretär

Die Regierung ist nicht gut angelaufen, stellen etwa Politologe Langguth[302] aber auch der Gross der Medienberichte der damaligen Zeit fest. „Wochenlange Debatten über die künftige Besteuerung von ‚630-Mark-Jobs', die Rente mit 60 und den Atomausstieg vermittelten ein ziemlich chaotisches Bild der Regierungsarbeit. Vor allem einige umweltpolitische Entscheidungen Trittins führten zu Zwist in der Regierung. Rot-Grüne Gesetze zur Steuer-, Sozial- und Gesundheitspolitik führten im Dezember 1999 zu einem Ärztestreik. Hinzu kamen noch die Äußerungen von Verkehrsminister Müntefering, sich ein ‚Höchstalter' für Autofahrer vorstellen zu können, die zu dem Bild der Unzufriedenheit beitrugen."[303] Politologe Uwe Jun sieht für den schlechten Start drei Gründe: die Auflösung des strategischen Zentrums aus Lafontaine, Schröder und Müntefering, Gegensätze zwischen Partei und Regierungszentrale sowie unzureichende Vorbereitung auf gestiegene Anforderungen der Regie-

---

[300] Bergmann, Kristin: Regierungsbildung 1998: Dokumentation der Koalitionsverhandlungen; in: Zeitschrift für Parlamentsfragen, Heft 2/99, S.320.
[301] Ebd.
[302] Langguth, G.: Kohl, Schröder, Merkel, 2009, S.231.
[303] Ebd.

rungskommunikation.[304] In jedem Falle: Anders als in vielen Presseberichten behauptet, soll sich Müntefering in seinem neuen Amt, dem des Bau- und Verkehrsministers, wohl gefühlt haben – so zumindest sagen es Frank-Walter Steinmeier[305] und Kajo Wasserhövel[306]. Als Abschiebung oder Degradierung habe er die Berufung jedenfalls nicht verstanden, so Müntefering selbst.[307]

Für die kurze Zeit in der Müntefering das Amt ausführte – nur rund 11 Monate –, scheint es wenig sinnvoll, eine Analyse der Verkehrspolitik unter Müntefering durchzuführen. Akzente – so viel sei gesagt – hat er laut einer Analyse von Politologe Walter zumindest nicht setzen können.[308] Erwähnt sei zudem, dass sich im Forschungsministerium, im Familienministerium und eben im Verkehrsministerium „[ü]berdurchschnittlich hohe Entlassungswerte" haben feststellen lassen, wie Politologe Hans-Ulrich Derlien feststellt.[309] Müntefering umgibt sich nicht nur im engsten Führungskreis mit Vertrauten, sondern auch in den unteren Ebenen. Die Entlassungswellen deuten zumindest darauf hin. Münteferings enger Stab folgt ihm selbstredend auch, wie es bereits bei der Berufung zum Bundesgeschäftsführer geschehen ist. Machnig und Wasserhövel bleiben somit an seiner Seite. Ersterer wird Staatssekretär.[310]

\*\*

Nach seinem kurzen Intermezzo als Verkehrsminister kehrt Müntefering im September 1999 zunächst kommissarisch in ein administratives Amt zurück. Er wird der erste Generalsekretär in der Geschichte der SPD.[311] Es soll das einzige Amt gewesen sein, nach dem er gestrebt hat, sagt er selbst[312]. Nachdem Müntefering 1995 in einer für die Sozialdemokraten verzwickten und in dieser Arbeit bereits beschriebenen Lage nach Bonn gekommen war und seinen Ruf als Einender und Wahlkampforganisator im Amt des Bundesgeschäftsführers

---

[304] Vgl. Jun, Uwe, Wandel von Parteien in der Mediendemokratie, Frankfurt/Main 2004, S.349f.
[305] Vgl. Steinmeier, F.-W. im Gespräch mit dem Autor dieser Arbeit am 12.01.2010.
[306] Vgl. Wasshövel, K. im Gespräch mit dem Autor dieser Arbeit am 25.01.2010.
[307] Vgl. Müntefering, F. im Gespräch mit dem Autor dieser Arbeit am 23.02.2010.
[308] Vgl. Walter, F.: Charismatiker und Effizienzen, 2009, S.271.
[309] Derlien, Hans-Ulrich: Personalpolitik nach Regierungswechseln; in: ders.; Murswieck, Axel (Hrsg.): Regieren nach Wahlen, Opladen 2001, S.51 [im Folgenden: Derlien, H.: Personalpolitik; in: ders. Murswieck, A.: Regieren nach Wahlen, 2001].
[310] Derlien, H.: Personalpolitik; in: ders. Murswieck, A.: Regieren nach Wahlen, 2001, S.54.
[311] Vgl. z.B.: Quader, Heike: Chronik der 14. Legislaturperiode; in: Egle, Christoph; Ostheim, Tobias; Zohlnhöfer, Reimut: Das rot-grüne Projekt. Eine Bilanz der Regierung Schröder 1998 bis 2002, Wiesbaden 2003, S.428.
[312] Müntefering, F. im Gespräch mit dem Autor dieser Arbeit am 23.02.2010.

unter Beweis stellen konnte, ist nun wieder Krise bei der SPD. Wieder soll es Müntefering richten. Diesmal allerdings sind ihm viele Vorschusslorbeeren vorausgeeilt.

**4.2.2 Zurück in die Partei**

Es war in diesen hitzigen Wochen nach der verloren gegangenen Landtagswahl im Saarland im September 1999[313], als im hannoverschen Restaurant „Wiechmann" eine illustre Dreiergruppe zusammentraf. Der Bundeskanzler persönlich war gekommen, um mit seiner „rechten Hand"[314] Frank-Walter Steinmeier und Franz Müntefering über die Zukunft der Partei und Münteferings Rolle darin zu beraten. Steinmeier muss heute lange überlegen, bis er die Erinnerungen über diesen Abend wieder im Gedächtnis hat und dann sagt: „Ich hab' das so in Erinnerung, dass er keine grundlegenden Schwierigkeiten damit hatte, sich den Wechsel vom Kabinett auf eine Parteifunktion vorzustellen. Das nicht. Eher sozusagen eine nicht leicht begründbare Runde über den Bundesgeschäftsführer, ein paar Monate Verkehrsminister und dann wieder den Bundesgeschäftsführer ihm nicht sehr behagte."[315] Müntefering selbst erinnert sich da besser, wenngleich seine, ebenso wie die Erinnerungen Steinmeiers, immer – wie eingangs geschrieben – mit kritischer Distanz zu betrachten sind. „Die Koalition trudelte", erinnert sich Müntefering, „und ich bin zu Schröder gegangen und hab' gesagt: Wir brauchen 'nen Generalsekretär, der jetzt die Partei versucht zu organisieren und das Ganze, was wir machen müssen, durchzuziehen, durchzusetzen. Dann hat er gesagt, ja, aber es gibt ja keinen. Da müssen wir einen machen. Wer soll das denn machen. Dann hat er gesagt: Am besten ich. Das war das einzige Mal."[316] In Münteferings Erinnerungen

---

[313] Die Saar-SPD suchte die Ursachen für ihren Machtverlust nach 14 Jahren Regierung in Berlin und forderte „eine Änderung der Strategie der Bundes-SPD und der Bundesregierung. Gerhard Schröder reagierte als Chef der Bundes-SPD, indem er Ottmar Schreiner, der auf Wunsch Lafontaines Bundesgeschäftsführer der Partei geworden war, ins Abseits schob und Franz Müntefering wieder in die Parteizentrale holte." Vgl. hierzu Winkler, Jürgen R.: Die saarländische Landtagswahl vom 5. September 1999, in: Zeitschrift für Parlamentsfragen, Heft 1/00, S.41.
[314] Hogrefe, Jürgen: Gerhard Schröder – Ein Porträt, Berlin 2002, S.157 [im Folgenden: Hogrefe, J.: Gerhard Schröder, 2002].
[315] Steinmeier, F.-W. im Gespräch mit dem Autor dieser Arbeit am 12.01.2010.
[316] Müntefering, F. im Gespräch mit dem Autor am dieser Arbeit am 23.02.2010.

sieht es also so aus, dass er dieses Amt tatsächlich haben wollte, es „das einzige Mal" gewesen sei, dass er eines angestrebt hat. Steinmeier kann sich zumindest an keine größeren Bedenken von ihm erinnern.[317] Hierzu passen auch die Erinnerungen Ottmar Schreiners, der sich gegenüber Politologe Langguth äußerte, dass Schröder ihn angerufen und gesagt habe, „ich habe mit ihm [Müntefering] einen Deal gemacht und konnte sein Angebot, zurück zur Partei zu gehen, nicht ablehnen."[318]

Auch wenn Steinmeier sich nicht daran erinnern kann, ob die drei bereits an besagtem Abend mit der „Gerneralsekretärsvariante operiert haben oder ob das erst danach entstanden ist"[319], wird jedoch aus allen Interviews und den zusätzlichen Recherchen von Beobachtern der damaligen Zeit deutlich, dass Müntefering recht deutlich interveniert hat, einen Job in der Parteiorganisation zu bekommen. Schon lange vor der Entscheidung über Münteferings Nominierung zum Generalsekretär, nach Lafontaines überraschenden Rücktritt am 11. März 1999, gab es sogar Überlegungen, Müntefering zum Parteivorsitzenden zu machen.[320] Dazu kam es jedoch nicht. Müntefering schloss eine solche Kandidatur, die Heidemarie Wieczorek-Zeul vorgeschlagen haben soll, nach Angaben Schröders „kategorisch" aus.[321] Heute erinnert sich Müntefering selbst ähnlich: „Und auf der Fahrt dann nach Bonn hab' ich erst den Schröder angerufen und gesagt, Du musst das jetzt machen. Und zweitens haben mich einige angerufen und gesagt, Du musst das jetzt machen. Da hab' ich gesagt, aus, Schluss und so weiter, der wird das jetzt, der macht das jetzt."[322] Auch auf Anraten vom grünen Bundesaußenminister Joschka Fischer[323] übernimmt der Bundeskanzler schließlich selbst dieses Amt.

Das Generalsekretärsamt hat Müntefering in gewisser Weise jedoch tatsächlich angestrebt, ihn zog es zurück in die Partei. Von Schröder hat sich

---

[317] Steinmeier, F.-W. im Gespräch mit dem Autor dieser Arbeit am 12.01.2010.
[318] Langguth, G.: Kohl, Schröder, Merkel. Machtmenschen, München 2009, S.246.
[319] Steinmeier, F.-W. im Gespräch mit dem Autor dieser Arbeit am 12.01.2010.
[320] Vgl. Schröder, G.: Entscheidungen, 2006, S.130.
[321] Ebd.
[322] Müntefering, F. im Gespräch mit dem Autor am dieser Arbeit am 23.02.2010.
[323] So übereinstimmend Joschka Fischer und Gerhard Schröder in ihren Memoiren und in einer Chronik des Spiegels: Fischer, Joschka: Die rot-grünen Jahre, Köln 2007, S.151 *und:* Schröder, Gerhard: Entscheidungen, 2006, S.118 *und:* Geyer, M.; Kurbjuweit, D.; Schnibben, C.: Operation Rot-Grün, 2005, S.92.

## 4.2 Generalsekretär 85

Müntefering dabei die Zusage eingeholt, bei Personalentscheidungen freie Hand zu bekommen[324] – und nutzt dies gleich zu Beginn seiner Amtszeit. Machnig, Wasserhövel und Donnermeyer folgen ihm in sein neues Amt. Gerade die Personalie Machnig, Münteferings „rechte Hand"[325], ist eine Personalie nicht ohne Brisanz: Machnig und Schröder sollen sich immer fremd geblieben sein, auch im Wahlkampf 1998. Dennoch lässt es Schröder zu, dass Müntefering seine eigene Machtbasis auch auf Bundesebene festigt, wenn Machnig der neue Bundesgeschäftsführer unter Generalsekretär Müntefering wird. Der Journalist und SPD-Buch-Autor Sturm bestätigt das, wenn er schreibt, dass der „machtbewusste Müntefering" die Situation für sich zu nutzen wusste, „seinen eigenen Spielraum zu erweitern."[326] So glaubt Sturm, dass Müntefering „eigenständig agieren" wollte, „anstatt unter jemanden tätig zu sein."[327] Gleichzeitig, das darf nicht übersehen werden, hält sich Müntefering auch bei seiner erneuten Berufung eine Hintertür nach Nordrhein-Westfalen offen. Es erinnert an seine Kühr zum Bundesgeschäftsführer 1995. Wie bereits in dieser Arbeit erwähnt, war damals die Ämterhäufung Münteferings recht groß, zumindest aber ungewöhnlich. So war er neben seiner Geschäftsführertätigkeit gleichzeitig Abgeordneter im nordrhein-westfälischen Landtag und Vorsitzender des Bezirks Westliches Westfalen. Mittlerweile ist er Vorsitzender von ganz Nordrhein-Westfalen und behält auch dieses Amt neben seiner neuen Tätigkeit als Generalsekretär. „Müntefering versteht etwas von Machtsicherung", schreibt dazu Schröder-Biograph Urschel treffend.[328] „Er weiß, wie gefährlich es wäre, sich eng an Schröder zu binden und die eigene Hausmacht aufzugeben". Bei aller Loyalität und aller (inszenierten) Bescheidenheit scheint eben auch Müntefering ein zweifelsohne machtbewusster Politiker zu sein – und in Teilen sogar ein nach Macht strebender Politiker.

Mit Münteferings Amtsantritt kam es auch zu personellen Veränderungen. Ein Sozialdemokrat, der seinen Namen nicht genannt wissen möchte, geht diesbezüglich hart ins Gericht mit Müntefering: „Das waren Müntefering und

---

[324] Gegenüber dem Autor dieser Arbeit sagt Steinmeier, dass Schröder damit auch kein Problem gehabt habe.
[325] Hogrefe, J.: Gerhard Schröder, 2002, S.157.
[326] Sturm, D: Wohin geht die SPD, 2009, S.51.
[327] Ebd.
[328] Urschel, R.: Gerhard Schröder, 2002, S.307.

Machnig, die ihn [Ottmar Schreiner] damals rausgeschmissen haben."[329] In Bezug auf Müntefering Vorgänger Schreiner kritisiert der SPD-Kenner den Umgang: „Als der '99 abtreten musste als Bundesgeschäftsführer, auch gegenüber seinen Mitarbeitern, war das 'ne ziemlich hart stalinistische Säuberungsaktion". Es sind harte Worte, die der Kritiker da gebraucht. Bei Schreiner seien Wunden entstanden, die dieser sich aus dieser Begebenheit – nämlich „Leute so vor den Kopf zu stoßen"[330] – gut erklären kann.

### 4.2.3 „Geschäftsführender Vorsitzende" und eine neue Organisation

Schröder selbst betitelt Müntefering zu Beginn von dessen Amtszeit einmal als „Geschäftsführenden Vorsitzenden" und gibt damit zum Teil die Ausrichtung und Wahrnehmung des künftigen Generalsekretärs vorweg. Eine einfache Umbenennung des Bundesgeschäftsführeramtes sei das nicht, findet etwa die *FAZ*, „dies werde an seinen organisatorischen Planungen deutlich."[331] So kommt es zu einer deutlichen Aufwertung der Parteiarbeit, in deren Zuge das Parteipräsidium sehr an Bedeutung gewinnt. „Die veränderte Abfolge der Gremiensitzungen soll den Vorrang der Parteiarbeit dokumentieren. Künftig soll es zudem dreimal in der Woche eine Besprechung führender sozialdemokratischer Vertreter der Regierung, Partei und Fraktion geben", berichtet Journalist Bannas. Steinmeier, Struck, Müntefering und ein Vertreter der Länder werden da zusammensitzen und über die Zukunft der SPD debattieren.[332]

Das neue Führungsduo Schröder-Müntefering scheint zumindest auf den ersten Blick tatsächlich gute Voraussetzungen für eine zukünftige, erfolgreiche Zusammenarbeit mitzubringen. Auf der einen Seite der (Medien-)Mann, der nach außen in die Öffentlichkeit wirkt, auf der anderen Seite der Organisator, der die Herzen der Partei erwärmt und die Regierungsarbeit nach innen und außen verkauft. Die Politologinnen Daniela Forkmann und Anne-Kathrin Oelzen sehen in Müntefering „ein Bindeglied zwischen [Schröder] und der

---

[329] Name ist dem Autor dieser Arbeit bekannt.
[330] s.o.
[331] O.V.: Der Koordinator; in: FAZ, 08.10.1999.
[332] Bannas, Günter: Müntefering will in seiner Partei „Unebenheiten" glätten; in: FAZ, 08.10.1999, S.1.

## 4.2 Generalsekretär

Partei"[333]. Er sollte „die Partei auf Abstand halten zu Schröder und vermittelt den Genossen gleichzeitig das Gefühl an Einfluss zu gewinnen"[334], beschreibt Korte. Der Politologe sieht darin eine „Enttraditionalisierung der Parteistruktur", die der „Enttraditionalisierung der SPD-Programmatik" folgte.[335] Schröder selbst sagt in seinen Memoiren im Rückblick, vielleicht etwas pathetisch: „Wir beide zusammen konnten als Führungsduo zumindest den Versuch unternehmen, den Verlust auszugleichen, den Oskars Rücktritt für die SPD bedeute".[336] Er war es, der den Begriff des „geschäftsführenden Parteivorsitzenden" prägte. Damit nahm er seine eigene Rolle zurück, meint Journalist und SPD-Buch-Autor Richard Meng.[337] Schröder habe „den Parteivorsitz nur ein einziges Mal wirklich" gewollt – „als ihn 1994 per Urabstimmung Rudolf Scharping erhielt, und auch da sah er im Parteivorsitz nur ein Sprungbrett zur Kanzlerkandidatur". Müntefering strebte hingegen das Amt des Generalsekretärs an und machte daraus – mit Schröders Billigung – einen versteckten Parteivorsitz; jenes Amt, das er später einmal als das Schönste neben dem Papst bezeichnen wird[338] und damit zeigt, wie bedeutend es für ihn war und ist.

\*\*

Münteferings größtes Pfund, das er mit einbringt in das neue Amt, ist sein Organisationstalent, inhaltlich hingegen fällt er zumindest bei Amtsübernahme kaum auf. So erinnert sich etwa Heil nach langem Überlegen, dass in inhaltlichen Fragen weiterhin Schröder als Parteivorsitzender sein Ansprechpartner war und nicht Müntefering. Auch als eine Art geschäftsführenden Parteivorsitzenden habe er ihn nicht wahrgenommen.[339] 1999 hatte Schröder zusammen

---

[333] Forkmann, Daniela; Oeltzen, Anne-Kathrin: Charismatiker, Kärner und Hedonisten. Die Parteivorsitzenden der SPD; in: Forkmann, Daniela; Schlieben, Michael (Hrsg.): Die Parteivorsitzenden in der Bundesrepublik Deutschland, 1949 bis 2005, Juni 2005, S.108 [im Folgenden: Forkmann, D., Oeltzen, A.: Parteivorsitzende der SPD; in: Forkmann, D.; Schlieben, M (Hrsg.): Parteivorsitzende in der Bundrepublik, 2005].

[334] Korte, Karl-Rudolf, Fröhlich, Manuel: Politik und Regieren in Deutschland: Strukturen, Prozesse, Entscheidungen, Paderborn 2006, S.242 [im Folgenden: Korte, K.: Fröhlich, M.: Politik und Regieren in Deutschland, 2006].

[335] Ebd.

[336] Schröder, G.: Entscheidungen, 2006, S.130.

[337] Vgl. Meng, Richhard: Der Medienkanzler. Was bleibt vom System Schröder?, Frankfurt am Main 2002, S.132 [im Folgenden: Meng, R.: Der Medienkanzler, 2002].

[338] Vgl. Fröhlich, Vera-Hela: Schröder übergibt die SPD dem Zuchtmeister; in: Associated Press, 06.02.2004.

[339] Vgl. Heil, H. im Gespräch mit dem Autor dieser Arbeit am 25.01.2010.

mit dem englischen Sozialdemokraten Tony Blair den Versuch unternommen, der neuen Sozialdemokratie eine Handschrift zu verleihen. Dies zeichnete sich etwa durch das Schröder-Blair-Papier aus, das inhaltlich dem sogenannten Dritten Weg (Third Way) der britischen Sozialdemokraten nahe stand[340] und „einen Bruch mit der deutschen sozialdemokratischen Tradition" bedeutete.[341] Indizien, dass Müntefering an der Debatte um das Papier teilgenommen hat, lassen sich in den vielseitigen Presseartikeln nicht finden. Auch der damals junge Bundestagsabgeordnete Heil kann sich nicht erinnern, wie Müntefering sich „dazu verhalten habe".[342]

Müntefering bleibt somit der Organisator an Schröders Seite, der – wie sich Wasserhövel erinnert – „dem Kanzler den Rücken frei" hält,[343] er bleibt einer, der loyal ist, und der Schröder nicht gefährlich werden würde. Am 04. Dezember 1999 wird Müntefering mit 94,27 Prozent zum Generalsekretär gewählt.[344] Das sind rund acht Prozentpunkte mehr, als Schröder an Stimmen für den Parteivorsitz auf demselben Parteitag bekommen hat.[345]

### 4.2.4 Amtsführung

Mit Münteferings zunächst kommissarischer Übernahme des Generalsekretärspostens Ende September 1999 und der Auswechselung des Kanzleramtschefs von Bodo Hombach zu Frank-Walter Steinmeier einige Monate zuvor beruhigt sich die Lage in der SPD tatsächlich.[346] Zumindest kann bis zum Parteitag im Dezember 1999, wo auch die eigentliche Wahl Münteferings durch die Delegierten stattfinden soll, der Absturz in den Umfragen gestoppt, wenngleich auch nicht umgekehrt werden. Das Umfrageinstitut *For-*

---

[340] Vgl. z.B.: Sloam, James: Blair, the Third Way and European Social Democracy: a new political consensus? Paper presented to "Britain After Blair" Conference, Chicago, IL, 29 August 2007; und: Walter, Franz: Vorwärts oder Rückwärts? Zur Transformation der Sozialdemokratie, Berlin 2010, S43f. [im Folgenden: Walter, F.: Vorwärts oder Rückwärts? 2010]
[341] Forkmann, D., Oeltzen, A.: Parteivorsitzende der SPD; in: Forkmann, D.; Schlieben, M (Hrsg.): Parteivorsitzende in der Bundesrepublik, 2005, S.108.
[342] Wasserhövel, Kajo im Gespräch mit dem Autor dieser Arbeit am 25.01.2010.
[343] Ebd.
[344] O.V.: Punkte, Stimmen und Zählungen; in: taz, 09.12.1999, S.7.
[345] Schröder bekam bei der Wahl 86,3 Prozent; vgl. ebd.
[346] Vgl. hierzu Lütjen, T.: Frank-Walter Steinmeier, 2009, S.62.

## 4.2 Generalsekretär

*schungsgruppe Wahlen* ermittelt Zahlen um die 33 Prozent.[347] Dann erst macht die SPD in Umfragen tatsächlich an Boden gut. Inwieweit dafür allerdings der Generalsekretär verantwortlich ist, kann heute nicht mehr bestimmt gesagt werden. Denn Ende 1999 zieht die sogenannte Spendenaffäre der CDU auf, die in der ersten Hälfte des neuen Jahres die Nachrichtenspalten bestimmt. „Über Monate fielen alle anderen politischen Themen in diese ‚schwarzen Löcher', insbesondere seit der Altkanzler selbst einen Verstoß gegen Artikel 21 des Grundgesetzes einräumen musste."[348]

Dennoch sind Müntefering Erfolge in dieser Zeit nicht zu übersehen, auch wenn sie durch die politische Situation begünstigt worden sind. Schröder findet noch heute, dass die Entscheidung für Müntefering ein „reiner Glücksfall"[349] gewesen sei. Dieser steigt so schnell zu den wenigen Vertrauten des Bundeskanzlers auf, „die nicht seinem hannoverschen Dunstkreis entstammten."[350] Auch seine eigenen Vertrauten wie Machnig und Wasserhövel werden nach und nach akzeptiert. Die neue „informelle Machthierarchie" bestimmten nun, wie Journalist Meng treffend analysiert, „hinter dem zum Parteivorsitzenden aufgestiegenen Schröder dessen Kanzleramtschef Steinmeier für die Regierung, Fraktionschef Struck für die Abgeordneten und Generalsekretär Müntefering für die Partei."[351] Die drei sind die führenden Männer eines in dieser Arbeit genannten ‚Dreiecks der Machtsicherung' für Schröder und die SPD [siehe Schaubild 2, nächste Seite]. Sie bilden, wie es Politologe Korte analysiert, eine Art „Frühwarnsystem"[352], das ein wesentlicher Bestandteil für die Machtbasis Schröders sein wird. Müntefering führte in dieser Rollenverteilung – so Schröder-Biograph Hogrefe – in der Partei „faktisch [für Schröder] die Geschäfte." Weiter analysiert er: „Der Generalsekretär der SPD avancierte nicht zuletzt wegen seiner engen und reibungslosen Zusammenarbeit mit Schröder zum – informellen – geschäftsführenden Vorsitzenden der Partei."[353]

---

[347] Vgl. hierzu Forschungsgruppe Wahlen: http://www.wahlrecht.de/umfragen/politbarometer/ politbarometer-2002.htm [zuletzt eingesehen am 13.04.2010].
[348] Baring, A; Schöllgen, G.: Kanzler, Krisen, Koalitionen, 2006, S.294.
[349] Schröder, G.: Entscheidungen, 2006, S.411
[350] Hogrefe, J.: Gerhard Schröder, 2002, S.157.
[351] Meng, R.: Der Medienkanzler, 2002, S.130.
[352] Korte, K., Fröhlich, M.: Politik und Regieren in Deutschland, 2006, S.244.
[353] Hogrefe, J.: Gerhard Schröder, 2002, S.41.

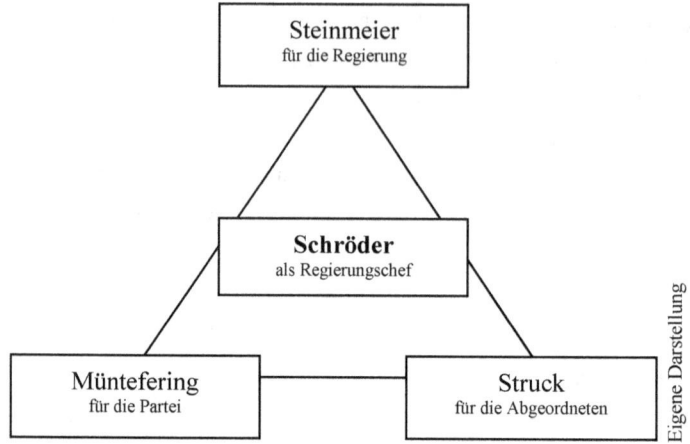

**Schaubild 2:** ‚Dreieck der Machtsicherung' für Schröder

Einmal mehr ist es die Loyalität, die Müntefferings Position festigt. Wie wichtig Müntefering und das Machtdreieck für Schröder sind, zeigt das Jahr 2002, in dem es auseinanderbricht. Darauf wird später noch eingegangen werden.

Für seine Aufgabe, die Ruhigstellung und Einbindung der Partei, gibt Müntefering eine Divise aus: Es müsse „Geschlossenheit im Handeln" und „Geschlossenheit im Reden" geben.[354] Schon vor seiner Nominierung wird Müntefering von Schröder „– Canossagang und inszenierte Versöhnung mit der Partei – durch eine Serie von Regionalkonferenzen" geschickt.[355] Er schafft es, der SPD-Basis, deren gegensätzliche Interessen zur rot-grünen Bundesregierung nach dem Wahlsieg immer mehr offenbar geworden sind[356], das Gefühl zu vermitteln, wahrgenommen und mitgenommen zu werden.

Müntefering verliert hierbei zunächst die Scharnierfunktion, die er noch als Bundesgeschäftsführer inne hatte, aus dem Blick. Sein Mittelpunkt wird immer mehr die Partei allein, womit er die anderen Koordinaten und seinen eigenen Duktus der Geschlossenheit im Reden zwangsläufig vernachlässigen muss. Der Politikwissenschaftler Bergsdorff sieht etwa ein „kontraproduktives Signal", wenn den Ausführungen des parteilosen SPD-Wirtschaftsministers

---

[354] Raschke, J.; Tils, R.: Politische Strategie, 2007, S.509.
[355] Ebd.
[356] Vgl. Marx, Stefan: Die Legende vom Spin Doctor. Regierungskommunikation unter Schröder und Blair, Wiesbaden 2008, S.111.

## 4.2 Generalsekretär

durch Generalsekretär Müntefering widersprochen wird, wie es mit unter vorkam.[357] Aber auch den Grünen und damit dem kleinen Koalitionspartner widerspricht Müntefering bisweilen öffentlich und spricht sich für Pflichtsprachkurse für Zuwanderer aus, um der Union entgegenzukommen.[358] Die CDU/CSU hat zusammen mit der FDP nach den Wahlniederlagen im Jahr 1999 eine Mehrheit im Bundesrat, weswegen sie mit eingebunden werden muss. So sind inhaltliche Positionierungen Münteferings wie diese häufig mehr (macht-)taktischem Kalkül geschuldet und weniger bis gar nicht einer idealistischen Linie. Gleichzeitig zeigen sie aber ein Muster von Münteferings Führung auf. „Er trifft im Hintergrund Entscheidungen über Dinge, über die das Parteipräsidium noch gar nicht beraten hat", beschreibt die *Welt* einmal das ,System Müntefering'.[359] Manchmal mag dies gut sein. Doch folgen aus diesem beschriebenen Muster auch Entscheidungen, die Müntefering ohne Diskussion mit Partei, Fraktionen und den anderen Akteuren des Politischen fällt – allein und ohne Absprache, die, wenn überhaupt, nur mit dem Bundeskanzler erfolgt[360]. Was von Journalisten und bisweilen auch Politologen lange Zeit beinahe bewundernd beschrieben worden ist, dürfte irgendwann Münteferings größtes Laster geworden sein. Aber: Lange Zeit hatte Müntefering mit seiner Art der Führung tatsächlich Erfolg, losch er doch Brandherde, bevor sie überhaupt aufflammten. Der Erfolg ließ es zu, dass er weiter so arbeiten konnte.

In der (Lern-)Psychologie würde man hier von einem konditionierten Verhalten sprechen.[361] Weil niemand dem widersprochen hat, was Müntefering etwa mit der Garantiekarte im Wahlkampf 1998 oder eben mit der beschriebenen Festlegung ohne die Grünen einzubinden getan hat und damit auch durchgekommen ist, kommt es zu einer Konditionierung – Er darf und kann es wieder so tun: Aus dem Hintergrund heraus, überraschend an den Gremien vorbei in die Öffentlichkeit agieren, und das mit einem großen Medienecho.

---

[357] Bergsdorf, Wolfgang: Imperativ der Politik; in: Schatz, Heribert; Rössler, Patrick; Nieland, Jörg-Uwe (Hrsg.): Politische Akteure in der Mediendemokratie, Wiesbaden 2002, S.276.
[358] Vgl. z.B: Maschler, Nicole: Gemeinsam gegen die Regierung; in: taz, 24.04.2001, S.6.
[359] Schmiese, Wulf: Franz Müntefering, Schröders Kämpfe gegen die Genossen; in: die Welt, 16.08.1999, S.11.
[360] Vgl. Sturm, D: Wohin geht die SPD, 2009.
[361] Bei Müntefering kann hier insbesondere von einer operanten Konditionierung mit einer negativen Verstärkung gesprochen werden; vgl. Hasselhorn, Marcus; Gold, Andreas.: Pädagogische Psychologie. Erfolgreiches Lernen und Lehren. Stuttgart 2006,S. 37ff

Steinmeier analysiert Müntefeerings Handeln anders. Dieser habe sich dazu bekannt, „dass man besser mit Positionen an Diskussionen herangeht."[362] Außerdem sei Müntefering jemand, „der oft keine ausführlichen, aber doch in der Positionierung erkennbaren Papiere gemacht hat, meistens kurz und knapp, aber meistens mit irgendwelchen Positionierungen[...]." An die Kritiker Müntefeerings gerichtet schließt der ehemalige Kanzlerkandidat: „Wer das autoritär empfindet, mag das so sehen." Es leuchtet in gewisser Weise ein, schon vorher eine Vorstellung davon zu haben, was man gerne wie haben möchte. Doch sind es nicht die Positionierungen allein, die in Müntefeerings Führungsverhalten auffällig sind. Die Setzung vollendeter Tatsachen im Sinne von Schröder dürfte diesen dazu verleitet haben, Müntefering als „reinen Glücksgriff" zu bezeichnen. Was für Schröders Machtsicherung allerdings gut war, dürfte für die Partei und die Basis keineswegs immer gut gewesen sein. Das Beispiel um die Abstimmung des Kriegseinsatzes in Mazedonien im September 2001 zeigt dies deutlich. Die Partei übt einen kleinen Aufstand. Ohne eigene rot-grüne Mehrheit wird der Einsatz durch den Bundestag beschlossen. Mit Müntefeerings dann folgender Drohung, die 19 Abweichler müssten mit Konsequenzen rechnen, greift er nun aktiv in die Regierung ein.[363] Solche Momente sind es, in denen es nicht mehr einfach nur um eine „Positionierung" geht – um Steinmeiers Worte zu nutzen – und aus denen heraus die vom Politologen Walter beschriebene innerparteiliche Lethargie[364] entstanden sein könnte. Abstimmungen wie die über den Mazedonien-Einsatz, in der die Auswegslosigkeit der Parteimitglieder nach dem Motto ‚Entweder ihr folgt mir [Schröder], oder ich gehe' offenbar wurde, dürften dazu beigetragen haben. Dass die Debatte im Keime erstickte, ist vermutlich den nur wenige Tage später erfolgten Terroranschlägen vom 11. September 2001 in den USA geschuldet. Doch die Wunden wurden zugefügt; Wunden, die der Parteibasis sowie Müntefeerings und Schröders Ansehen in der Partei geschadet haben dürften.

Trotz der beschriebenen autoritären Züge scheint Müntefering seinen Job insgesamt recht gut gemacht zu haben, hält er doch die einzelnen Flügel über die Legislaturperiode hinweg zusammen. Vor allem der Blick auf seinen Nach-

---

[362] Steinmeier, F.W. im Gespräch mit dem Autor dieser Arbeit am 12.01.2010.
[363] Vgl. o.V.: Müntefering droht Neinsagern; in: taz, 03.11.2001, S.7.
[364] Vgl. Walter, Franz: Die SPD. Vom Proletariat zur Neuen Mitte, Berlin 2002, S.260f.

## 4.2 Generalsekretär

folger lässt diesen Schluss zu. „Olaf Scholz bedeutet die Wiederaufnahme des harten Modernisierungskurses aus der Zeit von Bodo Hombach und des Schröder-Blair-Papiers. Dies war kein Gegengewicht, sondern die Verdoppelung Schröders und eine Provokation für die Partei"[365], analysiert etwa Politologe Raschke. Müntefering hingegen schaffte den eigentlich unmöglichen Spagat, den Genossen immer mal wieder aus der Seele zu sprechen, ohne die Regierung in Mitleidenschaft zu ziehen. Er gab in dieser Zeit den konträren Pol zu Schröder. Schröder ließ ihn gewähren oder wollte es gar so. Wurde es hingegen auch gefährlich für seine Kanzlerschaft, war der Sauerländer wieder ganz linientreu zum Kanzleramt. Münteferings Aufstieg war und ist somit eng mit Schröder verbunden. An dessen Seite diente er sich ab 1998 als stets loyaler Mitarbeiter und -mitstreiter hoch und wurde so schnell zum informellen Parteivorsitzenden, dem die Parteimitglieder vertrauten. Dieses Vertrauen entsprang sicherlich – wie die Politologen Grasselt und Korte treffend analysieren – aus „[s]einer[r] jahrzentelange[n] Parteiprofilierung [...] nicht gegen die SPD, wie bei Schröder, sondern für die SPD [...]".[366] Insbesondere in dieser Zeit knüpfte Müntefering viele Kontakte „zu zahlreichen Orts- und Bezirksverbänden" über Nordrhein-Westfalen hinaus.[367] Treffend beschreibt es Raschke: „Aktive und Wähler projizierten in ihn die Erwartung, den Gerechtigkeitspol, den Lafontaine verlassen hatte, fortzuführen. Dem hat er in Habitus, Sprache, Stil und mit kleineren Politikkorrekturen lange Zeit entsprochen."[368] Ob die Projektion aber tatsächlich Wirklichkeit war, oder ob Müntefering die in ihn projizierten Hoffnungen nur inszenierend bediente, sei zumindest dahingestellt.

\*\*

Eine gesamte Bewertung der Generalsekretärszeit gerade in Bezug auf Münteferings weiteren (Noch-)Aufstieg soll am Ende dieses Kapitels erfolgen. Hierfür ist jedoch auch ein Blick auf die Organisationsreformen auf Bundesebene und in Nordrhein-Westfalen sowie den Wahlkampf 2002 nötig. Vor der ab-

---

[365] Raschke, J.; Tils, R.: Politische Strategie, 2007, S.509.
[366] Grasselt, Nico; Korte, Karl-Rudolf: Führung in Politik und Wirtschaft, Wiesbaden 2007, S.167.
[367] Forkmann, D., Oeltzen, A.: Parteivorsitzende der SPD; in: Forkmann, D.; Schlieben, M (Hrsg.): Parteivorsitzende in der Bundesrepublik, 2005, S.116.
[368] Raschke, J.; Tils, R.: Politische Strategie, 2007, S.510.

schließenden Analyse wird zudem in einem weiteren Unterkapitel kurz auf die zwischenzeitlich sinkende Beliebtheit Müntefferings eingegangen.

### 4.2.5 Organisationsreformen auf Bundesebene und in NRW

#### 4.2.5.1 Parteireform

„Herbert Wehner hat einmal gesagt ‚Organisation ist Politik'. Das meine ich auch [...]"[369], beginnt Müntefering einen Aufsatz von Anfang 2000 mit dem Titel „Demokratie braucht Partei". Müntefering soll das Amt des Generalsekretärs nach eigenen Aussagen als einziges seiner vielen Ämter angestrebt, ja gesucht haben. Und man kann zumindest der Aussage, dass er dieses Amt gerne ausführen wollte, ein Stück weit Glauben schenken, wenn man sich anschaut, wie neben dem ‚Tagesgeschäft' die Ideen zunächst tatsächlich sprudelten. Müntefering scheint angekommen.

Im besagten Aufsatz, der mit Bundeskanzler Schröder abgesprochen gewesen sein soll[370], verkündet Müntefering kurz nach seinem Amtsantritt die Ideen für eine Parteireform, die nicht nur die eigene Partei umkrempeln würde, sondern – mehr noch – das Parteiensystem insgesamt. Ein gewagtes Reformvorhaben, findet Karlheinz Niclauß: „Die Anpassung der Parteistrukturen an neue Herausforderungen ist zu Zeiten der Opposition sehr viel leichter und konsequenter durchzusetzen, wie das Beispiel der britischen Labour Party vor dem Wahlsieg Tony Blairs im Jahr 1997 zeigte" analysiert der Politologe und fügt resigniert hinzu: „Die beiden großen deutschen Parteien sind aber offenbar nicht mehr in der Lage, in Zeiten der Opposition ihre Organisation zu erneuern."[371] In der Tat knüpfen Münteferings Reformüberlegungen an schon wieder in der Versenkung verschwundene Ideen des Bundesgeschäftsführers Karlheinz Blessing aus dem Oppositionsjahr 1993 an.[372] Müntefering fordert nun in seinem durchaus interessanten Aufsatz unter anderem die „Ermutigung,

---

[369] Müntefering, Franz: Demokratie braucht Partei. Die Chancen der SPD; in: Zeitschrift für Parlamentsfragen, Heft 2/2000, S.337 [im Folgenden: Müntefering, F.: Demokratie braucht Partei, in: ZParl; Heft 2/2000].
[370] O.V.: Unterstützung für Münteferings Pläne; in: FAZ, 08.04.2000, S.2.
[371] Niclauß, Karlheinz: Kanzlerdemokratie, Paderborn 2004, S.344 [im Folgenden: Niclauß, K.: Kanzlerdemokratie, 2004].
[372] Vgl. ebd.

## 4.2 Generalsekretär

teils Reaktivierung der Arbeit vor Ort, insbesondere in den Ortsvereinen."[373] Gleichzeitig schlägt er die Öffnung der Partei für Nichtmitglieder vor, bessere Kommunikation zwischen allen Ebenen und „30 unter 40" in der SPD-Fraktion. Hinzu kommt die Starkmachung für die „Einführung von Volksentscheiden"[374] und die Idee von „Vorwahlen" der Wahlkreiskandidaten für die Bundestagswahl 2006. Diesen Vorschlag bezeichnet Niclauß gar als „revolutionär". Müntefering mag sich inhaltlich nur selten hervorgetan haben, dieses Papier zeigt aber zumindest auf den ersten Blick, dass er im organisatorischen Bereich immer wieder mit Impulsen aufwartete, was auch die (wenn auch streitbare) Reform in NRW zeigt.

Auf dem zweiten Blick fallen jedoch einige Unstimmigkeiten und Widersprüche in dem Papier auf. So muten seine Forderungen nach einer Reaktivierung der Arbeit vor Ort beinahe ironisch an, war er es doch vorneweg, der im Vorfeld der Bundestagswahl 1998 – wie weiter oben beschrieben – begonnen hat, die SPD zu einer Dienstleistungsgesellschaft umzubauen. So passt das „Loblied auf die Ortsvereine" und die gleichzeitige Huldigung der „bestehenden Strukturen" nicht wirklich in das Konzept.[375] Allerdings könnte hierin auch der Versuch gesehen werden, die Basis hinter sich zu versammeln. Dies gelingt Müntefering allerdings nicht. Das Projekt von „revolutionären" Vorwahlen ist bald erledigt und gilt in der SPD-Bundestagsfraktion schnell als „politisch tot".[376] Der Widerstand war so groß, dass der Fraktionsvorsitzende Peter Struck eine geplante Debatte kurzerhand absagen lassen und auf unbestimmte Zeit verschoben hat. Zehn Jahre später, im Jahr 2010, nach der Wahlniederlage der SPD, fordert erneut ein führender Sozialdemokrat Vorwahlen, nun sogar für die Wahl des Kanzlerkandidaten: Sigmar Gabriel. Ob die Partei in der Opposition nun die Kraft hat, die Strukturen auf bessere Weise zu verändern, wie es Niclauß als allgemeine These aufgestellt hat, bleibt abzuwarten.

Die bessere Kommunikation zwischen allen Ebenen ist im Jahr 2000 hingegen eine Forderung, die Müntefering selbst beeinflussen konnte – und auch beeinflusst hat. Die Abstimmung zwischen Regierung, Partei und Fraktion

---

[373] Müntefering, F.: Demokratie braucht Partei, in: ZParl; Heft 2/2000, S.337ff.
[374] Ebd.
[375] Niclauß, K.: Kanzlerdemokratie, 2004, S.344.
[376] Bannas, Günter: Vorwahlen für die SPD „politisch tot; in: FAZ, 07.06.2000, S.3.

funktioniert seit Müntefderings Amtsantritt – allerdings auch seit Frank-Walter Steinmeiers Amtsantritt als Kanzleramtschef – deutlich besser. Die Forderung selbst ist somit von nicht so bedeutender Natur. Auch die Idee der „30 unter 40" in der SPD-Fraktion, also 30 Abgeordnete jünger als 40 Jahre, ist keineswegs neu. Bereits 1998 war das so, im Jahr 2002 wird es wieder so gewesen sein.[377] Die Forderung nach Volksentscheiden ist hingegen genauso richtig wie wichtig. Leider ist in diesem Bereich in Deutschland auch bis heute wenig geschehen. So bleibt festzuhalten, dass die Ideen durchaus diskussionswürdig waren, die Impulse sogar richtig, von alledem jedoch nur wenig geblieben ist. Die *taz* resümiert dies ironisch mit den Worten: „Müntefderings bisher größtes Reformwerk auf Bundesebene bleibt die ‚SPD-Card', mit der Parteimitglieder bei einigen Firmen Rabatte bekommen können."[378] Ansonsten werden die Vorschläge, unter anderem von der Basis, womöglich aber auch auf Grund der fehlenden Hartnäckigkeit Münteferings[379] großenteils im Keime erstickt.

Müntefering scheitert mit seinen Vorschlägen in gewisser Weise an seiner eigenen Partei. Zu etabliert scheinen die Strukturen, zu unwillig die Ämterträger, „liebgewordene Gewohnheiten des Apparats" abzugeben.[380] Vielleicht aber scheitert Müntefering ein Stück weit auch an sich selbst. Denn: die Ideen wurden, wie so häufig, im Vorfeld der Präsentation lediglich mit Schröder und dessen engsten Kreis abgesprochen, nicht aber mit denjenigen, die sie mehrheitlich betrafen: der Parteibasis, für die Müntefering doch eigentlich da sein sollte. Diese rebelliert folglich. Hubertus Heil meint dennoch, dass eben diese Ansätze von Müntefering auch in Erinnerung bleiben werden.[381]

\*\*

Anders als auf Bundesebene gelingt Müntefering eine größere Parteireform auf Landesebene, in seinem Stammland Nordrhein-Westfalen, die er zur gleichen Zeit, im Jahr 2000, beginnt. Dort bleiben allerdings viele politisch ‚Verletzte' zurück, wie im folgenden Unterkapitel zu sehen sein wird.

---

[377] Vgl. hierzu die Zahlen auf: http://www.spdfraktion.de/cnt/rs/rs_rubrik/0,,3284,00.html#stat4 [zuletzt eingesehen am 20.03.2010].
[378] Beucker, Pascal: Adieu, Westliches-Westfalen; in: taz, 17.12.2001, S.7.
[379] Nach Vorstellung des Konzepts finden sich nur noch wenige Forderungen Münteferings zu diesem Thema.
[380] Bannas, Günter: Landesvorsitzender; in: FAZ, 08.06.2000, S.16.
[381] Heil, H. im Gespräch mit dem Autor dieser Arbeit am 25.01.2010.

## 4.2.5.2 Bezirksreform in Nordrhein-Westfalen

Die SPD in Nordrhein-Westfalen war lange Zeit in Bezirke aufgeteilt: Mittelrhein, Niederrhein, Westliches Westfalen und Ostwestfalen-Lippe. Die Struktur knüpfte an die Vorkriegsorganisationen an. Gerade über das Westliche Westfalen ist in dieser Arbeit schon viel geschrieben worden. Hier ist der Ursprung von Müntefering steilen Aufstieg zu suchen. Das „Übergewicht des Bezirks Westliches Westfalen [drückte sich] nicht allein in

Schaubild 3: Auflösung der traditionellen Strukturen? Die SPD-Bezirke in NRW

der Mitgliederzahl, sondern vor allem ebenfalls in der – auch bundesweit – überdurchschnittlichen Mobilisierungsfähigkeit aus"[382], was wiederum Müntefering zu Gute kam. Dennoch: „Eine Notwendigkeit, innere Entscheidungsstrukturen in der SPD zu straffen, war durchaus mit guten Gründen zu belegen", meinen der Historiker Potthoff und die Autorin Miller.[383] „Das historisch gewachsene System der Bezirke deckte sich in manchen Fällen nicht mit den Ländern. So lag in Nordrhein-Westfalen die innerparteiliche Macht bei den Bezirken". Die Notwendigkeit einer „auch organisatorischen Koordinierung der Bezirke wurde immer wieder gesehen", meint Politologe Uwe Kranenpohl, „– so wurden 1982 und 1996 landesweite Bestandsaufnahmen der Ortsvereinsarbeit durchgeführt"[384]. Die eigentliche Erneuerungsaufgabe fiel jedoch erst

---

[382] Kranenpohl, Uwe: Das Parteiensystem Nordrhein-Westfalens; in: Jun, Uwe; Haas, Malanie; Niedermayer, Oskar (Hrsg.): Parteien und Parteiensysteme in den deutschen Ländern, Wiesbaden 2008, S.329 [im Folgenden: Kranenpohl, U.: Parteiensystem Nordrhein-Westfalens; in: Jun, U; Haas, M.; Niedermayer, O. (Hrsg.): Parteien und Parteiensysteme in den deutschen Ländern, 2008].

[383] Potthoff, H.; Miller, S.: Kleine Geschichte der SPD, 2002, S.410.

[384] Kranenpohl, U.: Parteiensystem Nordrhein-Westfalens; in: Jun, U.; Haas, M.; Niedermayer, O. (Hrsg.): Parteien und Parteiensysteme in den deutschen Ländern, 2008, S.329.

Müntefering zu – nachdem die SPD bei den Kommunalwahlen 1999 „desaströse Ergebnis[se]"[385] erzielt hatte. Die „Erfolgsgeschichte"[386] war gebrochen. Müntefering agiert bei seinen Reformbemühungen auch hier wie auf Bundesebene – in gewisser Weise und etwas überspitzt – nach ‚Gutherrenart'. Zunächst möchte er alle Bezirke gänzlich abschaffen und durch einen einheitlichen Landesverband ersetzen. Dieser Vorschlag, der auch die Installation eines NRW-Generalsekretärs beinhaltete, scheitert aber schnell am Widerstand der Delegierten des Landesparteitags.[387] Müntefering reagiert in seiner schon fast gewohnten Betroffenheit beinahe eingeschnappt und einmal mehr drohend: Notfalls werde der Berliner Parteivorstand die Abschaffung der vier Bezirke beschließen. Gerade das für die SPD bisweilen glamouröse Westliche Westfalen und damit sein eigener Bezirk ist gegen eine vollständige Abschaffung und leistet „heftige Widerstände"[388]. So hallt es von dort zurück: „Wir werden uns keinem Basta beugen!"[389] Schließlich stelle man ja „starke Knotenpunkte im Netzwerk des Solidarverbandes SPD" dar.[390] An diesem Beispiel lässt sich einmal mehr zeigen, wie Müntefering agiert, wenn ihm etwas nicht zusagt. Zunächst macht er einen Vorschlag. Wird dieser abgelehnt, droht er. Verhallt die Drohung, rudert er zurück. Verhallt sie nicht, boxt er sein Anliegen durch. In diesem Falle ist der Widerstand zu groß, zu unglaublich scheint die Drohung.

Mit ihr erweckt er den Anschein, als entmündige er quasi die einzelnen Parteimitglieder, gerade diejenigen seines ehemaligen Heimatbezirkes. Es bleibt zwar zu bezweifeln, ob Müntefering tatsächlich gegen das Veto der Bezirke diese gänzlich hätte abschaffen lassen, doch Wunden werden allein schon durch die Drohung – wie auf Bundesebene mit der Frage nach dem Mazedonien-Einsatz – bleiben. Sie sind zugefügt und es wird dauern bis sie verheilen. Gleichzeitig aber zeigt dieser Vorgang ein sehr interessantes Verständnis Münteferings von Politik auf; gerade auch mit Blick auf das Zusammenspiel zwischen Basis und Parteivorstand.

---

[385] Ebd., S.329.
[386] Ebd., S.328..
[387] Wyputta, Andreas: Schwere Schlappe; in: taz, 26.03.2001, S.6.
[388] Potthoff, H.; Miller, S.: Kleine Geschichte der SPD, 2002, S.410.
[389] Nink, Karin: Spitzensitze nur für echte Sozis; in: taz, 20.09.2000, S.2.
[390] Schilder, Peter: Widerstand gegen Münteferings Strukturreform; in: FAZ, 23.12.2000, S.8.

## 4.2 Generalsekretär

**\*\***

Es kommt letztendlich nicht zur vollständigen Auflösung der Bezirke. Müntefering muss zurückrudern. Die Diskussionen aber gehen weiter bis hin zum DDR-Vergleich: „Der demokratische Zentrismus ist schon in der DDR gescheitert."[391] Tatsächlich erscheint die angestrebte Auflösung nicht voll schlüssig. Gerade das Westliche Westfalen lebte von seinem Mythos, eine sozialdemokratische Bastion zu sein. Es basiert auf einer lang gewachsenen Geschichte, einer Identität, die nun verschwinden und die sozialdemokratische Idee vor Ort in gewisser Weise auslöschen soll. Zentriert sollen die Belange der Bezirke in und von Düsseldorf aus geregelt werden. Es ist in etwa so, als wenn man auf amerikanische Autos von General Motors den Opel-Blitz drauf klebt. Der Markenkern ist dann verletzt. So ist es bei Opel – die in Bochum und damit im Westlichen Westfalen ironischer Weise einen ihrer wichtigsten Standorte haben – geschehen. All diese Fahrzeuge, ob Sintra, Antara, Monterey, sind gleichsam gefloppt und schnell wieder vom Markt genommen worden. Eine solche Parteireform kann man jedoch nicht wieder einfach vom Markt nehmen. So endet die Geschichte der Bezirke – nach langem Ringen und unzähligen Verletzungen – mit Beginn des Jahres 2002.[392] Fortan heißen die Bezirke „Regionen" und haben so gut wie keinen Einfluss mehr.[393]

Die Kritik an der durchgeführten Reform ist im Nachhinein vergleichsweise groß. Die *taz* sieht noch nichts davon, dass es in der SPD nach der Reform wieder spannend sei und Spaß mache, wie es Müntefering gefordert hat.[394] Die *FAZ* urteilt: „[Müntefering] hat eine Parteireform durchgesetzt, deren Nutzen […] nicht zu erkennen ist. Dafür hat sie viele Wunden gerissen und manchem hauptamtlichen Parteifunktionär den Job gekostet."[395] Politologe Niclauß analysiert, dass die Bezirke „aufgelöst und […] nahezu alle Kompetenzen an den Landesverband" abgegeben hätten, gleichwohl aber „[a]nsonsten […] in der SPD organisatorisch und auch mental vieles beim Alten" geblieben

---

[391] Vgl. Wyputta, A.: Schwere Schlappe; in: taz, 26.03.2001, S.6.
[392] Vgl. Beucker, Pascal: Adieu, Westliches-Westfalen; in: taz, 17.12.2001, S.7.
[393] Vgl. o.V.: Neue Einheit nach langem Ringen; in: Associated Press, 16.12.2001.
[394] Vgl. Beucker, Pascal: Adieu, Westliches-Westfalen; in: taz, 17.12.2001, S.7.
[395] Schilder, Peter: Widerstand gegen Münteferings Strukturreform; in: FAZ, 23.12.2000, S.8.

sei.[396] Und Politologe Walter spricht von einer „in der Konsequenz verheeren-de[n] Organisationsreform", durch die der sozialdemokratische Landesverband tief nach unten gezogen worden sei.[397]

Auch eines von Müntefderings wichtigsten Zielen, die NRW-SPD wieder interessant zu machen und damit neue Mitglieder zu gewinnen, kann als gescheitert bewertet werden. Ein Blick auf die Entwicklung der Mitgliederzahlen macht das deutlich, der Rückgang kann nämlich nicht gestoppt werden. Vielmehr sinken die Mitgliederzahlen weiter und noch deutlicher als auf Bundesebene. So fällt der Anteil der NRW-Mitglieder in der SPD von 28,3 Prozent im Jahr 2001 auf 26,91 Prozent im Jahr 2007[398] [siehe Diagramm 4, nächste Seite].

---

[396] Niclauß, K.: Kanzlerdemokratie, 2004, S.345.
[397] Walter, F.: Charismatiker und Effizienzen, 2009, S.271.
[398] Die Zahlen beruhen auf Berechnungen des Autors dieser Arbeit.

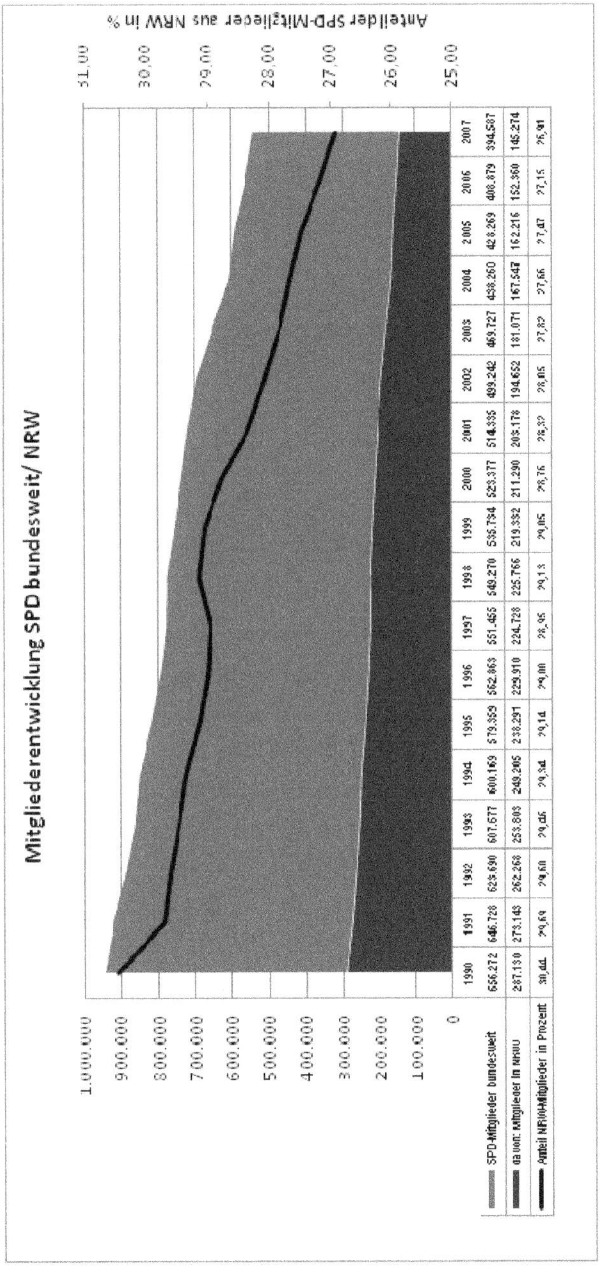

| | 1990 | 1991 | 1992 | 1993 | 1994 | 1995 | 1996 | 1997 | 1998 | 1999 | 2000 | 2001 | 2002 | 2003 | 2004 | 2005 | 2006 | 2007 |
|---|---|---|---|---|---|---|---|---|---|---|---|---|---|---|---|---|---|---|
| SPD-Mitglieder bundesweit | 656.272 | 646.728 | 623.690 | 607.677 | 600.169 | 579.359 | 562.863 | 551.455 | 549.270 | 535.734 | 523.377 | 514.335 | 499.242 | 469.727 | 458.260 | 428.269 | 408.879 | 394.587 |
| davon: Mitglieder in NRW | 287.130 | 273.143 | 262.268 | 253.803 | 249.205 | 238.291 | 229.910 | 224.728 | 225.766 | 219.332 | 211.290 | 203.178 | 194.652 | 181.071 | 167.547 | 162.216 | 152.360 | 145.274 |
| Anteil NRW-Mitglieder in Prozent | 30,44 | 29,69 | 29,60 | 29,46 | 29,34 | 29,14 | 29,00 | 28,95 | 29,13 | 29,05 | 28,76 | 28,32 | 28,05 | 27,82 | 27,66 | 27,47 | 27,15 | 26,91 |

Eigene Darstellung und zum Teil eigene Berechnungen

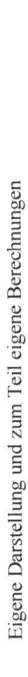

**Diagramm 4:** Gebietsreform ohne Erfolg: Auch nach Münteferings Reform verkleinert sich der Anteil der SPD-Mitglieder aus NRW.

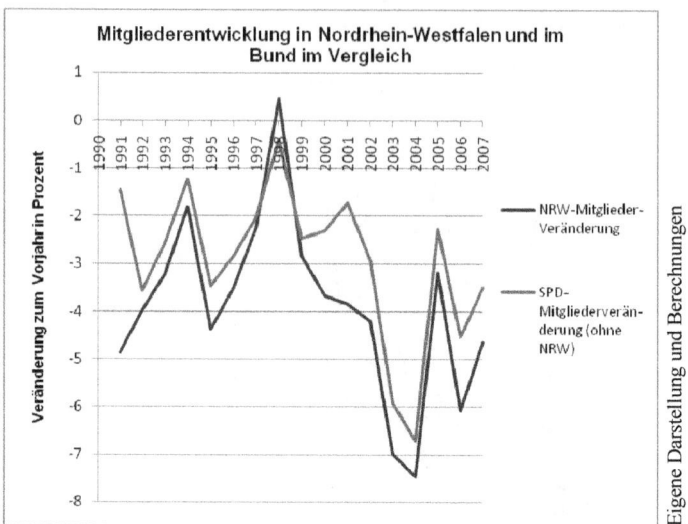

**Diagramm 5:** Abwärts: Nach der Gebietsreform geht es in NRW sogar noch schneller bergab, als im Bundestrend

Der zwischenzeitliche Anstieg des Anteils der SPD-Mitglieder aus Nordrhein-Westfalen in den Jahren 1998 und 1999 könnte auf die überproportional große Rate an aktiven Politikern aus Nordrhein-Westfalen zurückgeführt werden. 1998 war Müntefering als Bundesgeschäftsführer in aller Munde, gleichzeitig wird Rau 1999 Bundespräsident. Hinzu könnten die Abdankung eben dieses Politikers als Ministerpräsident und die damit einhergehenden Einzüge Clements und Münteferings in die Ämter des Ministerpräsidenten und des Landesvorsitzenden zu einer neuen, aber kurzzeitigen Aufbruchsstimmung beigetragen haben. Insgesamt aber gelingt es Müntefering nicht – und das ist für dieses Kapitel wichtig –, die negative Mitgliederentwicklung zu stoppen.

Der Schwund schreitet gar schneller voran als auf Bundesebene[399] [siehe Diagramm 5, diese Seite], was wiederum aber auch der großen Mitgliederbasis in Nordrhein-Westfalen geschuldet sein könnte. Die Gebietsreform hat somit eines ihrer wichtigsten Ziele nicht erreicht, bei den Weiteren ist es zumindest fraglich. An dieser Stelle sei jedoch auch erwähnt, dass die Bezirksreform gerade für das Westliche Westfalen keine besonders andersartigen Auswirkungen

---

[399] Die Zahlen beruhen auf Berechnungen des Autors dieser Arbeit.

## 4.2 Generalsekretär

hatte als für die anderen Bezirke. So lag bei der Landtagswahl 2005, die letztendlich zur Neuwahlentscheidung Schröders und Müntefüngs geführt hatte, der Verlust in den Wahlkreisen des ehemaligen Westlichen Westfalen fast gleichauf mit den Einbußen in den Wahlkreisen der anderen drei ehemaligen Bezirke – nämlich bei durchschnittlich minus 5,74 Prozent (Wahlkreise im ehemaligen Bezirk Westliches Westfalen) zu minus 5,77 Prozent (alle anderen Wahlkreise).[400]

Bei aller Kritik, die im Zuge der Gebietsreform an Müntefering formuliert worden ist, darf nicht vergessen werden, dass alle (!) 480 Delegierten des Landesparteitages die Abschaffung der Bezirke mit beschlossen haben und sie sich somit zumindest öffentlich keiner weiteren Diskussion mehr gestellt haben. Sie haben sich nicht enthalten, sondern zugestimmt. Auch haben 99,7 Prozent der NRW-Delegierten Müntefering 2000 zum Landesparteichef gewählt und ihm damit ihre Unterstützung signalisiert. Der Abwärtstrend zeichnet sich darüber hinaus schon seit Anfang der 1990er Jahre ab, als die NRW-SPD noch einen Anteil von 30 Prozent der Gesamtmitglieder stellte [siehe Diagramm 4, S.101]; ein Anteil, der in den folgenden Jahren deutlich gesunken ist. Ferner gehen die Verluste bei den Landtagswahlen auf die letzten Rau-Jahre zurück: denn unter Rau verlor die SPD die absolute Mehrheit. Es ist somit zu einfach, heute zu sagen, Müntefering alleine wäre verantwortlich gewesen. Festgehalten werden kann allerdings, dass der damalige Landesvorsitzende und gleichzeitige Generalsekretär der Bundespartei durch sein bisweilen ungeschicktes Taktieren in Nordrhein-Westfalen Wunden aufgerissen hat, die lange bleiben werden. Sein Handeln erweckte den Eindruck, als wolle er der Partei die Reform überstülpen und nicht gemeinsam erarbeiten. Es ist daher nicht überraschend, dass in der damaligen SPD-Bastion bald schon Wunden klaffen, die keineswegs ein Bild der Geschlossenheit suggerieren, sondern vielmehr eines der Zerrissenheit. Vielleicht ist auch das unter anderem ein Grund, dass sich in Nordrhein-

---

[400] Für die Berechnung hat der Autor alle Wahlkreisergebnisse in NRW betrachtet und die Verluste der Wahlkreise den jeweiligen Bezirken zugeordnet. Daraus wiederum wurde der entsprechende Verlust berechnet. Die Daten wurden entnommen von folgender Seite im Internet:
http://www.wahlergebnisse.nrw.de/landtagswahlen/2005/lwahl/a001lw0500.htm [zuletzt eingesehen am 12.04.2010]

Westfalen, anders als von Müntefering erhofft, der Mitgliederschwund nicht umkehren ließ, sondern sogar noch den auf Bundesebene überholte. Auf dem entscheidenden Landesparteitag im April 2001 sagt Müntefering in Bezug auf die eben beschlossene Bezirksreform noch voller Stolz: „Ihr könnt irgendwann euren Kindern und Kindeskindern später mal erzählen, ihr seid dabei gewesen"[401]. Viele von ihnen sind heute jedoch nicht mehr in der SPD. Die Landespartei verlor zudem 2005 die Regierungsbeteiligung. Auch 2010 ist ungewiss, ob und in welcher Konstellation die SPD an der nächsten Landesregierung beteiligt sein wird. Diejenigen, die nicht ausgetreten sind, dürften so heute nur langsam ihr parteipolitisches Selbstbewusstsein zurückerlangen. Bis sie wieder mit Stolz in der Stimme sprechen werden, wird es jedoch vermutlich noch etwas dauern.

### 4.2.6 Beliebtheit

Müntefering scheint lange Zeit der Star der Parteibasis. Bis zum Jahr 2001 sprechen die Ergebnisse bei innerparteilichen Wahlen eine eindeutige Sprache. Sie sind – um die Sprache der Medien aufzugreifen – stets „sensationell"[402] oder werden als „Traumergebnis" tituliert.[403] Selbst Schröder soll, ob Münteferings innerparteilicher Beliebtheit, manchmal neidisch auf ihn geschielt haben. So erreichte Müntefering, anders als Schröder, bei dem 80-Prozent-Ergebnisse bereits Erfolge waren, stets Werte von über 90 Prozent – und das seit dem Jahr 1992, dem Jahr seiner ersten großen innerparteilichen Wahl. In der Gesamtschau der bereits in dieser Arbeit untersuchten Jahre zeichnet sich hier eine innerparteiliche Erfolgsstory ab, die zweifelsohne den Aufstieg von Müntefering begünstigt haben dürfte.

---

[401] Beucker, Pascal: Eine alte Tante aus Bebels Zeiten; in: taz, 02.04.2001, S.11.
[402] Z.B. o.V.: Punkte, Stimmungen, Zählungen; in: taz, 09.12.1999, S.7.
[403] Z.B. o.V.: „Willy wäre zufrieden"; in: Associated Press, 09.12.1999.

## 4.2 Generalsekretär

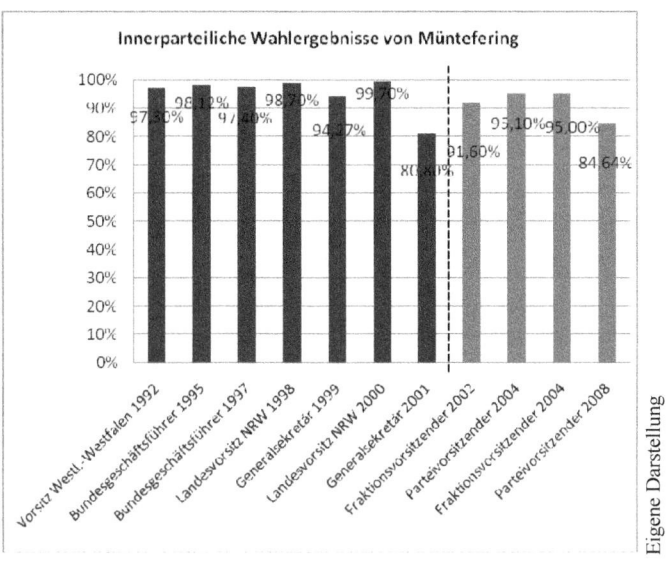

**Diagramm 6:** Franz Müntefering: Seit seiner ersten bedeutenden Wahl 1992 innerparteilich enorm beliebt

Dennoch scheint sich die innerparteiliche Wetterlage zu verschlechtern. Das Jahr 2001 könnte hierbei als ein erstes Wendejahr von Müntefering beschrieben werden, der seinen Aufstieg vielleicht nicht in Hinsicht auf seine Ämter abbremst, jedoch in Bezug auf die Beliebtheit innerhalb der Partei und damit auch auf sein Image als vermittelnder Ausgleichspol zu Schröder. Nach der Abstimmung über den Mazedonien-Einsatz und der vollendeten, aber wenig geliebten Bezirksreform in Nordrhein-Westfalen, die mit dem Jahr 2002 einsetzt, bekommt Müntefering bei der Wiederwahl zum Generalsekretär im November 2001 nur noch 80,8 Prozent der Stimmen. Ein ‚Schröder-Ergebnis', könnte man zynisch sagen, während Schröder diesmal hingegen mit 88 Prozent (fast) ein ‚Müntefering-Ergebnis' erhält.[404] Zwar wird Münteferings Ergebnis von der Pateiführung vor allem als indirekte Abstrafung Schröders verstanden. Der wiederum soll über das schlechte Abschneiden des Generalsekretärs so erbost gewesen sein, dass er fast nicht mehr in den Saal des Parteitages zurück-

---

[404] Vgl. o.V.: Schröder befielt – die Partei folgt; in: Süddeutsche.de, 21.11.2001; abrufbar unter: http://www.sueddeutsche.de/politik/spd-parteitag-schroeder-befiehlt-die-partei-folgt-1.421757 [zuletzt eingesehen am 01.06.2010].

kehren wollte[405]. Doch könnte sich hier bereits der Unmut über die Zumutungen Münteferings geäußert haben, die er der Partei in diesen Jahren zugefügt hat – sprich: bisweilen wenig Kommunikation, Entscheidungen von oben herab, an den Gremien vorbei der Basis aufgedrückt.

Müntefering muss so erstmals in seiner politischen Karriere eine vergleichsweise Niederlage in Kauf nehmen, der er aber bei den später folgenden Wahlen zum Fraktions- und Parteivorsitz entgegenwirken wird.

### 4.2.7 Wahlkampf 2002

Der Wahlkampf ist zunächst geprägt von Pech und Pannen, einer Entzauberung der Kampa und dem ansetzenden Zerfall der „Boygroup". Das Überraschende: Münteferings Image leidet darunter nur wenig. Auch 2009 wird er noch als großer Wahlkämpfer gesehen.[406] Doch stellt sich gerade in Bezug auf 2002 die Frage, ob nicht eigentlich Schröder die größten Verdienste an den Wahlkämpfen hatte – und eben nicht Müntefering?

Die Weichen zumindest für den Wahlkampf wurden von Müntefering und seiner „Boygroup" zunächst völlig falsch gestellt. Gegenkandidat Edmund Stoiber sollte als Hardliner dargestellt werden, die Plakate dafür waren bereits entworfen. Doch: „Stoiber wirkte [...] im ganzen Wahlkampf alles andere wie ein Hardliner"[407]. Die *Frankfurter Allgemeine Sonntagszeitung* zeigt sich denn auch enttäuscht: „Von Müntefering wird mehr erwartet." Nun aber biete er bloß „drei Ks" an, auf die es ankomme – „Kanzler, Konzept, Kompetenz". Die Zeitung fügt süffisant hinzu, dass er eigentlich lediglich ein „S wie Schröder" meine.[408] Auch das Wahlprogramm, das Müntefering quasi im Alleingang ge-

---

[405] Vgl. Hogrefe, J.: Gerhard Schröder, 2002, S.151.
[406] Die Spiegel-Redakteure Roland Nelles und Markus Feldenkirchen bezeichnen ihn 2009 beispielsweise als „größte[n] lebende[n] Wahlkampfstrategen"; Vgl. Müntefering, Franz im Interview mit dem Spiegel; in: Nelles, Roland; Feldenkirchen, Markus: „Frau Merkel kann schon mal packen"; in: Der Spiegel, 13.07.2009, S.26.
[407] Hartleb, Florian; Jesse, Eckhard: Ein Blick zurück und nach vorne: „Faktor Zufall" oder kalkulierte Kanzlerstrategie?; in: Balzer, Axel; Geilich, Marvin; Rafat, Shamim (Hrsg.): Politik als Marke. Politikvermittlung zwischen Kommunikation und Inszenierung, Münster 2005, S.170 [im Folgenden: Hartleb, F.; Jesse, E.: Blick zurück und nach vorne; in: Balzer, A; Geilich, M., Rafat, S. (Hrsg.): Politik als Marke, 2005].
[408] Schmiese, Wulf: Der Landsknecht; in: Frankfurter Allgemeine Sonntagszeitung, 05.05.2002, S.10.

## 4.2 Generalsekretär

schrieben haben soll, sollen die Genossen als „wenig brauchbar für den Wahlkampf" empfunden haben.[409] Denn: „Die SPD habe auf Kontinuität gesetzt" und mit dem Motto „Erneuerung und Zusammenhalt" eigentlich nur eine Übersetzung der 1998er-Botschaft „Innovation und Gerechtigkeit" geliefert.[410] So bleiben die Mobilisierungskräfte zunächst aus. Von Januar, dem Monat der Verkündung der Kanzlerkandidatur Edmund Stoibers nach dem berüchtigten Frühstück mit Angela Merkel in Wolfratshausen, bis Mai 2002 sackt die SPD in Umfragen der *Forschungsgruppe Wahlen* auf nur noch 35 Prozent ab, während sich die CDU/CSU bei knapp über 40 Prozent einpendelt.[411] Die *taz* sieht für die Demobilisierung der Genossen vor allem einen Grund: „Die Genossen vermissen einen Vordenker á la Glotz oder Verheugen."[412] Beides sei Müntefering nicht, der das selber auch zugibt: „Ich bin nicht ihr Vordenker oder Nachdenker, sondern ihr erster Mitdenker."[413]

Die Machtverlust-Panik der Parteianhänger, insbesondere der Wahlkampfleitung um Müntefering herum, ist an der mutmaßlichen Entmachtung Machnigs als Wahlkampfleiter zu sehen, die gegenüber der Presse zwar dementiert, von Vertrauten wie Wasserhövel später jedoch bestätigt wird.[414] Laut Wasserhövel habe er selbst dann den Wahlkampf von ganz vorne geplant. Ob diese Aussage nicht auch persönlicher Eitelkeit, gepaart mit einer verwaschenen Erinnerung entsprungen sein könnte, bleibt dahin gestellt. Fakt ist jedoch, dass Wasserhövel engster Vertrauter von Müntefering bleibt – bis über den Wahlkampf 2009 hinaus –, Machnig hingegen in die Wirtschaft geht. Steinmeier äußert sich darüber heute noch fast abfällig: „Matthias Machnig hat ja, bevor er im Umweltministerium [2005, Anmerkung des Autors] ankam, noch einige Runden in der Wirtschaft gedreht, er war bei einem privaten Beratungsunternehmen."[415] Es könnte somit tatsächlich sein, dass es eine gewisse

---

[409] Ebd.
[410] Vgl. Hartleb, F.; Jesse, E.: Blick zurück und nach vorne; in: Balzer, A; Geilich, M.; Rafat, S. (Hrsg.): Politik als Marke, 2005, S.167.
[411] Vgl. http://www.wahlrecht.de/umfragen/politbarometer/politbarometer-2002.htm [zuletzt eingesehen am 20.03.2010].
[412] König, Jens: Ein billiges Lob für den Kampa-Chef; in: taz, 13.08.2002, S.7.
[413] Ebd.
[414] Die Aussage Kajo Wasserhövels steht nicht in der Transkription des Gesprächs mit dem Autor dieser Arbeit am 25.01.2010, da er diese Worte erst nach Abschluss des Interviews gesagt hat.
[415] Steinmeier, F.-W. im Interview mit dem Autor dieser Arbeit am 12.01.2010.

Entmachtung Machnigs schon vor dem Wahltag gegeben hat. Wenn es denn eine Kompetenzverschiebung im Amt der Wahlkampfleitung gegeben hat, dann hat sich dies zunächst nicht sonderlich ausgewirkt. Bis zum Auftakt der heißen Wahlkampfphase, die drei Wochen früher als geplant beginnt, dümpelt die SPD bei nicht mehr als 36 Prozent in den Umfragen.[416] Politologen wie Eckart Jesse[417] haben den Wahlkampf für die SPD schon als verloren abgeschrieben. Jesse, also derselbe Autor, wird nach der Wahl analysieren, dass die Wahl nur dank der Intuition und dem politischen Gespür Gerhard Schröders gewonnen werden konnte.[418] In der Tat stimmt es, dass es Schröder war, der sich in der Frage des Irakkriegs und bei der überraschenden Elbe-Flut an die Spitze von zwei Bewegungen gestellt hat. Während die SPD und die Grünen in diesen beiden Fragen mit einer Stimme sprachen, fuhr, so Jesse, die CDU und CSU „einen Zick-Zack-Kurs", der „offenkundige Defizite bei der Union" offenlegte.[419] Hinzu kam die deutlich größere Beliebtheit Schröders im Vergleich zu Stoiber.

Von Müntefering selbst kam in diesem Wahlkampf, neben dem bereits erwähnten schlechtkopierten Wahlprogramm und -motto von 1998, nicht viel außer seiner markanten Sprüche. So habe „Müntefering [...] die Hoffnung zur Verbündeten der Sozialdemokratie" gemacht und ständig beschworen, „mit der Konjunktur und den Umfragewerten der SPD werde es bald nach oben gehen"[420], berichtet die *FAZ*. Auch war die Abstimmung zwischen Kampa und Kanzleramt, insbesondere mit Schröder, nicht immer optimal. Als Schröder nach der deutlich verlorengegangenen Landtagswahl von Sachsen-Anhalt „mit Blick auf seinen Herausforderer Stoiber schon im April die Parole ausgab ‚Ich oder er', war dies mit seiner Wahlkampfleitung nicht abgesprochen", berichtet Politologe Niclauß.[421] Es war einmal mehr der Instinkt, der Schröder trieb.

---

[416] König, Jens: Ein außergewöhnlicher Coup; in: taz, 06.08.02002, S.3.
[417] Eckart Jesse schreibt in einer Analyse kurz vor der Wahl, dass „die Umfragewerte aller Institute so konstant" lägen, „dass der Regierungschef nach dem 22. September nicht mehr Gerhard Schröder heißen sollte [...]"; vgl. Jesse, Eckart: Die wahrscheinlichen und die sinnvollen Koalitionen, in: Zeitschrift für Parlamentsfragen, Heft 3/2002, S.431.
[418] Vgl. Hartleb, F.; Jesse, E.: Blick zurück und nach vorne; in: Balzer, A; Geilich, M.; Rafat, S. (Hrsg.): Politik als Marke, 2005, S.169.
[419] Ebd, S.169.
[420] Sturm, D.: Wohin geht die SPD?, 2009, S.68.
[421] Niclauß, K.: Kanzlerdemokratie, 2004, S.337.

## 4.2 Generalsekretär

Bald schon machte er aus dem „Er oder Ich" ein „Die oder wir"[422], wie die *taz* anmerkt. Dennoch rächt sich nun, im Wahlkampf 2002, dass es in den vier Regierungsjahren versäumt wurde, einen neuen inhaltlichen Vordenker aufzubauen. Müntefering konnte die Partei in gewisser Weise einen und in Regierungszeiten zusammenhalten – als Gegenpart zu Schröder. Inhaltlich tat er sich jedoch kaum hervor. Im Wahlkampf ist Schröder nun wieder allein auf weiter Flur, der Mann, der von sich selber sagt, dass der Wahlkampf „[f]ür mich [...] die interessanteste Zeit des Politikerdaseins" gewesen sei.[423] Seine Beliebtheit – festgehalten häufig im sogenannten Kandidatenfaktor und 2002, wie 1998, mit deutlichem Vorsprung vor seinem Gegner[424] –, sein Instinkt und – ja auch – seine Entschiedenheit und sicher auch der Amtsbonus sind die entscheidenden Faktoren für den Wahlsieg 2002. Von Müntefering und seiner „Boygroup" hingegen kommt nicht viel. Im Wahlkampf ist die Partei wieder ganz auf ihren Kanzler fixiert. Für das Klein-Klein der Vermittlung der Regierungspolitik gegenüber der Partei ist dann – 2002 bis 2005 – wieder Müntefering zuständig. Dass die Wahlkampfzentrale 2002 tatsächlich an Glanz verlor, zeigt auch die Tatsache, dass es 2005 keine Neuauflage der „Kampa" mehr gegeben hat.

### 4.2.8 Generalsekretär – der heimliche Parteivorsitzende

War Müntefering als Bundesgeschäftsführer nur das Scharnier zwischen Schröder und Lafontaine, muss er nun – nach Lafontaines Rücktritt – Scharnier und linker Vordenker zugleich sein. Er gilt als einer der letzten Traditionalisten der SPD.[425] Und ist es auch nur inszenierte Traditionsverbundenheit, er wird so wahrgenommen und wird als eine Art Ersatz für Lafontaine, eine Art neuer Tonangeber gesehen. Das ist er jedoch nicht. Sein Aufstieg ist vielmehr ein Aufstieg, der eng mit dem von Schröder verbunden ist, der eigentlich ein Feindbild der Genossen darstellt. Es ist ein Aufstieg, der durch die anhaltende Beliebtheit innerhalb der Partei und der Projektionsfläche, die Müntefering

---

[422] Vgl. König, Jens: Schröder macht den Lafontaine; in: taz, 01.06.2002, S.5.
[423] Schröder, G.: Entscheidungen, 2006, S.496
[424] Vgl. Niclauß, K.: Kanzlerdemokratie, 2004, S.338.
[425] Vgl. Bannas, Günter: Franz Müntefering 60; in: FAZ, 15.01.2000, S.4.

bietet, so rasant ausfällt. Müntefering ist der Gegenentwurf des machtbewussten, aber wenig parteiverbundenen Niedersachsen. Er ist der Mann, der mit der Partei seinen Weg beschritten hat und der er seinen Aufstieg zu verdanken hat. Gerade das konsequente Anderssein im Vergleich zu Schröder macht Müntefering so beliebt in der Partei. Bis zum Jahr 2001 hat er bei innerparteilichen Wahlen – sowohl auf Bundes- als auch auf Landesebene – stets über 94 Prozent der Stimmen erhalten und damit mehr als Schröder bei einer innerparteilichen Wahl je bekommen hat. Diese innerparteiliche Beliebtheit macht ihn für Schröder zum Hoffnungsträger, der ihn vom Verkehrsministerium in die Partei zurückholt – und zum Generalsekretär macht. Die Umstände der Berufung weisen dabei gravierende Ähnlichkeiten zu denen von 1995 ins Amt des Bundesgeschäftsführers auf. Zwar ist die Partei nun in Regierungsverantwortung, doch gibt sie kein geschlossenes Bild mehr von sich ab. Die Gräben sind seit dem Wechsel Münteferings vom Amt des Bundesgeschäftsführers in das des Verkehrsministers wieder aufgebrochen. Wie damals, 1995, wird auch 1999 Müntefering abermals als Notanker gesehen, als Retter in der Not, als Feuerwehrmann. Wo es brennt, kommt Müntefering. Dieser Zusammenhang dürfte sicher zur weiteren Mythisierung Münteferings beigetragen haben – und zu Münteferings eigenem Glauben und dem der „Boygroup", dass nur man selbst es richten könnte. Seine Aufgabe ist es nun, Schröder die Partei vom Leibe zu halten und sie damit gleichzeitig für dessen Regierungspolitik und damit auch deren Inhalte zu begeistern. Müntefering fungiert als Schnittstelle und als Schröders ausführendes Organ; eigene Themen zu setzen, ist nicht seine Aufgabe oder er will sie nicht setzen.

In den Regierungsjahren ist Müntefering auf diese Weise ein sehr guter Mann für den Bundeskanzler. In Wahlkampfzeiten kommt es jedoch wieder auf das Wahlkampfross Schröder an, das nicht die Partei, sondern die Menschen im Land erreichen soll. Die Arbeitsteilung scheint perfekt, wenngleich für die Partei auch gefährlich, weil Müntefering eben kein inhaltlicher Vordenker ist, sondern, wie er selbst sagt, ein „Mitdenker". So steuert die SPD in den Jahren 1999 bis 2002 einer gewissen inhaltlichen Führungslosigkeit entgegen, die vielleicht in den Projektionen, die in Müntefering gesehen werden, überdeckt wird, aber zweifellos vorhanden ist. Sie ist jedoch nur bedingt Mün-

## 4.2 Generalsekretär

teferings Schuld, hat er doch schließlich nie suggeriert, ein inhaltlicher Vordenker zu sein.

Das Inhaltliche ist gewiss nicht Münteferings Steckenpferd. Das ist vielmehr – im Gegensatz zu Schröder – der organisatorische Bereich, in dem er mit Ideen aufwartet, um die Partei zum – aus seiner Sicht – Guten zu reformieren. Auf Bundesebene versucht er eine Gebietsreform durchzuführen, die jedoch an den Mitgliedern und dem eigenen geringen Einsatz scheitert. In Nordrhein-Westfalen setzt er hingegen eine – auch von Politologen als grundsätzlich wichtig angesehene – Bezirksreform um, allerdings mit vielen Wunden. Hier ist denn auch Münteferings Führungsstil zu beobachten. Steinmeier meint, dass Müntefering mit einer „Positionierung" in Gespräche hineingehe.[426] Dies scheint nach der Analyse zu stimmen – und muss nicht verkehrt sein. Allerdings geht Müntefering eben nicht nur mit einer Position in Gespräche hinein. Nein, manchmal scheint es, er wolle auch – an dieser Stelle etwas überspitzt gesagt – über politische Leichen gehen. So droht er den einzelnen Bezirken etwa, dass sie auch vom Berliner Parteivorstand von oben herab abgeschafft werden könnten, wenn sie ihrer eigenen Abschaffung nicht zustimmten. In der Frage des Mazedonien-Einsatzes droht er den Abweichlern im Bundestag mit schlechten Listenplätzen. Es ist bisweilen ein seltsames Verständnis von (innerparteilicher) demokratischer Willensbildung zu beobachten – und das gerade bei einem, der zu Beginn seiner Amtszeit in Bezug auf die Parteireform mit einer Schrift mit dem Titel auffällt: „Demokratie braucht Partei". Zwar erfüllt Müntefering diesen Anspruch lange Zeit scheinbar und bisweilen auch anscheinend – er streichelt immer wieder die Seele der SPD. Doch sind es eben solche wie die beschriebenen Szenarien, bei denen er sie bisweilen auch mit Füßen tritt. Man könnte dies auch psychologisch deuten. Bei Müntefering scheint ein Lerneffekt eingetreten zu sein, eine Konditionierung seines Verhaltens. Die Tatsache, dass er mit seinem Stil – Entscheidungen an den Gremien und der Partei vorbei herbeizuführen und sie ihr dann zu präsentieren, ohne dass eine Hintertür offen bleibt – lange Zeit Erfolg gehabt hat, dürfte ihn zu einem erneuten Handeln im gleichen Stile ermutigt, ja konditioniert haben.

---

[426] Steinmeier, F.-W. im Gespräch mit dem Autor dieser Arbeit am 12.01.2010.

Müntefering strebte das Amt des Generalsekretärs nach eigener Darstellung als einziges an. Extra für ihn wurde es neu erschaffen. Er ist der erste Generalsekretär der Partei und wird von Schröder zu Beginn einmal „Geschäftsführender Vorsitzender" genannt. In der Tat arbeitet er wie ein „heimlicher Parteivorsitzender". In Bezug auf die Machtarithmetik ist Müntefering für Schröder tatsächlich ein „Glücksgriff", wie Schröder später einmal sagen wird. Er stabilisiert, zusammen mit Steinmeier, die rot-grüne Bundesregierung und macht sich in gewisser Weise für den Parteivorsitzenden und Bundeskanzler Schröder unentbehrlich. Umso überraschender ist es, dass der 2002 wiedergewählte Bundeskanzler diesen ‚Fels in der Brandung' für die Partei aufgibt und ihm das Amt des Fraktionsvorsitzenden anträgt.

Wie lange Münteferings Aufstieg dann noch anhalten kann, ob die Wunden, die Müntefering der Partei zugefügt hat, nicht doch zu groß sind, wird sich im folgenden Kapitel zeigen

## 4.3 Fraktionsvorsitzender

### 4.3.1 Wieder drei Jahre: Fraktionsvorsitzender

Arbeitsminister in Nordrhein-Westfalen, Bundesgeschäftsführer, NRW-Landesvorsitzen-der, Generalsekretär, nun also Fraktionsvorsitzender. Auffällig dabei: Jedes dieser Ämter hat Müntefering ausgeführt beziehungsweise wird Müntefering lediglich drei Jahre ausgeführt haben. Einzige Ausnahme: der Vorsitz des Westlichen Westfalen. Einmal mehr ist Müntefering bei Amtsantritt außerdem deutlich älter als die bisherigen Amtsinhaber. Er ist mittlerweile 62 Jahre alt, im Durchschnitt übernahmen die SPD-Fraktionsvorsitzenden dieses Amt bisher mit 53 Jahren [siehe Diagramm 8, S.136]. Sein Aufstieg geht auch hier wieder – nach der Bundestagswahl 2002 – spät aber fast ungebremst weiter. Bald schon wird Christoph Schwennicke von der *Süddeutschen Zeitung* feststellen, dass Müntefering – Ende 2003 mittlerweile anderthalb Jahre im Amt – „heimlicher Vorsitzender, faktischer Generalsekretär

## 4.3 Fraktionsvorsitzender

und Fraktionsvorsitzender in einer Person" sei.[427] Nach diesen zwei Jahren, 2004, übernimmt Müntefering tatsächlich den Parteivorsitz, in einer Zeit, in der sich die SPD bereits in einer sich selbst auflösenden Lage befindet.[428] Münteferings Aufstieg kehrt sich nach diesen ersten zwei Jahren langsam aber erkennbar in einen einleitenden Abstieg um – wie im Kapitel zum Abstieg noch analysiert werden soll. Die Zuordnung der ersten zwei Jahre des Fraktionsvorsitzes zu Münteferings Aufstieg erscheint jedoch sinnvoll und richtig.

Mit Münteferings Berufung zum Fraktionsvorsitzenden – so viel sei schon jetzt gesagt – schließt sich ein Kreis. Bereits 1998 wollte Lafontaine Müntefering zum Fraktionsvorsitzenden machen, nun wird er von dessen damaligem Gegenspieler Schröder berufen. Zudem hat Müntefering immer wieder Herbert Wehner herangezogen, den er in seinen ersten Jahren auf bundespolitischer Ebene – Mitte der 1970er Jahre – sieben Jahre als Fraktionsvorsitzender kennengelernt hat. Nun kommt der Sauerländer selbst in dieses Amt.

### 4.3.2 Neue Machtarithmetik

Müntefering wurde 1999 von Gerhard Schröder zum Generalsekretär berufen, um eine verbesserte Kommunikation zwischen Regierungszentrale und Partei herzustellen. In größeren Teilen ist Müntefering das tatsächlich gelungen, wenngleich er dabei einige Wunden hinterlassen hat. Diesen Posten des SPD-‚Generals' soll Müntefering nun aufgeben. Verantwortlich dafür ist die Entlassung von Verteidigungsminister Scharping kurz vor der Bundestagswahl 2002, in dessen Konsequenz Struck dessen Nachfolger wird und Ludwig Stiegler bis zur Bundestagswahl Strucks Amt des Fraktionsvorsitzenden übernehmen soll. Nach der Wahl aber, bis zu der Müntefering als Generalsekretär und Wahlkampfmanager noch benötigt wurde, soll Müntefering dieses Amt des Fraktionsvorsitzenden übernehmen.

Müntefering wurde trotz seiner bisweilen gewöhnungsbedürftigen Führung im Amt des Generalsekretärs immer als Einer-von-Ihnen, als einer von der Basis, wahrgenommen. Sein Mythos verblasste auch nach der wenig

---

[427] Schwennicke, Christoph: Frische Kraft für den harten Knochen; in: Süddeutsche Zeitung, 03.12.2003, S.3.
[428] Vgl. Baring, A; Schöllgen, G.: Kanzler, Krisen, Koalitionen, 2006, S.316.

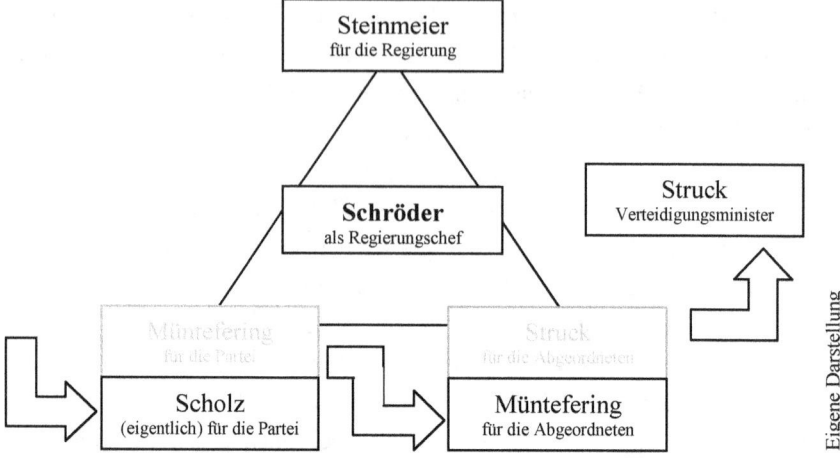

**Schaubild 3:** ‚Dreieck zur Machtsicherung' Schröders: Neue Machtarithmetik.

erfolgreichen Gebietsreform im Westlichen Westfalen nicht, analysiert etwa Politologe Walter.[429] Das in dieser Arbeit entworfene Dreieck der Machtsicherung erlebt somit eine Verschiebung, ja eine folgenreiche Neuordnung [vgl. Schaubild 3, diese Seite]. Sein Nachfolger im Amt des Generalsekretärs wird Olaf Scholz[430], der – wie es Politologe Raschke analysiert – kein „Gegengewicht, sondern die Verdoppelung Schröders" darstellte und damit eine „Provokation für die Partei" bedeutet habe.[431] Politologe Ludger Helms sieht es ähnlich und meint, dass es Scholz kaum „ansatzweise" gelungen sei, „das Vertrauen der Parteibasis zu gewinnen. Das wichtigste Ergebnis dieser personellen Veränderung bildete das zunehmend gestörte Verhältnis zwischen Regierungszentrale und der führenden Regierungspartei"[432], kurzum: die Umkehr dessen, was Müntefering die drei vorausgegangenen Jahre bisweilen mühsam aufgebaut hat. Er hatte die Parteizentrale noch vollkommen „im Griff" gehabt, meint denn auch *FAZ*-Mann Bannas, „und Zugriff […] auch auf die Arbeit in die Parteigliederungen hinein".[433] Diese tragende Säule des Generalsekretärs Mün-

---

[429] Vgl. Walter, F.: Charismatiker und Effizienzen, 2009, S.271.
[430] Olaf Scholz war zu diesem Zeitpunkt Landesvorsitzender der Hamburger SPD.
[431] Vgl. Raschke, J.; Tils, R.: Politische Strategie, 2007, S.509.
[432] Helms, Ludger: Regierungsorganisation und politische Führung in Deutschland, Wiesbaden 2005, S.126.
[433] Bannas, Günter: Müntefering führt mit Organisation; in: FAZ, 25.09.2002, S.3.

## 4.3 Fraktionsvorsitzender

teferings, des Einheizers und (inszenierten) verständnisvollen Partei-Verstehers bricht so 2002 ersatzlos weg. Schröder hingegen ist wie Scholz nie wirklich gewillt gewesen, sich mit der Partei auseinander zu setzen, beide besaßen sie nicht das uneingeschränkte Vertrauen der Basis. Die Neubesetzung des Generalsekretärpostens mit Scholz kann daher als folgenschwerer Fehler Schröders bewertet werden. In deren Folge wird Müntefings langer Aufstieg zwei Jahre später, es mag merkwürdig klingen, mit Übernahme des Parteivorsitzes beendet.

Für die neue Aufgabe Müntefings sieht Bannas zwei weitere Probleme. Zum einen hat Müntefering eine vollkommen neue Rolle einzunehmen, in der er „möglicherweise mehr als früher überzeugen [...] und weniger zu befehlen" habe[434]. Zudem sei Müntefering mit den Gepflogenheiten der Fraktionsarithmetik nicht mehr vertraut, er hat die vergangenen zehn Jahre vor allem fernab der Fraktion – in der Parteiorganisation – seine Arbeit verrichtet. Allerdings: Die Erfahrungen aus seiner Zeit als parlamentarischer Geschäftsführer Anfang der 1990er-Jahre könnten nun hilfreich sein. War er bisher der geschäftsführende Vorsitzende von über fünfhunderttausend Sozialdemokraten, ist er nun nur noch der Anführer einer 251-Parlamentarier zählenden SPD-Fraktion[435]. Wurde er bisher gemessen an dem gefühlten Klima innerhalb der Basis, das sich zweifelsohne in seinen hohen innerparteilichen Wahlergebnissen widerspiegelte, sind es nun die Gesetzesinitiativen und das Abstimmungsverhalten der Abgeordneten, an denen seine Arbeit unter anderem gemessen wird.

Für Müntefering darf dieser Wechsel zunächst weiterhin als Aufstieg gelten, da sein neues Amt – basierend auf einem Entwurf vom Politologen Wolfgang Rudzio – zu einem der drei Machtzentren informeller Entscheidungsprozesse[436] gezählt wird. Überhaupt: Der Fraktionsvorsitz gilt allgemeinhin als ein sehr einflussreiches Amt, aus dem beispielsweise die Kanzlerkandidaten Hans-Jochen Vogel und Helmut Schmidt hervorgegangen sind. Für die Partei hingegen setzen sich hier der Abstieg sowie die Entfremdung zwischen Regierung

---

[434] Bannas, G.: Müntefering führt mit Organisation; in: FAZ, 25.09.2002, S.3.
[435] Vgl. http://www.spdfraktion.de/cnt/rs/rs_dok/0,,42688,00.html [zuletzt eingesehen am 10.05.2010].
[436] Vgl. hierzu Rudzio, Wolfgang: Informelles Regieren, Wiesbaden 2005, S.265 [im Folgenden: Rudzio, W.: Informelles Regieren, 2005].

und Partei mit dem Weggang des Generalsekretärs Müntefering weiter fort. Die neue, von Schröder forcierte Machtarithmetik, die Verschiebungen innerhalb des Machtdreiecks und der Wegfall der tragenden Generalsekretärs-Säule werden so zur ernsthaften Bedrohung für die Partei und deren Regierungsfähigkeit. Zudem werden sich die Befürchtungen rund um Müntefering neue Rolle zumindest zu Beginn seiner Amtszeit in Teilen bewahrheiten, wie im folgenden Unterkapitel mit dem Titel „Fehlstart"[437] analysiert wird.

### 4.3.3 Im Amt

#### 4.3.3.1 Fehlstart

„[D]ann [...] 2002, hat er gesagt, du musst jetzt Fraktionsvorsitzender werden. War eigentlich gar nicht meine Sache. Aber Struck war dann Verteidigungsminister. Und Schröder sagte, musst' jetzt."[438] So erinnert sich Müntefering heute rückblickend an die Umstände seiner Berufung in das neue Amt, in das er mit 91,6 Prozent gewählt wird.[439] Der von der *Süddeutschen Zeitung* betitelte „Fehlstart"[440] ist vielleicht auch mit seinem geringen Willen für dieses Amt zu erklären, was aus Sätzen wie „War gar nicht meine Sache" herausgelesen werden kann. Anders als den Generalsekretärsposten scheint Müntefering den Fraktionsvorsitz eigentlich gar nicht gewollt zu haben. Und in der Tat: Vor allem in der Anfangszeit agiert der ehemalige Generalsekretär und Bundesgeschäftsführer wenig glücklich in seinem neuen Amt. Gleich zu Beginn der Legislaturperiode kritisiert die genannte Zeitung auch Müntefering[441]. Bei der Präsentation des rot-grünen Arbeitsprogramms für die kommenden vier Jahre, noch vor der ersten Plenarsitzung im Bundestag[442], habe sich Müntefering zu-

---

[437] In Anlehnung an die Überschrift eines Zeitungsartikels mit demselben Titel; vgl. Beic, Marc: Der Fehlstart; in: Süddeutsche Zeitung, 16.10.2002, S.4.
[438] Müntefering, F. im Gespräch mit dem Autor dieser Arbeit am 23.02.2010.
[439] Vgl. o.V.: Müntefering legt 95 Prozent vor; in: süddeutsche.de, 20.09.2005; abrufbar unter: http://www.sueddeutsche.de/politik/spd-fraktionsvorsitz-muentefering-legt-prozent-vor-1.438676 [zuletzt eingesehen am 01.06.2010.]
[440] Beise, Marc: Der Fehlstart; in: Süddeutsche Zeitung, 16.10.2002, S.4.
[441] Vgl. ebd.
[442] Die konstituierende Sitzung zum 15. Deutschen Bundestag fand am 17.10.2002 statt; vgl. hierzu: Pressemitteilung des Deutschen Bundestags: Rede von Bundestagspräsident Wolfgang Thierse zur Konstituierung des 15. Deutschen Bundestages am 17. Oktober 2002,

## 4.3 Fraktionsvorsitzender

mindest in Bezug auf sein ökonomisches Fachwissen keinen Ruf gemacht, sich wenig ausgekannt. Er spiegele damit die ohnehin mageren Ergebnisse des Papiers wider, findet der Autor des Artikels Marc Beise. „Franz Müntefering brachte so ziemlich alles durcheinander und schickte vorübergehend sogar die Aktienmärkte auf Talfahrt", schreibt er und resümiert: „Es ist nicht viel Wirtschaftskompetenz in Berlin in diesen Tagen". Schröder wird rückblickend sagen: „So wirkte nach der Wahl beides zusammen, eine deutlich spürbare Erschöpfung der Akteure und ein holpriger Start in die neue Legislaturperiode."[443]

Zwei Monate nach Berufung ins neue Amt äußert sich Müntefering, wie er sich vielleicht als Generalsekretär äußern könnte, nicht aber als Fraktionsvorsitzender, der qua Amt viel mehr in den Regierungsapparat eingebunden ist als etwa der Partei- und Seelenstreichler, als der Müntefering als Generalsekretär gesehen wurde. Müntefering fordert von den Bürgern Konsumverzicht und gleichzeitig mehr Geld für den Staat. Die Debatte löst er im Dezember 2002, drei Monate vor der Verkündung der Agenda 2010, aus – später wird er korrigieren, dass er nur die Besserverdienenden ansprechen wollte.[444] Der Vorstoß stößt dennoch sowohl bei Opposition als auch innerhalb der Regierung und nicht zuletzt bei den Medienvertretern auf heftige Kritik. Bundeskanzler Schröder selbst „kanzelt" den Vorschlag einen Tag später ziemlich direkt ab.[445] CDU-Oppositionsführerin Merkel, nicht unbedingt bekannt für ihre forsche Tonart, kritisiert den Vorschlag gar als „pervers".[446] Das *Hamburger Abendblatt* spricht von einem „finanzpolitischen Amoklauf" und meint, dass Müntefering etwas erreicht habe, „was im Grunde kaum noch möglich schien: eine Steigerung des allgemeinen Unmuts über das, was in Regierungskreisen so gedacht und für sinnvoll erachtet wird."[447] Die *Welt* diagnostiziert ein demokra-

---

17.10.2002, abrufbar im Internet unter: http://webarchiv.bundestag.de/cgi/show.php?fileToLoad=169&id=113 [zuletzt eingesehen am 10.04.2010].
[443] Schröder, G.: Entscheidungen, 2006, S.387.
[444] Vgl. Breuer, Helmut: Entsetzen bei Rot-Grün über Münteferings Äußerungen; in: Die Welt, 03.12.2002, S.3.
[445] Vgl. o.V.: „Kakophonie!" Schröder kanzelt Müntefering ab; in: Hamburger Abendblatt, 03.12.2002, S.2.
[446] Vgl. Koch, Hannes: Plappern verboten; in: taz, 03.12.2002, S.6.
[447] O.V.: „Kakophonie!" Schröder kanzelt Müntefering ab; in: Hamburger Abendblatt, 03.12.2002, S.2.

tiefernes Verhalten, wenn Müntefering mit seiner Aussage eigentlich meine: „Nur auf den Staat kommt es an, ihm hat der Bürger zu dienen". Die konservative Zeitung empfiehlt den Bürgern, „Leute wie Müntefering nach Hause zu schicken."[448] Auch Münteferings enger Vertrauter Wasserhövel erinnert sich: „Es hat ja am Anfang da auch Zweifel gegeben, ob er das überhaupt vernünftig machen kann."[449] Tatsächlich hat die Bundesregierung laut Umfragen deutlich an Zustimmung verloren. Die *Forschungsgruppe Wahlen* ermittelt Zahlen von nur noch 32 Prozent im Dezember 2002 nach 38,5 Prozent bei der Wahl drei Monate zuvor.[450] Es erinnert sehr an den Fehlstart von 1998, der jedoch damals noch mit der Unerfahrenheit der ganzen Regierungstruppe erklärt werden konnte. Damals wurde Müntefering – neben Steinmeier als Kanzleramtschef – als Generalsekretär installiert, um die Koordination zwischen den einzelnen Gruppen deutlich zu verbessern. Diesmal ist er bereits installiert, jedoch in einem anderen Amt. Dort fängt er sich nach seinen anfänglichen Startschwierigkeiten – und führt.

### 4.3.3.2 (Fraktions-)Führung unter Franz Müntefering

Politologe Michael Eilfort analysiert Münteferings anfänglichen Führungsstil mit den Worten: „Nach der Bundestagswahl 2002 wurde der neu gewählte SPD-Fraktionsvorsitzende Franz Müntefering aus den eigenen Reihen mit dem Vorwurf konfrontiert, er regiere die Fraktion, aber führe sie nicht. Die Kritik hob ab auf den Eindruck, der ‚Parteisoldat' und vormalige SPD-Generalsekretär wolle nun eine große Gruppe Abgeordneter wie ein Regiment kommandieren."[451] Treffend resümiert er: „Schon der Versuch wäre zum Scheitern verurteilt. Eine Fraktion ist eben nicht zu führen wie eine Parteizentrale, das Kanzleramt oder ein Ministerium, wo Aufträge von der Spitze des Hauses durch weisungsgebundene Beamte oder abhängige Angestellte schlicht

---

[448] Hohenthal, Carl Graf: Münteferings Klarstellung; in: Die Welt, 03.12.2002, S.1.
[449] Wasserhövel, K. im Gespräch mit dem Autor dieser Arbeit am 25.01.2010.
[450] Vgl. http://www.wahlrecht.de/umfragen/politbarometer/politbarometer-2005.htm [zuletzt eingesehen am 01.06.2010]
[451] Eilfort, Michael: Politische Führung in der CDU/CSU Bundestagsfraktion; in: Hirscher, Gerhard; Korte, Karl-Rudolf (Hrsg.): Information und Entscheidung, Wiesbaden 2003, S.98.

## 4.3 Fraktionsvorsitzender

umgesetzt werden und im Regelfall alle Mitarbeiter weitgehend geschlossen der Hausspitze zuarbeiten, deren Ruhm und Ansehen zu mehren trachten."[452] Tatsächlich passt sich Müntefering an die neuen Gegebenheiten an, wenngleich er einige seiner Eigenarten beibehält. Während er auf der einen Seite mit einem sehr hohen Anspruch führt, gibt er sich auf der anderen Seite – abermals – als Einer-von-ihnen, als einer der Fraktion, denen „man nicht alles zumuten" könne.[453] Die drei Spiegel-Journalisten Geyer, Kurbjuweit und Schnibben schreiben über den Unterschied zwischen Müntefering und Schröder recht treffend: „Der Konflikt [...] geht tief. Es stehen gegeneinander: ein Sozialdemokrat, der an Traditionen und Programme glaubt, gegen einen Sozialdemokraten, der an sich glaubt; ein Parteipolitiker gegen einen Machttechniker; ein Sturkopf gegen einen Wendehals."[454]

Dennoch funktioniert das Tandem Schröder-Müntefering ausgesprochen gut. So versucht Müntefering immer wieder Entscheidungen herbeizuführen, die *Welt* meint gar, dass Müntefering die Fraktion als eine „Politikmaschine" ansehe, „die sich keine Störungen erlauben darf, die funktionieren muss."[455] Die Fraktion auf Kurs zu bringen, versucht er dabei durch Einzelgespräche im Hintergrund („Das klären wir am Donnerstag hinter verschlossenen Türen"[456]), die mit ihm oder – und hier wird wieder das ‚System Müntefering' offenbar – seinem Intimus und Büroleiter Wasserhövel geführt werden.[457] So sei am Tag der Abstimmung über die Gesundheitsreform im Mai 2003 ein „völlig übernächtigt und erschöpft wirkender Fraktionsvorsitzender" zu sehen gewesen, der „in Einzelgesprächen die Gegner der Reform auf Fraktionslinie zu bringen" versucht hat, weiß der *Bonner Generalanzeiger* zu berichten.[458] „Still, effizient, selbstbewusst" wird diese Art der Führung mitunter beschrieben.[459] Insgesamt aber wird ihm auch das Attribut „überwiegend moderierend" zuge-

---

[452] Ebd.
[453] Kurbjuweit, Dirk: Gefährliche Treue; in: Der Spiegel, 18.07.2005, S.37.
[454] Geyer, M; Kurbjuweit, D; Schnibben, C: Operation Rot-Grün, 2005, S.236.
[455] Dausand, Peter; Lutz, Martin: Welcher Münte ist der wahre Münte?; *in:* Die Welt, 05.07.2007, S.2.
[456] Wittke, Thomas: Ein Restwiderstand bleibt; in: General-Anzeiger, 28.05.2003.
[457] Vgl. Forkmann, D., Oeltzen, A.: Parteivorsitzende der SPD; in: Forkmann, D.; Schlieben, M (Hrsg.): Parteivorsitzende in der Bundesrepublik, 2005, S.113.
[458] Wittke, Thomas: Ein Restwiderstand bleibt; in: General-Anzeiger, 28.05.2003.
[459] Vgl. König, Jens: Schröder kotzt, Müntefering klotzt; in: taz, 04.09.2003, S.6.

schrieben[460] – zumindest bis zur Durchsetzung einer Entscheidung. Müntefering übt für die Herbeiführung von bestimmten Entscheidungen jedoch bisweilen enormen Druck aus und dürfte damit neue Wunden bei seinen Mitstreitern entstehen lassen. Bei der Abstimmung über die Gesundheitsreform sagt er beispielsweise zunächst, dass er „eine eigene Mehrheit erwarte". Wie er bereits bei der Gebietsreform in Nordrhein-Westfalen mit weiteren Konsequenzen gedroht hat, sollten sie ihm nicht folgen, verfährt er auch nun wieder und spricht bald – nachdem die Kritiker nicht verstummen wollen – von der „Unverzichtbar[keit]" der eigenen Mehrheit.[461] Nach der – auch wegen Schröders Rücktrittsdrohung („…dann sucht Euch einen anderen"[462]) – gewonnenen Abstimmung zeigt sich Müntefering keineswegs zufrieden und steigert seine Drohung nun nochmals: Er warne für weitere Abstimmungen vor „einem Spiel mit dem Feuer".[463] Was dann passieren würde, lässt er offen. Bei der Agenda 2010 war es ähnlich, wie im folgenden Unterkapitel noch zu sehen sein wird.

Tatsächlich sucht Müntefering aber auch immer wieder das (moderierende) Gespräch mit den Abgeordneten. Heil erinnert sich, dass Müntefering damals als Fraktionsvorsitzender „auch jenseits der Hierarchien zu Gesprächen einlud und zuhörte und abklopfte".[464] Irritierend sei lediglich sein Schweigen gewesen, was man erst zu deuten begonnen habe, wenn man ihn länger kennt. Immer wieder stellte sich Müntefering vor die Fraktion, wie beispielsweise im Vorfeld der Agenda 2010. So intervenierte er wenige Tage vor der Agenda-Rede Schröders im März 2003 gegen die geplante Lockerung des Kündigungsschutzes.[465] Münteferings gewieftes Spiel mit der Macht wird hier einmal mehr deutlich. „Müntefering behauptete, dass er nicht als Fraktionsvorsitzender Einspruch einlege, sondern nur als ‚einfacher Abgeordneter'."[466] Doch auch diese Botschaft scheint ihre Wirkung bei Schröder nicht zu verfehlen. Die angestreb-

---

[460] Nassheimer, K.: Müntefering; in: Kempf, U.; Merz, H. (Hrsg.): Kanzler und Minister 98-05, 2008, S.251.
[461] O.V.: Der Kanzler zittert um eigene Mehrheit; in: Die Welt, 26.09.2003, S.1.
[462] Thiede, Ulla; Wittke, Thomas: „…dann sucht euch einen anderen"; *in:* General-Anzeiger, 27.09.2003, S.4
[463] Ebd.
[464] Heil, H. im Gespräch mit dem Autor dieser Arbeit am 25.01.2010.
[465] Vgl. Schuett-Wetschky, Eberhart: Richtlinienkompetenz (hierarchische Führung) oder demokratische Führung?; in: Holtmann, Everhart; Patzelt, Werner: Führen Regierungen tatsächlich?, Wiesbaden 2008, S.95.
[466] Ebd.

## 4.3 Fraktionsvorsitzender

te Lockerung des Kündigungsschutzes wurde auf nahezu Null reduziert. Farthmann, der Müntefering in dieser Zeit einmal wegen einer bestimmten politischen Frage aufgesucht hat, spricht von einer absoluten Verlässlichkeit Münteferings. „Solange ich von Müntefering kein Signal kriege, brennt da nichts an. Das habe ich auch den anderen politischen Gruppen gesagt."[467] Heil meint zudem, dass Müntefering „viel zugehört und abgeklopft, aber dann, ja doch – wenn 'ne Linie da war – doch auch durchgezogen" habe.[468] Das Durchziehen nach den gemachten Entscheidungen könnte so womöglich als autokratisch verstanden worden sein – obwohl es das vielleicht gar nicht war.

So fällt auf: Auch als Fraktionsvorsitzender führt Müntefering einen Spagat fort, den er bereits als Generalsekretär hingelegt hat. Auf der einen Seite dreht sich die Spirale der Drohkulissen weiter und immer schneller stets unterstützend für die Regierung und damit „ganz im Sinne des Kanzlers".[469] Auf der anderen Seite sieht sich Müntefering als ‚Anwalt der Fraktion', als „die Spitze der innerparteilichen Opposition", wie es in der *taz* einmal treffend analysiert wurde.[470] Das möchten sowohl Heil („Ne") als auch Wasserhövel („War er nicht. Nein, das war er nicht.") und Müntefering selbst[471] („Ne, nicht") so nicht verstanden wissen. Letzterer verneint und sagt dann: „Aber der Gesetzgeber ist der Bundestag und das ist die Bundestagsfraktion und die Fraktionen, das sind die Abgeordneten. […] Also, es gibt nichts Höheres als gewählte Abgeordnete. Das ist der Gesetzgeber".[472] Weiter führt er aus: „Und deshalb kann Regierung mit einem Parlament nicht machen, was sie will." Das, was Müntefering hier im Jahr 2010 sagt, scheint er damals weniger beherzt zu haben, auch wenn Heil Münteferings Fraktionsführung keineswegs schlecht in Erinnerung hat. Ein Satz, den Müntefering im Folgenden äußert, könnte den damaligen Protagonisten, gerade denen aus der Regierung, doch zu denken geben. „Man muss dann, aus der Fraktion heraus, auch in der Lage sein, 'ne Regierung zu koordinieren." Ein Dementi, sprich ein Widerspruch für den Vorwurf der innerpartei-

---

[467] Farthmann, F. im Gespräch mit dem Autor dieser Arbeit am 07.01.2010.
[468] Heil, H. im Gespräch mit dem Autor dieser Arbeit am 25.01.2010.
[469] König, J.: Schröder kotzt, Müntefering klotzt; in: taz, 04.09.2003, S.6.
[470] Ebd.
[471] So sagten es Hubertus Heil, Kajo Wasserhövel und Franz Müntefering unabhängig gegenüber dem Autor dieser Arbeit.
[472] Müntefering, F. im Gespräch mit dem Autor dieser Arbeit am 23.02.2010.

lichen Opposition, klingt zweifelsohne anders. In Wahrheit könnte dieser Satz bedeuten: „Wir regieren die Regierung durch." Ein Satz wie „Ich werde die Fraktion niemals in einen Kampf gegen die Regierung führen"[473] bekommt so schon eine ganz andere Bedeutung. Er könnte als Drohung gemeint sein. Vielleicht aber ist auch das wieder geschickte Inszenierung. Denn insgesamt ist Müntefering häufig alles Andere als ein Oppositioneller. Als ein solcher inszeniert er sich vielleicht – sogar mit Erfolg – vor den „Genossen", in Wirklichkeit aber ist er derjenige, der Entscheidungen an den Köpfen der Fraktion – und der Partei – vorbei mit herbeiführt, wie es gerade bei der Agenda 2010 zu sehen ist. Müntefering ist zudem, nun als Fraktionsvorsitzender, Mitglied der gesetzesgebenden Gewalt und nicht mehr der ‚General' außerhalb der Regierungsverantwortung.

Dennoch gelingt es ihm auch weiterhin, manchmal die Partei im Sinne eines Generalsekretärs oder „geschäftsführenden Parteivorsitzenden" zu streicheln. Etwa wenn er auf dem Bochumer Parteitag Ende 2003, kurz vor der Verabschiedung der Hartz-Gesetze – wie es Politologe Walter beschreibt – „im apokadiktischen Stakkato den offensichtlichen Unsinn skandierte"[474]: „Fraktion ist gut, Partei auch, Glück auf." Dass er die Regierung in sein Lob nicht mit aufgenommen hat, könnte Zufall sein. Es kann aber auch als Seitenhieb an Schröder verstanden werden. Denn selbst Müntefering-Intimus Wasserhövel glaubt nicht an die Zufälligkeit dieser Worte: „So 'ne Formel, das ist nicht voll unbewusst"[475]. Tatsächlich kann Müntefering die Stimmung herumreißen, die bisher – wie sich Wasserhövel erinnert – „ganz schrecklich und furchtbar" war. Nicht Schröder oder Scholz erreichen die Genossen, sondern Müntefering. Seiner „beharrlichen, mit unerschöpflicher Energie geleisteten Überzeugungsarbeit" sei es zu verdanken, dass die Mehrheit für die Gesetze zu den zentralen Reformen am Arbeitsmarkt letztendlich gestanden hat, wird Schröder rückblickend über Müntefering sagen und seine eigene Rolle damit zurücknehmen.[476] Es sind diese Tage, in denen eben die *Süddeutsche Zeitung* schreibt, dass Müntefering Fraktionsvorsitzender, Generalsekretär und Partei-

---

[473] Vgl. König, J.: Schröder kotzt, Müntefering klotzt; in: taz, 04.09.2003, S.6.
[474] Walter, F.: Vorwärts oder abwärts?, 2010, S.88.
[475] Wasserhövel, K. im Gespräch mit dem Autor dieser Arbeit am 25.01.2010.
[476] Schröder, G.: Entscheidungen, 2006, S.404.

## 4.3 Fraktionsvorsitzender

vorsitzender in einer Person sei, er also inoffiziell die Partei in Personalunion „regiert" und seinen Aufstieg besiegelt – wie auch im folgenden Unterkapitel zu sehen sein wird.

### 4.3.3.3 Agenda 2010

Die Agenda-2010-Problematik tatsächlich greifbar zu machen – dafür bedürfte es einer eigenen Untersuchung in einer eigenen Arbeit. Ein kurzer Exkurs über Müntefering Rolle darin sei jedoch erlaubt und ist auch nötig. Sie wird Müntefering – und die SPD insgesamt – bis zu seinem Ausscheiden aus der vorderen Bühne der Politik und darüber hinaus verfolgen. Er bezeichnet den Prozess zur Umsetzung im Rückblick als eine „ganz schwere Phase"[477]. Die Agenda wurde jedoch keineswegs von ihm entwickelt. Die ersten Entwürfe kursierten bereits Ende Dezember 2002 – drei Monate vor der offiziellen Verkündung – im Kanzleramt, wo laut Politologe Walter „ein kleiner Zirkel unter der Regie von Kanzleramtschef Frank-Walter Steinmeier" die Vorarbeiten geleistet hat[478] und sie, so Politologe Korte, „ohne Einbeziehung der Partei in einer Blitzaktion von den Ministerialbürokratien und dem Kanzleramt ausformuliert" wurde.[479] Müntefering, der (inszenierte) „brave Parteisoldat, der Hüter der Traditionen der Sozialdemokratie"[480] hat die Möglichkeit, entweder zu folgen oder langfristig im Konflikt mit Schröder sein Amt des Fraktionsvorsitzenden zu verlieren. Tatsächlich soll er – zum zweiten Mal nach 1998 – mit dem Gedanken gespielt haben, Schröder „die Gefolgschaft zu verweigern". Die drei Spiegel-Journalisten schreiben süffisant: „[A]ber aus Loyalität gegenüber der SPD habe er sich selbst einer Gehirnwäsche unterzogen."[481] Weiter meinen sie, man könne es auch „Selbstläuterung nennen".[482] Es lässt sich heute nicht mehr klären, was zuerst da war, die später zur Schau gestellte Überzeugung oder der

---

[477] Müntefering, F. im Gespräch mit dem Autor dieser Arbeit am 23.02.2010.
[478] Vgl. Walter, F.: Die SPD, 2009, S.253.
[479] Niedermayer, Oskar: War die Agenda an allem schuld?; in: Jesse, Eckhart; Sturm, Roland: Bilanz der Bundestagswahl 2005. Voraussetzungen, Ergebnisse, Folgen, Wiesbaden 2006, S.119 [im Folgenden: Niedermayer, O.: War die Agenda an allem schuld?; in: Jesse,E; Sturm, R: Bilanz der Bundestagswahl 2005, 2006].
[480] Geyer, M; Kurbjuweit, D; Schnibben, C: Operation Rot-Grün, 2005, S.256.
[481] Ebd.
[482] Ebd.

Machtwille oder beides. Tatsächlich aber konnte er innerhalb seines Amtes mehr Änderungen erwirken, als er es vermutlich außerhalb desselben gekonnt hätte; so zum Beispiel den Stopp der geplanten Lockerung des Kündigungsschutzes.

Heute scheint es zunehmend Konsens, dass es eine Reform wie die Agenda 2010 hatte geben müssen, um die Staatsneuverschuldung und das Staatsdefizit, die in diesen Jahren beide deutlich außerhalb der Maastrichtkriterien lagen und weiter zu steigen drohten, zu konsolidieren[483] [siehe Diagramm 7, nächste Seite].

Tatsächlich wird diese Reform von einigen Politologen gar nicht als der Grund für die tiefe Krise der SPD angesehen. „Diese These ist falsch", analysiert etwa Oskar Niedermayer.[484] Die Ursachen seien viel weiter in der Vergangenheit zu suchen. So habe es die SPD versäumt, „sich zu Oppositionszeiten durch eine sozialdemokratische politische Antwort auf die gewandelten ökonomischen Rahmenbedingungen im Sozialstaatskonflikt rechtzeitig neu zu positionieren, die Neupositionierung in einer sinnvollen Weise zu vermitteln und nach der Machtübernahme 1998 in eine konsistente Politik umzusetzen."[485] Die Agenda 2010 – so resümiert der Politologe – „war der dritte – wiederum gescheiterte – Versuch, diese Versäumnisse zu beheben."[486] Zu den genannten Oppositionszeiten war Müntefering noch Bundesgeschäftsführer, ihm sind die ausgebliebenen Antworten daher nur bedingt anzulasten, wenngleich sein Wahlkampfslogan „Innovation und Gerechtigkeit" sicherlich dazu beitrug, diese Diskrepanz und die ausbleibende Veränderung zu überstrahlen.

Müntefering kann die Politik der Agenda 2010 somit – zumindest zunächst – keineswegs vorgeworfen werden. Er hat sie zwar mitgetragen, hat jedoch – etwa beim Kündigungsschutz – Änderungen durchsetzen können. War er tatsächlich ein solcher Traditionalist, als der er sich immer wieder inszeniert

---

[483] Vgl. OECD-Wirtschaftsausblick 76, Dezember 2004; vgl. auch: Butzlaff, Felix: Die SPD. Verlust des Verlässlichen. Die SPD nach elf Jahren Regierungsverantwortung; in: ders., Harm, Stine; Walter, Franz (Hrsg.): Patt oder Gezeitenwechsel? Deutschland 2009, Wiesbaden 2009, S.55 [im Folgenden: Butzlaff, F.: SPD; in: ders.; Harm, S.; Walter, F. (Hrsg.): Patt oder Gezeitenwechsel?, 2009].

[484] Niedermayer, O.: War die Agenda an allem schuld?; in: Jesse, E.; Sturm, R.: Bilanz der Bundestagswahl 2005, 2006, S.119.

[485] Niedermayer, Oskar: Der Wahlkampf zur Bundestagswahl: Parteistrategien und Kampagnenverlauf; in: Brettschneider, Frank; Niedermayer, Oskar Wessels, Bernard (Hrsg.): Die Bundestagswahl 2005. Analysen des Wahlkampfes und der Wahlergebnisse, S.24.

[486] Ebd.

## 4.3 Fraktionsvorsitzender 125

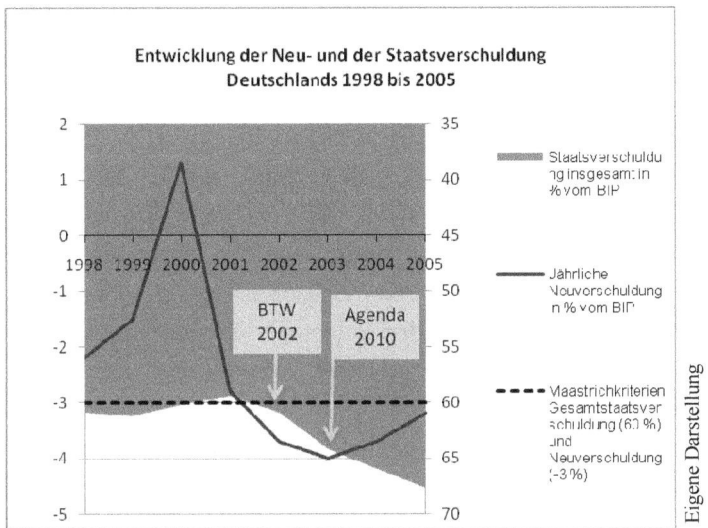

**Diagramm 7:** Einsicht oder Kalkül? Die Zahlen sprachen für die Agenda 2010.

hat, hat er innerhalb der Regierungsstrukturen sicherlich mehr Chancen gehabt, etwas zu bewirken als außerhalb. Auch kann man ihm – wie bisweilen geschehen – den möglicherweise tatsächlichen Wandel der inneren Überzeugung nur bedingt anlasten. Die Wirtschaftszahlen waren zudem keineswegs positiv. So oder so: In jedem Falle ist auch diesmal – wie 1999 – Müntefering ein „Glücksgriff" für Schröder. Schon damals hat er es vermocht, die Partei zu einen. Ähnlich analysieren es die Politologinnen Forkmann und Oeltzen: „Müntefering allerdings konnte die einsichtige Wandlung zu den Reformen der ‚Agenda 2010' glaubwürdig verkörpern, da er viele Jahre als ‚Beton-Sozi' und Inkarnation des 70er-Jahre-Sozialstaats bundesrepublikanischer Prägung gegolten hatte und fest in der Partei verankert war."[487] Weiter schreiben sie: „Doch so sehr Müntefering auch vom Nimbus des Traditionalisten zehrte, so sehr trug er die Regierung und deren umstrittene Reformen."[488] Für seinen Aufstieg dürfte diese Loyalität zum Kanzler, ihm nicht in den Rücken zu fallen, sondern abermals für seine Ideen zu werben, von entscheidender Bedeu-

---

[487] Forkmann, D., Oeltzen, A.: Parteivorsitzende der SPD; in: Forkmann, D.; Schlieben, M (Hrsg.): Parteivorsitzende in der Bundrepublik, 2005, S.115.
[488] Ebd.

tung gewesen sein. Immer mehr werden die beiden auf Hängen und Verderben miteinander verbunden. In seinen Memoiren wird Schröder über Müntefering später schreiben: „Ein solch enges Verhältnis habe ich im politischen Leben zu niemand anderem je entwickeln können"[489].

Die Agenda 2010 kam „[...] überfallartig auf die SPD herab, fast bonarpartistisch von oben wollte Schröder seine Partei für die Wende zum Weniger begeistern", schreibt Politologe Korte und folgert: „Dieser Versuch scheiterte."[490] In der Tat ist die Agenda 2010 der Partei von den Schröderianern übergestülpt worden. Politologe Felix Butzlaff analysiert etwa, dass die Agenda 2010 im Muster „eines die Partei übergehenden Dekrets politischer Ziele" verkündet worden sei.[491] „Um die Begründung politischer Richtungswechsel wurde sich kaum gekümmert bzw. der Verweis auf nicht abzuwendende Zwangsläufigkeiten für ausreichend gehalten."[492] Der Protest innerhalb der Partei wurde womöglich derart groß nicht eingeschätzt. Zumindest aber kann gesagt werden, dass erst nach der Verkündung der Agenda 2010 und der Setzung ihrer Zielbegriffe – nach Politologe Walter „aktivierender Sozialstaat, Fordern und Fördern, Selbstbeteiligung und Eigenverantwortung, Investition statt Konsumtion, Zukunft statt Vergangenheit"[493] – ein Dialog mit der Partei einsetzte. Dieser war – wie es Korte feststellt –„teils freiwillig geplant, wie die Regionalkonferenzen der Partei, teils von der Partei erzwungen, wie der Sonderparteitag und der missglückte Versuch eines Mitgliederbegehrens, die innerparteiliche Partizipation an der Agenda 2010[...]".[494] Tatsächlich sind auch die Regionalkonferenzen nur scheinbar freiwillig entstanden. Man wollte so einem geplanten Mitgliederbegehren der Parteibasis entgegen wirken, deren Sprengkraft sich gerade Müntefering bewusst gewesen sei, erinnert sich Schröder rückblickend.[495] Müntefering wird hier eine entscheidende Rolle

---

[489] Schröder, G.: Entscheidungen, 2006, S.410.
[490] Vgl. Korte, Karl-Rudolf: Der Pragmatiker des Augenblicks; in: Egle, Christoph; Zohlnhöfer, Reimut (Hrsg.): Ende des rot-grünen Projektes. Eine Bilanz der Regierung Schröder 2002 – 2005, Wiesbaden 2007, S.178 [im Folgenden: Korte, K.: Pragmatiker; in: Egle, C; u.a. (Hrsg.) Ende des rot-grünen Projekts, 2007].
[491] Butzlaff, F.: SPD; in: ders.; Harm, S.; Walter, F. (Hrsg.): Patt oder Gezeitenwechsel?, 2009, S.55..
[492] Ebd.
[493] Walter, F.: Die SPD, 2009, S.253.
[494] Korte, K.: Pragmatiker; in: Egle, C; u.a. (Hrsg.): Ende des rot-grünen Projekts, 2007, S.178
[495] Schröder, G: Entscheidungen, 2006, S.398.

## 4.3 Fraktionsvorsitzender

spielen, zahlreiche Gespräche führen und beispielsweise in Zeitungsinterviews die (scheinbare und bald auch anscheinende) Wandlung seiner Ansichten darlegen. Heil wird im Rückblick anerkennend dazu sagen: „Ich fand schon gut, wie er 2003 auch selbst erläuterte, wie er zu neuen Prozessen oder neuen Überlegungen gekommen ist. Und damit großen Teilen der Partei – so schien es jedenfalls – es auch ermöglichte, so einen Prozess nachzuvollziehen [...]."[496] Abschließend sagt er: „[...]Er hat an sich exemplarisch die Veränderungsnotwendigkeit der Sozialdemokratie versucht zu erklären. Das war in der Phase sicherlich gut und stabilisierend." Dennoch: Die Partei wurde durch ihre eigentliche Ausklammerung im Entscheidungsfindungsprozess nicht in die Verantwortung genommen. Es war so ein Leichtes für die Mitglieder, sich von den Reformen zu distanzieren und sie nicht als eigene anzusehen.

\*\*

In der Fraktion hat Müntefering jedoch auch im Vorfeld der Verkündung der Agenda 2010 am 14. März 2003 Gespräche geführt, wie es Politologe Korte zu berichten weiß[497] und wie es ferner Heil bestätigt.[498] Dass Müntefering nun an den Regionalkonferenzen teilnimmt und damit wieder in die Partei hinein wirkt, zeigt, dass er immer noch – in gewisser Weise – „geschäftsführender Vorsitzender" geblieben ist, als solcher wahrgenommen wird und gleichzeitig die Aufgaben des Generalsekretärs Scholz indirekt übernimmt. Man kann ihm die Pannen in der Kommunikation somit nur bedingt anlasten. Zwar gilt er Ende 2003 – sicher auch aus diesen Gründen – bereits als „faktischer Parteivorsitzender, Generalsekretär", doch war er eben beides nicht offiziell. Er hat diese Aufgaben, in deren Bereich die Vermittlung der Agenda 2010 in die Partei hinein gehört hätte, zusätzlich – auch aufgrund seiner engen Bindung zur Basis und seiner eigenen Vorerfahrung als Generalsekretär – übernommen, weil andere – Schröder und Scholz – sie nicht richtig, zumindest aber nicht so wie von der Partei erwartet[499], wahrgenommen und damit ein Vakuum geöffnet haben.

---

[496] Heil, H. im Gespräch mit dem Autor dieser Arbeit am 25.01.2010.
[497] Korte, K.: Der Pragmatiker; in: Egle, C; u.a. (Hrsg.): Ende des rot-grünen Projekts, 2007, S.178
[498] Vgl. Heil, H. im Gespräch mit dem Autor dieser Arbeit am 25.01.2010.
[499] So hatte Olaf Scholz die Leitung der Programmarbeit inne. „Gerhard Schröder amtierte zwar weiterhin als Parteivorsitzender, vermied aber nahezu ostentativ jegliche erkennbare Unterstützung seines Generalsekretärs in dessen immer heikler werdender Mission", merkt

Dieses Vakuum hat Müntefering in Teilen zu füllen versucht und damit entscheidenden Anteil an der Stabilisierung in die Partei hinein, zumindest aber sind ihm die Versäumnisse in diesem Bereich bis 2004 nicht anzulasten. Müntefering dürfte in einem inneren Konflikt gesteckt haben, sollte er doch auf der einen Seite dem Kanzler gegenüber loyal sein, auf der anderen Seite jedoch der Fraktion. In letzter Instanz entschied er sich – so der Eindruck – für die Seite des Kanzlers und zog dies konsequent durch. So dürften seine Drohungen weniger stabilisierend gewirkt haben, die er ganz im Sinne seines Führungs- und Entscheidungsfindungskonzeptes gegenüber der Fraktion aussprach. Während er 70 bis 80 Prozent Zustimmung für die Agenda 2010 auf dem Sonderparteitag für gut halten würde, müsse die Fraktion „zu 100 Prozent stehen."[500] Diese Absolutheit der Führung, das hundertprozentige Abstimmungsverhalten über das Interesse des einzelnen Abgeordneten zu stellen, hinterlässt abermals Wunden und muss sich zwangsläufig irgendwann, in diesem Fall in den Jahren 2004 und 2005, in einer revoltenhaften Handlung widerspiegeln; in dem Moment – nämlich 2005, als Müntefering nicht mehr für die Stabilität der Fraktion garantieren kann[501] –, wo sprichwörtlich das Glas, hier wohl besser ein Fass, zum Überlaufen gebracht worden ist. Und *das* ist ihm anzulasten, eben nicht genug diskutiert zu haben, die Gefahr eines Überlaufens des Fasses nicht frühzeitig erkannt zu haben. Tatsächlich agierte Müntefering abermals nach dem bereits weiter oben erwähnten Motto: Zunächst einen Vorschlag machen. Bei Ablehnung drohen. Beim Verhallen der Drohung zurückrudern. Bei Nicht-Verhall durchboxen. Diesmal boxt er den Vorschlag durch.

Zwar wird diese Art des Überstülpens in den ersten zwei Jahren von Müntefering im Fraktionsvorsitz vor allem mit Schröder verbunden, in Müntefering weiterhin eher der Gegenpol projiziert, der nur ausführt – und damit eigentlich auch überstülpt. Nach der daraus resultierenden Übernahme des Parteivorsitzes 2004 wird jedoch einmal mehr offenbar: Müntefering agiert ähn-

---

Politologe Thomas Meyer an; vgl. hierzu Meyer, Thomas: Die blockierte Partei: Regierungspraxis und Programmdiskussion 2002 bis 2005; in: Egle, Christoph; Zohlnhöfer, Reimut (Hrsg.): Ende des rot-grünen Projektes. Eine Bilanz der Regierung Schröder 2002 – 2005, Wiesbaden 2007, S.84 [im Folgenden: Meyer, T: Blockierte Partei; in: Egle, C.; u.a. (Hrsg.).: Ende des rot-grünen Projektes, 2007].

[500] Müntefering, Franz im Interview mit dem Spiegel: Aust, Stefan; Knaup, Horand; Steingart, Gabor: „Wir haben zu lange gezögert"; in: Der Spiegel, 26.05.2003, S.28ff.

[501] Vgl. z.B. Schröder, G.: Entscheidungen, 2006, S.378.

lich. Den Zenit der Macht wird er da überschritten haben, sein Abstieg wird spätestens da eingeleitet werden.

### 4.3.4 Der Dreifach-Loyale. Der Fraktionsvorsitzende

Schröder tritt in dieser zweiten Phase der rot-grünen Bundesregierung in der Partei – wie schon in den Jahren 1998 bis 2002 – vergleichsweise wenig in Erscheinung. Die Programmdiskussion etwa überlässt er vollständig dem neuen Generalsekretär Scholz,[502] der als eine Verdoppelung Schröders und dessen Politik und damit als Zumutung für die Partei gilt. Schröder selbst ist ganz der Bundeskanzler. Es entsteht ein Vakuum, in das Müntefering eintritt, beziehungsweise es – beim Generalsekretär – wieder besetzt. Schnell avanciert er in den ersten zwei Jahren seiner Fraktionsvorsitzenden-Zeit, 2002 bis 2004, zum faktischen Generalsekretär, heimlichen Parteivorsitzenden und Fraktionsvorsitzenden in einem. Die kommunikativen Pannen können ihm hier jedoch nur bedingt angelastet werden, er übernimmt die Aufgaben auf Grund des Vakuums, nicht aber, weil er dafür ausgewählt worden ist. Die Entfremdung zwischen Basis und Regierung ist somit mehr in Schröders Personalentscheidungen und weniger in Münteferings Handeln zu suchen.

Das Urteil über seine Fraktionsführung ist in diesen ersten beiden Jahren zwiegespalten. Zwar gibt es enorme Zumutungen (z.B.: Agenda 2010 und Gesundheitsreform), doch ist Müntefering auf der anderer Seite wieder ganz auf Fraktionslinie (z.B.: Kündigungsschutz). Hier soll er das Gespräch gesucht und abgeklopft haben. *Das* ist ihm anzurechnen. Tatsächlich aber ist die Form des Entscheidungen-Überstülpens bereits zu dieser Zeit so groß, dass der Frust darüber zwangsläufig irgendwann entweichen muss. Und genau *das* ist Müntefering anzulasten, der sich nicht nur nicht gegen bestimmte Entscheidungen aufgelehnt hat, sondern der vornehmlich mit Schröder im kleinen Kreis getroffene Entscheidungen gegenüber der „Politikmaschine", der Fraktion, durchzuboxen versucht hat und es ihm auch gelingt. Hier darf später auch ein Grund für seinen Abstieg zu suchen sein. Dennoch fällt die Kritik der Abgeordneten an ihm in diesen ersten beiden Jahren noch vergleichsweise gering

---

[502] Vgl. Meyer, T: Blockierte Partei; in: Egle, C.; u.a. (Hrsg.): Ende des rot-grünen Projektes, 2007, S.84.

aus. Der Adressat ist zunächst vor allem Schröder, der ungeliebte Parteivorsitzende, der der Partei stets fremd geblieben ist und nicht der beliebtere Müntefering, der gleichwohl entscheidenden Anteil an der Art des Überstülpens hat. Die Wahrnehmung ist eine andere, nicht zuletzt auch auf Grund von Müntefferings geschicktem Agieren. So gelingt ihm in dieser Zeit – wie schon als Generalsekretär – ein eigentlich nicht möglicher Spagat: Von Fall zu Fall ist er zwar die Spitze der innerparteilichen Opposition, insgesamt jedoch fährt er auf Schröder-Linie. Sein Mythos verblasst dennoch (noch) nicht, die Genossen lieben ihn weiter, der Kanzler braucht ihn, beide sind sich seiner Loyalität sicher. Geschickt lässt er die jeweiligen Protagonisten in ihm das sehen, was sie sehen wollen. Von Schröder bis zum einfachen Parteimitglied. Müntefering scheint *ihr* Müntefering zu sein. Hinzu kommen die Abgeordneten im Parlament, die – trotz der Agenda 2010 – in den ersten zwei Jahren wenig Negatives auf Müntefering kommen lassen. Als Dreimal-Loyaler inszeniert sich Müntefering so: Loyal zu den Mitgliedern, wenn er sie mit den Worten „Partei gut" lobt, loyal zur Fraktion, wenn er der Regierung droht, es sei der Fraktion nicht alles zuzumuten, loyal zu Schröder, wenn er die Agenda 2010 und die aus ihr resultierenden[503] Hartz-Gesetze durchboxt. Diese dreifache Loyalität ist für seinen Aufstieg von enormer Bedeutung; entspringt aus ihr doch eine gewisse Verlässlichkeit, die Schröder selbst in seinen Memoiren mehrmals überschwänglich lobt. Dies ist nicht überraschend. Tatsächlich hat Müntefering mit seinem Agieren entscheidenen Anteil daran, die Regierungsfähigkeit der Sozialdemokratie auch in dieser zweiten Legislaturperiode zu gewährleisten und damit Schröders Kanzlerschaft zu sichern.

---

[503] Aus den Maßnahmen der Agenda entstand unter anderem das dritte und viere Hartz-Gesetz: vgl. Egle, Christoph: Sozialdemokratische Regierungspolitik. Länderanalysen. Deutschland; in: Merkel, Wolfgang; Egle, Christoph; Henkes; Ostheim, Tobias; Petring, Alexander: Die Reformfähigkeit der Sozialdemokratie. Herausforderungen und Bilanz der Regierungspolitik in Westeuropa, Wiesbaden 2006, S.180.

## 4.4 Der Aufstieg zum Höhepunkt des Erfolgs. Zwischenfazit

„Müntefering ist der Inbegriff der SPD, wie ich es nur bei Willy Brandt oder Herbert Wehner erlebt habe", meint ein enger Vertrauter von Müntefering.[504] Nach seinen „Frühen Jahren" bis 1995 erlebte Müntefering nun auf dem Weg zum Höhepunkt des Erfolgs eine erstaunliche Karriere. Hierbei zeichnete sich ein immer wiederkehrendes Muster ab: Er brauchte die Ämter nicht zu wollen. Schon zuvor bekam er sie angetragen. Er war dabei stets die letzte Reserve, ja wurde als letzte Rettung angesehen. Seit seinem Wechsel ins Amt des Bundesgeschäftsführers kam Müntefering, wenn es brenzlig wurde – und löschte, allerdings nur oberflächlich. Als Bundesgeschäftsführer und Wahlkampfleiter der Kampa '98 wurde er zum Mythos, spätestens als Generalsekretär zum Liebling der Partei und zum Vertrauten Gerhard Schröders. Stand zu dieser Zeit jedoch noch die Loyalität zu den über 700.000 Mitgliedern im Vordergrund, gab es nach der Übernahme des Fraktionsvorsitzes eine Verschiebung hin zur uneingeschränkten Loyalität gegenüber Schröder, die sich zwangsläufig bisweilen auch in einer Illoyalität gegenüber der Partei, etwa beim ‚Durchboxen' der Agenda 2010, äußern musste.

Müntefering war stets loyal zu den gerade Führenden und überdauerte sie alle. Er wurde Nachfolger von Rau als Parteivorsitzender von Nordrhein-Westfalen, war zuerst Scharping, dann Lafontaine und schließlich Schröder gegenüber loyal – und in all diesen Jahren jedoch vor allem: der Partei. Ihr hat er seinen Aufstieg zu verdanken, anders als Schröder, der gegen die Partei seinen Aufstieg erkämpfen musste. Er ist gewissermaßen die Antifolie zu Schröder. Genau das ist auch der Grund dafür, dass Verfehlungen von ihm, die häufig im persönlichen Bereich angesiedelt sind, von der Partei so nicht wahrgenommen wurden. Sie sahen den Verursacher in Schröder, in dessen Windschatten Müntefering frei arbeiten konnte. Lange Zeit wurde alles Schlechte in Schröder hineinprojiziert, in dessen Antifolie hingegen das Gute, oder wie die *Welt* mutmaßt: „Wünsche, Hoffnungen, Sehnsüchte".[505]

---

[504] Baring, A; Schöllgen, G.: Kanzler, Krisen, Koalitionen, 2006, S.316.
[505] Dausend, Peter: Hoffnung im Jammertal; in: Die Welt, 22.03.2004, S.1.

Der Bundeskanzler war es, der Müntefering zum „geschäftsführenden Parteivorsitzenden" adelte. Er übernahm den Parteivorsitz nach Lafontaines Rücktritt 1999 aus der Not heraus. Sein Desinteresse an diesem Amt und der Parteiarbeit zeigte sich darin, dass er in den Jahren von 1999 bis 2002 in der Partei nur wenig in Erscheinung trat. Erst im Wahlkampf 2002 ‚roch er wieder Lunte' und holte für die SPD einen zweiten Sieg. Dazwischen aber ließ er ein Vakuum entstehen, das Müntefering, der schon damals kurzzeitig im Gespräch für dieses Amt gewesen sein soll, zu füllen versuchte. Müntefering agierte in den Jahren davor und danach – als Generalsekretär genauso wie als Fraktionsvorsitzender – als heimlicher Parteivorsitzender. Er trat immer dann, wenn er es für nötig befand, als Hüter der sozialdemokratischen Werte, als Hoffnungsträger, als Traditionalist und stets als Einer-von-Ihnen auf, der Schröder ‚auf die Finger schaute'. Ein Stück davon war sicherlich (gekonnte) Inszenierung. Dennoch: Die Partei schien ihn zu lieben. Egal welches Amt er ausführte, er wurde fast immer mit über 95 Prozent und häufig mit Ergebnissen nur knapp unterhalb der Hundertprozentmarke gewählt und in seinen Ämtern bestätigt. Außerhalb der Partei war er hingegen keineswegs so beliebt. Dort war es Schröder, der enorme Sympathiewerte einholte. Dieser Gegensatz besiegelte Münteferings Aufstieg und ließ ihn neben und im Windschatten Schröders wachsen. Schröder sah in ihm keine Bedrohung, sondern die perfekte Ergänzung zu dem, was er nicht hatte: das innerparteiliche Charisma, den Stallgeruch.

Doch: Müntefering fügte seinen politischen Mitstreitern in diesen Jahren des Aufstiegs große Wunden zu, etwa bei der Gebietsreform in Nordrhein-Westfalen, bei der Übernahme des Generalsekretärpostens oder beim Erzwingen von Abstimmungsverhalten innerhalb der Bundestagsfraktion. Müntefering verstand und versteht das gewiefte Spiel mit der Macht – und mit dem Feuer. Das ist allein schon daran zu sehen, dass er keines seiner innerparteilichen Ämter – außer dem des Vorsitzenden des Westlichen Westfalen – länger als drei Jahre ausgeführt hat. Gleichwohl hatte auch dieser lange Verbleib in der Vorsitzendenrolle in seinem Heimatbezirk System. Müntefering wechselte immer erst dann, wenn ihn eine neue Basis die Macht und den Einfluss sicherte.

## 4.4 Der Aufstieg zum Höhepunkt des Erfolgs. Zwischenfazit

Für Münteferings Aufstieg zum Höhepunkt des Erfolgs – dies kann abschließend an dieser Stelle festgehalten gehalten werden – sind so folgende sechs Aspekte verantwortlich:
- **ein enormer Basisbezug,**
- **die unbedingte Loyalität zu den gerade Führenden,**
- **das (inszenierte) Einer-von-ihnen sein,** dass ihm ein hohes Maß an Vertrauen in der Partei brachte
- **das Erst-die-Partei-dann-ich-denken,** das er immer wieder betonte, vielleicht aber auch ein Stück weit inszenierte.

Aus diesen vier Punkten folgen zwei weitere:
- **die perfekte Projektionsfläche für einen Anti-Schröder,**
- **und mit alledem: die Hoffnung, dass er die Flügel der Partei wie kein anderer einen könne.**

All diese Aspekte wurden jedoch erst durch einen Punkt möglich: Schröders Desinteresse an der Partei und der Parteiarbeit. Münteferings Aufstieg ist somit ein Aufstieg von Schröders Gnaden, der ihn wiederum unabdingbar braucht. Beide Aufstiege sind auf seltsame Art und Weise miteinander verwoben, Müntefering und Schröder bald schon auf Hängen und Verderben miteinander verbunden. Weiter darf auch das ‚System Müntefering', ein Netz aus loyalen Mitarbeitern, nicht übersehen werden, das jedoch erst am Ende dieser Arbeit beschrieben wird.

**

„Keine Frage, die SPD befand sich im Ausnahmezustand. Fortan schlugen ‚die Granaten immer näher ein'"[506] skizziert Anfang 2004 ein Mitglied der Parteispitze die Lage der SPD. Als dann die Basis gekündigt habe, habe die Führung die Notbremse gezogen. „Am 6. Februar 2004, acht Wochen vor Vollendung seines sechzigsten Lebensjahrs, trat Gerhard Schröder als Vorsitzender der SPD zurück und schlug den Fraktionsvorsitzenden im Bundestag, Franz Müntefering als Nachfolger vor", schreibt Politologe Baring.[507]

---

[506] Baring, A; Schöllgen, G.: Kanzler, Krisen, Koalitionen, 2006, S.316.
[507] Ebd.

All die genannten Aspekte waren Voraussetzungen für Müntefeings Aufstieg. Nun werden dieselben Punkte jedoch auch für seinen Abstieg mit verantwortlich sein, wie im folgenden Kapitel zu sehen sein wird.

# 5. Abstieg

Münteferings Aufstieg zum Zenit des Erfolgs – nicht jedoch der Macht – scheint je zu enden. Auf den langen, fortlaufenden Aufstieg, der kaum zwischenzeitliche Tiefs kannte, folgt nun ein umso kürzerer, fünfjähriger Abstieg. Er beginnt mit der Inthronisierung des mittlerweile 64-jährirgen Münteferings zum Parteivorsitzenden und setzt sich nach der Bundestagswahl 2005 mit seinem Rücktritt als Parteivorsitzender fort. Es folgen vier zähe Jahre für Müntefering und die Partei an dessen Ende seine Rückkehr und sein nochmaliger Rücktritt als nochmaliger Parteivorsitzender stehen. In diesem Kapitel soll untersucht werden, welche Faktoren für Münteferings nun eintretenden Abstieg verantwortlich sind. Dabei soll auch sein Wirken insbesondere in Bezug auf zwei Aspekte analysiert werden, die für Münteferings Erbe genauso von Bedeutung sind wie für seinen langen Auf- und schnellen Abstieg. Es sind – für den ersten Punkt – ‚Lafontaine' und – für den zweiten Punkt, der nach dem Zwischenfazit zum Abstieg und vor dem endgültigen Fazit schlussendlich beschrieben werden soll – das ‚System Müntefering' selbst, woraus es zehrte und seine Kraft zog und wo es seine Schwächen offenbarte.
Es ist Februar 2004. Münteferings Abstieg beginnt.

## 5.1. Partei- und Fraktionsvorsitz

### 5.1.1 Müntefering in Personalunion

Mit dem Amt des Parteivorsitzenden begibt sich Müntefering in eine Ahnenreihe mit Kurt Schumacher, Willy Brandt oder Oskar Lafontaine. Gleichzeitig jedoch behält er den Fraktionsvorsitz und ist damit nun in Personalunion für die SPD tätig. War er bisher der ‚heimliche' oder ‚faktische' Vorsitzende, so ist er nun der ‚offizielle' Vorsitzende. Müntefering übernimmt das Amt in einer Zeit, in der die SPD ihre besten Regierungsjahre bereits lange hinter sich hat: „Sie regiert noch, aber sie lebt nicht mehr", fasst Matthias Krupa von der

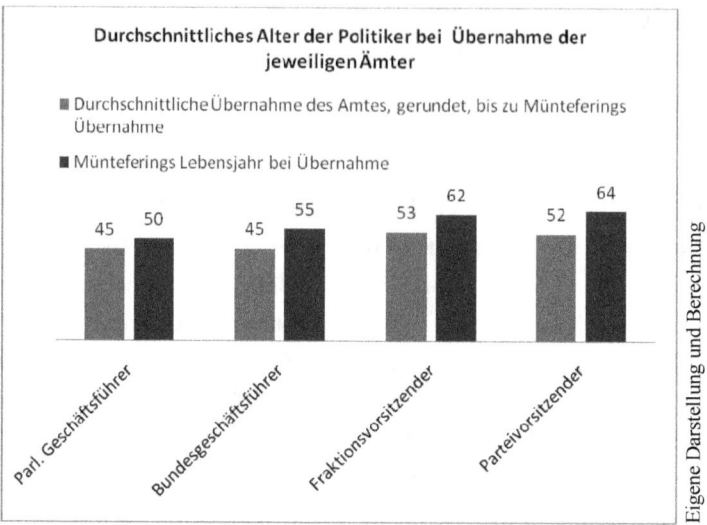

**Diagramm 8:** Späte Karrieresprünge. Müntefering kommt stets deutlich älter als der Durchschnitt in seine Ämter.

Zeit einmal zusammen.[508] Müntefering kommt quasi als letzte Rettung, als niemand mehr da ist, abermals als Feuerwehrmann. Wie in den anderen bundespolitischen, innerparteilichen Ämtern übernimmt er zudem erneut vergleichsweise spät dieses Amt[509] [siehe Diagramm 8, diese Seite]. Seine Vorgänger waren im Schnitt 52 Jahre alt, Müntefering ist bereits 64. Kein SPD-Parteivorsitzender war bei Amtsantritt älter als er. Die Annahme erscheint nicht abwegig, dass Müntefering es nicht eilig hatte mit seinem Aufstieg, vielleicht einen solchen tatsächlich lange Zeit gar nicht angestrebt hat.

Mit seinem neu hinzugewonnen Amt ist Müntefering nun in zwei, der in dieser Arbeit bereits angesprochenen, drei wichtigsten Positionen informeller Entscheidungsprozesse[510] in führender Position vertreten. Außerdem hat er eine gehörige Machtbasis – jetzt nicht mehr nur die Regierungsfraktion, sondern (erneut) die ganze Partei – hinter sich, die ihn mit 95,1 Prozent und damit mit

---

[508] Krupa, Matthias: Sie regiert noch, aber sie lebt nicht mehr; in: Die Zeit, 04.03.2003.
[509] Die Zahlen beruhen auf Berechnungen des Autors dieser Arbeit.
[510] Vgl. Rudzio, W.: Informelles Regieren, 2005, S.265.

## 5.1. Partei- und Fraktionsvorsitz

dem besten Ergebnis seit 1991[511] zum Parteivorsitzenden wählt. Politologe Korte findet denn auch, dass Müntefering „durch sein Doppelamt tendenziell mächtiger und stärker als der Bundeskanzler" sei[512] und folgert: „Was die Opposition mit Müntefering vereinbarte, wurde langfristig wichtiger, als jede Abstimmung mit dem Kanzleramt." Müntefering war so mächtig, analysieren die Politologen Grasselt und Korte, „wie es zuletzt unter Schmidt-Zeiten der Parteivorsitzende Willy Brandt zusammen mit dem Fraktionsvorsitzenden Herbert Wehner gewesen ist".[513] Gleichzeitig stellt die neue Rolle für Müntefering aber auch ein machtpolitisches Gefahrenpotential da. Denn: Als heimlicher Vorsitzender gab Müntefering bei den Parteimitgliedern keine direkte Angriffsfläche ab. Immer wenn er es für nötig befand, konnte er als sozialdemokratischer Themensetzer und Hoffnungsträger, als Traditionalist und als Einer-von-ihnen auftreten oder eben schweigen. Nun beziehen sich – wie im letzten Kapitel erwähnt – „Wünsche, Hoffnungen, Sehnsüchte" direkt auf ihn.[514] Wurde vorher, überspitzt gesagt, alles Schlechte mit Schröder assoziiert und mit Müntefering als Antifolie das Gute, ist diese Machtarithmetik nun nicht mehr vorhanden. Müntefering ist nun direkt angreifbar und kann nicht mehr abtauchen. Wie er mit seiner neuen Doppelfunktion, in der er Partei- und Fraktion in Personalunion führt, zurechtkommt und nicht zuletzt wie er überhaupt in das neue Amt des Parteivorsitzenden gelangt, ist Gegenstand der folgenden Analyse.

### 5.1.2 Putsch oder geplanter Coup – Mit Eitelkeit ins Amt

Müntefering schweigt für gewöhnlich, wenn er sauer wird. Das bestätigen viele seiner Weggefährten[515]. Auf den Vorschlag Wasserhövels, „eigentlich musst du das machen"[516], soll er aber „super sauer" reagiert haben, erinnert sich dieser enge Vertraute selbst. Wenige Monate später wird Müntefering dann aber doch an die Spitze der SPD gewählt. Über die Gründe für die Neubesetzung

---

[511] Vgl. Nassheimer, K.: Müntefering; in: Kempf, U.; Merz, H. (Hrsg.): Kanzler und Minister 98-05, 2008, S.248.
[512] Korte, K.: Pragmatiker; in: Egle, C; u.a (Hrsg): Ende des rot-grünen Projekts, 2007, S.180.
[513] Grasselt, N.; Korte, K.: Führung in Politik und Wirtschaft, 2007, S.168.
[514] Dausend, P.: Hoffnung im Jammertal; in: Die Welt, 22.03.2004, S.1.
[515] So zum Beispiel Hubertus Heil oder Kajo Wasserhövel in Gesprächen mit dem Autor dieser Arbeit jeweils am 25.01.2010.
[516] Wasserhövel, K. im Gespräch mit dem Autor dieser Arbeit am 25.01.2010.

gibt es verschiedene Spekulationen. Sie reichen vom bösen Wort „Putsch"[517] über „Nacht- und Nebelaktion"[518] bis hin zum langgeplanten „Coup".[519] Gerade beim Putsch wird häufig auf die von Müntefering besuchten Regionalkonferenzen verwiesen. Auf der anderen Seite wird hingegen über eine Vereinbarung zwischen Schröder und Müntefering spekuliert.[520] Letzteres erscheint wahrscheinlicher. Im letzten Kapitel wurde bereits beschrieben, dass Müntefering lediglich ein Vakuum gefüllt hatte, das andere entstehen ließen. Auch die Regionalkonferenzen erfolgten in enger Abstimmung mit Schröder[521], dem der Parteivorsitz ohnehin eher zugefallen war, als dass er ihn haben wollte.[522] Schon als Generalsekretär ist Müntefering von ihm zum „geschäftsführenden Vorsitzenden" geadelt worden. Er galt als derjenige, der in die Partei verwurzelt war. Somit erscheint es als eine logische Konsequenz, ihn zum Parteivorsitzenden zu berufen, eine Lösung, die laut den Politologen Baring und Schöllgen bereits im November 2003 ins Auge gefasst wurde.[523] Auch die Darstellungen von Müntefering[524] und Schröder[525] überschneiden sich signifikant, sodass auf Grund der genannten Gründe davon ausgegangen werden kann, dass es kein Putsch gewesen ist, sondern ein geplanter Coup. Zumindest aber war es eine, in enger Absprache getroffene Entscheidung. Einmal mehr wird das Zusammenspiel Müntefering-Schröder deutlich: Die ‚Hinterzimmer-Mentalität', aus der heraus dann mit einem Überraschungscoup an die Öffentlichkeit und in die Partei gegangen wird.

Die Übernahme offenbart allerdings auch eine bisher unbekannte Seite Münteferings, nämlich die seiner Eitelkeit. Er selbst sagt mit freudiger Stimme: „Also Parteivorsitzender werden können und dann wirklich sagen können, ne, das mach' ich nicht. Das hat dann meine Eitelkeit wahrscheinlich, nicht

---

[517] Nassheimer, K.H.: Müntefering; in: Kempf, U.; Merz, H.G. (Hrsg.): Kanzler und Minister 98-05, 2008, S.248.
[518] Baring, A; Schöllgen, G.: Kanzler, Krisen, Koalitionen, 2006, S.318.
[519] Vgl. z.B: Nassheimer, K.H.: Müntefering; in: Kempf, U.; Merz, H.G. (Hrsg.): Kanzler und Minister 98-05, 2008, S.248.
[520] Vgl. Ebd.
[521] Sturm, D.: Wohin geht die SPD?, 2009.
[522] Vgl. Forkmann, D., Oeltzen, A.: Parteivorsitzende der SPD; in: Forkmann, D.; Schlieben, M (Hrsg.): Parteivorsitzende in der Bundesrepublik, 2005, S.106.
[523] Baring, A; Schöllgen, G.: Kanzler, Krisen, Koalitionen, 2006, S.318.
[524] Vgl. Müntefering, F. im Gespräch mit dem Autor dieser Arbeit am 23.02.2010.
[525] Vgl. Schröder, G: Entscheidungen, 2006, S.410f.

## 5.1. Partei- und Fraktionsvorsitz

den Ehrgeiz, sondern die Eitelkeit hat das dann überfordert, ja. Das war ich dann doch zu gerne, ja [...]"[526]. Auf die Nachfrage, ob die Eitelkeit da nicht über die Vernunft gekommen sei, geht Müntefering noch einen Schritt weiter und antwortet: „Kann man so sagen".[527] Wie gut Müntefering das Amt fand, zeigt ein Satz, den er kurz nach Verkündung von Schröders Rücktritt sagen wird. „Das ist das schönste Amt neben Papst", bekennt er. Schröder lächelt daraufhin gequält und erwidert: „Das kann man so oder so sehen".[528] Einmal mehr wird der Gegensatz Müntefering-Schröder deutlich. Hier der Parteisoldat, der bis ins Innere der SPD verankert ist und dessen „[j]ahrzehntelange Parteiprofilierung [...] nicht gegen die SPD, wie bei Schröder, sondern für die Partei entstanden ist"[529], dort der Machtmensch, der von der Partei, insbesondere von der Parteiarbeit nicht viel zu halten scheint. Die *Frankfurter Rundschau* bringt die Hoffnungen der Basis auf den Punkt: „Mit Müntefering an der Spitze der SPD wird nicht alles anders, aber manches für die Basis erträglicher"[530].

\*\*

Zum dritten Mal wird Müntefering von Schröder geholt, zum dritten Mal ist er für den Bundeskanzler der Retter in der Not, der den Karren aus dem Dreck ziehen soll. In gewisser Weise steht Müntefering vor einem Scherbenhaufen, den es nun zu beseitigen gilt, wie 1999, als er das Amt des Generalsekretärs übernommen hatte. Die Partei und die Regierung sind noch mehr entfremdet, die Mitgliederaustritte deutlich gestiegen, die Umfragen nach unten zeigend. Doch gleich zu Beginn macht Müntefering einen Fehler, den andere – wie Schröder mit Scholz – schon vor ihm gemacht haben. Er setzt als neuen Generalsekretär einen Erfüllungsgehilfen an seine Seite: den unbekannten „Klaus-Uwe-Wer?"[531]-Benneter. Bei Müntefering gehört die 100-prozentige Loyalität zum ‚System Müntefering' dazu. Für einen Querdenker und Raubold, wie etwa

---

[526] Müntefering, F. im Gespräch mit dem Autor dieser Arbeit am 23.02.2010.
[527] Ebd.
[528] Fröhlich, Vera-Hela: Schröder übergibt die SPD dem Zuchtmeister; in: Associated Press, 06.02.2004.
[529] Grasselt, N.; Korte, K.: Führung in Politik und Wirtschaft, 2007, S.167.
[530] Pries, Knut: Nebenpapst mit alter Botschaft; in: Frankfurter Rundschau, 07.02.2004, S.3.
[531] Wallraff, Lukas: Der tiefe Glaube an Franz Müntefering; in: taz, 09.02.2004, S.3.

Sigmar Gabriel, der kurzzeitig im Gespräch war[532], ist da kein Platz. Müntefering scheint einmal mehr allein an die eigene Kraft und die seiner engen Vertrauten, somit allein an die Selbstheilungskräfte seiner „Boygroup", zu glauben.

### 5.1.3 Doppelte Führung – doppelte Belastung

#### 5.1.3.1 Parteivorsitz

Als Parteivorsitzender hat Müntefering erneut ein entscheidendes Pfund auf seiner Seite. Er kann von seiner früheren Arbeit als Generalsekretär profitieren, aus der er die SPD bis in die Ortsvereine hinein kennt. Sicher dürfte bei der Entscheidung so die Hoffnung mitgeschwungen sein – wie die Politologen Zohlnhöfer und Egle mutmaßen –, dass es Müntefering leichter als Schröder fallen dürfte, „den Parteimitgliedern – und den Wählern – die sozialpolitischen Reformen zu vermitteln."[533] Und in der Tat: Das Wahlergebnis für das Amt des Parteivorsitzenden ordnet sich in Münteferings lange Chronologie von 95-plus-X-Ergebnissen ein, die Partei erteilt ihm enorme Vorschusslorbeeren. Zudem sind nach Münteferings Amtsantritt die Positiv-Wirkungen, die bisweilen gerne als „Münte-Effekt"[534] beschrieben worden sind, deutlich erkennbar. Insgesamt verliert die Partei 2004 zwar rund 40000 Mitglieder, rund 25 Prozent entfallen jedoch auf den Januar desselben Jahres und damit auf die Zeit vor Münteferings Amtsübernahme [siehe Diagramm 9, nächste Seite].[535] Im folgenden Jahr drittelt sich der Abwärtstrend von 2004 von fast minus sieben auf nur noch rund minus zweikommafünf Prozent. Die Umfragewerte stabilisieren sich außerdem für wenige Monate zumindest bei rund 29 Prozent[536], der erhoffte Aufschwung bleibt jedoch bis Oktober 2004 aus. Zwischenzeitlich

---

[532] Vgl. z.B. o.V.: Kanzlerdämmerung; in: Berliner Morgenpost, 07.04.2004, S.1.
[533] Egle, Christoph; Zohlnhöfer, Reimut: Der Episode zweiter Teil – ein Überblick über die 15. Legislaturperiode; in: ders. (Hrsg.): Ende des rot-grünen Projektes. Eine Bilanz der Regierung Schröder 2002 – 2005, Wiesbaden 2007, S.16.
[534] Vgl. z.B. Wittke, Thomas: 100 Tage warten auf den Münteeffekt; in: General-Anzeiger, 29.06.2004, S.4.
[535] So die Auskunft der Pressestelle der SPD-Parteizentrale in Berlin gegenüber dem Autor dieser Arbeit.
[536] Vgl. http://www.wahlrecht.de/umfragen/politbarometer/politbarometer-2005.htm [zuletzt eingesehen am 05.05.2010].

## 5.1. Partei- und Fraktionsvorsitz 141

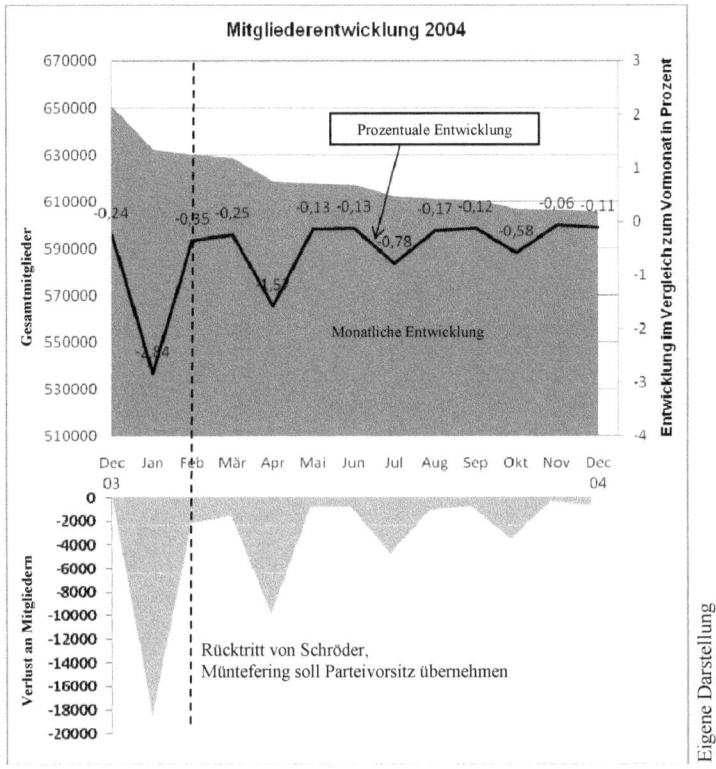

**Diagramm 9:** Mit Münteferings Amtsantritt gehen die Mitgliederaustritte deutlich zurück.

sacken die Werte nach Umfragen der *Forschungsgruppe Wahlen* erneut auf dann nur noch 25 Prozent ab, bis sie im letzten Quartal 2004 auf rund 30 Prozent ansteigen.[537] Müntefering soll selbst überrascht gewesen sein, dass seine „Beschreibung von der Trendwende in der Öffentlichkeit und den Medien so in wenig Zweifel gezogen" worden sei.[538] Es sind solche Momente, die den Glauben an seine Verkündigungen und das daraus resultierende Verhalten sicherlich auch bei ihm selbst – abermals – konditioniert haben könnten, der Glaube also, dass die politische Stimmung gesetzmäßig seinen Worten folgen wird, wenn er es nur oft genug verkündet.

---

[537] Vgl. ebd.
[538] Vgl. Sturm, D.: Wohin geht die SPD?, 2009, S.185.

Bei tatsächlichen Wahlen hingegen konnte sich die SPD zunächst nicht stabilisieren. „Die Europawahl und die Landtagswahl in Thüringen im selben Jahr bescher[]en ihr weitere dramatische Niederlagen".[539] Allerdings sind die Ergebnisse der Thüringen-Wahl hier nur bedingt aussagekräftig, da die SPD dort bereits seit Ende der 1990er-Jahre auf einem sehr niedrigen Niveau liegt.[540] In der Europawahl drückte sich zudem einmal mehr die Europawahlskepsis auf Grund der – zumindest damals – geringen Mitbestimmung des Europäischen Parlaments aus. Dies geschah vor allem in einer sehr niedrigen Wahlbeteiligung, die insbesondere zu Lasten der SPD und den Grünen ging. Auch die *Forschungsgruppe Wahlen* sah in den Ergebnissen daher ausdrücklich kein Stimmungsbarometer für die nächste Bundestagswahl.[541]

Dennoch: Es gelingt Müntefering weit besser als Schröder die Parteibasis zu motivieren und zu integrieren sowie „den linken Parteiflügel einzubinden – in der Hoffnung, ihn auf diese Weise einzuhegen."[542] So analysiert es Journalist Sturm, der als Paradebeispiel dafür die Berufung Andrea Nahles zur Leiterin der Kommission zum Thema Bürgerversicherung heranzieht.[543] Zum zweiten Mal ist es diese Frau, die als Symbol der neuen Integration gilt. 1996 war das erste Mal, als Müntefering und Lafontaine – wie weiter oben beschrieben – den Kongress der Jusos besuchten, deren Vorsitzende zu diesem Zeitpunkt eben Nahles war. In den folgenden Monaten kam es tatsächlich zu einer erneuten Annäherung an die Parteilinke, an der auch Schröder teilnahm und fortan etwa den Sprecher der Parlamentarischen Linken Michael Müller zu Gesprächen ins Kanzleramt einlud.[544] Auch setzte Müntefering neben dem Thema Bürgerversicherung weitere Themen auf die Tagesordnung, so den Mindestlohn im August 2004[545] und das geflügelte Wort der „Heuschreckenplage". Anders als gemeinhin bekannt, benutzte Müntefering diesen Begriff zur Geißelung allzu gewinnorientierter Unternehmen bereits im November 2004 und

---

[539] Geiling, Heiko (Hrsg.): Die Krise der SPD, Münster 2010², S.18.
[540] So sank die SPD in Thüringen von 18,5 Prozent 1999 auf 14,5 Prozent 2004. Anfang und Mitte der 1990er-Jahre konnte sie allerdings noch Ergebnisse von bis zu rund 29 Prozent erzielen.
[541] Vgl. Forschungsgruppe Wahlen: Europawahl in Deutschland, Mannheim, 14.06.2004, S.3.
[542] Vgl. Sturm, D.: Wohin geht die SPD?, S.188.
[543] Vgl. ebd.
[544] Vgl. ebd.
[545] Vgl. ebd.

## 5.1. Partei- und Fraktionsvorsitz

somit lange vor der Neuwahlentscheidung. Erst später sei der Begriff der Heuschrecke – so weiß Sturm aus dem internen Bereich der Medienwelt zu berichten – Müntefering nach einem „einigermaßen nichtssagende[n] Interview" mit der *Bild am Sonntag* in Abstimmung mit dem Ministerium in den Mund gelegt worden.[546] Insgesamt ist deutlich zu erkennen, dass Müntefering wieder mehr darauf abzielt, die Seele der Partei zu erreichen – und das in aller Öffentlichkeit für den Wähler sichtbar und in den Umfragen ab Oktober bemerkbar. Sturm resümiert gerade mit Blick auf die Heuschrecken, dass es Müntefering gelungen sei, „in der Partei tief sitzende Befindlichkeiten anzusprechen und auf diese Weise den SPD-Linken den Wind aus den Segeln zu nehmen."[547] Die Politologinnen Forkmann und Oeltzen analysieren zudem, dass unter Müntefering „die traditionellen Muster der Parteiführung wieder an Bedeutung" gewonnen hätten.[548] So suchte er für die Parteiführung nun mehr Leute, bei denen weniger die „mediale Bekannt- und Gewandtheit" im Mittelpunkt stand, als vielmehr „die Fähigkeit zur Kommunikation mit der Basis, zur Organisation und Opferbereitschaft sowie einer gewissen persönlichen Bescheidenheit."[549]

Gleichzeitig weichen Müntefering und Schröder jedoch nicht von ihrer Linie ab, die Reformen der Agenda 2010 und dergleichen blieben gesetzt. Müntefering hat sich zusammen mit Schröder eben dieser verpflichtet und will sie weiter vorantreiben. „Es muss gekämpft werden, die Dinge durchzusetzen, die wir beschlossen haben"[550], sagt er etwa im September 2004. Die Partei wurde so enttäuscht, hatte sie doch gehofft, mit Müntefering würde sich einiges ändern und er würde sich gegen Schröder wenden. Zumindest schien die Übernahme des Parteivorsitzes durch Müntefering wie ein Freifahrtschein, nun auch Kritik zu äußern. Hubertus Heil bestätigt das mit den Worten: „Aber das war wohl so, dass Teile der Partei seine Wahl interpretierten als: Jetzt kann man mal."[551] Das Gegenteil war der Fall. Wie schon in seiner Zeit als Generalsekretär führte Müntefering auch jetzt – so analysieren es Politologe Baring

---

[546] Vgl. ebd.
[547] Ebd.
[548] Forkmann, D., Oeltzen, A.: Parteivorsitzende der SPD; in: Forkmann, D.; Schlieben, M (Hrsg.): Parteivorsitzende in der Bundesrepublik, 2005, S.106.
[549] Ebd.
[550] O.V.: Müntefering verlangt Kampfesmut von SPD-Fraktion; in: Associated Press Worldstream, 01.09.2004
[551] Heil, H. im Gespräch mit dem Autor dieser Arbeit am 27.01.2010.

und Historiker Schöllgen – „Entscheidungen gerne unter vier Augen, also allein mit dem Kanzler"[552] herbei. Er versuchte sich – einmal mehr – im Spagat der doppelten Loyalität, mal zum Kanzler und mal zur Partei. Dabei darf jedoch nicht vergessen werden, dass Müntefering nur noch bedingt Einfluss hatte auf Richtungsentscheidungen. Die Themen der Regierung waren nach der gewonnenen Wahl 2002 bald gesetzt. Müntefering schaffte es so in schwieriger Lage die SPD noch halbwegs über Wasser zu halten, wenngleich seine Erfolge geringer waren als die zu Zeiten als Generalsekretär, zu sehr war er eins geworden mit Schröder. Politologe Walter bringt es mit den Worten auf den Punkt: „Müntefering wird zwar häufig als zielstrebiger und erfolgreicher Parteivorsitzender erinnert, doch die Realität sah trüb aus."[553] Gerade die Fraktion sollte dies jedoch bald nicht mehr gutheißen und rebellierte immer häufiger gegen Müntefering.

**5.1.3.2 Fraktionsvorsitz**

Neben dem Parteivorsitz behandelt Müntefering den Fraktionsvorsitz auf Grund der Doppelbelastung immer mehr stiefmütterlich. Zumindest aber scheint ihm das politische Gespür für die Befindlichkeiten der Abgeordneten abhanden zu kommen. Die Kritik kommt zunächst noch zögerlich auf: „Müntefering will den Eindruck erwecken, dass wir noch ein bisschen die alte SPD sind – allerdings ohne so zu handeln"[554], sagt etwa ein Fraktionsmitglied. Dennoch wird Müntefering im November 2004 mit 95 Prozent[555] der Stimmen als Fraktionsvorsitzender bestätigt, mit 3,4 Prozent mehr als noch zwei Jahre zuvor, 2002, und somit abermals mit einem „Traumergebnis". Spätestens jedoch danach scheint es nicht mehr rund zu laufen, obwohl die SPD gerade in Umfragen an Boden gut machen konnte. Ein Führungsmitglied erklärt im Februar 2005 in einem vertraulichen Gespräch mit der *Süddeutschen Zeitung*: „Wir haben alle Schiss, und Franz ist nicht der Fels in der Brandung, der er sonst sein

---

[552] Baring, A; Schöllgen, G.: Kanzler, Krisen, Koalitionen, 2006, S.318.
[553] Walter, F.: Die SPD, 2009, S.258.
[554] Feldenkirchen, Markus; Sauga, Michael: Das „System Müntefering"; in: Der Spiegel, 27.04.2004, S.42.
[555] Vgl. o.V.: Müntefering mit 95% der Stimmen weiter Fraktionschef; in: AFX, 22.09.2004.

## 5.1. Partei- und Fraktionsvorsitz

kann."[556] Müntefering selbst erinnert sich heute mit den Worten: „[E]inige Male, freitags, bin ich zu Hause losgegangen, hab' gesagt, ich weiß nicht, als was ich wieder komme, heute Abend."[557] Bei Abstimmungen sei er immer sitzen geblieben, „weil ich hab' immer gedacht, Mensch, irgendwann kann das ja auch mal schief gehen. Es ist immer gut gegangen. Wir hatten immer die Mehrheiten gehabt."

Dennoch lassen sich die Indizien nicht wegdiskutieren, dass die Fraktion brodelte und deutliche Warnschüsse abgab – beispielsweise bei der Neubesetzung des Wehrbeauftragten der SPD-Bundestagsfraktion. Müntefering präsentiert der Fraktion zunächst einen Kandidaten – ohne dies vorher mit den Fraktionsmitgliedern abgesprochen zu haben. Erst im zweiten Wahlgang wird Reinhold Robbe Mitte April als Kandidat aufgestellt.[558] Statt geschlossen für ihn zu stimmen, stellte man einen Gegenkandidaten auf – ein Zeichen. Opposition in der Fraktion. Opposition gegenüber Franz Müntefering. Immer mehr Brandherde treten offen zu Tage, die Müntefering – teils selbst gelegt – nun aber nicht mehr löschen kann. Anfang Mai 2005 lässt er einen Gesetzesentwurf von der Tagesordnung des Bundestages streichen, weil ihm SPD-Linke mitgeteilt hätten „dass er keine Mehrheit [...] in der Fraktion habe."[559] Müntefering besitzt offensichtlich nicht mehr die Bindekraft, mit der er einst Fraktionsvorsitzender wurde und mit der er lange Zeit ein ausgleichender Pol zwischen Regierung, Kanzler, Partei und Fraktion war. Die Fraktionsdisziplin scheint immer mehr zu erodieren. Die Kluft zwischen Fraktion und Regierung sowie zwischen Fraktion und Schröder wird immer größer. Müntefering steht dazwischen und muss auf der einen Seite „die Loyalität zum Kanzler wahren und zugleich der Fraktion zu ihrem Recht verhelfen."[560] Eine Aufgabe, die immer schwieriger zu werden scheint.

Es ist die Zeit, aus der der Begriff des Führens als „Ordre-de-Mufti"[561] und auch die Formulierung des „Stalinismus mit sauerländischem Antlitz"

---

[556] Schwennicke, Christoph: Die Wut des Torwarts beim Elfmeter; in: Süddeutsche Zeitung, 18.03.2005, S.3.
[557] Müntefering, F. im Gespräch mit dem Autor dieser Arbeit am 23.02.2010.
[558] Fried, Nico: Frust über Franz; in: Süddeutsche Zeitung, 14.04.2005, S.2.
[559] O.V.: Regierung steht ohne Mehrheit da; in: Süddeutsche Zeitung, 11.05.2005.
[560] Fried, N.: Frust über Franz; in: Süddeutsche Zeitung, 14.04.2005, S.2.
[561] Ebd.

stammt.⁵⁶² Dieser Vorwurf scheint Müntefering wirklich zu treffen. Angesprochen auf den Vorwurf der ‚stalinistischen Führung' muss er lange überlegen. In seinen Gedankenpausen murmelt er immer wieder Wörter und Sätze wie „böswillig", „stalinistisch ist ein starkes Wort" oder „ist falsch" hinein, bis er schließlich eine Antwort findet: „Wir hatten immer die Mehrheiten gehabt. Aber da musst' ich natürlich auch entsprechend agieren in der Fraktion. Und denen sagen, Leute, also, entweder – oder. Ihr könnt auch ‚oder' machen, aber ‚entweder'. Und zwar alle müsst' Ihr mitstimmen. — Das hat der Stalin nicht gemacht so was. Das war was ganz anderes bei dem." Später sagt er noch, er habe sich darüber auch immer wieder Gedanken gemacht. In diesem Moment wirkt er authentisch, echt getroffen. Als einer, der sich überlegt, wie dieser Vorwurf zu Stande kommen konnte. Müntefering selbst liefert unbeabsichtigt einen möglichen Grund dafür. So sagt er: „Da ging das in Nordrhein-Westfalen auf frappierende Weise schief. [...] Das war nicht mehr zu erkennen, dass man da noch würde durchregieren können." Regierte Müntefering zunächst noch die Regierung aus der Fraktion heraus durch war es nun in seiner Parteivorsitzenden-Zeit umgekehrt. Zusammen mit Schröder regierte er die Fraktion durch; aus was für Gründen auch immer.

**

Am Abend der NRW-Wahl, als klar ist, dass die SPD die bestehende rot-grüne Koalition nicht mehr fortsetzen kann, fragt ein resignierter Gerhard Schröder an Franz Müntefering bezüglich der künftigen bundespolitischen Fraktions-Disziplin gewandt: „Franz, was ist, schaffen wir das? Dann brauchen wir keine Neuwahlen." Münteferings Antwort: „Ich weiß es nicht."⁵⁶³ Eine Prophezeiung der *Süddeutschen Zeitung* zu Beginn desselben Monats bewahrheitet sich nun. Dort heißt es in einem Artikel. „Für Schröder steht seither fest: Dieser Mann putscht nicht hinterrücks. Eher stünde Müntefering wohl eines Tages da und würde ihm ins Gesicht sagen: Gerd, es geht nicht mehr."⁵⁶⁴ An diesem Abend war es soweit.

---

⁵⁶² Vgl. Sturm, Daniel-Friedrich: Geht es nach Beck jetzt Ypsilanti an den Kragen?; in: Die Welt, 08.09.2008.
⁵⁶³ Vgl. Schröder, G.: Entscheidungen, 2006, S.378.
⁵⁶⁴ Schwennicke, Christoph: Ein kapitaler Aufschlag; *in:* Süddeutsche Zeitung, 10.05.2005, S.3

## 5.1. Partei- und Fraktionsvorsitz 147

**Abb. 7:** Schwächeanfall von Müntefering. Die Doppelbelastung – „Das war fast zu viel".

### 5.1.3.3 Doppelbelastung

Bereits zu Beginn dieses Kapitels wurde Rudzios Dreieck der informellen Entscheidungszentren herangezogen, bei denen in zwei von drei Zentren Müntefering den Vorsitz inne hat. Konnte er sich als ‚heimlicher Parteivorsitzender' zwischenzeitlich ohne Kritik-Gefahr zurückziehen und sich ganz auf die Führung der Fraktion konzentrieren, muss er nun mit dieser „Doppelbelastung" fertig werden, die – wie etwa der *Bonner General-Anzeiger* nach hundert Tagen im neuen Amt feststellt – „Spuren hinterlässt".[565] Im Wahlkampf 2005, im August, erleidet Müntefering gar einen Schwächeanfall. Zweifelsohne: Müntefering steckte alle Kraft in die Partei – das bestätigen Freund und Feind. Mün-

---
[565] Wittke, Thomas: 100 Tage warten auf den Münteeffekt; in: General-Anzeiger, 29.06.2004, S.4.

tefering selbst wird rückblickend über diese Doppelbelastung sagen: „Das war fast zu viel. Und mir hat neulich einer von meinen, von den Sicherheitsleuten oder so erinnert: Da fuhren wir abends, fuhren wir um neun Uhr, zehn Uhr, fuhr ich dann ins Willy-Brandt-Haus und hab' dann da weiter gearbeitet. Da lag der Schreibtisch auch voll." Müntefering wirkt nun erregt: „Also, das konnten sie einfach physisch nicht, ich war am Rande meiner Möglichkeiten, zumal ich ja privat dann immer auch noch x Probleme hatte."[566] Es ist vielleicht keine Entschuldigung, aber doch sind aus diesen Äußerungen und in Münteferings Personalunion die möglichen Gründe für den neuen Fraktionsstil und seine eigene Entfremdung zur Basis zu suchen. Womöglich wird hier jedoch auch eine der Schwächen Münteferings und des ‚System Müntefering' offenkundig: Die „Boygroup" vertraute nur sich selbst, sodass Müntefering auch keinen anderen Fraktionsvorsitzenden an seine Seite stellen konnte – und sich damit ganz auf den Parteivorsitz hätte konzentrieren können.

### 5.1.4 Lafontaine

Der 11. März 1998 ist ein Datum, das Kajo Wasserhövel, Frank-Walter Steinmeier, Hubertus Heil und Franz Müntefering im Gespräch mit dem Autor nicht nur einmal ungefragt einwarfen. Es ist der Tag von Lafontaines Rücktritt als Finanzminister und Parteivorsitzender der SPD. Für die Interviewten scheint es eine Zäsur. Hier liegt der Ursprung für eine lange Fehde, die vor allem Müntefering, Schröder und Lafontaine aufrechthielten und die der Partei selbst schadete. Dass sich die Linkspartei, ein Zusammenschluss aus der WASG und der PDS, ohne Lafontaine so schnell zu einer gesamtdeutschen und vor allem erstarkten Alternative zur SPD hätte ausbilden können, kann bezweifelt werden. Zwar verlor die SPD im Zuge der „Harz-Reformen" Wähler „in Richtung der noch im Formierungsprozess begriffenen gesamtdeutschen linken Flügelpartei Linkspartei.PDS."[567] Doch mit einem Mal hatte die frühere DDR-Staatspartei den Makel der Ost-, beziehungsweise der SED-Kader-Partei zumindest in den alten Bundesländern verloren, in denen Lafontaine quasi im Alleingang für

---

[566] Müntefering, F. im Gespräch mit dem Autor dieser Arbeit am 23.02.2010.
[567] Dietsche, Hans-Jörg: Eine „Renaissance" der kleineren Parteien?; in: Jun, Uwe; Kreikenbom, Henry; Neu, Viola (Hrsg.): Kleine Parteien im Aufwind, Frankfurt/Main 2006, S.66.

## 5.1. Partei- und Fraktionsvorsitz

**Abb. 8:** Lafontaine und Müntefering 2004: Verpasste Chance für historischen Händedruck?

einen Aufstieg der Partei sorgte.[568] Obwohl die neue Formation dort auch 2005 mit 4,9 Prozentpunkten die Fünf-Prozent-Hürde noch nicht überschritt[569], hat sie sich im Vergleich zu 2002 doch deutlich verbessern können. Damals war sie mit 1,1 Prozentpunkten in den alten Bundesländern so gut wie nicht präsent. Der Erfolg der Linkspartei ist somit – neben der Agenda-Politik Schröders – unweigerlich mit Lafontaine verbunden. Damit einhergehend stellt sich die Frage: Gab es nach Lafontaines Rücktritt 1999 nicht doch noch eine Möglichkeit einer Reintegration desselben in die SPD, die ein Erstarken der Linkspartei womöglich verhindert hätte?

Ein Sonntag Mitte Juni 2004. Saarbrücken. Auf dem Parteitag der Saar-SPD soll es zu einem ersten öffentlichen Zusammentreffen Müntefering mit Lafontaine kommen – seit dessen Rücktritt im März 1999. „Vor allem die

---

[568] Politologe Franz Walter benennt beispielsweise zwei Väter des Erfolgs: Lothar Bisky und Oskar Lafontaine; vgl. Walter, F: Charismatiker und Effizienzen, 2009, S.368f.
[569] Vgl. Bundeswahlleiter: Endgültiges Ergebnis im früheren Bundesgebiet und Berlin-West 2005; abrufbar unter: http://www.bundeswahlleiter.de/de/bundestagswahlen/ BTW_BUND_05 /downloads/ergebnisse_2005/voetab_anhang_1.pdf [zuletzt eingesehen am 19.11.2009].

SPD-Linke hält den Zeitpunkt für gekommen, das Verhältnis zum hassgeliebten Dissidenten wieder zu normalisieren"[570], beschreibt bereits im Voraus *Spiegel Online* die innerparteiliche Lage. Es ist strahlender Sonnenschein. Müntefering und Lafontaine gehen aufeinander zu und reichen sich die Hände. Lafontaines Gesicht errötet, er strahlt wie ein kleiner Junge, der von seinem Vater wieder in den Arm genommen wird. Sein Gesicht erinnert an das Gesicht eines Mannes, der eigentlich nur einer von ihnen sein möchte, ein Teil der Gemeinschaft – ein (unentbehrlicher) Teil der SPD. Beide halten kurz inne, bevor sie und ihre Blicke voneinander lassen und sie sich auf ihre Plätze begeben. Lafontaine teilt an diesem Tag und nach diesem Zusammentreffen dennoch wie gewohnt aus. Die Reformpolitik sei eine Verschleierungspolitik, sagt er im Beisein von Müntefering:[571] „Wenn man den Sozialabbau aber will, dann soll man das sagen und nicht in Werbebotschaften stecken". Lafontaine macht es mit seinen Worten Müntefering nicht einfacher, doch scheinen gewisse Zeichen der Versöhnung in der Luft zu liegen – einen gemeinsamen Auftritt des Parteivorsitzenden der SPD und Lafontaine hat es bis dato nicht mehr gegeben.

„Die Politik kennt keinen Konjunktiv"[572], pflegt Alt-Außenminister Joschka Fischer gerne zu sagen. An dieser Stelle sei er jedoch doch einmal kurz erlaubt. Was wäre gewesen, wenn Müntefering diesen Moment genutzt und beispielsweise gesagt hätte: ‚Lieber Oskar, das was Du heute gesagt hast, ist nicht meine Meinung. Das ist nicht die Meinung der Bundesregierung. Doch wir brauchen den Gedankenaustausch. Wir brauchen auch Meinungen wie Deine. Oskar, wir würden uns freuen, wenn Du wieder eine konstruktive Rolle in und für die SPD spielen würdest. Wenn Du hilfst, dass die Sozialdemokraten wieder gemeinsam vorankommen.' Natürlich wäre ein solcher Satz ein wirklicher Drahtseilakt gewesen, gerade von einem derjenigen, die so menschlich enttäuscht über den ehemaligen Finanzminister sind. Doch wird von keinem der damaligen Führungskräfte, insbesondere von Müntefering als Parteivorsitzenden, auch nur annähernd der Versuch unternommen, Lafontaine

---

[570] O.V.: Ein Hauch von Lafontaine; in: Spiegel Online, 19.06.2004, abrufbar unter: http://www.spiegel.de/politik/deutschland/0,1518,304947,00.html (zuletzt eingesehen am 23.08.2009).

[571] O.V.: Generalabrechnung statt Versöhnung; in: Süddeutsche.de, 20.06.2004,abrufbar unter: http://www.sueddeutsche.de/politik/946/402727/text/ (zuletzt eingesehen am 23.08.2009).

[572] Fischer, Joschka: Die rot-grünen Jahre, Köln 2007, S.135.

## 5.1. Partei- und Fraktionsvorsitz

zu reintegrieren. Der sonst so nüchterne Steinmeier reagiert geradezu aufbrausend und fragte erregt: Reintegrieren? „Im Sinne von bitte, bitte machen?"[573] Sogleich kehrt er in seinen gewohnten Steinmeier-Duktus zurück. Münteferings Körperhaltung verspannt sich bei diesem Thema, seine Arme verschränken sich vor seinem Körper. „Auch weil ich gar nicht weiß, wie er damit umgegangen wäre", sagt er.[574] Wie alle anderen Interviewten flüchtet sich auch Müntefering in die Begründung, dass man ja gar nicht gewusst hätte, wie Lafontaine auf ein solches Angebot regieren würde. Wissen hätte man es jedoch nur können, wenn man gefragt hätte. Der Versuch wurde somit – zumindest von den Frontakteuren der Sozialdemokratie – nicht unternommen. Politologe Langguth analysiert denn auch, dass Lafontaines „Einstieg bei der Partei ‚Die Linke' [...] auch ein Reflex auf den Liebesentzug durch seine einstige Partei, der er zu dienen glaubte", gewesen sei.[575]

Keine Frage, es war nicht Müntefering allein, der so handelte. Steinmeier etwa kann sich an keine Debatte erinnern, in der „Müntefering nun kategorisch derjenige gewesen wäre, der im Unterschied zu anderen, gesagt hätte, auf keinen Fall nehmen wir Kontakt, nehmen wir irgendwie Kontakt zu Lafontaine auf."[576] Es war vermutlich eine gemeinsame Linie, doch hätte sie nur der Parteivorsitzende – seit 2004 Müntefering – als Anführer der Sozialdemokratie aufbrechen können. Die linke ‚Gefahr' Namens Lafontaine wurde womöglich verkannt, seine Bindungskräfte unterschätzt. Die (verständliche) menschliche Enttäuschung der gesamten SPD-Führung schien zu stark, als das sich der rationale politische Instinkt für eine Rückkehr, zumindest aber einer Reintegration Lafontaines einsetzen hätte können. War gerade Müntefering in dieser Frage nicht zu verbohrt? Hätte man Lafontaine nicht doch halten können? Oder hat Lafontaine mit seinen erneuten Anfeindungen auf dem Saar-Parteitag eine Annäherung unmöglich gemacht? So zumindest dürfte es Müntefering gesehen haben. Als er das Podium betritt, reicht er – wie beschrieben – allen und auch

---

[573] Steinmeier, F.W. im Gespräch mit dem Autor dieser Arbeit am 12.01.2010.
[574] Müntefering, F. im Gespräch mit dem Autor dieser Arbeit am 23.02.2010.
[575] Langguth, G.: Kohl, Schröder, Merkel, 2009, S.245.
[576] Steinmeier, F.W. im Gespräch mit dem Autor dieser Arbeit am 12.01.2010.

Lafontaine die Hand. Als er es wieder verlässt, reicht er wieder allen die Hand – nur einem nicht: Lafontaine.[577]

Die Möglichkeit für einen historischen Händedruck wurde so an jenem Juni-Morgen 2004 womöglich verspielt – zumindest aber wurde nicht versucht, Lafontaines Wechsel zur Linkspartei aufzuhalten.

\*\*

Tatsächlich scheint Müntefering in der Frage ‚Lafontaine' sehr verbohrt. Es wirkt wie eine große menschliche Enttäuschung. Münteferings enger Mitarbeiter Wasserhövel sagt heute über Müntefering in Bezug auf Lafontaine: „Die Art und Weise, wie Lafontaine gegangen ist, hat zu 'ner tiefen Ernüchterung da bei ihm geführt"[578] – das „tief" betont er dabei nachdrücklich. So spukt das Gespenst Lafontaine auch 2009, zehn Jahre nach Lafontaines Rücktritt, in der SPD herum. Müntefering bekräftigt im Wahlkampf seine ablehnende Haltung von Bündnissen mit der Linkspartei auf Bundesebene mit den Worten: „Und ich gebe zu, es gibt bei mir noch einen vierten Grund: Oskar Lafontaine."[579] Vielleicht ist es ein Stück weit Inszenierung, aber es wirkt nicht mehr real, ein wenig der Zeit entrückt. Der persönliche Rachegedanke scheint größer als die politische Vernunft. Auf dem Parteitag der SPD nach der verlorenen Bundestagswahl 2009 etwa ist Lafontaine kein Thema mehr, sein Name fällt fast kein Mal.[580] Und Lafontaine selbst? Der bekennt in der Elefantenrunde 2009 am Wahlabend: „Das war nicht das, was wir gewollt haben"[581]. Vielleicht meint er vor allem sich selbst.

---

[577] Sturm, D.: Wohin geht die SPD?, S.179f.
[578] Wasserhövel, K. im Gespräch mit dem Autor am 25.01.2010.
[579] O.V.: Merkel warnt vor Rot-Rot, Steinmeier hofft auf positive Wende; in: Focus.de, 29.08.2009, abrufbar unter: http://www.focus.de/politik/weitere-meldungen/wahlkampf-merkel-warnt-vor-rot-rot-steinmeier-hofft-auf-positive-wende_aid_430720.html [zuletzt eingesehen am 29.08.2009].
[580] Der Autor war auf dem Parteitag vom 12. bis 15.11.2009 vor Ort.
[581] Vgl. Kohlmann, Alexander: „Wir sind gar nicht so schlimm"; in: Spiegel Online/ Einestages, 04.12.2009, abrufbar unter: http://einestages.spiegel.de/static/topicalbumbackground/5064/_wir_sind_gar_nicht_so_schlimm.html [zuletzt eingesehen am 20.04.2010].

## 5.1.5 Wahlkampf

Wie im Bundestagswahlkampf 2002 kommt der SPD und insbesondere Gerhard Schröder auch im Jahr Wahlkampf 2005 der Faktor Glück ein Stück weit entgegen, diesmal vor allem in Gestalt des ungeschickten Taktierens der CDU, die mit ihrem Reform-Wahlprogramm glaubte, Wähler, die die Agenda 2010 ablehnten, gewinnen zu können und mit Finanzexperte Paul Kirchhoff gleichzeitig eine ideale Angriffsfläche für Schröder bot, wobei Ersterer „zum Glücksgriff für die SPD" wurde.[582] Über die Wahlkämpfe und Müntefrings Rolle darin wurde in dieser Arbeit schon viel geschrieben. Daher sollen an dieser Stelle nur noch zwei Aspekte des Wahlkampfes kurz angerissen werden: die Neuwahlentscheidung und die Loyalitätsverschiebung Müntefrings im Verlauf des Wahlkampfes. Erstere war einmal mehr eine einsame Entscheidung von Schröder und Müntefering, in die noch nicht einmal Joschka Fischer eingeweiht gewesen sein soll.[583] Es war ein Akt, den Kraft ihrer Ämter weder der Bundeskanzler noch weniger aber der Parteivorsitzende der SPD hätten verkünden können. Gerade die Umstände der Verkündung führten denn auch zu Befremden beim Bundespräsidenten Horst Köhler. Einmal mehr stülpten Müntefering und Schröder ihre Entscheidung der Partei (und der Bevölkerung) per „Ordre-de-Mufti" über. Müntefering lud die Fraktion ein, sich bei der Vertrauensfrage der Stimme zu enthalten. Wieder war die Fraktion nur Mittel zum Zweck, einmal mehr sein Erfüllungsgehilfe.

Über Herbert Wehner schrieb der *Spiegel* einmal, wie auch in dieser Arbeit bereits in Teilen zitiert: „Wehner war auf jeden Fall dafür, dass die SPD an der Macht blieb. Und eines Tages war Brandt nicht mehr Kanzler"[584]. Für 2005 könnte dieser Satz lauten: ‚Müntefering war auf jeden Fall dafür, dass die SPD an der Macht blieb. Und eines Tages war Schröder nicht mehr Kanzler.' Schon im Wahlkampf soll Müntefering nach eigenem Bekenntnis den Fortbe-

---

[582] Vgl. z.B. Hanisch, Klaudia; Kohlmann, Sebastian: Die CDU – eine Partei nach dem Ende ihrer selbst; in: Butzlaff, F.; Harm, S.; Walter, F. (Hrsg.): Patt oder Gezeitenwechsel? Deutschland 2009, 2009, S.24f.
[583] Vgl. z.B. Volkery, Carsten: Münte zerstört den Doris-Mythos; in: Spiegel Online, 29.01.2007, abrufbar unter: http://spiegel.de/politik/deutschland/0,1518,463019,00html [zuletzt eingesehen am 21.04.2010].
[584] Geyer, M.: Der Vorsitzende; in: Der Spiegel, 2004, S.40.

stand der SPD in einer möglichen Großen Koalition zusammen mit Angela Merkel ausgehandelt haben. Die Fraktionsvorsitzendenbüros von Müntefering und Merkel befanden sich zu diesem Zeitpunkt in der vierten und fünften Etage – direkt übereinander. „Die beiden sind über eine Treppe verbunden, es sah also keiner, wenn wir uns besprochen haben. Das war hilfreich", freut sich Müntefering noch im Nachhinein.[585] Wasserhövel weist im Gespräch mit dem Autor eigentlich jeden noch so kleinen Verdacht zurück, der Müntefering negativ ausgelegt werden könnte. Nur ein einziges Mal macht er das nicht: Als es um diese Treppe geht. Er antwortet vielsagend: „Es steht viel in Zeitungen".[586] Münteferings Loyalität gehörte dem Bundeskanzler, jedoch nur solange, wie er Garant für eine Machtperspektive für die SPD war. Dies schien gerade zu Beginn des Wahlkampfes nicht mehr der Fall, sodass Müntefering im Hintergrund bereits den Wechsel vorbereitete. Das überrascht: Gerade bei Müntefering stand doch die Loyalität scheinbar über allem, gehörte sie schließlich auch zum ‚System Müntefering'.

Der Wahlabend brachte noch einmal ein letztes Aufbäumen Schröders hervor. Widererwartend bekam die SPD mit 34,2 Prozent annähernd genauso viel Prozentpunkte wie die CDU/CSU, die auf 35,2 Prozent kam.[587] Eigentlich sollte bereits in der Elefantenrunde Müntefering als neuer alleiniger starker Mann der SPD sitzen. Nun saß dort Schröder und rief: „Niemand außer mir" könne eine stabile Regierung zu Stande bringen, „Niemand".[588] „Der weitere Fortgang ist bekannt" schreibt im Rückblick Politologe Langguth.[589] „Zunächst einmal musste der Parteivorsitzende Franz Müntefering den geschäftsführenden Bundeskanzler Schröder dazu bewegen, vom hohen Ross des Wahlabends

---

[585] O.V.: Müntefering schlich über Hintertreppe in Merkels Büro; in: Spiegel Online, 30.11.2005, abrufbar unter:
http://www.spiegel.de/politik/deutschland/0,1518,387646,00.html [zuletzt eingesehen am 21.04.2010].
[586] Wasserhövel, K. im Gespräch mit dem Autor dieser Arbeit am 27.01.2010.
[587] Der Bundeswahlleiter: Endgültiges Ergebnis der Bundestagswahl 2005; abrufbar unter: http://www.bundeswahlleiter.de/de/bundestagswahlen/BTW_BUND_05/ergebnisse/bundeser gebnisse/b_tabelle_99.html [zuletzt eingesehen am 20.04.2010].
[588] Vgl. Kohlmann, Sebastian: „Herr, äh, Bundeschröder..."; in: Spiegel Online/ Einestages, 10.07.2009, abrufbar unter:
http://einestages.spiegel.de/static/authoralbumbackground/4301/_herr_aeh_bundsschroeder. html [zuletzt eingesehen am 20.04.2010].
[589] Langguth, G.: Kohl, Schröder, Merkel, 2009, S.399.

## 5.1. Partei- und Fraktionsvorsitz

**Abb. 9:** Unsentimentales Verhältnis zur Macht: Heute Schröder, morgen Merkel.

herunterzusteigen".[590] Dass er nicht mehr als Kanzler zur Verfügung stehe, soll Schröder aus der Zeitung erfahren haben – aus einer gezielten Indiskretion aus Müntefering Umfeld heraus. Wasserhövel verneint den Vorwurf zunächst nicht etwa, sondern antwortet: „Hätte, wäre, sollte, wer ist Müntefering Umfeld?"[591] Erst auf nochmalige Nachfrage bestreitet er einen solchen Verdacht. Doch es verwundert schon, dass am 28.September – wie es Journalist Sturm feststellt – gleich drei Zeitungen meldeten, dass Müntefering „auf Kosten von Schröders Kanzlerschaft" als Vizekanzler „in Betracht komme".[592] Die engsten Vertrauten Schröders sollen von dieser Nachricht völlig überrascht worden sein.[593] Es mag absehbar gewesen sein – auch für die Schröderianer –, dass mit Schröder keine Große Koalition zu Stande kommen würde. Doch wurde auch in diesem Fall vermutlich abermals von Müntefering nicht öffentlich mit den

---

[590] Ebd.
[591] Wasserhövel, K. im Gespräch mit dem Autor dieser Arbeit am 25.01.2010.
[592] Sturm, D.: Wohin geht die SPD?, S.244.
[593] Vgl. ebd.

Protagonisten gesprochen, sondern sie einmal mehr – diesmal Schröder und dessen Mitarbeiter – vor vollendete Tatsachen gestellt.

Müntefering – so analysiert Politologe Walter – habe „ein unsentimentales, kühles Verhältnis zur politischen Macht"[594] ausgezeichnet. Bei ihm regierte die Macht des Faktischen. Und Fakt ist, dass auch wenn Schröder noch so sehr behaupte, dass es, „verglichen mit dem was in diesem Land geschrieben und gesendet worden ist", einen „eindeutigen Verlierer" gebe, und „das [...] ja nun wirklich Frau Merkel" sei[595], es eben doch einen Gewinner gab, nämlich denjenigen, der bei der Wahl knapp vorne lag, die CDU/CSU. So war Müntefering bald nicht mehr Schröder loyal, sondern eben Merkel.

**5.1.6 Rücktritt**

Nachdem Müntefering Ende Oktober 2005 seinen Kandidaten für das Amt des Generalsekretärs, seinen engen Mitarbeiter Wasserhövel, nicht durchsetzen kann, tritt er umgehend und für viele überraschend vom SPD-Parteivorsitz zurück. In den Tagen zuvor – so kritisiert Politologe Torben Lütjen – „hält er es kaum für notwendig, sich abzusichern und um die notwendige Zustimmung zu werben."[596] Einmal mehr scheint er seine Entscheidung per „Ordre-de-Mufti" durchboxen zu wollen. Dies führt zu großer Kritik, gleichzeitig gibt es jedoch auch verständnisvolle Äußerungen. So soll Matthias Platzeck bereits in einem im Voraus stattgefundenen Krisentreffen gewarnt haben, dass Andrea Nahles' Gegenkandidatur „die Autorität des Parteichefs" gefährde, „der die laufenden Koalitionsverhandlungen mit der CDU führen und als Vizekanzler in die neue Regierung gehen soll."[597] Er kann die Stimmung jedoch nicht wenden und Münteferings Rücktritt verhindern. Müntefering zeigt sich in seiner Entscheidung unerbittlich: „Wir brauchen nicht zu diskutieren, da gibt es nichts zu diskutieren."[598] Stoisch hält er an seiner Rücktritts-Entscheidung fest.

---

[594] Walter, F.: Die SPD, 2009, S.284.
[595] Vgl. Kohlmann, S.: „Herr, äh, Bundesschröder..."; in: Spiegel Online/ Einestages, 10.07.2009.
[596] Lütjen, T.: Frank-Walter Steinmeier, 2009, S.123.
[597] Mara, M; Metzner, T.: Matthias Platzeck – die Biographie, 2006, S.223.
[598] Ebd.

## 5.1. Partei- und Fraktionsvorsitz

Und da waren sie mit einem Mal wieder, die alten Weggefährten, die in dieser Arbeit schon so viel Erwähnung gefunden haben: Farthmann und Heinemann. Letzterer, Müntefierings früher Förderer, soll sehr empört gewesen sein über die Intrigen im Parteivorstand[599], so was wäre zu seiner Zeit eben dort nicht passiert, sagt er. Und Farthmann findet Müntefierings Rücktrittsentscheidung vollkommen richtig: „Er wär' doch keinen Schuss Pulver mehr wert gewesen, wenn er sich [seinen Generalsekretärsvorschlag] hätte aus der Hand schlagen lassen und dann treu-doof weitergemacht hätte."[600] Die alten Netzwerke funktionieren noch, so scheint es. Müntefering nützen sie jedoch nicht mehr viel, weil beide längst Polit-Rentner sind. Von seinem Rücktritt war Wasserhövel nicht überrascht. „Das hat er mir vorher gesagt."[601] Im Hintergrund jedoch soll laut SPD-Kreisen ein Mann die Fäden gezogen haben, der lange Zeit zu Müntefierings „Boygroup" gehört hat. Der Rücktritt ist so womöglich ein kleines Lehrstück über das ‚System Müntefering'. Der aus diesem Kreise 2002 ausgetretene Matthias Machnig soll – so gibt es Stimmen – aktiv daran gearbeitet haben, Wasserhövel zu verhindern. Auch Hubertus Heils Name fällt in diesem Zusammenhang immer wieder. Der aber sagt: „Ich hab' auch zum Schluss nicht die Rolle gespielt, die mir heute noch zugewiesen wird."[602] Einer, der damals dabei war, erinnert sich hingegen, es habe im Nachhinein daran erinnert, als hätten sich zwei Cowboytrupps wie in einer Westernstadt erschossen – zwei Truppen, die Anhänger von Machnig und die von Wasserhövel, die eigentlich aus einem Stall kamen.[603] Es ist heute nicht mehr genau nachzuvollziehen. Doch deutet die Form des Duells bereits einmal mehr an, dass das ‚System Müntefering' ein System von besonderer Loyalität zu sein scheint, deren Verweigerung harte Bestrafung findet.

---

[599] O.V.: SPD-Urgestein Hermann Heinemann ist verstorben; in: Handelsblatt, 16.11.2005.
[600] Farthmann, F. im Gespräch mit dem Autor dieser Arbeit am 07.01.2010.
[601] Wasserhövel, K. im Gespräch mit dem Autor dieser Arbeit am 25.01.2010.
[602] Hubertus, H. im Gespräch mit dem Autor dieser Arbeit am 25.01.2010
[603] Die entsprechenden SPD-Kreise sind dem Autor bekannt.

## 5.1.7 Der scheinbare Seelenstreichler und Doppeltbelastete – Der Partei- und Fraktionsvorsitzende

Die Hoffnungen nach Müntefering's Übernahme des Parteivorsitzes waren in der SPD groß. Ebenso jedoch auch seine Verantwortung. Er gehörte jetzt zu zwei der drei wichtigsten Entscheidungszentren, Absprachen mit ihm schienen bald wichtiger als mit dem Bundeskanzler, analysieren Politologen. Die Parteibasis hoffte jedoch nun mit ihren Wünschen mehr gehört zu werden – das wurde sie tatsächlich. Müntefering machte größere Schritte auf sie zu, setzte Themen auf die Tagesordnung, die die Seele der Partei erreichen sollten. Ihm gelang es weit besser als Schröder, in die Partei hinein zu integrieren, etwa wenn er den linken Kräften in der SPD eine Plattform bot, sie in Entscheidungen einbezog und ihnen auch Ämter übertrug. Allerdings hofften die Basis und die Fraktion auch, mit dem Sauerländer an der Spitze Opposition gegen die Regierung betreiben zu können – doch das war nicht der Fall. Müntefering war mit Schröder und dessen Reformen aufs Engste verbunden und hielt konsequent an ihnen fest. Die Doppelbelastung war jedoch für Müntefering nur bedingt zu erfüllen, was vor allem zu Lasten der Fraktion ging, die er eher stiefmütterlich behandelte. So blieb für Diskussionen nur noch wenig Zeit, die Entscheidungen wurden immer mehr von oben herab per „Ordre-de-Mufti" durchgeführt, das böse Wort der stalinistischen Fraktionsführung machte die Runde. Das konnte auf Dauer nicht gut gehen – und entlud sich in der Einschätzung nach der verlorengegangenen Landtagswahl in Nordrhein-Westfalen, keine stabile Fraktion mehr vorweisen zu können. Seine früheren Bindekräfte wurden immer mehr zu Fliehkräften. Die Doppelbelastung kann hier als mildernd bewertet werden. Allerdings offenbart sie möglicherweise auch eine Schwäche des ‚System Müntefering'. Denn: Die „Boygroup" hielt sich selbst – passend zum Papst-Vergleich – beinahe für unfehlbar, zumindest beschreiben dies Menschen aus dem engen Umkreis so – und auch die Aussagen der Mitglieder deuten darauf hin. Und eben *das* ist Müntefering anzulasten, etwa keinen neuen Fraktionsvorsitzenden an seine Seite etabliert zu haben. Dass er zudem den Posten des Generalsekretärs, früher ein wichtiges Amt mit großen Möglichkeiten, gerade das Amt, das er doch einst so gerne haben wollte und es ein wichtiger Steigbügelhalter für seine weitere Karriere werden sollte, mit einem eher

## 5.1. Partei- und Fraktionsvorsitz

nüchternen und unbekannten Mann besetzt hat, zeigt ebenfalls die mögliche Unfähigkeit, eine ‚Fremden' neben sich aufsteigen zu lassen. Hinzu kommt eine gravierende Schwäche bei der Kommunikation. Entscheidungen, die die Partei und die Fraktion betrafen, wurden im engsten Kreise, vornehmlich lediglich in Absprache mit Schröder getroffen – oder im Falle von Wasserhövels Nominierung zum Generalsekretär ohne Absprache mit den Führenden der Partei. Eine gewisse Unfähigkeit zum Dialog – zumindest aber ein Desinteresse daran – kann ihm so nachgesagt werden, beispielsweise auch, wenn er den Rücktritt von Schröders Anspruch auf das Amt des Bundeskanzlers über die Presse lanciert, ohne Schröder, dem er so lange loyal schien, zumindest darüber in Kenntnis zu setzen. Politologe Walter beschrieb einmal Müntefering „unsentimentales, kühles Verhältnis zur politischen Macht".[604] Diese Aussage findet gerade in den Monaten der Neuwahlentscheidung und der Wahl selbst Bestätigung. Bei Müntefering regierte einmal mehr die Macht des Faktischen, im Hintergrund bereitete er – noch während der rot-grünen Koalition – den Übergang zu einer Großen Koalition vor. Was von den einen – unter anderem Müntefering selbst – als verantwortungsvolles Handeln beschrieben wird, wird von den anderen als mögliche Illoyalität ausgelegt. Nimmt man jedoch die persönlichen Befindlichkeiten zur Seite, erscheint es in der Tat einleuchtend, sich eben den Realitäten angepasst und über eine Große Koalition schon im Vorfeld gesprochen zu haben. War es denn tatsächlich so, passt dazu auch ein Versprecher Merkels in einer Rede im Bundestag im Juli 2005, in der sie unter dem Gelächter von Rot-Grün von einer künftigen Koalition aus „CDU/CSU gemeinsam mit der SPD" spricht und dann korrigiert: „… gemeinsam mit der FDP".[605] In jedem Falle: Müntefering fiel der Wechsel zu Merkel nicht schwer, so wenig sogar, dass selbst Mitglieder der eigenen Partei darüber ihr Befremden äußerten. Auch das ein Indiz dafür: Bei ihm regierte die Macht des Faktischen.

Müntefering war nur ein Jahr Parteivorsitzender und Fraktionschef in Personalunion. Ihm gelang es in dieser Zeit, die Partei zu stabilisieren und die Mitgliederaustritte zu verringern. Seine geringe Diskussionsbereitschaft jedoch

---

[604] Walter, F: Charismatiker und Effizienzen, 2009, 271.
[605] Käfer, Armin: Der Gedanke an eine Große Koalition treibt die SPD um; in: Stuttgarter Zeitung, 13.07.2005, S.2.

führte zu Frust über ihn, dem die Partei doch eigentlich verbunden war. Sie rebellierte. Münteferings Rücktritt kann als konsequent bewertet werden, vielleicht aber war es schlicht eine Flucht aus dem Amt, um sich nun ganz dem Regierungshandeln zu verpflichten. Er selbst jedoch bezeichnete die 2004 erfolgte Ämterteilung zwischen Parteivorsitz und Bundeskanzler im Rückblick als falsch, da sich die Fraktion und die Partei so aus der Verantwortung entlassen gefühlt haben.[606] Es bleibt sein Geheimnis, warum er nun, ein Jahr später, genauso handelt und es wieder zu zwei Zentren kommen wird, einem Regierungs- und einem Parteizentrum.

**5.2 Die letzten vier Jahre**

**5.2.1 „Meine erste Loyalität gehört dem Regierungshandeln" – Der Arbeitsminister**

Es ist ein einmaliger Vorgang in der bundesrepublikanischen Geschichte. Der kleinere Koalitionspartner wird in der zweiten Großen Koalition auf Bundesebene mehr Minister stellen als der größere. 1966 – Münteferings Eintrittsjahr in die SPD – hatte die SPD neun Ministerposten inne, die CDU/CSU zehn und den Bundeskanzler. Der Kanzleramtschef ist hier noch nicht mitgezählt. Nun bekommen die Sozialdemokraten neun Ministerämter, die CDU/CSU hingegen nur acht, inklusive des Kanzleramtschefs, der gleichzeitig Minister für besondere Aufgaben ist. Im Rückblick wird zu Recht geurteilt werden: Müntefering hat einmal mehr – mit all den anderen Protagonisten – sein Verhandlungsgeschick bewiesen und eine deutliche SPD-Präsenz in der Großen Koalition mit CDU-Kanzlerin Angela Merkel ausgehandelt.

Müntefering hat nach seinem Rücktritt als Parteivorsitzender nun kein Parteiamt mehr inne, lässt sich aber dennoch für sein neues Amt eben durch die Partei und den Parteitag legitimieren, seinem ausdrücklichen Wunsch entsprechend. Mit nur einer Gegenstimme wird er zum Vizekanzler der zweiten

---

[606] Vgl. Müntefering, F. im Gespräch mit dem Autor dieser Arbeit am 23.02.2010.

## 5.2 Die letzten vier Jahre

Großen Koalition nominiert.[607] Der Wechsel ist vollbracht, "und jetzt", sagt der Noch-Parteivorsitzende auf dem Parteitag nach der Wahl 2005, "stehen wir vor einer Großen Koalition, liebe Genossinnen und Genossen."[608] „So schnell geht das, auch rhetorisch", resümiert die *Frankfurter Rundschau*.[609] Es wirkt in der Tat – wie im letzten Kapitel angesprochen – wie die Macht des Faktischen, die bei Müntefering einmal mehr regiert. So avanciert Müntefering in der Folgezeit schnell zum „Mister Große Koalition", wie es *Spiegel-Online* schreibt.[610] Heil, als neugewählter Generalsekretär der Gewinner des Konfliktes Müntefering-Wasserhövel-Nahles, meint 2010 diesbezüglich: „Also, Vizekanzler war schon für ihn 'ne ganz tolle Sache. Also, das zu sein. Ja, auch ein gewisser Stolz über das, was er selbst im Leben für sich erreicht hat."[611] Und in der Tat: Der einfache, unscheinbare Arbeiter, der die Partei als eine zweite Volkshochschule ansah, weil ihm da was „fehlte"[612], hatte es bis zum Vizekanzler geschafft – nach der wichtigsten Person in der Partei als Parteivorsitzender nun zu einem der wichtigsten Protagonisten in der Bundesregierung. Seine jahrzehntelange Arbeit für die Partei scheint er nun ein Stück weit abzustreifen. „Meine erste Loyalität gilt dem Regierungshandeln"[613], bekennt er bald, im Umkehrschluss gehört sie damit nicht der Partei. Diese steht nun nur noch an zweiter Stelle. Vielleicht möchte Müntefering mit seinen 66 Jahren nochmal zeigen, dass er auch im exekutiven Bereich gut arbeiten kann. Es geht womöglich auch um Denkmalpflege. In jedem Falle: Dieses Amt wird er in den folgenden Monaten so sehr ausfüllen, dass er von seiner Partei immer wieder mit dem Vorwurf konfrontiert wird, er sei nicht genug auf Parteilinie. Es wirkt, als

---

[607] Vgl. Braun, Stefan; Thurner-Fromm, Barbara: Dreifaches Ja zur Großen Koalition; in: Stuttgarter Zeitung, 15.11.2005, S.1.
[608] Vgl. Ebd.
[609] Meng, Richard: Klatschtag in Karlsruhe; in: Frankfurter Rundschau, 15.11.2005, S.2.
[610] Volkery, Carsten: Müntefering schockt Koalition und Partei; in: Spiegel Online, 13.11.2007; abrufbar unter:
http://www.spiegel.de/politik/deutschland/0,1518,517065,00.html [zuletzt eingesehen am 04.06.2010].
[611] Heil, H. im Gespräch mit dem Autor dieser Arbeit am 25.01.2010.
[612] Müntefering, F. im Gespräch mit dem Autor dieser Arbeit am 23.02.2010.
[613] Schmiese, Wulff: Der lange Weg, weg von der SPD; in: FAZ, 09.10.2007.
http://www.faz.net/s/Rub594835B672714A1DB1A121534F010EE1/Doc~E3633AA3089694 2ABA8B3D430BD10B44B~ATpl~Ecommon~Scontent.html [zuletzt eingesehen am 20.04.2010].

gelte für ihn nun mehr in erster Linie der Koalitionsvertrag und weniger das Grundsatzprogramm der Partei zu gelten.

Auf dem Parteitag nach der Wahlniederlage 2009 in Dresden im November 2009 sind es drei Themen, die diesen dominieren. „Wir diskutieren hier immer wieder drei Themen", sagt ein Redner und nennt die „Agenda-Politik", die „Rente-mit-67" und die „Basta-Politik".[614] Es sind diese drei Themen, gegen deren Veränderung Müntefering sich stemmte, dessen Einführung er forcierte oder dessen eigener Führungsstil es gewesen ist. Es ist in gewisser Weise ein Stück von Münteferings Erbe. Gerade die Rente-mit-67 scheint den Genossen als Inbegriff des Bösen zu gelten – ein Projekt, das von Beginn der Großen Koalition an für Unstimmigkeiten innerhalb der SPD gesorgt hat. Bereits im Februar 2006 wird Müntefering – einmal mehr per „Ordre-de-Mufti" und auch den Parteivorsitzenden Matthias Platzeck übergehend[615] – die Rente-mit-67 auf die Tagesordnung setzen und bereits da zeichnet sich ab, dass es Kritik aus den eigenen Reihen hageln wird. Nicht etwa die linken Flügel rebellieren zuerst, sondern der Seeheimer Kreis, der unter Johannes Kahrs Nachbesserungen fordert.[616] Heil erinnert sich über die Zeit der Großen Koalition in Bezug auf die Rente-mit-67: „Ich war vier Jahre Generalsekretär der SPD. Als Teil einer Großen Koalition. Und da war öfter mal die Aufgabe, die Partei davon abzuhalten, regierungsunfähig zu werden. Insofern habe ich vieles im Nachhinein in seiner Denke nachvollziehen können. Auf der anderen Seite gab es Verstörungen, nicht über das, was er gemacht hat, sondern wie er's gemacht hat. Also Rente-mit-67 beispielsweise […]. Es war dann eine CDU-Forderung im Koalitionsvertrag. Es wurde aber dann voll mit der SPD identifiziert, weil der Bundesarbeitsminister der SPD das durchsetzte und zwar ziemlich, nach Wahrnehmung vieler, brachial." Hier scheinen sich – natürlich abermals die nötige Vorsicht bezüglich der Erinnerung des Interviewten berücksichtigend –

---

[614] Der Autor war auf dem Parteitag vom 12. bis 15.11.2009 vor Ort.
[615] Politologe Max Reinhard hält hierzu fest, dass sich Platzeck „nach einem Vorschlag von Kurt Beck für ‚berufsspezifische Lösungen' aussprach"; vgl. Reinhard, Max: Parteiflügelkämpfe seit der Bundestagswahl 2002; in: Geiling, Heiko (Hrsg.): Die Krise der SPD, Münster 2010², S.81 [im Folgenden: Reinhard, M.: Parteiflügelkämpfe; in: Geiling, H. (Hrsg.): Krise der SPD, 2002].
[616] Vgl.o.V.:Seeheimer Kreis übt Kritik an Müntefering; in: Spiegel Online, 08.02.2006; abrufbar unter: http://www.spiegel.de/politik/deutschland/0,1518,399633,00.html [zuletzt eingesehen am 01.06.2010].

## 5.2 Die letzten vier Jahre

die autokratischen Führungsqualitäten, die Müntefering bereits als Fraktionsvorsitzender in seiner Zeit als Parteivorsitzender zugeschrieben worden sind, zu bestätigen. Heil meint zudem weiter: „Auch der Zeitpunkt, eine Woche vor der rheinland-pfälzischen Landtagswahl, war einer, der zu Verstörung geführt hat [...]. Also Beck war nicht fröhlich, ein, zwei Wochen vor der Wahl, das als schlussmobilisierendes Thema mit auf den Weg zu bekommen."[617] Müntefering schwächte mit seiner einsamen Entscheidung über das unpopuläre Thema somit gleich zwei führende, bundesweit bekannte Sozialdemokraten – Beck und Platzeck –, von denen es zu diesem Zeitpunkt nur noch sehr wenige gab.

Tatsächlich war die Rente-mit-67 nie ein Thema, mit dem die SPD in der Bevölkerung hätte punkten können. Bereits im Februar 2006 prognostiziert das Umfrageinstitut *Infratest Dimap* eine Ablehnung für eine frühere Erhöhung des Renteneintrittsalters von 64 Prozent. Nur 28 Prozent finden die Reform demnach zu diesem Zeitpunkt richtig.[618] Dieser Negativ-Trend soll sich in der Folgezeit – womöglich durch die angestoßene Debatte und die negative Berichterstattung – deutlich verstärken. Im November 2007 prognostiziert dasselbe Institut bereits eine deutlich größere Ablehnung.[619] Nur noch sechs Prozent der Gesamtbevölkerung sind für eine Beibehaltung der Rente-mit-67, 42 Prozent für ein früheres Renteneintrittsalter für bestimmte Berufsgruppen und 51 Prozent für ein generell früheres Renteneintrittsalter. Interessant ist hierbei, dass die Anhänger der SPD der Reform eben dieser Partei am wenigsten zustimmen, nämlich nur drei Prozent. Selbst bei der Linkspartei ist die Zustimmung mit fünf Prozent größer.[620] Tatsächlich scheint es aber ein Thema, mit dem die Partei womöglich einige Grünen-Wähler erreichen könnte, die zu 19 Prozent die Beibehaltung richtig finden, während es bei CDU/CSU und FDP zehn, beziehungsweise elf Prozent sind. Dennoch: in der Gesamtschau ist in der Bevölkerung eine große Ablehnung vorhanden. So wird sich im Rückblick zeigen, dass das Gesetz zur Rente-mit-67 nicht nur an den Interessen der SPD-Mitglieder vorbeigeht, sondern auch an denen der gesamten Bevölkerung, und

---

[617] Heil, H. im Gespräch mit dem Autor dieser Arbeit am 25.01.2010.
[618] Vgl. http://www.infratest-dimap.de/umfragen-analysen/bundesweit/ard-deutschlandtrend/2006/februar/ [zuletzt eingesehen am 01.06.2010].
[619] Vgl. http://www.infratest-dimap.de/umfragen-analysen/bundesweit/ard-deutschlandtrend/2007/november/ [zuletzt eingesehen am 01.06.2010].
[620] Vgl. ebd.

somit: am potentiellen Wähler. „Der Beschluss zur stufenweisen Erhöhung des Renteneintrittsalters von 65 auf 67 Jahre stößt bei den Deutschen weiterhin auf wenig Gegenliebe", fasst das Forschungsinstitut die Umfrage zu diesem Thema im Juni 2009 zusammen.[621] „Nur 8 Prozent sprechen sich dafür aus, die Rente ab 67 tatsächlich einzuführen. Neun von zehn (90 Prozent) fordern dagegen zumindest Ausnahmen für besonders beanspruchte Berufsgruppen (46 Prozent), wenn nicht sogar die komplette Rücknahme des erhöhten Renteneintrittsalters (44 Prozent).[622] Zu dem Zeitpunkt der Umfrage ist Müntefering schon lange nicht mehr Arbeitsminister, aber schon wieder Parteivorsitzender. Der Bundestagswahlkampf steht in den Startlöchern. Die Rente-mit-67 scheint mit der SPD, noch mehr aber mit Müntefering, unweigerlich verbunden. Es zeigt sich hier, dass Müntefering mit dem Renten-Gesetz der SPD eine schwere Hürde aufgebürdet hat – die sich gerade auf dem Parteitag 2009 in großer Kritik entlädt, welche weit deutlicher ausfällt als etwa an der ‚Agenda-Politik' und der ‚Basta-Mentalität'. Zweifelsohne kann Müntefering es auch positiv angerechnet werden, dass er seiner inneren Überzeugung auch gegen die Bevölkerungsmeinung treu geblieben ist. Doch hat er nicht versucht, die Reform zu vermitteln. Das stoische Festhalten und die geringe Diskussionsbereitschaft, aus der erst diese öffentliche Debatte entstehen konnte, nicht aber die Rente-mit-67 selbst, die mit Blick auf die steigende Lebenserwartung zumindest diskussionswert scheint, können Müntefering hier somit angelastet werden: Erneut verordnete er seine Ideen von oben herab.

Gleichwohl darf bei alledem nicht vergessen werden, dass Müntefering keineswegs nur die Rente-mit-67 durchgesetzt hat. Tatsächlich werden von ihm auch ursozialdemokratische Themen – soweit das die Große Koalition zuließ – umgesetzt oder deren Diskussionen forciert. Hier offenbart sich jedoch ein Problem: „[Ü]berall da, wo die SPD ihr Profil als Partei der sozialen Gerechtigkeit schärfen könnte", stand bereits die Kanzlerin, analysiert etwa Politologe Lütjen[623]. Und doch stößt Müntefering zum Beispiel die erneute Debatte

---

[621] Vgl. http://www.infratest-dimap.de/umfragen-analysen/bundesweit/umfragen/aktuell/mehrheit-weiterhin-fuer-aenderung-bei-rente-ab-67-eu-erlaubnis-fuer-verkauf-von-klonfleisch-beunru/ [zuletzt eingesehen am 01.06.2010].
[622] Vgl. ebd.
[623] Lütjen, T.: Frank-Walter Steinmeier, 2009, S.128.

## 5.2 Die letzten vier Jahre

zum Mindestlohn an, die er bereits kurz nach seiner Inthronisierung zum Parteivorsitzenden 2004 – also noch zu rot-grünen Zeiten – erstmals auf die Tagesordnung setzte. Hier ringt er der CDU und CSU einiges ab und riskiert dafür auch den Streit mit Merkel.[624] Olaf Scholz wird Müntefering Bemühungen nach dessen Rücktritt weiter forcieren und den Mindestlohn, den er in einem Interview „Münte-Lohn" nennt[625], für mehrere Branchen doch noch einführen.[626] Bei der Frage der Verlängerung des Arbeitslosengeldes I – ein Anliegen von Parteichef Beck – stellt sich Müntefering hingegen abermals gegen große Teile seiner Partei. Es scheint um mehr zu gehen als um die Regierungsarbeit, um eine Fehde zwischen Beck und Müntefering[627]. „[Müntefering] war der Mann, der vielen Sozialdemokraten, die begabter waren als er, gleichermaßen treu auf Zeit diente: Hans-Jochen Vogel, Rudolf Scharping, Oskar Lafontaine, Johannes Rau, Gerhard Schröder", analysiert etwa Politologe Walter.[628] „Nur Kurt Beck wollte er sich nicht mehr fügen – vermutlich weil er dessen Begabung nicht sonderlich hoch einschätzte." Tatsächlich deutet einiges auf einen gewissen Konfrontationskurs mit Beck hin – so der offenbar gesuchte Showdown rund um die Verlängerung des Arbeitslosengeldes I auf dem Parteitag in Hamburg Anfang November 2007. Ein Spitzenpolitiker der SPD beschreibt den Konflikt mit den Worten: "Müntefering schwächt den amtierenden Vorsitzenden, der nicht ersetzt werden kann."[629] Und der *Spiegel* stellt im April 2007 fest: „Müntefering glaubt nicht mehr daran, dass die Partei zu alter Kraft zurückfindet, wenn Beck sie weiter führt wie bisher."[630] Weiter heißt es: „Ausgerechnet im Vizekanzler ist dem Parteichef sein größter Kritiker erwachsen."[631] Immer mehr positioniert sich Müntefering tatsächlich als Gegenpol zum Parteivorsitzenden, so auf der alljährlichen Spargelfahrt, auf der er die

---

[624] Vgl. Mehlig, Holger: Merkel greift ein; in: Associated Press, 04.11.2007.
[625] Scholz, Olaf im Interview mit dem Focus; in: Krumrey, Henning; Moritz, Hans-Jürgen; Pörtner, Rainer: „Viele Wege zum Münte-Lohn"; in: Focus, 03.12.2007, S.37.
[626] Vgl. Ebd.
[627] Vgl. Lohse, E.; Wehner, M.: Es wird eng für Müntefering; in: Frankfurter Allgemeine Sonntagszeitung, 14.10.2007, S.3.
[628] Walter, Franz: Sphinx der Macht; in: Spiegel Online, 13.11.2007; abrufbar unter: http://www.spiegel.de/politik/deutschland/0,1518,517146,00.html [zuletzt eingesehen am 03.06.2010].
[629] Knaup, Horand: Der Neben-Vorsitzende; *in:* Der Spiegel, 16.04.2007, S.32.
[630] Ebd.
[631] Ebd.

Genossen anders als Beck begeistern kann, wie es eben auch in der Debatte zu einer möglichen Verlängerung des Arbeitslosengeld I zu sehen ist. "Ich glaube, dass das ein Schritt zurück wäre hinter die Idee des Förderns und Forderns", sagte er in diesem Zusammenhang dem *Handelsblatt*[632]. „Strategischer Fehler", „Schwenk" und „Populismus" lauten seine Vorwürfe gegen Beck.[633] In einer Fraktionssitzung soll er die Anwesenden gebeten haben, sich einmal vorstellen, „wir würden noch den Kanzler stellen". „Er frage sich", so zitiert ihn die *Frankfurter Allgemeine Sonntagszeitung*, „ob dann das Willy-Brandt-Haus der Partei einen Politikwechsel verordnen würde."[634] Letztendlich muss Müntefering am Ende doch dem Druck der Partei – und dem in dieser Sache geschickt taktierenden Beck – nachgeben, obwohl Müntefering auf dem Parteitag – wie es Journalist Sturm analysiert – „ein rhetorisches Meisterwerk" ablieferte, die beste Rede hielt und ihm damit einmal mehr „die Herzen der Delegierten" zugeflogen seien.[635] Doch auch Beck wird von den Delegierten keineswegs beschädigt, sondern vielmehr bestätigt, mit einem sehr guten Ergebnis von 95,5 Prozent im Amt des Parteivorsitzenden.[636] „Franz Müntefering hatte frühzeitig gewarnt" wird die *Süddeutsche Zeitung* später einmal darüber schreiben, „dass eine Abkehr von der Agenda 2010 in der SPD zu neuem Streit führen würde".[637] Er sollte, resümiert die Zeitung, „recht behalten". Dass der ‚Kampf' jedoch nicht weiter ausgetragen wird, dürfte daran liegen, dass Müntefering im November 2007 auf Grund der Erkrankung seiner Frau von all seinen Ämtern zurücktritt. Hier könnte Münteferings Karriere enden und – womöglich – wäre er 2009 der Mann, der als Erlöser gefeiert werden würde. So vermutet auch Politologe Walter.[638] Es kommt jedoch anders.

Bei Müntefering regierte in diesen zwei Jahren erneut die Macht des Faktischen, frei nach dem Motto: ‚Schwarz-Rot regiert, müssen wir durch, Merkel

---

[632] Zitiert nach: O.V.: Beck-Idee kann teuer werden; in: süddeutsche.de, 11.10.2007; abrufbar unter: http://www.sueddeutsche.de/politik/streit-um-reform-der-agenda-muentefering-beck-idee-kann-viel-teurer-werden-1.890498 [zuletzt eingesehen am 01.06.2010].
[633] Lohse, E.; Wehner, M.: Es wird eng für Müntefering; in: Frankfurter Allgemeine Sonntagszeitung, 14.10.2007, S.3.
[634] Ebd.
[635] Vgl. Sturm, D: Wohin geht die SPD?, 2009, S.342.
[636] Vgl. Ebd.
[637] Fried, Nico; Prantl, Heribert: Einer, der sich selbst folgt; in: Süddeutsche Zeitung, 08.09.2008.
[638] Vgl. Walter, F.: Vorwärts oder Rückwärts?, 2010, S.99.

ist die Kanzlerin, wir stützen sie. Das ist ganz klar.' Dazu passend meint Müntefering im Rückblick über die Große Koalition und die Rolle der SPD darin: „Und für die Demokratie war es historisch ganz wichtig, dass die Sozialdemokraten an dieser Stelle nicht gekniffen haben, sich nicht davon gemacht haben. Das wird in hundert Jahren immer noch so gewesen sein. Dass die an der Stelle nicht gesagt haben, Land, jetzt gucken wir mal zu, wie's geht. Sondern das wir unseren Job gemacht haben. [...] Und hab'n die CDU weit, weit von deren Rezepten weggekriegt. Die marktradikalen Konzepte, die die hatten."[639] Tatsächlich ist von der CDU des Leipziger Parteitages nur noch wenig geblieben – als „sozialdemokratisiert" wird sie nun bisweilen beschrieben.[640] Vielleicht ist auch das ein Verdienst der Sozialdemokratie, insbesondere eben auch von Müntefering und seinem Verhandlungsgeschick in den Koalitionsverhandlungen und der Regierung. Gleichzeitig fällt an dieser Stelle auf: Müntefering hat die SPD in der Großen Koalition als stabilen Partner etabliert und in seinen eigenen Reihen die Lust an der Opposition unterdrückt.

**5.2.2 Die Rückkehr**

Drei Parteivorsitzende in drei Jahren. Am Wahlabend erzählt ein SPD-Mitglied im Willy-Brandt-Haus: „Die Leute haben mich gefragt: Warum geht er erst, dann kommt er wieder? Warum waren dazwischen noch zwei Parteivorsitzende?"[641] Das letzte Vertrauen schien verspielt. Die SPD war 2008 keine Konstante mehr. Müntefering hat daran Anteil, indem er vom Parteivorsitz zurücktrat und damit eine langwierige Personalrochade auslöste, von der er damals jedoch noch nicht wissen konnte, dass sie kommen würde, gleichzeitig aber so gekommen ist. Noch einmal soll an dieser Stelle der von Joschka Fischer für die Politik so ungeliebte Konjunktiv verwendet werden: Was wäre, wenn Platzeck geblieben wäre? Wäre Müntefering dann nicht der Mann gewesen, der die Verjüngung der SPD vorangetrieben hätte? Wäre Müntefering

---

[639] Müntefering, F. im Gespräch mit dem Autor dieser Arbeit am 23.02.2010.
[640] Vgl. Hanisch, Klaudia; Kohlmann, Sebastian: Die CDU – eine Partei nach dem Ende ihrer selbst; in: Butzlaff, F.; Harm, S.; Walter, F. (Hrsg.): Patt oder Gezeitenwechsel? Deutschland 2009, 2009, S.31.
[641] Am Wahlabend, dem 27.09.2009, war der Autor dieser Arbeit ab 17 Uhr im Willy-Brandt-Haus vor Ort und sprach mit den dort anwesenden Politikern.

dann nicht heute derjenige, über den Journalisten und Politologen – und vermutlich auch dieser Autor – analysieren würden, dass er einen überraschenden, dann aber fließenden Übergang eingeleitet habe? Es kommt jedoch anders, es bleibt bei Fischers Aussage: „In der Politik gibt es keinen Konjunktiv"[642]. Platzeck tritt ab, es folgt Beck, der vorwiegend nicht durch Müntefering, sondern durch sein eigenes Zutun in den Arbeitsstrudel gerät und an deren Ende sein Rücktritt steht. In ungeschickter Weise stieß er eine neue Debatte über Koalitionen mit der Linkspartei an, die die SPD, die bis dahin – bis zum Februar 2008 und damit noch bis lange nach Münteferings Rücktritt – trotz Agenda 2010, trotz Rente-mit-67, trotz Münteferings Basta-Stils in Umfragen bei konstant rund 30 Prozent lag – in eine umfragepolitische Talfahrt riss, von der sie sich nicht mehr erholen sollte.[643] Dass es ein Putsch war, glauben nur wenige seiner Weggefährten[644]. Zu glauben scheint es vor allem Beck selbst, der auch auf dem Parteitag nach der Wahlniederlage nicht für Müntefering klatschen wird.[645]

Doch: Auch Müntefering – von Steinmeier zurückgeholt, der sich am Schwielowsee selbst zum Kanzlerkandidaten ausrufen muss, weil niemand mehr da ist, der es machen kann – kann das Ruder nicht mehr herum reißen. Gleichwohl gibt es Veränderungen in der Außendarstellung: Während Beck den Bewegungen hinterherlief, Linksbündnisse erst dann freigab, als die Landesregierungsanwärter schon munter über solche debattierten und Koalitionen vorbereiteten, machen Müntefering und Steinmeier das Gegenteil dessen. Sie stellen sich an die Spitze der Bewegung, verkünden, dass rot-rote Bündnisse gar nicht so schlecht seien im Land, wenn denn die SPD den Ministerpräsidenten stelle. Sie behalten so die Deutungshoheit. Doch: Der viel beschworene und erhoffte „Münte-Effekt", der bei Übernahme des Generalsekretäramtes und später des Parteivorsitzes, tatsächlich stattfand, bleibt aus. Auch die eigene Partei scheint nicht mehr uneingeschränkt hinter Müntefering zu stehen. Bei

---

[642] Fischer, J.: Die rot-grünen Jahre, 2007, S.151
[643] Vgl. http://www.wahlrecht.de/umfragen/politbarometer.htm [zuletzt eingesehen am 01.06.2010].
[644] Kajo Wasserhövel, Frank-Walter Steinmeier und Hubertus Heil sind sicher, dass es kein Putsch war. Gerade Heil war keineswegs unkritisch gegenüber Müntefering, kann zumindest aber als ein Nicht-Freund bezeichnet werden.
[645] So die Beobachtung des Autors, der auf dem Parteitag und dem Presseabend vom 12. bis 15.11.2009 vor Ort war.

## 5.2 Die letzten vier Jahre

seiner erneuten Wahl zum Parteivorsitzenden bekommt er ‚nur' noch rund 85 Prozent der Stimmen[646] – so viel wie Schröder in seinen besten Zeiten. 48 Prozent der SPD-Anhänger glauben im Februar 2009 noch, dass die Partei voll hinter ihm stehe, 43 Prozent hingegen verneinen diese Aussage.[647] Der Aufschwung findet so, wenn überhaupt, medial statt, wenn der *Spiegel* etwa euphorisch titelt: „Vorwärts in die Vergangenheit"[648]. In den Umfragen zeichnet sich hingegen kein neuerlicher Trend nach oben ab. Die Prozentpunkte, die nach Becks Linkspartei-Äußerungen weggebrochen sind, kommen nicht wieder.

Spätestens mit dem schlechten Abschneiden bei der Europawahl im Juni 2010 wird das endgültig offenbar. Noch einen Tag zuvor rief Müntefering die Bürger dazu auf, man solle „die Vasen unter den Bildschirmen wegräumen, weil dort der schwarze Verlustbalken der Union durchbrechen würde".[649] Tatsächlich zeigten die Balken von CDU und CSU stark nach unten, allerdings gewann die SPD, anders als alle Umfragen im Vorfeld prognostizierten[650], keinen Prozentpunkt hinzu.[651] Auch noch zwei Tage nach diesem ‚Wahldesaster' wurde auf der SPD-Homepage zum Endspurt für die Europawahl aufgerufen. Eine Aktualisierung ließ auf sich warten. Es schien mit vielem gerechnet worden zu sein, aber nicht mit einem solchen Ergebnis. Die ‚Sprachlosigkeit der Homepage' spiegelte die Sprachlosigkeit der Partei wider. Hubertus Heil erinnert sich, dass Müntefering und seine Mitarbeiter verstört gewirkt hätten.[652] Sie

---

[646] Vgl. o.V.: SPD wählt Müntefering zum Vorsitzenden; in: Spiegel Online, 18.10.2008; abrufbar unter: http://www.spiegel.de/politik/deutschland/0,1518,584961,00.html [zuletzt eingesehen am 15.05.2010].

[647] Forschungsgruppe Wahlen; Politbarometer Februar 2009, 13.02.2009; abrufbar unter: http://www.forschungsgruppewahlen.de/Umfragen_und_Publikationen/Politbarometer/Archiv/Politbarometer_2009/Februar_2009/ [zuletzt eingesehen am 01.06.2010].

[648] Der Spiegel titelte in seiner Ausgabe am 15.09.2008, eine Woche nach der Ausrufung Frank-Walter Steinmeiers zum Kanzlerkandidaten und der Rückkehr Müntefering ins Amt des Parteivorsitzenden: „Schröders Comeback: Vorwärts in die Vergangenheit.

[649] Wittke, Thomas: Der Kandidat allein zu Haus; in: General-Anzeiger, 15.07.2009, S.3.

[650] Von der Forschungsgruppe Wahlen wurde die SPD zuletzt bei 25 Prozent gesehen, Infratest Dimap verortete die SPD bei 26 Prozent; vgl. http://www.wahlrecht.de/umfragen/europawahl.htm [zuletzt eingesehen am 16.06.2010].

[651] Die CDU/CSU verlor 6,7 Prozentpunkte und kam auf 37,9 Prozent, die SPD verlor nochmals leicht um 0,7 Prozent und kam auf 20,8 Prozent; vgl. Forschungsgruppe Wahlen: Europawahl in Deutschland, 07.06.2010, S.1.

[652] Heil, H. im Gespräch mit dem Autor dieser Arbeit am 25.01.2010.

schienen keine Antwort mehr zu haben, die Lage wurde vollkommen falsch eingeschätzt.

\*\*

Es ist der 14. September 2009, wenige Tage, nach dem für die Sozialdemokraten gut gelaufenen TV-Duell.[653] Die Hinterräder des Flugzeugs lassen sich nicht ausfahren. Die Maschine muss auf einem großen Schaumteppich landen. Ein Funkenschwall zieht sich hinter dem Flugzeug entlang. Die Notrutschen gehen auf. Die Menschen rutschen heraus. Einer unter ihnen: Franz Müntefering.[654] Der SPD-Chef ist eigentlich auf dem Weg zu einer Wahlkampfveranstaltung in Stuttgart. Nun bleibt er bei der Rutsche stehen, seine Terminmappe unter den Arm geklemmt hilft er den nach ihm Rutschenden. Dann ein kurzer Kommentar, schon ist Müntefering in seinem Dienstwagen verschwunden und macht wieder Wahlkampf. Für einen Schock, eine Pause, ist keine Zeit. Es geht um das Pflichtbewusstsein. Es geht um seine Partei. Doch geht es auch noch um einen Sieg?

Müntefering versucht zumindest ein solches Gefühl zu vermitteln, wenn er ausruft, dass Frau Merkel schon mal die Koffer packen könne[655] und Frank-Walter Steinmeier der nächste Bundeskanzler werde. So surreal die Vorstellung zu diesem Zeitpunkt auch sein mag – die SPD liegt in den Umfragen deutlich hinter der CDU und CSU – so sehr geht den Protagonisten ein Schaudern über den politischen Rücken. Viele in der SPD scheinen es ihm zu glauben, unter anderem auch Hubertus Heil[656]. Viele erinnern sich an das Jahr 2005, als es eben auch in den letzten Wochen vor der Wahl einen von niemandem mehr erwarteten Umschwung gegeben hat. Vielleicht erinnerte sich auch Müntefering selbst daran. „Das ist ganz klar", pflegte Müntefering gerne zu sagen.[657] Auch diesmal tat er es. „Das ist ganz klar", dass die SPD zurück in

---

[653] Vgl. z.B. Wittrock, Philipp: Steinmeier überrascht die Wähler – ein bisschen; in: Spiegel Online, 14.09.2009, abrufbar unter: http://www.spiegel.de/politik/deutschland/ 0,1518,648719,00.html [zuletzt eingesehen am 31.05.2010].

[654] Vgl. o.V.: SPD-Chef Müntefering übersteht Notlandung; in: Spiegel Online, 14.09.2009; abrufbar unter: http://www.spiegel.de/panorama/0,1518,648811,00.html [zuletzt eingesehen am 16.05.2010].

[655] Vgl. Wittrock, P.: Steinmeier überrascht Wähler; in: Spiegel Online, 14.09.2009.

[656] Heil, H. im Gespräch mit dem Autor dieser Arbeit am 25.01.2010.

[657] Die Spiegel-Redakteure Roland Nelles und Markus Feldenkirchen bezeichnen ihn 2009 beispielsweise als „größte[n] lebende[n] Wahlkampfstrategen"; Vgl. Müntefering, F. im

## 5.2 Die letzten vier Jahre

die Regierung komme. Vielleicht war diese scheinbare Gesetzmäßigkeit, der Mythos des ‚Wir-schaffen-dass,-wenn-ich-es-nur-oft-genug-verkünde-und-anpacke' jedoch auch beim potentiellen Wähler irgendwann verhaftet, der nun nicht mehr zur Wahl gehen brauche, weil ja ohnehin ganz klar sei, dass die SPD in der Regierung bleibt. Tatsächlich wird die SPD zwei Millionen Wähler ins Nichtwählerlager verlieren, kann sie nicht mobilisieren.[658] Vielleicht hat ein Teil von ihnen auch geglaubt, dass Müntefering-Gesetzmäßigkeiten wirkliche Gesetzmäßigkeiten sein könnten. Müntefering selbst zumindest schien dies bald nicht mehr zu glauben.

Vier Tage vor der Wahl. Burgplatz in Braunschweig. Müntefering spricht auf dem gut und besser als bei Angela Merkel eine Woche zuvor gefüllten Platz, seine Rede ist jedoch anders als in den Wochen davor. Dass Frank-Walter Steinmeier Kanzler werde, erwähnt er nun nur noch einmal.[659] Er spult sein Programm herunter. Es ist keine große Rede, aber die Menschen hören ihm zu, sie klatschen bereitwillig, wenngleich auch nicht überschwänglich. Den ‚Piraten', die am Rande mit zwei Fahnen wedeln, bietet er Gespräche an. Nach einer Stunde ist die Veranstaltung zu Ende. Müntefering steigt nun die Bühne herab, gibt Autogramme. Eine große Menschentraube bildet sich um ihn. Alle wollen Fotos machen, eine Unterschrift erhaschen. Es erinnert an die Autogrammstunde nach einem Popstar-Konzert – und das, obwohl die Stimmung nicht übermäßig positiv schien. Dreißig Minuten bleibt er, immer noch von Menschen umringt, bis auch der Letzte ein Autogramm bekommen hat. Einer reicht ihm den Flyer dieser Abendveranstaltung hin, damit er ihn signieren kann. Während er das macht, sagt derjenige zu ihm: „Franz, da geht noch was."[660] Müntefering zuckt. Er schaut kurz nach oben. Aber er sagt nichts. Es ist der Donnerstag vor der Wahl. Vier Wochen später wird er in der *Zeit* bekennen: „Nach dem 7. Juni [dem Tag der verloren gegangenen Europawahl] [...] hatte ich das Gefühl, das war kein Ausrutscher

---

Interview mit dem Spiegel; in: Nelles, R.; Feldenkirchen, M.: „Frau Merkel kann schon mal packen"; in: Der Spiegel, 13.07.2009, S.26.

[658] Vgl. o.V.: An wen die SPD ihre Wähler verloren hat; in: Zeit.de, 29.09.2009; abrufbar unter: http://www.zeit.de/politik/2009-09/waehlerwanderung [zuletzt eingesehen am 10.06.2010].

[659] Beobachtung des Autors, der bei der Veranstaltung in Braunschweig am 25.09.2010 vor Ort war.

[660] Ebd.

172                                                                    5. Abstieg

**Abb. 10:** Letzte Amtshandlung: Müntefering ruft Steinmeier noch am Wahlabend zum Fraktionsvorsitzenden aus.

Der Wahlkampf war nicht schlecht. [...] Und trotzdem so niedrig. Da begann die Ahnung, dass das die wirkliche Wirklichkeit sein könnte."[661] Es passt zu diesem Aufeinandertreffen zwischen einem der letzten Hoffenden und Müntefering selbst. Nein, um einen Sieg schien es nicht mehr zu gehen. Vielmehr wirkte es, als ginge es nur noch darum, das ‚Schlimmste' zu verhindern. Und doch wurde es noch schlimmer, als Müntefering es ohnehin schon zu erwarten schien. Die Niederlage war so groß, dass ihm am Wahlsonntag im Willy-Brandt-Haus die Tränen in den Augen standen, anders als bei Steinmeier, der gefasster wirkte.[662] Eine von Münteferings letzten Amtshandlungen wird an diesem Abend – einmal mehr und doch vielleicht das letzte Mal in seiner aristokratischen Art – sein, Steinmeier zum neuen Fraktionsvorsitzenden der SPD auszurufen und zu verkünden, die SPD-Fraktion werde ihn „morgen" zum Fraktionsvorsitzenden wählen.[663] Seine eigene Zukunft lässt er offen, und

---

[661] Müntefering, Franz im Interview mit Der Zeit; in: Dausend, Peter; Ulrich, Bernd: „Wir haben uns nicht freiwillig geopfert"; in: Die Zeit, 15.10.2009, S.4.
[662] Am Wahlabend, dem 27.09.2009, war der Autor dieser Arbeit ab 17 Uhr im Willy-Brandt-Haus vor Ort und sprach mit den dort anwesenden Politikern.
[663] Ebd.

## 5.2 Die letzten vier Jahre 173

ebnet so Steinmeier den Weg. Die Kritik konzentriert sich nun nur noch auf Müntefering.

Peer Steinbrück wird am Abend vor dem Parteitag zwei Monate später sagen: „Wenn der Steinmeier zu hart angegriffen wird, dann rede ich! Den Steinmeier, den verteidige ich!"[664] Und auch Müntefering setzte sich für Steinmeier ein. Müntefering selbst hingegen würde man so wohl nicht mehr verteidigen.

### 5.2.3 Der Entrückte – Der Arbeits- und Sozialminister und erneuter Parteivorsitzender

Ein Beispiel aus dem Bundestagswahlkampf 2009 soll an dieser Stelle in Bezug auf Münteferings Wirken in seinen letzten vier Jahren als Spitzenpolitiker herangezogen werden: Wahlkampfauftakt der SPD, Hannover im September 2009. Auf der Bühne stehen das „Team-Steinmeier" und der Kanzlerkandidat persönlich – als ein Teil der Gruppe. Etwas abseits steht ein weiterer Mann. Er starrt in die Ferne. Er steht ganz still. Sein Ausdruck vergleichsweise nichtssagend. Regungslos. Immer, wenn das Publikum klatscht, gehen auch seine Hände beinahe mechanisch wirkend nach oben und klatschen mit. Ganz sanft. Es ist Franz Müntefering, der da steht. Er wirkt der Zeit entrückt. Er ist kein wirklicher Teil der Gruppe.[665]

Es ist ein Auftritt, der symptomatisch für diese vier Regierungsjahre steht: Es gibt keine Einheit zwischen Regierung und Partei, zwischen Müntefering und Basis. Müntefering scheint nach seinem Rücktritt vom Parteivorsitz Abschied genommen zu haben von der Parteiarbeit und wirkt in seinen letzten vier Jahren ganz dem Regierungshandeln verpflichtet. Stoisch hält er dabei als Arbeits- und Sozialminister an seinen Vorstellungen fest. Hubertus Heil kritisiert möglicherweise zu Recht, dass es in der Diskussion innerhalb der SPD weniger um das *ob,* sondern um das *wie* der Entscheidungen gegangen sei. So ist es gewiss auch Münteferings Schuld, dass sich die Einheit zwischen Regierung und Partei immer mehr verflüchtigte – oder zumindest zwischen Vizekanzler und Parteivorsitzendem, der in die Partei hinein hätte vermitteln kön-

---
[664] Der Autor war auf dem Parteitag und dem Presseabend vom 12. bis 15.11.2009 vor Ort.
[665] Der Autor war bei der Wahlkampfauftaktveranstaltung in Hannover am 25.08.2009 vor Ort.

nen. Stattdessen entstehen zwei rivalisierende Machtzentren, die gegeneinander antreten. Das war bei Platzeck noch bedingt der Fall, bei Beck hingegen um so mehr.

Die SPD präsentiert sich in diesen vier Regierungsjahren nur noch bedingt als Konstante. Während die CDU/CSU unter Führung von Angela Merkel sozialdemokratische Themen für sich zu besetzen weiß, wird in der SPD über die Kluft zwischen Vizekanzler und Parteivorsitzenden spekuliert oder langwierige Diskussionen etwa über die Rente-mit-67 angestoßen, weil Reformvorschläge wie diese von Müntefering im Voraus nicht mit der Partei abgesprochen waren. Was so häufig bei Müntefering funktioniert hat und in dieser Arbeit auf das psychologische Phänomen der (Verhaltens-)Konditionierung zurückgeführt worden ist, funktioniert immer weniger: das Setzen von Beschlüssen von oben herab. Hinzu kommt die geringe Konstante in der Frage des SPD-Führungspersonals. Gleich zwei unglückliche Umstände prägen diese letzten vier Jahre: der Rücktritt Platzecks auf Grund gesundheitlicher Probleme – ansonsten würde Müntefering heute womöglich trotz seines eigenen Rücktritts als derjenige gelten, der die Partei erfolgreich verjüngt hat – und der Rücktritt Münteferings selbst vom Amt des Vizekanzlers auf Grund privater Gründe. Beck hingegen bringt sich mit der unglücklich geführten Linkspartei-Debatte selbst in Misskredit und lässt die SPD in den Umfragen abstürzen. Münteferings Rückkehr ins Amt des Parteivorsitzenden wird dann als Putsch wahrgenommen, unabhängig von der Bewertung, wie es wirklich gewesen ist. So bleibt für die SPD in diesen vier Jahren die Bilanz: vier Parteivorsitzende, Rente-mit-67-Partei, einige sozialdemokratische Themen, die nur bedingt als solche wahrgenommen worden sind, ein (scheinbarer) Putsch, bei alledem aber dennoch eine überraschend stabile Regierungspartei. Für die Bevölkerung hingegen: keine Konstante mehr. Darüber hinaus dürfte die Erzeugung einer fiktionalen Realität, in der der Eindruck erweckt worden ist, die SPD sei mittlerweile beinahe gesetzmäßig an der Regierung beteiligt, dazu beigetragen haben, das das Gegenteil eingetreten ist und die Wähler der Wahlurne ferngeblieben sind. Im positiven wie im negativen Sinne hat Müntefering die Partei in diesen vier Jahren mitgeprägt. Dennoch gelingt es Müntefering nicht mehr, sich als einer von Ihnen zu präsentieren. Für die Basis – so kann gesagt werden – wirkt er wie ein Entrückter.

## 5.3 Abstieg. Fazit

Nach dem langen Aufstieg zum Höhepunkt des Erfolgs kam es in den folgenden fünf Jahren zu einem schnellen Abstieg. Immer mehr verweigerten die einzelnen Gruppierungen, die Fraktion und die Partei selbst, Müntefering die Gefolgschaft. Es trat eine Kluft zwischen Müntefering und seinem Nachfolger im Amt des Parteivorsitzenden offen zu Tage. Die Mitgliederzahlen sanken und Müntefering konnte nach seiner Rückkehr ins Amt des Parteivorsitzenden nicht die Erwartungen erfüllen, die er bei den Medien und der Partei hervorgerufen hat. Es fand eine Entzauberung statt, an deren Ende sein Rücktritt als nochmaliger Parteivorsitzender und gleichzeitig das Ende seiner politischen Karriere, zumindest auf der vorderen politischen Bühne, standen. Doch welche Faktoren waren für diesen kurzen Abstieg verantwortlich? Sechs Aspekte sollen an dieser Stelle festgehalten werden:

- **Der Wegfall des Antipol-Daseins zu Schröder und der Projektionsfläche** für Wünsche und Hoffnungen der Parteimitglieder.
- **Die Konzentration auf den Parteivorsitz und weniger auf den Fraktionsvorsitz**: Müntefering war mit der Doppelbelastung am Rande seiner Möglichkeiten angekommen. Darunter litt vor allem die Fraktion, wie auch der folgende Punkt zeigt.
- **Die Entscheidungen per „Ordre-de-mufti" von oben herab** waren – womöglich aus Mangel an zeitlichen Kapazitäten – immer mehr zur Regel geworden. Zusammen mit den bereits zuvor angestauten ‚Verletzungen' war das Fass irgendwann zum Überlaufen gebracht worden.
- **Die zu starke Fokussierung auf das ‚System Müntefering'** und seine „Boygroup" und die dabei gleichzeitig erfolgte Abgrenzung nach außen. Sowohl die Entscheidung über den nüchternen Generalsekretär Benneter, als auch die Entscheidung für Wasserhövel deuten darauf hin.

- **Eine unkritische Haltung zu den eigenen Entscheidungen** kommt hier zum Vorschein. Sie wurden in ihrer Absolutheit stets als richtig angesehen.
- **Diskussionen wurden nur bedingt für nötig empfunden** – eben aus der eigenen Überzeugung und vielleicht auch aus dem Zeitfaktor heraus. Dagegen spricht jedoch, dass dieses Führungsverhalten bei Müntefering bis tief in die politische Vergangenheit Tradition hat. Es schien für ihn bald Gesetzmäßigkeit, dass seine von oben verordneten Entscheidungen von der Partei immer wieder angenommen werden.

Müntefering wird somit in gewisser Weise Opfer seines eigenen Erfolgs und jener Mittel, die ihn dort hin brachten. Seit 2004 – nämlich seit Übernahme des Parteivorsitzes – gab es innerhalb dieses Musters immer mehr Aussetzer. Immer mehr rebellierte die Basis, vor allem aber die Fraktion und bald auch der Parteivorsitzende Beck gegen ihn.

Es wäre falsch, Müntefering die alleinige Schuld an der Wahlniederlage 2009 zuzuschreiben. Neben den Abnutzungserscheinungen nach elf Jahren Regierungszeit und dem inneren Wunsch nach Opposition innerhalb der SPD kann Müntefering der häufige Wechsel der Parteivorsitzenden nur bedingt angelastet werden. Zwar war sein Rücktritt nicht unbedingt notwendig, allerdings hätte Müntefering später auch als derjenige gelten können, der mit seinem Rücktritt die Verjüngung der SPD vorangetrieben hat – mit Platzeck als Parteivorsitzendem. Dessen und Becks späterer Rücktritt haben aber nur indirekt etwas mit Müntefering zu tun. Dass die SPD nicht mehr als Konstante galt, kann ihm nur zum Teil angelastet werden. Dreimal hat ihn Schröder als Feuerwehrmann geholt, ein weiteres Mal Frank-Walter Steinmeier. Müntefering strebte nur bedingt nach diesen Ämtern. Er übernahm sie, weil andere sie nur halbherzig oder – teils mangels Zeit – aus Sicht der Partei schlecht ausführten. Die negative Wahrnehmung rund um die Rente-mit-67 hingegen, die auch im Bundestagswahlkampf 2009 noch ein Laster sein sollte, ist Müntefering mangels Argumentations- und Diskussionsbereitschaft großenteils anzulasten.

# 6. Wildwest in Berlin – Das ‚System Müntefering'

Sowohl der Aufstieg als auch der Abstieg Münteferings wurden in dieser Arbeit eingehend analysiert. Dabei wurde immer wieder auch auf das ‚System Müntefering' verwiesen, aus dem Müntefering ein Stück seiner politischen Kraft zog. An dieser Stelle soll es vor dem abschließenden Fazit dieser Arbeit noch einmal beleuchtet werden.

Der wesentliche Bestandteil dieses Systems war die häufig als „Boygroup" bezeichnete Gruppe, jenem Kreis engster Vertrauter Münteferings. Zu ihr gehörten im Verlauf von Münteferings Karriere Kajo Wasserhövel, Matthias Machnig, Matthias Donnermeyer und Lars Kühn. SPD-Kreise beschreiben die Stimmung – wie bereits erwähnt – nach der Nicht-Wahl Wasserhövels zum neuen Generalsekretär und Münteferings darauffolgenden Rücktritt mit den Worten, es habe so gewirkt, als hätten sich zwei Cowboy-Clans gegenseitig erschossen.[666] In der Tat pflegte diese Gruppe einen sehr speziellen Stil. Leute, die nicht mehr bedingungslos loyal waren, gehörten bald nicht mehr dazu.

Das ‚System Müntefering' war ein System, das suggerierte, es ginge ihm nur um die Sache. Tatsächlich kann dies in gewisser Weise bestätigt werden – wie in dieser Arbeit auch häufig geschehen. Allerdings kam bisweilen der Eindruck auf, dass die ‚Sache' und die „Boygroup" von eben dieser häufig als eins angesehen wurden. Denn: Vor allem nach Meinung der Mitglieder waren sie die einzigen, die die ‚Sache' umsetzen konnten, die kommen mussten, um zu retten, was zu retten war. Die Ursprünge dafür liegen im Bundestagswahlkampf 1998, in dem sich die „Boygroup", damals unter Führung von Müntefering und Machnig, der ‚Sache' des Wahlsieges verschrieben hatte und sie ihre Ideen auch gegen Kanzlerkandidat Schröder umgesetzt haben – so etwa die Garantiekarte, von der Schröder nichts gewusst haben soll. „Das gehörte zu

---

[666] Soweit nicht anders gekennzeichnet, sind alle in diesem Kapitel zitierten Aussagen den entsprechenden Interviews mit dem Autor dieser Arbeit entnommen. Die Verfasser der anonymisierten Aussagen sind dem Autor bekannt.

dieser typischen ‚Boygroup'-Selbststilisierung. Erst mal [...] die Lage katastrophal beschreiben und dann die eigene Organisationsleistung als grandios dar[...]stellen", beschreibt ein in dieser Zeit aktiver Sozialdemokrat die „Boygroup". Diese Eitelkeit und eigene Überzeugung taucht eben auch beim Müntefering-Vertrauten Wasserhövel auf, wenn er an die Diskussion über einen Fraktionsvorsitzenden Müntefering nach der Bundestagswahl 1998 erinnert: „Ich glaube, wenn die Konstellation so gewesen wäre, dann hätte er's gemacht. Und das wär' wahrscheinlich auch ganz gut gewesen, wenn er's damals gemacht hätte." Dass noch zwölf Jahre später die Entscheidung für Peter Struck, der die Fraktion immerhin so gut geführt hat, dass er 2005 nochmals Fraktionschef wurde, und eben gegen Müntefering indirekt kritisiert wird ist schon überraschend und zeugt von einer gewissen unangenehmen Eitelkeit gerade in Münteferings Umfeld. Dennoch: Die vermeintliche ‚Sache' ist eng verbunden mit Münteferings Aufstieg. Aus der Überzeugung, man selbst könne es am besten, entspringt der Wille, politische Machtpositionen anzunehmen, um seine Vorstellungen umzusetzen; bei Müntefering nicht aus dem eigenen Machtwillen – aus Lust an der Macht – sondern aus einem Gestaltungswillen heraus, der Lust an der Organisation, dem Willen die Partei voranzubringen, vielleicht auch aus der selbsteingestandenen Eitelkeit heraus, zu zeigen, was man, einst einfacher Arbeitersohn mit schlichter Bildung, kann. Inhalte waren in diesem Geflecht lange Zeit nur Mittel zum Zweck.

Gefestigt wurde dieser Wille durch die unbedingte, auch in der eigenen „Boygroup" eingeforderte Loyalität zu den gerade Führenden – wenn sie denn für die „Sache" als tauglich empfunden worden sind. Das war bei Scharping, Lafontaine, Schröder, Steinmeier und Merkel der Fall – nicht aber bei Beck und nur bedingt bei Platzeck. „Abtrünnige" wie eben Beck, der lieber im Urlaub blieb, als an der entscheidenden Sitzung über die Generalsekretärsfrage 2005 teilzunehmen und Müntefering ihm das ausgesprochen übel genommen haben soll, Oskar Lafontaine, über den Müntefering auch 2009 noch verbittert scheint oder Parteisprecher Lars Kühn, der ins Archiv abgeschoben worden sein soll. Wer nicht mehr hundert Prozent loyal war, war nicht nur abgemeldet, sondern wurde gemieden. Ein SPD-Politiker, der nicht genannt werden möchte und dessen Aussagen deshalb mit kritischer Distanz zu betrachten sind, findet,

## 6. Wildwest in Berlin – Das ‚System Müntefering'

dass die „schon den Charakter eines verschworenen Ordens" gehabt hätten. Kühn habe den „Kodex des Ordens" verletzt.

Auch die katholische Kirche ist eine Ordensgemeinschaft. Müntefering wiederum betitelte den Parteivorsitz einmal als das schönste Amt neben dem Papst, der wiederum unter kirchlichen Gesichtspunkten als unfehlbar gilt. Auch die „Boygroup" unter Müntefering scheint eine solche Ordensgemeinschaft zu sein – in der die Fehlbarkeit der eigenen Handlungen nur gering zu sein scheint.

Wasserhövel – der Müntefering „einen tollen Chef" nennt – wird im Rückblick sagen: „Wir haben da ganz gute Sachen hinbekommen. Ich mein', '98 hat gut geklappt, Zwei-Zwei hat auch gut geklappt, Zwei-Fünf haben wir einigermaßen was rausholen können. Zwei-Neun, da war nichts mehr zu retten." Eine eigene Schuld für gerade die letzte Niederlage sieht Wasserhövel nicht, vielmehr werden das eigene Können und die Erfolge hochgelobt, die Misserfolge aber den anderen Protagonisten zugeschreiben. In Wirklichkeit ist zudem ein großer Faktor der Wahlerfolge, gerade mit Blick auf „Zwei-Zwei" und „Zwei-Fünf" der Person Schröder und weniger der „Boygroup" zuzuordnen, wie auch in dieser Arbeit gezeigt worden ist. Und dennoch: Diese innere Überzeugung, man selbst könne es am besten, wurde womöglich genährt durch die tatsächlichen Erfolge, die es zweifelsohne unter ihnen, insbesondere aber unter Müntefering, gegeben hat. Der Mitgliederschwund wurde verringert, die Umfragen stabilisierten sich, die Partei fühlte sich eingebunden, die Außenwahrnehmung verbesserte sich – stets dann, wenn Müntefering übernahm. Da die Gruppe sich häufig ‚einigelte', konnte dieser Mythos innerhalb dieser noch wachsen und sich festigen.

SPD-Kreise prangern zudem eine „Kultur des Misstrauens" an. Dies könnte als die Meinung Einzelner abgetan werden, doch bestätigen es überaschender Weise Wasserhövel und noch deutlicher Müntefering, wenn auch ungewollt, im Gespräch mit dem Autor. Wasserhövel sagt etwa: „Was damit gemeint war oder, ich glaub', was damit beschrieben wird, ist einfach, was wir nicht gemacht haben. Permanent alles zu Markte tragen. Ja, das ist schon etwas, was wir nicht getan haben." So bestätigt der Müntefering-Intimus eigentlich das, was Kritiker der „Boygroup" vorwerfen: Es ist ein abgeriegeltes System gewesen, an das man nur schwer herankam. Die einen fühlten sich ausgeschlossen, die anderen sagten, es sei Teil einer großen Strategie gewesen, eben nicht mit allen zu reden. Wasserhövel selbst meint zudem, dass es schon lange gedauert habe, bis man sich das Vertrauen Münteferings erarbeitet habe, Müntefering somit im Umkehrschluss nur vorsichtig mit seinem Vertrauen umging. Er beschreibt diese „Boygroup", die er selbst so nicht genannt hat, mit den Worten: „Es war ein gutes Vertrauensverhältnis, was sich da aufgebaut hat. Und das war auch mein Arbeitsstil, im Grunde brauchte ich immer Leute, mit denen ich permanent reden konnte – da war die Tür immer auf. — Und da konnte auch kontrovers diskutiert werden. Und da musste ich nicht Angst haben, da kommt irgendwas in die Zeitung oder die organisieren irgendwas da gegen mich oder an mir vorbei oder so. Und das hat immer gut funktioniert. Das war'n auch unterschiedliche Generationen, die war'n ja alle so 20 bis 25, 30 Jahre jünger als ich. Das heißt, sie hatten auch einen anderen Bekanntenkreis, ein anderes Lebensgefühl, hat uns auch geholfen, glaub' ich. In dieser ganzen Sache. Das war — ideale Linie. Ja."

Müntefering spricht von seiner Angst, an ihm vorbei oder gegen ihn könnte etwas organisiert werden – und dass er nur bei seinem engen Umfeld, eben der „Boygroup", vor derlei Aktionen keine Angst hatte haben müssen. Diese Vorsicht ist eine menschliche Charaktereigenschaft, ein Verhalten, das vielleicht eine Schwäche ist, die man aber nur bedingt kritisieren kann. Doch die Aussage, dass er sich auf diese Truppe habe verlassen können, kann im Umkehrschluss auch so interpretiert werden, dass er den anderen misstraute – Misstrauen, dass ihm noch häufig im Weg stehen sollte.

Gleichwohl ist die Aussage keineswegs nur kritisch zu bewerten. Die angesprochene Linie selbst scheint in Teilen tatsächlich ‚ideal' gewesen zu sein. Es klingt einleuchtend, mit Menschen aus verschiedenen Generationen und somit verschiedenen Wissenshintergründen zusammenzuarbeiten. Und auch einen Kreis von Vertrauten aufzubauen, muss nicht falsch sein, sondern ist sogar notwendig. Steinmeier zeigt denn auch Verständnis für Münteferings engen Kreis und würde da nicht „leichtfertig" urteilen: „Wie man's nennt. Ich meine, dass gibt es ja überall. […] [D]as gegenwertige Kanzleramt wird als Girlscamp beschrieben, Müntefering vielleicht als ‚Boygroup', bei uns im

## 6. Wildwest in Berlin – Das ‚System Müntefering'

Kanzleramt haben die damals gesagt — Hannover Seilschaft oder irgend sowas."[667] Weiter spricht er von der „Notwendigkeit, mit ein paar Vertrauten zu arbeiten, mit denen man ein noch offeneres Wort als sonst" pflege. Das sei einfach notwendig. Und das habe „Franz Müntefering mit seinen Leuten natürlich auch gehabt." Und doch entsteht der Eindruck, als ob irgendwann immer mehr in diesem kleinen Kreise fernab der Öffentlichkeit und mit immer weniger Diskussionen entschieden worden ist. Die eigene Überzeugtheit, die nicht verkehrt sein muss, stand so jedoch auch der Diskussion mit anderen möglicherweise ideenreichen Politikern im Weg. „Das ist ganz klar" ist in diesem Zusammenhang ein Ausspruch, der von Müntefering häufig gesagt wurde und nur wenig Widerspruch zuließ – schließlich war schon „alles klar". Und doch wurde damit eine mögliche Diskussion ad Absurdum geführt. Nichts desto trotz muss auch gesagt, dass die skizzierten Probleme mit der ‚Boygroup' von den Kritikern eher bei seinem Umfeld als bei Müntefering selbst verortet werden.[668]

Zweifelsohne war die „Boygroup" für Münteferings Karriere ein wichtiger Faktor, wenngleich sie immer mehr zu zerbrechen schien. Nur Wasserhövel blieb durchgehend ein treuer Gefährte von Müntefering. Und das ist auffällig: Seine Gefährten strebten nie danach, aus Münteferings Schatten hervorzutreten, und machten sie es doch, gehörten sie bald nicht mehr dazu.[669] Das ‚System Müntefering' war auch ein System, in dem Müntefering der Chef war, das oberste Glied der Loyalitätskette. Über ihm gab es nur noch einen. Genau wie die Mitarbeiter ihm loyal waren, war er es dem gerade Führenden in Regierung oder Partei.

Die größte Stärke des ‚System Müntefering', das uneingeschränkte Vertrauen und das Vertrauen in sich selbst, gepaart mit den tatsächlich vorhandenen organisatorischen Fähigkeiten und Ideen, war somit auch sein größtes Laster. Eine „Kultur des Misstrauens" wurde zur Außenwelt aufgebaut, wenn nur im kleinsten Kreise über zukünftige – ohnehin aus Sicht der „Boygroup" rich-

---

[667] Steinmeier, F.-W. im Gespräch mit dem Autor dieser Arbeit am 12.01.2010.
[668] Hubertus Heil warnt beispielsweise davor, Müntefering auf die „Boygroup" zu reduzieren. Probleme, die bei ihm abgeladen worden seien, seien eher dem Umgang der anderen „Boygroup"-Mitgliederabgeladen mit den anderen politischen Akteuren fernab der „Boygroup" anzulasten.
[669] So soll es beispielsweise bei Matthias Machnig im Jahr 2002 gewesen sein.

tige – Entscheidungen diskutiert worden ist und diese dann eben irgendwann von oben herab, per Ordre-de-Mufti in die Öffentlichkeit und die Partei hinein kommuniziert worden sind. So ist die Boygroup und das „System Müntefering" für Müntefering und ein Stück weit auch für die Partei Fluch und Segen zugleich gewesen – zuerst Segen und später Fluch.

\*\*

Bei alledem scheint die Frage interessant: Gibt es ein ‚System', das auf Dauer erfolgsversprechend ist? Wie funktionierte das ‚System Schröder' und wie funktioniert das ‚System Merkel' im Vergleich zum ‚System Müntefering'? Ist jedes ‚System' der Parteiführung irgendwann zum Scheitern verurteilt und ist es somit immer zunächst Segen und später Fluch? Oder gibt es *das* eine Erfolgsrezept-Rezept, das eine ‚System'? Oder besser: Wie müsste ein solches aussehen? Diese zweifelsohne interessanten Fragen zu beantworten, wäre jedoch Bestandteil einer eigenen Untersuchung.

# 7. Der späte Aufstieg und schnelle Fall von Franz Müntefering. Fazit

„Wenn man so tief unten ist, kommt man nicht so schnell wieder hoch. Da haben wir keine Illusionen", sagte Franz Müntefering einmal.[670] Was so seltsam aktuell wirkt, stammt aus dem Jahr 1996. Zwei Jahre später wird der Sauerländer die SPD mitverantwortlich zurück in die Regierung geführt und sich für die Führenden der Partei bald schon unersetzlich gemacht haben. Seine Karriere begann jedoch schon viel früher, man kann sie in drei Phasen einteilen: in die frühen Jahre, in denen sich ein politischer Höhenflug nur bedingt abzeichnete, Müntefering sich gleichwohl ein innerparteiliches Netzwerk aufbaute (1966-1993/5), dem Aufstieg zum Höhepunkt des Erfolgs (1995-2004), in dem er zum unverzichtbaren Organisator und zur tragenden Säule der Schröder-Regierung avancierte und den Abstiegsjahren (2004-2010), in denen eine Entzauberung Münteferings stattgefunden hat.

Zu Beginn dieser Arbeit wurde gefragt, welche Faktoren für Münteferings Auf- und Abstieg verantwortlich waren. Die frühen Jahre haben hier entscheidenden Anteil. Sowohl auf Bundesebene als auch in Nordrhein-Westfalen baute er sich bis Mitte der 1990er-Jahre ein dicht verflochtenes Netzwerk bis in die Führungsebenen auf. Er wurde stellvertretender SPD-Vorsitzender des Kreises Arnsberg (1969), Vorsitzender des Hochsauerlandkreises (1984), stellvertretender Vorsitzender des Bezirks Westliches Westfalen (1988) und schließlich dessen Vorsitzender (1992). Darüber hinaus machte er in den 1980er-Jahren gute und gleichzeitig schlichte Arbeit im Bauausschuss des Bundestages und seit Anfang der 1990er-Jahre stille, aber effiziente Arbeit als parlamentarischer Geschäftsführer der SPD-Bundestagsfraktion. Wenn man so möchte, absolvierte Müntefering eine ‚klassische Ochsentour'. Dabei: Er strebte seine Ämter (fast) nie an, wusste aber dennoch geschickt, die jeweils hinzu-

---

[670] Müntefering, Franz im Interview mit der Frankfurter Allgemeinen Sonntagszeitung; in: Wrangel, Cornelia von Wrangel; Wischmeyer, Wolfgang: „Es gibt keine Sparliste der Länder – das ist heiße Luft"; in: Frankfurter Allgemeine Sonntagszeitung, 09.06.1996, S.5.

gewonnene ‚Macht' zu festigen. Mit der Übernahme des Postens des Arbeits- und Sozialministers in Nordrhein-Westfalen (1992), spätestens aber mit der Berufung zum Bundesgeschäftsführer (1995) und damit in seinen Jahren des Aufstiegs, zeichnete sich ein Muster ab, das in den folgenden Jahren immer wieder zum Tragen kam. Stets hielt sich Müntefering im Hintergrund eine einflussreiche Machtbastion, mit der er ein anderes Amt abzusichern schien. Den Vorsitz des Bezirks Westliches Westfalen behielt er während seiner Zeit als Landesminister und auch als Bundesgeschäftsführer. Er gab ihn erst auf, als er 1998 Johannes Rau als Landesvorsitzender der nordrhein-westfälischen SPD folgte. Dieses Amt behielt er bis 2002, bis er als Bundesgeneralsekretär, zu dem er 1999 berufen worden ist, so gefestigt schien, dass er als heimlicher Parteivorsitzender beschrieben worden ist, der in die Partei hinein verwurzelt sei und vermitteln könne.

Diese Basisverbundenheit war für Münteferings Karriere von wichtiger Bedeutung. Er galt als die Antifolie all derer, die nach Aufmerksamkeit und nach dem nächst höheren Amt strebten – und damit auch und insbesondere als die Antifolie von Gerhard Schröder. Müntefering wurde im Gegensatz zu Schröder stets als bodenständiger Parteisoldat wahrgenommen, als ‚Einer-von-ihnen'. Seine durchweg sehr guten innerparteilichen Wahlergebnisse spiegeln diese Bild wider. Gerade Münteferings späterer Aufstieg ist zudem eng mit der Person Schröder verbunden, für den er bald unersetzlich werden sollte. Als Antifolie des ungeliebten Niedersachsen projizierte die Parteibasis zwischen 1999 und 2004 Hoffnungen, Wünsche und Sehnsüchte in den Sauerländer. Er fungierte als Katalysator für den Frust über Schröder und (bisweilen) als Seelenstreichler. Mit Münteferings Berufung zum Parteivorsitzenden 2004 büßte er die Funktion der Antifolie jedoch schnell ein. Wünsche und Hoffnungen bezogen sich nun direkt auf ihn, er konnte sich nicht mehr nur punktuell zu Worten melden. Die Projektionen wurden scharf und es wurde offenbar: Nicht immer stimmten sie mit dem überein, was man zuvor in Müntefering hineinprojizierte. In den Folgejahren kam es daher immer offener zu einer Kluft zwischen Basis und Müntefering. Der Abstieg vom Höhepunkt des Erfolgs begann.

## 7. Der späte Aufstieg und schnelle Fall von Franz Müntefering. Fazit 185

Grund dafür könnte auch gewesen sein, dass Müntefering seine Entscheidungen immer wieder mit dem gleichen Muster versuchte, herbeizuführen. Das Motto schien zu lauten: ‚Zunächst einen Vorschlag machen. Bei Ablehnung drohen. Beim Verhallen der Drohung zurückrudern. Bei Nicht-Verhall durchboxen.' Müntefering setzte Entscheidungen häufig ohne Absprache, ohne Gespräch und Diskussion vornehmlich im Einklang mit Schröder von oben herab per „Ordre-de-Mufti" durch. Das Problem dabei: Schnell konnten sich die Abgeordneten und die Parteimitglieder aus der Verantwortung ‚stehlen', fühlten sie sich doch weder mitgenommen, noch hatten sie mit ihrer Stimme für die Reformen und Beschlüsse gestimmt. Hatten sie jedoch zugestimmt, war es keine von unten vorbereitete Reform, sondern eine von oben herab verordnete, die nur auf Protest der Parteibasis nachträglich verankert und auf Druck der Führung gebilligt worden ist. In der Folge wurden Brandherde nur oberflächlich gelöscht und bei den Beteiligten blieben Wunden zurück. Die Neuwahlentscheidung war, wie die Verweigerung seines Generalsekretärsvorschlag, in deren Folge er als Ende 2005 Parteivorsitzender zurücktrat, eine Konsequenz daraus.

Müntefering konnte oder wollte nicht kommunizieren. Der Faktor Zeit dürfte hier gerade in der Phase, in der er Fraktions- und Parteivorsitzender gewesen ist, eine Rolle gespielt haben. Von der Partei hat Müntefering zudem mit seinen stets ‚95-Prozent-Plus-X'-Ergebnissen" lange Zeit das Gefühl vermittelt bekommen, alles richtig zu machen – auch 2004, und somit nach den, von oben auf die Partei herab aufgestülpten, Agenda-2010-Reformen. Die Parteibasis trug den Kurs Müntefering immer wieder mit. Vieles von seinem Verhalten könnte deshalb auch psychologisch begründet werden: in einem konditionierten Verhalten. Die Partei rebellierte nicht, und wenn, dann gegen Schröder; und erst später, als das Verhalten bereits ankonditioniert war, gegen Müntefering.

Auf dem Titelbild dieser Arbeit ist Müntefering im Willy-Brandt-Haus vor der Büste von Willy Brandt zu sehen. Nein, ein Vordenker wie Brandt ist Müntefering sicherlich nicht. Eher ist er einer wie Herbert Wehner, dem es um den Machterhalt der SPD ging, jedoch unklar war, wofür er sonst stand. Den Machtzugewinn nahm er gleichwohl gerne an, gestrebt hat er, der meist zehn

Jahre älter als seine Vorgänger bei Amtsantritt war, jedoch fast nie nach ihm. Er wurde vielmehr stets gerufen. Einmal von Heinrich Heinemann, einmal von Johannes Rau, einmal von Rudolf Scharping, dreimal von Gerhard Schröder und ein weiteres Mal von Frank-Walter Steinmeier. Nur ein einziges Mal, bekam er ein Amt, nämlich den Posten des Generalsekretärs, auch durch eigenes Zutun angetragen und stellte damit 1999 entscheidend die Weichen für seine weitere Karriere. Doch auch da galt: Müntefering stieß erst sehr spät hinzu, er kam als letzte Rettung, als Feuerwehrmann, weil niemand anderes mehr da war. Er kam, weil andere es versäumt hatten, ihre Aufgaben richtig auszuführen, oder aber Vakua entstehen ließen. So übernahm er als Fraktionsvorsitzender zwischen 2002 und 2004 beispielsweise viele Aufgaben des Generalsekretärs und des Parteivorsitzenden, da Olaf Scholz und Gerhard Schröder, die eigentlichen Ämterträger, nur bedingt mit der Partei kommunizierten. Anzulasten ist Müntefering das nicht, es ist ihm sogar anzurechnen. Er gab der Basis zweimal – 1999 und 2003 und ein Stück weit auch 2004 – überhaupt erst wieder das Gefühl, wahrgenommen und mitgenommen zu werden.

Dabei schaffte Müntefering einen eigentlich unmöglichen Spagat: Er gab sich als Dreifach-Loyaler. Loyal gegenüber der Fraktion, loyal gegenüber dem Bundeskanzler und Parteivorsitzenden sowie loyal gegenüber der Parteibasis. Jeder konnte in Müntefering *seinen* Müntefering sehen. Diese unbedingte Loyalität war lange Zeit gleichzeitig sein größtes Pfund. Waren sich die gerade Führenden Münteferings Loyalität sicher – und das waren sie meist schnell – billigten sie ihm weitreichende Kompetenzen zu, mit denen er seine Machtbasis weiter festigen konnte. Doch war Müntefering ein misstrauischer Mensch, denn auch er selbst forderte von seinen Untergebenen die volle, uneingeschränkte Unterstützung. In den Ämtern, die er übernahm, entließ er häufig die bisherigen Mitarbeiter, auch die aus der zweiten und dritten Reihe. Er besetzte die freigewordenen Positionen mit eigenen Leuten, vornehmlich mit denen der „Boygroup", dem engsten Kreis von Müntefering-Vertrauten. In diesem Kreis, der in dieser Arbeit als das ‚System Müntefering' beschrieben worden ist, wurden Pläne geschmiedet, jedoch der Kontakt zu den anderen Protagonisten immer mehr vernachlässigt oder nicht gesucht. Es entstanden so abermals Wunden, die für seinen späteren Abstieg mitverantwortlich sein sollten.

# 7. Der späte Aufstieg und schnelle Fall von Franz Müntefering. Fazit

„Die Partei war für mich auch nochmal so was, wie 'ne Volkshochschule. Da fehlte mir was. Da wusste ich viel nicht. Und da hab' ich tolle Leute kennengelernt, dann auch."[671] In der Tat: Müntefering, der einfache Arbeitersohn ohne umfangreiche Bildung arbeitete sich in der SPD langsam hoch, überzeugte mit seinen Kompetenzen, seinem Organisationstalent und weniger durch „Glanz und Gloria"[672]. Dabei: Er kannte seine Schwächen und versuchte sie zu beseitigen – etwa durch permanentes Lesen. Gleichzeitig wusste er die Schwächen aber auch als ‚Marke' zu inszenieren, etwa wenn er bekannte: „Ich kann nur kurze Sätze". Überhaupt war Müntefering ein Meister der Inszenierung, wie etwa auch sein roter Schal zeigt. Müntefering hat ein Gespür für Symbolik. Auch die Kampa und der Bundestagswahlkampf der SPD 1998, den er organisatorisch erfolgreich vorbereitete und seine Rolle darin immer wieder herausstellte („Wahlkampf können wir"), trugen zu einer regelrechten Mythisierung Müntefering bei. Dabei wusste er lange Zeit das Dreieck aus Medien, Politik und Öffentlichkeit gut zu bedienen und wurde damit schnell zum Medienliebling: Er diktierte ‚knackige' Sätze in Kamera und Schreibblöcke und plauderte mit Harald Schmidt über seine Frisur.

Zu Beginn dieser Arbeit wurde auch gefragt, wie Müntefering die SPD während seines Auf- und Abstiegs veränderte. Als die von Müntefering beauftragte Werbeagentur ihre Wahlkampfplanung Ende 1996 aufnahm, empfahl sie den „Konkursverwaltern der SPD", Werbung „müsse man anlegen wie für ein Markenprodukt, also vor allem langfristig."[673] Diese Divise schienen die Spitzengenossen irgendwann jedoch nicht mehr zu beherzigen. Waren sie stets drei Jahre mit Regieren beschäftigt, entdeckten sie im vierten Jahr die Heuschrecken, die einfachen Arbeiter oder den Mindestlohn wieder. Langfristigkeit in der Strategie war von Wahl zu Wahl immer weniger zu erkennen. Allerdings: Diese Themen kamen immer erst mit Müntefering wieder auf, wenn er gerufen worden ist. Die Vermittlung dieser Themen wurde im Vorfeld immer wieder vernachlässigt, was ihm jedoch nicht anzulasten ist. Schließlich hatte er da die Ämter, mit denen er diese Themen hätte setzen können, noch nicht inne, weil

---

[671] Müntefering, F. im Gespräch mit dem Autor dieser Arbeit am 23.02.2010.
[672] Farthmann, F. im Gespräch mit dem Autor dieser Arbeit am 07.01.2010.
[673] Geyer, Matthias; Kurbjuweit, Dirk; Schnibben, Cordt: Operation Rot-Grün. Geschichte eines politischen Abenteuers, München 2005, S.44.

er immer erst später gerufen worden ist. Dennoch wird sein Wirken auf ewig auch mit dem (temporären) Niedergang der SPD verbunden sein. Damit wird man Müntefings innerparteilicher Rolle jedoch nicht gerecht. Ein vollkommen selbstloser Retter in der Not ist er sicherlich nicht. Doch: Müntefering verhinderte durch Übernahme seiner Ämter mehrmals ein weiteres Auseinanderfallen der SPD und konnte den Entkopplungsprozess zwischen Partei und Regierung zumindest verlangsamen. So war es 1999 nach Lafontaines Rücktritt und so war es 2003 im Zuge der Agenda-2010-Reformen. Dabei darf nicht vergessen werden, dass die Agenda 2010 auch Müntefering eher überfallartig übergestülpt worden ist, und auch er lediglich die Wahl hatte, ihr zu folgen und – wie er es auch getan hat – sie in Nuancen zu verändern oder zu gehen. Mit Müntefings Berufung zum Parteivorsitzenden 2004 gingen die Mitgliederaustritte dann tatsächlich deutlich zurück. Seit 2005 schien er für den Zusammenhalt der SPD jedoch nur noch wenig Interesse zu haben. Als Bundesarbeits- und Sozialminister setzte er immer mehr im Alleingang Themen auf die Tagesordnung, ohne mit der Partei darüber zu diskutieren oder den jeweiligen SPD-Parteivorsitzenden im Vorfeld zu informieren. Seine Themen, vornehmlich die Rente-mit-67, sollten so im Wahlkampfjahr 2009 wie eine dunkle Wolke über der SPD hängen. Sein häufig einsames Wirken in diesen letzten vier Jahren ist ihm daher anzulasten. Müntefings gescheiterte Parteireform auf Bundesebene im Jahr 2000, mit der das ‚Mitmachen' in der SPD durch einen aktiveren Einbezug der Ortsverbände und bisweilen auch des Volkes womöglich deutlich interessanter geworden wäre, aber auch die Gebietsreform in Nordrhein-Westfalen, die viele politische Wunden hinterlassen hatte, gehören ebenfalls nicht zu seinen Rumblättern. Mit der fortwährenden Umwandlung der SPD in eine „Dienstleistungsgesellschaft" rund um die Jahre 1998 trug Müntefering zudem schon früh zu einem Entkopplungsprozess zwischen Parteiführung und Parteibasis bei. Anzulasten ist ihm auch, dass er als Parteivorsitzender keine Versuche unternommen hat, Lafontaine zu reintegrieren, dessen späterer Wechsel zur Linkspartei entscheidend zum schnellen Erfolg dieser Partei in den alten Bundesländern beigetragen hat. Zusammen mit den anderen politischen Akteuren der SPD schien er diese Gefahr für die SPD verkannt zu

## 7. Der späte Aufstieg und schnelle Fall von Franz Müntefering. Fazit

haben, bedeutete ein Erstarken der Linkspartei doch eine Schwächung der eigenen Partei.

„Die Partei war bei Meinungsumfragen in den Keller gerutscht, galt als veraltet und reformunwillig"[674], beschrieb Oskar Lafontaine die Lage der SPD Mitte der 1990er-Jahre. Man könnte meinen, er beschreibt das Jahr 2009. Müntefering hat es mit all den anderen Akteuren des Politischen in diesen vierzehn Jahren geschafft, einen Bogen zu spannen, in dem die Partei zunächst reformfähig wurde, in Meinungsumfragen nach oben schoss und verjüngt und frisch daher kam. Der ‚Muff' der Kohl-Jahre wurde hinaus gefegt. Am Ende aber präsentierte sich die SPD gealtert und fast angewidert von der eigenen Regierungspolitik. Müntefering hat vierzehn Jahre seinen Teil zum Erfolg, aber auch zum Misserfolg der SPD beigetragen und damit seinen eigenen Auf- und Abstieg besiegelt. Die Erneuerung der Partei fand irgendwann nur noch abgekoppelt von der Basis statt, die Flügelkämpfe kochten wieder hoch, die Partei wirkte zerstritten. Am Ende seiner politischen Karriere ist die SPD da, wo der mittlerweile 69-jährige Müntefering seinen Aufstieg begonnen hatte. Tief unten. 2009 ist es in etwa so – auch beim „Mühle"-Spieler Müntefering[675] sei dieser „Monopoly"-Vergleich erlaubt –, als ginge die Partei „zurück auf Start".

Wie die Zukunft der SPD nun aussieht, kann niemand genau sagen. Der für die SPD positive Wahlausgang bei der Landtagswahl in Nordrhein-Westfalen 2010 kann hier jedoch als Hoffnungsschimmer angesehen werden. Die Scheinwerferaugen der Medien werden sich nun auf andere Politiker richten, die sich herauskristallisieren, die SPD wieder aufzurichten. Müntefering wird da jedoch nur noch bedingt dazugehören – als einfaches Mitglied. Auf dem Parteitag 2009 sagt er zum Abschied: „Ich bin Sozialdemokrat. Immer." Die Partei ist seine Heimat, sein Zuhause, für die er rund 40 Jahre gearbeitet und gekämpft hat.

\*\*

Katrin Göring-Eckardt und Bodo Hombach sowie Jürgen Trittin fanden für ein Gespräch mit dem Autor leider nicht die Zeit. Viele andere waren jedoch zu

---

[674] Lafontaine, Oskar: Das Herz schlägt links, München 1999, S.66.
[675] Vgl. Walter, F.: Charismatiker und Effizienzen, 2009, S.269.

Interviews und Hintergrundgesprächen bereit. So konnte in dieser biographischen Analyse in Bezug auf Müntefeings Aufstieg und Fall gezeigt werden: Müntefering strebte nicht nach Macht, fand in der SPD jedoch eine Heimat, in der er sich hochdiente, gleichzeitig als letzter Feuerwehrmann fungierte. Dabei verhinderte er häufig ein größeres Auseinanderbrechen der Partei, entfremdete sich jedoch zunehmend von der Basis. Er ist nicht der „Totengräber der Sozialdemokratie" und auch nicht der „eiskalte Apparatschik". Keineswegs ist er jedoch auch der ‚Heilsbringer'. Zweifelsohne hat er für die SPD aber einiges erreicht, sie in schwierigen Zeiten stabilisieren, das Feuer jedoch nie ganz löschen können; es glühte im Untergrund weiter. Vor diesem Hintergrund kann der Aussage des früheren Weggefährten Farthmann dann doch nicht uneingeschränkt zugestimmt werden, der auf die Frage, was er Müntefering bei seiner nächsten Begegnung sagen würde, antwortet: „Wenn ich ihn heute sehen würde, würde ich ihm sagen, Du hast Dich nach Kräften bemüht, Du hast getan, was Du konntest, aber die Partei hat es nicht begriffen."[676]

---

[676] Farthmann, F. im Gespräch mit dem Autor dieser Arbeit am 07.01.2010.

# Literaturverzeichnis

### Monographien und Aufsätze in Sammelbänden

Anda, Bela; Kleine, Rolf: Gerhard Schröder. Eine Biographie, München 2002.

Baring, Arnulf; Schöllgen, Gregor: Kanzler, Krisen, Koalitionen. Von Konrad Adenauer bis Angela Merkel, München 2006.

Bergmann, Knut: Der Bundestagswahlkampf 1998, Wiesbaden 2002.

Bergmann, Kristin: Regierungsbildung 1998: Dokumentation der Koalitionsverhandlungen; in: Zeitschrift für Parlamentsfragen, Heft 2/99, S.316-325.

Bergsdorf, Wolfgang: Imperativ der Politik; in: Schatz, Heribert; Rössler, Patrick; Nieland, Jörg-Uwe (Hrsg.): Politische Akteure in der Mediendemokratie, Wiesbaden 2002, S.271-276.

Bornmann, Cornelius: Ein Stück menschlicher. Johannes Rau. Die Biographie, Wuppertal 1999.

Brehm, Thomas: SPD und Katholizismus – 1957 bis 1966; Frankfurt am Main, 1989.

Derlien, Hans-Ulrich: Personalpolitik nach Regierungswechseln; in: ders.; Murswieck, Axel (Hrsg.): Regieren nach Wahlen, Opladen 2001, S.39-58.

Dietsche, Hans-Jörg: Eine „Renaissance" der kleineren Parteien?; in: Jun, Uwe; Kreikenbom, Henry; Neu, Viola (Hrsg.): Kleine Parteien im Aufwind, Frankfurt/Main 2006, S.58-74.

Dreßler, Rudolf; Matthäus-Maier, Inge; Roth, Wolfgang; Schäfer, Harald B.; Schmidt, Renate (Hrsg.): Fortschritt '90. Fortschritt für Deutschland, München 1990.

Egle, Christoph; Zohlnhöfer, Reimut: Der Episode zweiter Teil – ein Überblick über die 15. Legislaturperiode; in: ders. (Hrsg.): Ende des rot-grünen Projektes. Eine Bilanz der Regierung Schröder 2002 – 2005, Wiesbaden 2007, S.11-28.

Egle, Christoph: Sozialdemokratische Regierungspolitik. Länderanalysen. Deutschland; in: Merkel, Wolfgang; Egle, Christoph; Henkes; Ostheim, Tobias; Petring, Alexander: Die Reformfähigkeit der Sozialdemokratie. Herausforderungen und Bilanz der Regierungspolitik in Westeuropa, Wiesbaden 2006, S.154-196.

Eilfort, Michael: Politische Führung in der CDU/CSU Bundestagsfraktion; in: Hirscher, Gerhard; Korte, Karl-Rudolf (Hrsg.): Information und Entscheidung, Wiesbaden 2003, S.93-121.

Feist, Ursula; Hoffmann, Hans-Jürgen: Die nordrhein-westfälische Landtagswahl am 14.Mai 1995; in: Zeitschrift für Parlamentsfragen, Heft 2/1996, S. 257-271.

Forkmann, Daniela; Oeltzen, Anne-Kathrin: Charismatiker, Kärner und Hedonisten. Die Parteivorsitzenden der SPD; in: Forkmann, Daniela; Schlieben, Michael (Hrsg.): Die Parteivorsitzenden in der Bundesrepublik Deutschland, 1949 bis 2005, Juni 2005, S. 46-118.

Geiling, Heiko (Hrsg.): Die Krise der SPD, Münster $2010^2$.

Geyer, Matthias; Kurbjuweit, Dirk; Schnibben, Cordt: Operation Rot-Grün. Geschichte eines politischen Abenteuers, München 2005.

Grasselt, Nico; Korte, Karl-Rudolf: Führung in Politik und Wirtschaft, Wiesbaden 2007.

Hanisch, Klaudia; Kohlmann, Sebastian: Die CDU – eine Partei nach dem Ende ihrer selbst; in: Butzlaff, F.; Harm, S.; Walter, F. (Hrsg.): Patt oder Gezeitenwechsel? Deutschland 2009, 2009, S.11-36.

Hartleb, Florian; Jesse, Eckhard: Ein Blick zurück und nach vorne: „Faktor Zufall" oder kalkulierte Kanzlerstrategie?; in: Balzer, Axel; Geilich, Marvin; Rafat, Shamim (Hrsg.): Politik als Marke. Politikvermittlung zwischen Kommunikation und Inszenierung, Münster 2005, S.165-175.

Hasselhorn, Marcus; Gold, Andreas: Pädagogische Psychologie. Erfolgreiches Lernen und Lehren. Stuttgart 2006.

Heineberg, Hein; Köhne, Reinhard; Hildegard, Richard; Temlitz, Klaus: Der Hochsauerlandkreis, Münster 1999.

Helms, Ludger: Regierungsorganisation und politische Führung in Deutschland, Wiesbaden 2005.

Hoffmann, Markus: Regierungsstile von Ministerpräsident Johannes Rau 1990 bis 1998, Marburg 2006.

Hogrefe, Jürgen: Gerhard Schröder – Ein Porträt, Berlin 2002.

Hoffmann, Markus: Regierungsstile von Ministerpräsident Johannes Rau 1990 bis 1998, Marburg 2006.

Jesse, Eckart: Die wahrscheinlichen und die sinnvollen Koalitionen, in: Zeitschrift für Parlamentsfragen, Heft 3/2002, S.421-435.

# Literaturverzeichnis

Jun, Uwe: Wandel von Parteien in der Mediendemokratie, Frankfurt/Main 2004.

Kamps, Klaus: Politisches Kommunikationsmanagement: Zur Professionalisierung moderner Politikvermittlung, 2007.

Korte, Karl-Rudolf: Wahlen in der Bundesrepublik Deutschland, August 2005.

Korte, Karl-Rudolf; Florack, Martin; Grunden, Timo: Regieren in Nordrhein-Westfalen, Wiesbaden 2006.

Korte, Karl-Rudolf: Der Pragmatiker des Augenblicks; in: Egle, Christoph; Zohlnhöfer, Reimut (Hrsg.): Ende des rot-grünen Projektes. Eine Bilanz der Regierung Schröder 2002 – 2005, Wiesbaden 2007, S.168-196.

Korte, Karl-Rudolf, Fröhlich, Manuel: Politik und Regieren in Deutschland: Strukturen, Prozesse, Entscheidungen, Paderborn 2006.

Kranenpohl, Uwe: Das Parteiensystem Nordrhein-Westfalens; in: Jun, Uwe; Haas, Malanie; Niedermayer, Oskar (Hrsg.): Parteien und Parteiensysteme in den deutschen Ländern, Wiesbaden 2008, S.315-340.

Langguth, Gerd: Kohl, Schröder, Merkel. Machtmenschen, München 2009.

Lösche, Peter; Walter, Franz: Die SPD. Klassenpartei. Volkspartei. Quotenpartei, Darmstadt 1992.

Lütjen, Torben: Frank-Walter Steinmeier – Die Biographie, Breisgau 2009.

Mara, Michael; Metzner, Thorsten: Matthias Platzeck – die Biographie, München 2006.

Marx, Stefan: Die Legende vom Spin Doctor. Regierungskommunikation unter Schröder und Blair, Wiesbaden 2008.

Meng, Richhard: Der Medienkanzler. Was bleibt vom System Schröder?, Frankfurt am Main 2002.

Meyer, Thomas: Die Inszenierung des Politischen. Zur Theatralik von Mediendiskursen, Wiesbaden 2000.

Meyer, Thomas: Die blockierte Partei: Regierungspraxis und Programmdiskussion 2002 bis 2005; in: Egle, Christoph; Zohlnhöfer, Reimut (Hrsg.): Ende des rot-grünen Projektes. Eine Bilanz der Regierung Schröder 2002 – 2005, Wiesbaden 2007, S.83-97.

Micus, Matthias: Die „Enkel" Willy Brandts. Aufstieg und Politikstil einer SPD-Generation, Frankfurt/Main 2005.

Müller, Kay; Walter, Franz: Graue Eminenzen der Macht: Küchenkabinette in der deutschen Kanzlerdemokratie, Wiesbaden 2004.

Müntefering, Franz: Demokratie braucht Partei. Die Chancen der SPD; in: Zeitschrift für Parlamentsfragen, Heft 2/2000, S.337-342.

Müntefering, Franz: Die Raumordnung ist keine überflüssige Kür; in: Die neue Gesellschaft, Heft 8/1981, 687-691.

Müntefering, Franz: Gut wohnen in attraktiven Städten und Dörfern; in: Dreßler, Rudolf; Matthäus-Maier, Inge; Roth, Wolfgang; Schäfer, Harald B.; Schmidt, Renate (Hrsg.): Fortschritt '90. Fortschritt für Deutschland, München 1990, S.239-250.

Nassheimer, Karl-Heinz: Franz Müntefering; in: Kempf, Udo; Merz, Hans-Georg (Hrsg.): Kanzler und Minister 1998 – 2005. Biographisches Lexikon der deutschen Bundesregierung, Wiesbaden 2008, S. 243-253.

Niclauß, Karlheinz: Kanzlerdemokratie, Paderborn 2004.

Niedermayer, Oskar: Der Wahlkampf zur Bundestagswahl: Parteistrategien und Kampagnenverlauf; in: Brettschneider, Frank; Niedermayer, Oskar Wessels, Bernard (Hrsg.): Die Bundestagswahl 2005. Analysen des Wahlerkampfes und der Wahlergebnisse, S.21-42.

Niedermeyer, Oskar: Parteimitglieder seit 1990: Version 2006. Arbeitshefte aus dem Otto-Stammer-Zentrum, Nr.10, Berlin 2006, S.5; abrufbar unter: http://www.uni-trier.de/fileadmin/fb3/prof/POL/VRR/Dokumente/PM-IN-2006.pdf [zuletzt eingesehen am 11.03.2010].

Niedermayer, Oskar: War die Agenda an allem schuld?; in: Jesse, Eckhart; Sturm, Roland: Bilanz der Bundestagswahl 2005. Voraussetzungen, Ergebnisse, Folgen, Wiesbaden 2006, S.119-156.

Potthoff, Heinrich; Miller, Susanne: Kleine Geschichte der SPD. 1848-2002, Bonn 2002.

Reinhard, Max: Parteiflügelkämpfe seit der Bundestagswahl 2002; in: Geiling, Heiko (Hrsg.): Die Krise der SPD, Münster 2010², S.53-112.

Quader, Heike: Chronik der 14. Legislaturperiode; in: Egle, Christoph; Ostheim, Tobias; Zohlnhöfer, Reimut: Das rot-grüne Projekt. Eine Bilanz der Regierung Schröder 1998 bis 2002, Wiesbaden 2003, S.423-438.

Raschke, Joachim; Tils, Ralf: Politische Strategie. Eine Grundlegung, Wiesbaden 2007.

Rudzio, Wolfgang: Das politische System der Bundesrepublik Deutschland, Wiesbaden 2006⁷.

Rudzio, Wolfgang: Informelles Regieren, Wiesbaden 2005, S.265 .

Schindler, Peter: Datenhandbuch zur Geschichte des Deutschen Bundestages 1949 bis 1999, Band I, Berlin 1999.

Schmidt, Manfred G.: Das politische System Deutschlands: Institutionen, Willensbildung und Politikfelder, München 2007.

Schneider, Helmut: Marken in der Politik; Wiesbaden 2004, S.117.

Schuett-Wetschky, Eberhart: Richtlinienkompetenz (hierarchische Führung) oder demokratische Führung?; in: Holtmann, Everhart; Patzelt, Werner: Führen Regierungen tatsächlich?, Wiesbaden 2008, S.85-98.

Sloam, James: Blair, the Third Way and European Social Democracy: a new political consensus? Paper presented to "Britain After Blair" Conference, Chicago, IL, 29 August 2007

Sturm, Daniel Friedrich: Wohin geht die SPD?, München 2009.

Schwarz, Hannes: Wählen via Fernbedienung; in: Schicha, Christian (Hrsg.), Brosda, Carsten: Politikvermittlung in Unterhaltungsformaten, Münster 2002, S.295-209.

Urschel, Reinhard: Gerhard Schröder. Eine Biographie, München 2002.

Vierhaus, Rudolf; Herbst, Ludolf (Hrsg.): Biographisches Handbuch der Mitglieder des Deutschen Bundestages 1949-2002, Band 1, München 2002, S.590.

Walter, Franz: Charismatiker und Effizienzen. Porträts aus 60 Jahren Bundesrepublik; Frankfurt am Main 2009.

Walter, Franz: Führung in der Politik. Am Beispiel sozialdemokratischer Parteivorsitzender, in: Zeitschrift für Politikwissenschaft, Heft 4/1997, S.1287-1336.

Walter, Franz: Die SPD, Hamburg 2009.

Walter, Franz: Die SPD. Vom Proletariat zur Neuen Mitte, Berlin 2002.

Walter, Franz: Vorwärts oder abwärts? Zur Transformation der Sozialdemokratie, Berlin 2010.

Welzer, Harald: Das kommunikative Gedächtnis, München 2002.

Winkler, Jürgen R.: Die saarländische Landtagswahl vom 5. September 1999, in: Zeitschrift für Parlamentsfragen, Heft 1/00, S.28-43.

Winter, Ingelore M.: Unsere Bundespräsidenten. Von Theodor Heuss bis Roman Herzog: sieben Porträts, Düsseldorf 1994.

## Autobiographien

Brandt, Willy: Erinnerungen, Hamburg 2006, S.557.

Farthmann, Friedhelm: Blick voraus im Zorn. Aufruf zu einem radikalen Neubeginn der SPD, Düsseldorf 1996, S.183.

Fischer, Joschka: Die rot-grünen Jahre, Köln 2007, S.151

Lafontaine, Oskar: Das Herz schlägt links, München 1999, S.70.

Müntefering, Franz: Macht Politik!, Freiburg im Breisgau 2008, S.214.

Schröder, Gerhard: Entscheidungen. Mein Leben in der Politik, Hamburg 2006, S.523.

## Parteitagsprotokolle

Beschlussprotokoll vom Außerordentlichen Landesparteitag der NRW-SPD am 23./24.Mai 1998, S.5; abrufbar unter:
http://www.nrw.spd.de/db/docs/doc_3829_200448103929.pdf [zuletzt eingesehen am 11.03.2010].

Beschlussprotokoll des 13. Ordentlichen Landesparteitag der NRW-SPD am 02. Und 03. März 1996 in Duisburg, abrufbar unter:
http://www.nrwspd.de/db/docs/doc_3830_200448104155.pdf [zuletzt eingesehen am 14.12.2009].

Protokoll des SPD-Bundesparteitags in Mannheim 1995; abrufbar unter:
http://www.november1995.spd-parteitag.de/bgf.html [zuletzt eingesehen am 15.12.2009].

Protokoll des SPD-Bundesparteitags in Hannover 1997; abrufbar unter:
http://www.dezember1997.spd-parteitag.de/wahlen.htm [zuletzt eingesehen am 11.03.2010].

## Zeitungs- und Zeitschriftenartikel (incl. Online-Ausgaben) sowie Pressemitteilungen

Bannas, Günter: Begibt sich ins Gestrüpp; in: FAZ, 12.10.1995, S.14.

Bannas, Günter: Franz Müntefering 60; in: FAZ, 15.01.2000, S.4.

# Literaturverzeichnis

Bannas, Günter: Kompromiss über Pflegeversicherung; in: FAZ, 11.03.1994.

Bannas, Günter: Kritik und Forderungen erwartet; in: FAZ, 03.05.1996, S.4.

Bannas, Günter: Landesvorsitzender; in: FAZ, 08.06.2000, S.16.

Bannas, Günter: Lafontaine will Scharping alle Ämter lassen; in: FAZ, 18.10.1995, S.1.

Bannas, Günter: Lafontaine verdrängt Scharping; in: FAZ, 17.11.1995, S.1.

Bannas, Günter: Nach kurzem Aufbrausen war dieses Mal die Debatte zu Ende; in: FAZ, 03.08.1996, S.4.

Bannas, Günter: Müntefering führt mit Organisation; in: FAZ, 25.09.2002, S.3.

Bannas, Günter: Müntefering handelt, wenn andere noch diskutieren; in: FAZ, 01.08.1996, S.2.

Bannas, Günter: Müntefering will in seiner Partei „Unebenheiten" glätten; in: FAZ, 08.10.1999, S.1.

Bannas, Günter: Scharping benennt neuen Bundesgeschäftsführer und kündigt Verjüngung des Parteivorstands an; in: FAZ, 12.10.1995, S.1.

Bannas, Günther: Scharping legt sich bei der Wiederwahl Schröders in den Vorstand nicht fest; in: FAZ, 02.11.1995, S.2.

Bannas, Günther: Scharpings neue Rolle; in: FAZ, 29.11.1996, S.16.

Bannas, Günter: Vorwahlen für die SPD „politisch tot; in: FAZ, 07.06.2000, S.3.

Beise, Marc: Der Fehlstart; in: Süddeutsche Zeitung, 16.10.2002, S.4.

Bengeser, Anselm: Für die SPD hat der Countdown schon begonnen; in: Associated Press, 28.09.1997, 03.36 Uhr.

Beucker, Pascal: Adieu, Westliches-Westfalen; in: taz, 17.12.2001, S.7.

Braun, Stefan; Thurner-Fromm, Barbara: Dreifaches Ja zur Großen Koalition; in: Stuttgarter Zeitung, 15.11.2005, S.1.

Breuer, Helmut: Entsetzen bei Rot-Grün über Münteferings Äußerungen; in: Die Welt, 03.12.2002, S.3.

Büchner, Gerold: Es darf ein bisschen mehr sein. EU-Fernsehrichtlinie regelt Fernsehwerbung neu; in: Berliner Zeitung, 15.11.2006, S.34.

Dausend, Peter: Hoffnung im Jammertal; in: Die Welt, 22.03.2004, S.1.

Dausand, Peter; Lutz, Martin: Welcher Münte ist der wahre Münte?; in: Die Welt, 05.07.2007, S.2.

Geyer, Matthias: Der Vorsitzende; in: Der Spiegel, 24.05.2004, S.40.

Feldenkirchen, Markus; Sauga, Michael: Das „System Müntefering"; in: Der Spiegel, 27.04.2004, S.42.

Fried, Nico: Frust über Franz; in: Süddeutsche Zeitung, 14.04.2005, S.2.

Fried, Nico; Prantl, Heribert: Einer, der sich selbst folgt; in: Süddeutsche Zeitung, 08.09.2008.

Fröhlich, Vera-Hela: Schröder übergibt die SPD dem Zuchtmeister; in: Associated Press, 06.02.2004.

Heuser, Uwe-Jean: Der Druck wird größer; in: Die Zeit, 06.11.1992.

Hohenthal, Carl Graf: Münteferings Klarstellung; in: Die Welt, 03.12.2002, S.1.

Hupe, Rainer: Die Not kommt erst noch; in: Die Zeit, 20.04.1990.

Jakobs, Walter: Die Partei liegt Rau zu Füßen; in: taz, 17.01.1994, S.4.

Jakobs, Walter: Franz Müntefering; in: taz, 09.11.1992, S.11.

Jakobs, Walter: Vier Fäuste für einen Rau; in: taz, 25.05.1998, S.6.

Käfer, Armin: Der Gedanke an eine Große Koalition treibt die SPD um; in: Stuttgarter Zeitung, 13.07.2005, S.2.

Kirbach, Roland: Faust in der Tasche; in: Die Zeit, 02.10.1992.

Knaup, Horand: Der Neben-Vorsitzende; *in:* Der Spiegel, 16.04.2007, S.32.

Knipphals, Dirk: Die mögliche Liebe; in: taz.de, 15.11.2007; abrufbar unter: http://www.taz.de/1/leben/alltag/artikel/1/die-moeglichkeit-liebe/?src=ST&cHash=397bb9a7bd [zuletzt eingesehen am 30.05.2010].

Koch, Hannes: Plappern verboten; in: taz, 03.12.2002, S.6.

Kohlmann, Alexander: „Wir sind gar nicht so schlimm"; in: Spiegel Online/ Einestages, 04.12.2009, abrufbar unter: http://einestages.spiegel.de/static/topicalbumbackground/5064/_wir_sind_gar_nicht_so_schlimm.html [zuletzt eingesehen am 20.04.2010].

Kohlmann, Sebastian: „Herr, äh, Bundesschröder..."; in: Spiegel Online/ Einestages, 10.07.2009, abrufbar unter: http://einestages.spiegel.de/static/authoralbumbackground/4301/_herr_aeh_bundesschroeder.html [zuletzt eingesehen am 20.04.2010].

König, Jens: Ein außergewöhnlicher Coup; in: taz, 06.08.02002, S.3.

König, Jens: Ein billiges Lob für den Kampa-Chef; in: taz, 13.08.2002, S.7.

König, Jens: Schröder macht den Lafontaine; in: taz, 01.06.2002, S.5.

Krupa, Matthias: Sie regiert noch, aber sie lebt nicht mehr; in: Die Zeit, 04.03.2003.

Kurbjuweit, Dirk: Gefährliche Treue; in: Der Spiegel, 18.07.2005, S.37.

Lennartz, Stephan: Kantig und echt sozialdemokratisch, in: www.wdr.de, 01.08.2002, abrufbar unter: http://www.wdr.de/themen/wahl2002/kandidat/portraet_muentefering.jhtml [zuletzt eingesehen am 09.11.2009].

Lohse, Eckart: Verstöße aus der Tiefe des Sommerlochs; in: FAZ, 13.08.1996, S.10.

Lohse, Eckart; Wehner, Markus: Es wird eng für Müntefering; Frankfurter Allgemeine Sonntagszeitung, 14.10.2007

Mayer, Iris: Moses Müntefering steigt vom Berg; in: Focus.de, 13.11.2009, abrufbar unter: http://www.focus.de/politik/deutschland/tid-16203/spd-parteitag-moses-muentefering-steigt-vom-berg_aid_453783.html [zuletzt eingesehen am 01.06.2010].

Maschler, Nicole: Gemeinsam gegen die Regierung; in: taz, 24.04.2001, S.6.

Opitz, Olaf; Bruenny, Nicola: Der ungeliebte Favorit; in: Focus, 10.05.1993.

Mehlig, Holger: Merkel greift ein; in: Associated Press, 04.11.2007

Meng, Richard: Klatschtag in Karlsruhe; in: Frankfurter Rundschau, 15.11.2005, S.2.

Nink, Karin: Spitzensitze nur für echte Sozis; in: taz, 20.09.2000, S.2.

Perger, Werner A.: Spitze nur beim Streit; in: Die Zeit, 07.02.1992.

Pörtner, Rainer: Im Dienste des Kandidaten; in: Focus.de, 13.10.2008, abrufbar unter: http://www.focus.de/politik/deutschland/portraet-im-dienst-des-kandidaten_aid_339944.html [zuletzt eingesehen am 30.05.2010]

Pries, Knut: Nebenpapst mit alter Botschaft; in: Frankfurter Rundschau, 07.02.2004, S.3.

O.V.: An wen die SPD ihre Wähler verloren hat; in: Zeit.de, 29.09.2009; abrufbar unter: http://www.zeit.de/politik/2009-09/waehlerwanderung [zuletzt eingesehen am 10.06.2010].

O.V.: Berlins SPD hofft auf Stimmungsumschwung; in: FAZ, 13.10.1995, S.1.

O.V.: Die Erben warten schon; in: Focus, 20.09.1993.

O.V.: Der doppelte Rudolf; in: Der Spiegel, 21.06.1993, S.24

O.V.: Der Koordinator; in: FAZ, 08.10.1999.

O.V.: Ein Hauch von Lafontaine; in: Spiegel Online, 19.06.2004, abrufbar unter: http://www.spiegel.de/politik/deutschland/0,1518,304947,00.html (zuletzt eingesehen am 23.08.2009).

O.V.: Generalabrechnung statt Versöhnung; in: Süddeutsche.de, 20.06.2004,abrufbar unter: http://www.sueddeutsche.de/politik/946/402727/text/ (zuletzt eingesehen am 23.08.2009).

O.V.: Generalverdacht Franz Müntefering; in: Berliner Zeitung 16.04.2002.

O.V.: Guter Dinge; in: Der Spiegel, 09.11.1992, S.75.

O.V.: Im Turm; in: FAZ, 12.10.1995, S.1.

O.V.: „Kakophonie!" Schröder kanzelt Müntefering ab; in: Hamburger Abendblatt, 03.12.2002, S.2.

O.V.: Kanzlerdämmerung; in: Berliner Morgenpost, 07.04.2004, S.1.

O.V.: Lafontaine begrüßt Annäherung in Steuerpolitik; in: FAZ, 03.12.1996, S.2.

O.V.: Mehr Steuern für den Wohnungsbau; in: Der Spiegel, 04.05.1981, S.19.

O.V.: Merkel warnt vor Rot-Rot, Steinmeier hofft auf positive Wende; in: Focus.de, 29.08.2009, abrufbar unter: http://www.focus.de/politik/weiteremeldungen/wahlkampf-merkel-warnt-vor-rot-rot-steinmeier-hofft-auf-positive-wende_aid_430720.html [zuletzt eingesehen am 29.08.2009].

O.V.: Mitgliederentscheid über den SPD-Kanzlerkandidaten?; in: FAZ, 14.10.1996.

O.V.: Mit Mut und Zuversicht nach Bonn; in: FAZ, 11.10.1995, S.2.

O.V.: Müntefering droht Neinsagern; in: taz, 03.11.2001, S.7.

O.V.: Müntefering neuer Chef des stärksten SPD-Bezirks; in: Süddeutsche Zeitung, 29.06.1992.

O.V.: Müntefering fordert Verbot von Zigarettenautomaten; in: FAZ, 21.10.1995, S.1.

O.V.: Müntefering mit 95% der Stimmen weiter Fraktionschef; in: AFX, 22.09.2004.

O.V.: Müntefering schlich über Hintertreppe in Merkels Büro; in: Spiegel Online, 30.11.2005, abrufbar unter:

http://www.spiegel.de/politik/deutschland/0,1518,387646,00.html [zuletzt eingesehen am 21.04.2010].

O.V.: Müntefering will Rau nicht nachfolgen; in: FAZ, 14.12.1996, S.4.

O.V.: Müntefering verlangt Kampfesmut von SPD-Fraktion; in: Associated Press Worldstream, 01.09.2004.

O.V.: Schuhe in Marokko; in: Der Spiegel, 13.12.1993, S.25.

O.V.: Schwache Stunde; in: Der Spiegel, 14.09.1992, S.35.

O.V.: Stiller Arbeiter; in: Der Spiegel, 06.09.1971, S.72.

O.V.: SPD-Chef Müntefering übersteht Notlandung; in: Spiegel Online, 14.09.2009; abrufbar unter: http://www.spiegel.de/panorama/0,1518,648811,00.html [zuletzt eingesehen am 16.05.2010].

O.V.: „Spiel mit mir Seife FA"; in: Der Spiegel, 13.12.1993, S.78.

O.V.: Unterstützung für Münteferings Pläne; in: FAZ, 08.04.2000, S.2.

O.V.: Otto Schily soll in Schröders Kabinett; in: taz, 20.05.1998, S.4.

O.V: Punkte, Stimmungen, Zählungen; in: taz, 09.12.1999, S.7.

O.V.: Regierung steht ohne Mehrheit da; in: Süddeutsche Zeitung, 11.05.2005.

O.V.: Rot-Grüne Ehe ohne Rau; in: Focus, 14.11.1994.

O.V.: SPD-Urgestein Hermann Heinemann gestorben; in: Handelsblatt, 16.11.2005.

O.V.: SPD-Präsidium; in: taz, 28.11.1995, S.2

O.V.: Zierde der Fürsten; in: Der Spiegel, 15.11.1993, S.33.

O.V.:Seeheimer Kreis übt Kritik an Müntefering; in: Spiegel Online, 08.02.2006; abrufbar unter: http://www.spiegel.de/politik/deutschland/0,1518,399633,00.html [zuletzt eingesehen am 01.06.2010].

O.V.: Müntefering legt 95 Prozent vor; in: süddeutsche.de, 20.09.2005; abrufbar unter: http://www.sueddeutsche.de/politik/spd-fraktionsvorsitz-muentefering-legt-prozent-vor-1.438676 [zuletzt eingesehen am 01.06.2010.]

O.V.: SPD-Urgestein Hermann Heinemann ist verstorben http://www.handelsblatt.com/politik/deutschland/spd-urgestein-hermann-heinemann-ist-verstorben;991114 [zuletzt eingesehen am 01.06.2010]

O.V.: SPD wählt Müntefering zum Vorsitzenden; in: Spiegel Online, 18.10.2008; abrufbar unter: http://www.spiegel.de/politik/deutschland/0,1518,584961,00.html [zuletzt eingesehen am 15.05.2010].

O.V.: Schröder befielt – die Partei folgt; in: Süddeutsche.de, 21.11.2001; abrufbar unter: http://www.sueddeutsche.de/politik/spd-parteitag-schroeder-befiehlt-die-partei-folgt-1.421757 [zuletzt eingesehen am 01.06.2010].

O.V.: „Willy wäre zufrieden"; in: Associated Press, 09.12.1999.

O.V.: Franz Müntefering heiratet Freundin Michelle; in: Spiegel Online, 30.11.2009; abrufbar unter: http://www.spiegel.de/panorama/leute/0,1518,664211,00.html [zuletzt eingesehen am 15.05.2010].

O.V.: Der Kanzler zittert um eigene Mehrheit; in: Die Welt, 26.09.2003, S.1.

O.V.: Neue Einheit nach langem Ringen; in: Associated Press, 16.12.2001.

O.V.: Zitat; in: Nachrichtenagentur AP, 17.04.1998, 09.10 Uhr.

O.V.: Müntefering mit 95% der Stimmen weiter Fraktionschef; in: AFX, 22.09.2004.

O.V.: Regierung steht ohne Mehrheit da; in: Süddeutsche Zeitung, 11.05.2005.

O.V.: Merkel warnt vor Rot-Rot, Steinmeier hofft auf positive Wende; in: Focus.de, 29.08.2009, abrufbar unter: http://www.focus.de/politik/weitere-meldungen/wahlkampf-merkel-warnt-vor-rot-rot-steinmeier-hofft-auf-positive-wende_aid_430720.html [zuletzt eingesehen am 29.08.2009].

O.V.: Beck-Idee kann teuer werden; in: süddeutsche.de, 11.10.2007; abrufbar unter: http://www.sueddeutsche.de/politik/streit-um-reform-der-agenda-muentefering-beck-idee-kann-viel-teurer-werden-1.890498 [zuletzt eingesehen am 01.06.2010].

Pressemitteilung Nr. 1184 des SPD-Parteivorstands am 13.11.2009.

Pressemitteilung des Deutschen Bundestags: Rede von Bundestagspräsident Wolfgang Thierse zur Konstituierung des 15. Deutschen Bundestages am 17. Oktober 2002, 17.10.2002, abrufbar im Internet unter: http://webarchiv.bundestag.de/cgi/show.php?fileToLoad=169&id=113 [zuletzt eingesehen am 10.04.2010.]

Reimann, Erich: „Der Nebel lichtet sich in Düsseldorf und anderswo", Pressemitteilung vom 11.10.1995, 08.54 Uhr.

Rulff, Dieter: Keine Alliierten-Wohnungen in Berlin; in: taz, 21.08.1992, S.19.

# Literaturverzeichnis

Rulff, Dieter: Und der Sieg ist blau, so blau; in: taz, 20.08.1998, S.13.

Schaeffer, Albert: Der größte Umbruch seit Raus Regierungsantritt vor fünfzehn Jahren; in: FAZ, 16.05.1995, S.3.

Schaeffer, Albert: Der Herbst des Patriarchen; in: FAZ, 18.11.1995, S.14.

Schaeffer, Albert: Die Nöte der möglichen Wahlsieger; in: FAZ, 16.02.1995, S.6.

Schäfer, Albert: Freudlose Sozialdemokraten; in: FAZ, 18.12.1996, S.1.

Schilder, Peter: Widerstand gegen Müntefering Strukturreform; in: FAZ, 23.12.2000, S.8.

Schwennicke, Christoph: Ein kapitaler Aufschlag; in: Süddeutsche Zeitung, 10.05.2005, S.3.

Schwennicke, Christoph: Frische Kraft für den harten Knochen; in: Süddeutsche Zeitung, 03.12.2003, S.3.

Schwennicke, Christoph: Die Wut des Torwarts beim Elfmeter; *in:* Süddeutsche Zeitung, 18.03.2005, S.3.

Schwennicke, Christoph: Münteferings Versprechen; in: Der Spiegel, 24.08.2009, S.24.

Schmiese, Wulf: Franz Müntefering, Schröders Kämpfe gegen die Genossen; in: die Welt, 16.08.1999, S.11.

Schmiese, Wulf: Der Landsknecht; in: Frankfurter Allgemeine Sonntagszeitung, 05.05.2002, S.10.

Schmiese, Wulff: Der lange Weg, weg von der SPD; in: FAZ, 09.10.2007. http://www.faz.net/s/Rub594835B672714A1DB1A121534F010EE1/Doc~E36 33AA30896942ABA8B3D430BD10B44B~ATpl~Ecommon~Scontent.html [zuletzt eingesehen am 20.04.2010].

Tadeusz, Frank: Grundsatzrede von Müntefering; in: tagesschau.de, 13.04.2005, abrufbar unter: http://www.tagesschau.de/inland/meldung188138.html [zuletzt eingesehen am 26.04.2010].

Thiede, Ulla; Wittke, Thomas: „...dann sucht euch einen anderen"; *in:* General-Anzeiger, 27.09.2003, S.4.

Sturm, Daniel-Friedrich: Geht es nach Beck jetzt Ypsilanti an den Kragen?; in: Die Welt, 08.09.2008.

Volkery, Carsten: Münte zerstört den Doris-Mythos; in: Spiegel Online, 29.01.2007, abrufbar unter:

http://spiegel.de/politik/deutschland/0,1518,463019,00html [zuletzt eingesehen am 21.04.2010].

Volkery, Carsten: Müntefering schockt Koalition und Partei; in: Spiegel Online, 13.11.2007; abrufbar unter: http://www.spiegel.de/politik/deutschland/0,1518,517065,00.html [zuletzt eingesehen am 04.06.2010]

Wallraff, Lukas: Der tiefe Glaube an Franz Müntefering; in: taz, 09.02.2004, S.3.

Walter, Franz: Verschreckt und verwirrt, in: taz, 04.02.2003.

Walter, Franz: Sphinx der Macht; in: Spiegel Online, 13.11.2007; abrufbar unter: http://www.spiegel.de/politik/deutschland/0,1518,517146,00.html [zuletzt eingesehen am 03.06.2010]

Wittke, Thomas: Ein Restwiderstand bleibt; in: General-Anzeiger, 28.05.2003.

Wittke, Thomas: 100 Tage warten auf den Münteeffekt; in: General-Anzeiger, 29.06.2004, S.4

Wittke, Thomas: Ein Restwiderstand bleibt; in: General-Anzeiger, 28.05.2003.

Wittke, Thomas: Der Kandidat allein zu Haus; in: General-Anzeiger, 15.07.2009, S.3.

Wittrock, Philipp: Steinmeier überrascht die Wähler – ein bisschen; in: Spiegel Online, 14.09.2009, abrufbar unter: http://www.spiegel.de/politik/deutschland/0,1518,648719,00.html [zuletzt eingesehen am 31.05.2010].

Wyputta, Andreas: Schwere Schlappe; in: taz, 26.03.2001, S.6.

**Zeitungsinterviews**

Müntefering, Franz im Interview mit der Frankfurter Allgemeinen Sonntagszeitung; in: Wrangel, Cornelia von Wrangel; Wischmeyer, Wolfgang: „Es gibt keine Sparliste der Länder – das ist heiße Luft"; in: Frankfurter Allgemeine Sonntagszeitung, 09.06.1996, S.5.

Müntefering, Franz im Interview mit dem Spiegel: Aust, Stefan; Knaup, Horand; Steingart, Gabor: „Wir haben zu lange gezögert"; in: Der Spiegel, 26.05.2003, S.28.

# Literaturverzeichnis 207

Müntefering, Franz im Interview mit dem Spiegel; in: Nelles, Roland; Feldenkirchen, Markus: „Frau Merkel kann schon mal packen"; in: Der Spiegel, 13.07.2009, S.26.

Müntefering, Franz im Interview mit dem Stern: Luik, Anno: „Die Leute sind falsch gespult. Und ich habe recht!"; in: Stern Nr.: 22.05.2003, S.56.

Müntefering, Franz im Interview mit dem Tagesspiegel am 22.03.2004: o.V.: „Ich hätte ihn gern zum Freund", S.1.

Müntefering Franz im Interview mit der Süddeutschen Zeitung: Prantl, Haribert: „Ich bin für Uno-Kampeinsatz deutscher Soldaten"; in: Süddeutsche Zeitung, 21.08.1992.

Müntefering, Franz im Interview mit der Zeit; in: Dausend, Peter; Ulrich, Bernd: „Wir haben uns nicht freiwillig geopfert"; in: Die Zeit, 15.10.2009, S.4.

Müntefering, Miriam im Gespräch mit der Bild-Zeitung: in: Kujacinsky, Dona: „ Ich kenne die Freundin meines Vaters noch nicht"; in: Bild, 04.07.2009, abrufbar unter: http://www.bild.de/BILD/politik/2009/07/05/mirjam-muentefering/ich-kenne-die-freundin-meines-vaters-noch-nicht-teil-zwei.html [zuletzt eingesehen am 05.05.2010].

Scholz, Olaf im Interview mit dem Focus; in: Krumrey, Henning; Moritz, Hans-Jürgen; Pörtner, Rainer: „Viele Wege zum Münte-Lohn"; in: Focus, 03.12.2007, S.37.


**Interviews und Kurz-Gespräche (vom Autor dieser Arbeit geführt)**

Benneter, Klaus-Uwe in einem Kurz-Gespräch mit dem Autor dieser Arbeit am Rande des Dresdener SPD-Parteitags vom 12. Bis 15.11.2009.

Crone, Petra in einem Kurz-Gespräch mit dem Autor dieser Arbeit am Rande des Dresdener SPD-Parteitags vom 12. Bis 15.11.2009.

Farthmann, Friedhelm im Interview mit dem Autor dieser Arbeit am 07.01.2010.

Müntefering, Franz im Interview mit dem Autor dieser Arbeit am 23.02.2010.

Schäfer, Axel in einem Kurz-Gespräch mit dem Autor dieser Arbeit am Rande des SPD-Parteitags in Dresden vom 12. bis 15.11.2010.

Steinmeier, Frank-Walter im Interview mit dem Autor dieser Arbeit am 12.01.2010.

Wasserhövel, Kajo im Interview mit dem Autor dieser Arbeit am 25.01.2010.

Weitere Personen, die namentlich nicht genannt werden möchten

**(Internet-)Publikationen von Meinungsforschungsinstituten**

Forschungsgruppe Wahlen (Hrsg.): Europawahl in Deutschland, Mannheim 2004.

Forschungsgruppe Wahlen (Hrsg.): Politbarometer Februar 2009, Mannheim 2009; abrufbar unter: http://www.forschungsgruppewahlen.de/Umfragen_und_Publikationen/Politbarometer/Archiv/Politbarometer_2009/Februar_2009/ [zuletzt eingesehen am 01.06.2010].

Infratest-Dimap (Hrsg.): Deutschlandtrend Februar 2006, Berlin, 2006; abrufbar unter: http://www.infratest-dimap.de/umfragen-analysen/bundesweit/ard-deutschlandtrend/2006/februar/ [zuletzt eingesehen am 01.06.2010].

Infratest-Dimap (Hrsg.): Deutschlandtrend November 2007, Berlin 2007; abrufbar unter: http://www.infratest-dimap.de/umfragen-analysen/bundesweit/ard-deutschlandtrend/2007/november/ [zuletzt eingesehen am 01.06.2010].

Infratest Dimap (Hrsg.): Mehrheit weiterhin für Änderung bei Rente-mit-67, Berlin 2009; abrufbar unter: http://www.infratest-dimap.de/umfragen-analysen/bundesweit/umfragen/aktuell/mehrheit-weiterhin-fuer-aenderung-bei-rente-ab-67-eu-erlaubnis-fuer-verkauf-von-klonfleisch-beunru/ [zuletzt eingesehen am 01.06.2010].

**Weitere Quellen**

Aufstellung der Ergebnisse der Bundestagswahl-Sonntagsfrage von 2002-2005: abrufbar unter:
http://www.wahlrecht.de/umfragen/politbarometer/politbarometer-2005.htm [zuletzt eingesehen am 12.06.2010].

Aufstellung der Ergebnisse der Bundestagswahl-Sonntagsfrage von 1998 bis 2002; abrufbar unter:
http://www.wahlrecht.de/umfragen/politbarometer/politbarometer-2002.htm [zuletzt eingesehen am 12.06.2010].

# Literaturverzeichnis

Aufstellung der Ergebnisse der Bundestagswahl-Sonntagsfrage aller ZDF-Politbarometer seit 2005; abrufbar unter:
http://www.wahlrecht.de/umfragen/politbarometer.htm [zuletzt eingesehen am 01.06.2010].

Aufstellung der Ergebnisse der Europawahl-Sonntagsfrage aller Umfrageinstitute im Vorfeld der Europawahl 2009; abrufbar unter:
http://www.wahlrecht.de/umfragen/europawahl.htm [zuletzt eingesehen am 16.06.2010].

Bundeswahlleiter (Hrsg.): Endgültiges Ergebnis im früheren Bundesgebiet und Berlin-West 2005; abrufbar unter:
http://www.bundeswahlleiter.de/de/bundestagswahlen/BTW_BUND_05/downloads/ergebnisse_2005/voetab_anhang_1.pdf [zuletzt eingesehen am 19.11.2009].

Bundeswahlleiter (Hrsg.): Ergebnisse der Bundestagswahlen 1949 bis 2009; abrufbar unter:
http://www.bundeswahlleiter.de/de/bundestagswahlen/fruehere_bundestagswahlen/ [zuletzt eingesehen am 08.01.2010].

Bundeswahlleiter (Hrsg.): Endgültiges Ergebnis der Bundestagswahl 2005; abrufbar unter:
http://www.bundeswahlleiter.de/de/bundestagswahlen/BTW_BUND_05/ergebnisse/bundesergebnisse/b_tabelle_99.html [zuletzt eingesehen am 20.04.2010].

Bundeswahlleiter (Hrsg.): Wahlkreisergebnis Hochsauerlandkreis 2009; abrufbar unter:
http://www.bundeswahlleiter.de/de/bundestagswahlen/BTW_BUND_09/ergebnisse/wahlkreisergebnisse/l05/wk148/ [zuletzt eingesehen am 01.04.2010].

Kurzbiographie von Oskar Lafontaine, Die Linke auf der Homepage des Deutschen Bundestages; abrufbar unter:
http://bundestag.de/bundestag/abgeordnete17/biografien/L/lafontaine_oskar.html [zuletzt eingesehen am 01.06.2010].

Landeswahlleiterin des Landes Nordrhein-Westfalen (Hrsg.): Landtagswahl in NRW; abrufbar unter:
http://www.wahlergebnisse.nrw.de/landtagswahlen/2005/lwahl/a001lw0500.htm [zuletzt eingesehen am 01.06.2010].

OECD (Hrsg.): OECD-Wirtschaftsausblick 76, Dezember 2004.

SPD-Fraktion (Hrsg.): Statistik 2002; abrufbar unter:
http://www.spdfraktion.de/cnt/rs/rs_rubrik/0,,3284,00.html#stat4 [zuletzt eingesehen am 20.03.2010].

SPD-Sundern: Müntefering 40 Jahre in der SPD; abrufbar unter: www.Spdsundern.de/diesunddas/muente40jahre2006/muentebeck.htm [zuletzt eingesehen am 01.06.2010]

**Vor-Ort-Recherchen (chronologisch)**

*(Bei allen Veranstaltungen war Franz Müntefering vor Ort)*

SPD-Veranstaltung zu Ehren von Inge Wetting-Danielmeier, Göttingen, 05.08.2009.

SPD-Wahlkampfveranstaltung, Northeim, 25.08.2009.

SPD-Wahlkampf-Auftaktveranstaltung, Hannover, 31.08.2009.

Müntefering-Besuch des Ausbildungszentrums für Technik, Informationsverarbeitung und Wirtschaft (ATIW) in Paderborn, Paderborn, 09.09.2009.

SPD-Wahlkampfveranstaltung, Celle, 12.09.2009.

SPD-Wahlkampfveranstaltung, Braunschweig, 25.09.2010.

SPD-Wahlsonntag im Willy-Brandt-Haus, Berlin, 27.09.2009.

SPD-Bundesparteitag, Dresden, 11. bis 15.11.2009.

# Abbildungsverzeichnis

Titelbild: Abdruck mit freundlicher Genehmigung der AP/DDP.

Abbildung 1: Foto des Autors dieser Arbeit am 23.02.2010 in Berlin. Abdruck mit freundlicher Genehmigung von Franz Müntefering.

Abbildung 2: Kurbjuweit, Dirk: Gefährliche Treue; in: Der Spiegel, 18.07.2005, S.37.

Abbildung 3: Abdruck mit freundlicher Genehmigung der DPA.

Abbildung 4: Abdruck mit freundlicher Genehmigung der AP/DDP.

Abbildung 5: Homepage des SPD-Politikers Marco Pagano; abrufbar unter: http://www.marcopagano.de/Persoenliches-Politik.htm [zuletzt eingesehen am 10.06.2010].

Abbildung 6: Abdruck mit freundlicher Genehmigung der AP/DDP.

Abbildung 7: Abdruck mit freundlicher Genehmigung der DPA.

Abbildung 8: Abdruck mit freundlicher Genehmigung der AP/DDP.

Abbildung 9: Abdruck mit freundlicher Genehmigung der AP/DDP.

Abbildung 10: Abdruck mit freundlicher Genehmigung der AP/DDP.

# Anhänge

## I. Allgemeine Hinweise zur Transkription

Für die Interviews ist Folgendes zu beachten:

- Alle Interviews wurden vom Autor geführt und transkribiert.
- Es gilt das gesprochene Wort.
- Die Sprechpassagen des Interviewers sind jeweils fett gedruckt, die des Interviewten nicht.
- Besondere Betonungen sind durch * vor dem jeweiligen Wort gekennzeichnet.
- Denkpausen des Interviewten sind durch — gekennzeichnet. Mehrere Striche bedeuten längere (Denk-)Pausen.
- X weist auf ein nicht-verstandenes Wort hin.
- Alle Interviews wurden von den Gesprächspartnern autorisiert. Die Interviews sind – soweit möglich – nicht ins Schrift-Deutsche ‚übersetzt', sie sind wortwörtlich übernommen und daher nicht immer grammatikalisch richtig. Eine Ausnahme bildet hier das Interview mit Friedhelm Farthmann, das auf Wunsch des Interviewten im Nachhinein überarbeitet worden ist.

## II. Interview mit Friedhelm Farthmann am 07.01.2010

**Herr Farthmann, wann sind Sie Müntefering das erste Mal begegnet?**

Ich habe das erste Mal im Juni 1975 von ihm gehört. Da wurde ich zum Minister ernannt und musste deswegen beim Notar in Düsseldorf mein Bundestagsmandat, das ich bis dahin inne hatte, niederlegen. Müntefering war derjenige, der für mich auf der Landesliste nachrückte. Vorher kannte ich seinen Namen überhaupt nicht.
Dabei ging er mir etwas auf die Nerven. Er rief nämlich an und fragte, wann ich mein Mandat denn nun endlich niederlege. Da habe ich ihm gesagt: Junge, da musst du dich noch etwas gedulden, ich lege es erst nieder, wenn ich meine Ernennungsurkunde in der Hand habe. Dabei handelte sich aber nur um ein paar Tage.

**Also war er direkt ‚scharf' darauf in den Bundestag zu kommen?**

So negativ möchte ich das nicht werten, aber es war zumindest etwas ungeschickt. So habe ich das jedenfalls empfunden.

**Wie haben Sie ihn damals wahrgenommen, sind sie mit ihm zusammengetroffen?**

Nein, er ist dann in den Bundestag nachgerückt und ich habe nie wieder etwas von ihm gehört. Das ist ja das Eigenartige bei ihm, dass er in den ganzen Jahren auch als Bundestagsabgeordneter *absolut unauffällig gewesen ist. Nicht eine einzige dramatische Rede oder eine einzige programmatische Äußerung von ihm gibt es, die in irgendeiner Weise bemerkenswert gewesen wäre. Allerdings gab es auch nichts Negatives. Er war ein guter Parteisoldat, der eine solide Bodenübung hinlegte.

**Auch ich habe nach skandalösen Dingen gesucht, nach überhaupt irgendwelchen Auffälligkeiten...**

Da gab es überhaupt nichts. Ich wusste nur, dass er über viele Jahre wohnungsbaupolitischer Sprecher war. Aber auch dabei habe ich nichts Bemerkenswertes von ihm vernommen.

**Und...**

So wird das auch in seiner sauerländischen Heimat eingeschätzt. Dort haben alle Leute gefragt: Was ist nur mit dem Müntefering los? Dieser unaufhaltsame Aufstieg nach seiner Ernennung zum Landesminister! Vorher hat kein Mensch von ihm irgendetwas Besonderes vernommen.
Er war Messdiener, hat wohl auch Fußball gespielt und war in irgendeinem Metallbetrieb angestellt. Soweit ich weiß, war er noch nicht mal leitender Angestellter. Da gab es nichts Herausragendes. Kein Mensch hat jemals den Eindruck gehabt, dass der mal so aufsteigen würde.

**Dennoch steigt Müntefering 1984 in den Vorstand der nordrhein-westfälischen SPD auf. Warum?**

— — Das darf man nicht überschätzen. Er war natürlich vorher im Vorstand des Bezirks Westliches Westfalen und dieser war so groß wie alle anderen drei Bezirke zusammen. Damit will ich sagen: Wer sich im Westlichen Westfalen hochgedient hatte, an dem kam der Landesvorstand gar nicht vorbei.
Das war eigentlich eine notwendige Konsequenz der Parteiarithmetik. Damit wird nichts über irgendwelche Qualifikationen ausgesagt. Müntefering hatte sich im Westlichen Westfalen als treuer Parteiarbeiter durchgesetzt. Keine Frage, das war er auch – das möchte ich nicht negativ verstanden wissen. Aber er war einer ohne Glanz und Gloria. Er hat sich im guten Sinne des Wortes hochgearbeitet: er war bieder, anständig und ohne Allüren. Aber auch ohne programmatische oder führungsmäßige Ausstrahlung.

**Das heißt, er ist schlicht auf Grund seiner Mitgliedschaft im Vorstand des Westlichen Westfalen auch in den nordrhein-westfälischen SPD-Vorstand gekommen?**

Richtig. Müntefering gehörte dem stärksten Bezirksverband an und so kam keiner an ihm vorbei. Ich erinnere mich noch an Hermann Heinemann. Er war der starke Mann in der nordrhein-westfälischen SPD, weil er Bezirksvorsitzender des Westlichen Westfalen war. Er war ein ‚anständiger Kerl', der immer mein Freund gewesen ist.
Eines Tages sagte Heinemann zu mir, dass Müntefering wohl einmal sein Nachfolger werde. Da führe ja gar kein Weg dran vorbei. Der sei auch ein an-

ständiger Kerl. Er fragte mich, ob ich das anders sehe. Das verneinte ich. Dennoch: Müntefering war kein besonderes Glanzlicht.

**Müntefering galt als einfacher Parteiarbeiter ohne besondere Qualifikationen. Trotzdem wollte Heinemann ihn als seinen Nachfolger. Das klingt überraschend...**

— Ja und nein. Als Bundestagsabgeordneter war Müntefering kein einfaches Mitglied mehr, sondern er war wohnungsbaupolitischer Sprecher. Und das für ihn dann eine Vorstandsfunktion in Betracht kam, war eigentlich selbstverständlich. Vielleicht sollte man auch beachten, dass es zu der Zeit, als ich in den Bundestag kam, nur wenige herausragende politische Talente unter den NRW-Abgeordneten gab. Die nordrhein-westfälische Riege war dort zwar immer die größte, doch herausragende Kräfte gab es wenig. So blieb das auch in der Folgezeit und so war das auch in der Zeit, als Müntefering im Westlichen Westfalen aufstieg. Da war keiner, der irgendwie herausragte. Im Grunde genommen ist das heute nicht anders. Das waren und das sind alles ganz biedere Parteiarbeiter und keine politischen Paradiesvögel.

**Wann sind Sie Müntefering dann wieder begegnet?**

Müntefering bin ich dann erst wieder begegnet, als Rau erkrankte....

**...1992 war das...**

...genau. Und da ist Müntefering Arbeitsminister geworden, nachdem Hermann Heinemann zurücktreten musste. Das hat Heinemann mir übrigens lange sehr übel genommen. Er hatte das Gefühl, dass ich ihn nicht genügend unterstützt hätte. Das stimmt aber nicht. Ich hätte für ihn bis zur Selbstaufgabe gekämpft, mir war jedoch sehr bald klar, dass er nicht zu halten war. Kurz vor seinem Tode habe ich mich zum Glück mit ihm ausgesprochen und hoffe, dass ich ihm seine Zweifel habe ausreden können. Er war immer mein Freund.
Auf jeden Fall: Nachdem Hermann Heinemann zurückgetreten war, rief mich Rau, der zur Rehabilitation in Bad Neuenahr war, an und bat mich vorbeizukommen. Das habe ich auch gemacht. Im Kurpark sind wir dann spazieren gegangen, als er mir sagte: Wir müssen ja einen Nachfolger für Hermann Heinemann finden. Ich habe eigentlich an Franz Müntefering gedacht. Hast Du was dagegen? Da hab ich gesagt: Nein, überhaupt nicht. Er ist ein anständiger Kerl

und eine ‚ruhige Nummer'. Der wird zwar kein großes Licht werden, aber er wird anständig seine Arbeit machen. Genauso ist das dann auch geschehen.

**Man kann also sagen, dass Müntefering zumindest keine Notlösung war? Es hat ja relativ lange gedauert, bis er gefunden worden ist.**

Nein, eine Notlösung war er nicht. Als eine solche ist das auch nicht empfunden worden. Ich bin mir nicht sicher. War er da schon Bezirksvorsitzender vom Westlichen Westfalen?

**Ja, seit zwei Monaten...**

Da sehen Sie es. Rau hatte ein unheimliches Gespür für Machtpositionen. Er hat in seiner Amtszeit sämtliche Bezirksvorsitzende zu Ministern gemacht (lacht). Wobei man bedenken muss: die Bezirksvorsitzenden waren damals tatsächlich einflussreiche Leute in der Partei.
Für den Bezirk Niederrhein war zum Beispiel Hans Otto Bäumer viele Jahre der Bezirksvorsitzende. Das war ein absolut starker Mann. Auch insgesamt: An den Bezirksvorsitzenden kam keiner vorbei. Der Landesvorsitz war hingegen völlig uninteressant. Und deswegen war es eigentlich – ganz typisch Rau – eine logische Folgerung, dass Müntefering Nachfolger von Hermann Heinemann auch als Minister wurde.

**Auch Heinemann hatte beide Ämter inne gehabt. Insofern passt das.**

Richtig. Wobei Heinemann aber doch eher ein ausgewiesener Sozialpolitiker war. Er kam aus der Gewerkschaftsbewegung und hatte sich auch zu sozialpolitischen Fragen immer sehr deutlich geäußert. Das war bei Müntefering nicht der Fall.

**Musste Müntefering überlegen, ob er das Amt annimmt?**

Das glaube ich nicht.

**Bevor ich auf den Minister Müntefering zu sprechen komme, möchte ich nochmal auf die Zeit davor eingehen. Sie sind 1986 in den Bundesvorstand aufgerückt. Da ist Müntefering 1991 – wahrscheinlich auch wegen des Westlichen Westfalen – hinzugestoßen. Er war dann gleichzeitig auch parlamentarischer Geschäftsführer der Bundestagsfraktion.**

Meine Frage: Ist Müntefering in dieser eigentlich turbulenten Zeit für die SPD im Hintergrund überhaupt nicht aufgefallen?

*Überhaupt *nicht aufgefallen. (lacht) Ich hätte noch nicht einmal gewusst, dass er in der Zeit, in der ich im Parteivorstand war, parlamentarischer Geschäftsführer gewesen ist. Es hat nicht eine *einzige Begebenheit gegeben, zu der man gesagt hätte: Da müssen wir mal den Müntefering fragen. Es kam *keiner auf die Idee.
Er war ein *absolut loyaler Parteiarbeiter, der das ausführte, was ihm der Vorstand aufgegeben hatte.

**Das heißt, auch zu diesem Zeitpunkt hätte man nie gedacht, dass er der nächste große Mann der Sozialdemokratie werden würde.**

*Nicht die Spur. Hätte mir damals jemand gesagt, dass Müntefering eines Tages Nachfolger von Willy Brandt werden würde, ich hätte gedacht, der tickt wohl nicht ganz richtig.

**Sie waren selbst zehn Jahre Arbeits- und Sozialminister in Nordrhein-Westfalen...**

So ist es...

**Aus Ihrer Sicht: War Müntefering in diesem Amt ein guter Minister?**
Er hat jedenfalls nichts verkehrt gemacht. Aber er war auch keiner, den man als Sozialpolitiker unbedingt hätte ins Schaufenster stellen müssen.
Als ich Arbeits- und Sozialminister war – das kann ich trotz der mir angeborenen Bescheidenheit ohne jede Einschränkung sagen –, hatte ich mindestens so viel Einfluss wie der Bundesarbeitsminister. Ich erinnere mich noch, als die SPD mal eine große Rentengrundsatzdebatte veranstalten wollte. Da wurden Norbert Blüm von der CDU und ich von der SPD benannt. Das hätte es bei Müntefering so nicht gegeben.

**Aber auch Müntefering ist bei Scharping bei Konferenzen mitgereist, etwa bei den Verhandlungen zur Pflegeversicherung...**

Das ist mir nicht in Erinnerung.

1993 sind die Verhandlungen zur Pflegeversicherung aufgenommen worden. Auf der SPD-Seite haben an diesen Verhandlungen Rudolf Dreßler, Franz Müntefering, Peter Struck und Rudolf Scharping teilgenommen. Der *Spiegel* hat damals jemanden zitiert, der meinte: Also, wenn Müntefering dabei ist, dann kann eigentlich nichts mehr schiefgehen.

Dass Müntefering da überhaupt teilnahm, kann damit zusammenhängen, dass Nordrhein-Westfalen bis zur Wiedervereinigung ja mit Abstand das größte Bundesland war und es auch heute noch ist. Dennoch hatte es unter den elf alten Bundesländern ein größeres Gewicht als unter den heutigen sechzehn. Ich vermute, dass man deshalb wahrscheinlich an dem Arbeitsminister von NRW nicht vorbei kam. Aber mehr war das nicht.

Ich kann nur sagen: Müntefering ist *nie durch bemerkenswerte Äußerungen zur Pflegeversicherung aufgefallen. Anders war das beispielsweise bei Norbert Blüm. Für ihn war das ein Herzensanliegen. Der bekam feuchte Augen, wenn er davon redete.

**Das heißt, auch da stand bei Müntefering wieder die Pflichterfüllung im Vordergrund...**

Genau.

**Wie beurteilen sie als Fraktionsvorsitzender die Frage, ob Müntefering an der Basis und auch in der Fraktion beliebt war?**

Das könnte ich mir schon denken. Bald habe ich mir tatsächlich gesagt: Donnerwetter, was ist mit dem Franz los? Bei allen kritischen Äußerungen, die sie von mir vernommen haben, muss ich sagen: Als er viele Jahre später die Nummer Eins der Partei wurde, da wuchs er unglaublich in seinem Amt. Jedenfalls in Bezug auf sein öffentliches Auftreten.

Und ich muss sagen, seine kurzen Sätze und seine knappen Bilder, die sich ja weitgehend auf den schmalen Bereich des Fußballs beschränkten, waren unglaublich treffend. Die Sprache traf derartig den Kern der Sache, dass ich innerlich den Hut abgenommen und gesagt habe: Donnerwetter, der Franz ist ja ein unerkanntes Talent.

**Angefangen hat das mit der Berufung Müntefferings zum Bundesgeschäftsführer?**

Ja, da fing das an und setzte sich dann fort.

**Müntefering wurde erstmals 1994 in der Nachfolgefrage von Johannes Rau genannt. Hatte er da schon so ein Standing in der Partei gehabt oder war es auch da wieder die Vorsitzfunktion im Westlichen Westfalen, die die Spekulationen anheizte?**

— Also, ich habe es nicht ernsthaft für möglich gehalten, dass er Nachfolger von Johannes Rau werden könnte. Das konnte er schon deswegen nicht, weil der nordrhein-westfälische Ministerpräsident Mitglied des Landtags sein muss und das war Müntefering nicht. Somit stand er nicht wirklich zur Diskussion.

**Als Müntefering dann Minister geworden ist, wurde Matthias Machnig 1992 Büroleiter...**

Ja, der war immer seine graue Eminenz. Machnig hat wohl großen Einfluss auf Müntefering gehabt. Wo er ihn allerdings aufgegabelt hat, das weiß ich nicht. Ich habe ihn nie kennengelernt.
Lassen sie mich noch eines zur Person Müntefering sagen: Als er Minister wurde, war ich Fraktionsvorsitzender. Da hat er sich sehr korrekt und sehr kameradschaftlich vorgestellt. Das war eine recht schöne Begegnung. Ich sehe ihn noch an meinem Besuchertisch im Fraktionsvorsitzenden-Zimmer im Düsseldorfer Landtag sitzen. Da hat er mir gesagt, dass wir etwas gemeinsam hätten, da wir beide uns gerade von unseren Ehefrauen trennten. Insofern sitzen wir da im selben Boot, sagte er. Mit dieser Begebenheit möchte ich andeuten, dass zwischen mir und Müntefering ein sehr offenes, ein sehr konstruktives und auch ein sehr vertrauensvolles Verhältnis bestand.
Viele Jahre später, als er bereits Bundesfraktionsvorsitzender im Bundestag war, bin ich einmal zu ihm gegangen. Dazu muss man wissen: Nach dem Ausscheiden aus der Politik habe ich mich sehr dem Naturschutz hingeben und war längere Zeit Bundesvorsitzender des Forum Natur. Unter den Grünen drohte damals das Jagdrecht aus dem Ruder zu laufen. Da habe ich ein sehr vertrauensvolles Gespräch mit Müntefering gehabt, genauso wie ich das erwartet hatte. Ich bat ihn, mir Bescheid zu geben, falls auf dem Sektor was ‚anbrennen' sollte. Dazu ist es zwar nie gekommen. Doch ich war *fest davon überzeugt, dass ich mich auf ihn verlassen konnte. Solange ich von Müntefering kein Signal kriege, brennt da nichts an. Das habe ich auch den anderen politischen Gruppen gesagt.

**Das heißt, es waren ernsthafte politische Gespräche mit Müntefering möglich? Es wird immer gerne geschrieben, dass Müntefering eigentlich einer war, der als unnahbar galt.**

Gut, dass sie das ansprechen. Das habe ich *nie so empfunden. Rau hingegen hat das immer bitter beklagt. Einmal hat er mich sogar gefragt, ob ich das auch so empfinde, dass Müntefering ein derart kaltschnäuziger Mensch sei und man gefühlsmäßig überhaupt nicht an ihn heran komme. Rau wollte allerdings mit allen Freund sein, nach dem Motto: Friede, Freude, Eierkuchen. Darauf ging Müntefering offenbar nicht so ein. Dennoch: ich habe Müntefering *nie als besonders kaltherzig oder unnahbar empfunden. Wenn wir miteinander sprachen, gab es von beiden Seiten keine großen Floskeln und keine großen ‚Liebedienereien'. Vielmehr gab es ein offenes, anständiges Wort, auf das man sich verlassen konnte.

**1996 schrieben sie einmal über Rau: „Ich konnte mit Rau nie ernsthaft über Dinge reden, die ihm unter die Haut gingen. Da hat er sich bestenfalls meine Meinung angehört, aber ein wirklicher Dialog war mit ihm nicht möglich". Wurde Müntefering mehr als sie von Rau geprägt?**

Nein, das kann man so nicht sagen. Müntefering hat nichts von Rau angenommen, insbesondere nicht die typischen Rau-Allüren. Auch glaubensmäßig waren sie unterschiedlich verwurzelt. Müntefering ist Katholik, Rau war Protestant.

**Hat man bei Müntefering etwas von Herbert Wehner gemerkt? Er zitierte gerne Herbert Wehner und war lange Bundestagsabgeordneter unter dem Fraktionsvorsitzenden Wehner...**

Herbert Wehner ist ja der Große, den *alle lieben. Ich habe diese Liebe in der SPD für Wehner nie teilen können. Wie jedoch Müntefering zu Wehner stand, das weiß ich nicht.

**Über Müntefering wurde auch mal gesagt, er sei ein Stalinist. Aber das würden Sie bei Müntefering wahrscheinlich nicht unterschreiben?**

Nein, das würde ich nicht. Müntefering war ein anständiger Demokrat. Aber der wusste natürlich, dass in der Demokratie auch *entschieden werden muss und Diskussionen irgendwann ein Ende finden müssen. Da vertraten wir den gleichen Standpunkt. Da habe ich nie Schwierigkeiten mit ihm gehabt. Ich habe es als geradezu ekelhaft empfunden, wie Müntefering das erste Mal 2005 abgehalftert wurde.

**Können Sie das noch genauer beschreiben?**

Daran haben einige dran mitgewirkt. Auch die von mir entdeckte und geförderte, im Grunde genommen menschlich auch nette Birgit Fischer. Ich hatte sie als Fraktionsvorsitzender zu meiner Fraktionsgeschäftsführerin gemacht und in diesem Amt hat sie auch gute politische Arbeit gemacht. Sie hat aber später daran mitgewirkt, dass Müntefering stolperte und den Parteivorsitz niederlegte. Einige kamen danach zu mir und haben mit unschuldiger Miene gesagt: Das haben wir ja nicht wissen können, dass er zurücktritt. Ich habe da nur gedacht: Was seid *ihr denn für Untalente. Das ist doch völlig selbstverständlich, dass der Parteivorsitzende gar nicht anders kann als zurückzutreten, wenn man ihm seinen Personalvorschlag aus der Hand schlägt. Da gab es doch nicht den geringsten Zweifel. Er wäre doch keinen Schuss Pulver mehr wertgewesen, wenn er sich das hätte aus der Hand schlagen lassen und dann ‚treu-doof' weitergemacht hätte.

**Und dann ist er doch wiedergekommen...**

(lacht) Ja... (lacht) Müntefering war 2008 die *einzig denkbare, glaubwürdige Lösung. Dass man ihn 2005 aber abgewählt hat, das war absurd und unpolitisch – und selbst das ist noch nicht hart genug formuliert.

**Ich würde gerne nochmal auf Nordrhein-Westfalen eingehen – auf die rotgrünen Bündnisse. Sie persönlich haben bereits 1982 erstmals für Bündnisse mit den Grünen geworben. In den 1990er Jahren soll sich Müntefering zunächst auf kommunaler, dann auf Landesebene für rot-grüne Bündnisse eingesetzt haben. Welche Rolle spielte er wirklich?**

Da ist er mir nicht aufgefallen. Sicher mag er daran mitgewirkt haben, als unter Johannes Rau der Marsch in diese Richtung vollzogen worden ist. Das habe ich Rau übrigens bis zu seinem Lebensende übelgenommen. Er hat sich die Finger dreckig gemacht mit den Grünen. Damals war damit ja in gewisser Weise der parteipolitische Ritterschlag für die Grünen erfolgt. Sicher mag es auch Äußerungen von Müntefering gegeben haben, in denen er sich zu dieser Koalitionsvariante bekannt hat. Aber das würde ich nicht überbewerten. Im

Grunde passt das nicht in seine Denke. Müntefering war ein viel zu biederer, viel zu konservativer Sozialdemokrat, als dass ihm diese grünen ‚Faxen' hätten imponieren können.

**War er kein Linker?**

Wenn man Müntefering gefragt hätte, ob er ein Linker sei, hätte er das wahrscheinlich bejaht. Doch glaube ich nicht, dass er im Grunde seiner Seele ein linker Sozialdemokrat war, er war mehr ein rechter. So habe ich ihn zumindest immer eingeschätzt. Aber in der Sozialdemokratie gehörte es lange Jahre zum guten Ton, sich als Linker zu bekennen. Das war jedoch reiner Opportunismus, den man nicht allzu ernst nehmen sollte.

**Johannes Rau wollte eine solche rot-grüne Koalition eigentlich auch nicht...**

Nein, der wollte sie auch nicht, aber er war ja auch ein Opportunist. Das ist aber nie wirklich sichtbar geworden.

**Franz Müntefering wird dann 1995 Bundesgeschäftsführer in Bonn. Kann man sagen, dass er weggelobt worden ist, damit Wolfgang Clement auf jeden Fall als Nachfolger im Amt des Ministerpräsidenten gesetzt ist?**

Nein, das kann man nicht sagen. Ich behaupte sogar, dass Müntefering nie ernsthaft zur Diskussion gestanden hat. Das ist meine feste Überzeugung. Es war völlig selbstverständlich, auch aus der Sicht von Rau, dass es für seine Nachfolge gar keinen anderen als Clement gab.

**Dennoch wird Müntefering dann zumindest Landesparteivorsitzender. Da hat man lange Zeit auch gedacht, dass es Clement wird.**

Die Trennung von Landesvorsitz und Ministerpräsidentenamt bedeutete tatsächlich einen gewissen Bruch sozialdemokratischer Praxis. An sich gehörte es nach altem Parteiverständnis innerhalb der SPD immer dazu, dass diese beiden Ämter von einer Person ausgeübt werden. Von Helmut Schmidt wird ja auch das Zitat überliefert, dass er es für den größten Fehler seines Lebens gehalten habe, nicht nach dem Parteivorsitz gegriffen zu haben, als er Kanzler geworden ist.

So war es in Nordrhein-Westfalen eine schwierige Entscheidung. Aber es war die einzig mögliche. Clement ist nie als Parteisoldat empfunden worden. Die Genossinnen und Genossen und die Unterbezirksvorsitzenden haben ihn nie ans Herz gedrückt. Bei Müntefering war das anders. Deswegen gab es damals gar keine andere Lösung.

**Noch einmal zum Bundesgeschäftsführer. In Ihrem Buch sagten Sie: „Wenn ich [...] die Situation betrachte und den armen Franz Müntefering auf dem Platz des Bundesgeschäftsführers sitzen sehe, frage ich mich wirklich: Was soll der noch aus dieser dissonanten und desolaten Organisation machen?" Trauten Sie ihm das Amt nicht zu?**

Ich wusste gar nicht, dass ich mich damals so deutlich ausgesprochen hatte. Das habe ich ihm damals nicht zugetraut. Das muss ich ehrlich sagen. Wobei dabei auch ein bisschen Neid eine Rolle gespielt haben mag. Das Amt des Bundesgeschäftsführers – das war mein Traumjob.

**Wie bewerten Sie heute das, was Müntefering aus dieser „dissonanten ....**
Er hat seinen Job dann jedenfalls nicht schlecht gemacht. Da ist das eingetreten, was ich ja vorhin schon mal beschrieben habe und das bei mir einen Meinungsumschwung erzeugt hat. In dem Sinne, dass ich gedacht habe: Donnerwetter, der ist gar nicht schlecht. Seine bildhafte und knappe Sprache hat mir wirklich imponiert. Aber Sprache ist ja auch immer ein Stück Gedanke.

**Wurde er deswegen auch zum Mythos: wegen seiner Andersartigkeit, also auch wegen seiner Sprache?**

Ja, das sehe ich so. Er war der Inbegriff der Glaubwürdigkeit. Und dafür ist sicherlich auch seine Sprache mitverantwortlich gewesen. Dieses sauerländische, schwerblütige Westfälisch wirkt ja sehr glaubwürdig.

**Das stimmt. Zum Abschluss habe ich noch zwei Themenblöcke. Zum einen den Menschen Müntefering, zum anderen die allgemeine Bewertung. Zum Menschen: Im Rückblick, was waren Münteferings Stärken, was seine Schwächen?**

Seine Stärke war, ein sehr praktisches Verhältnis zur Politik zu haben. Er hat ja irgendwann auch mal gesagt...

## ... Politik braucht Organisation ...

So ist das. Das hat er für mich verkörpert. Da liegt ja viel Lebensweisheit drin. All diese Überflieger, für die Organisation – sozusagen – nichts bedeutete und die meinten, sie müssten auf ‚Wolke Sieben' herumturnen, hat er zutiefst abgelehnt. Und das hat ihn in meinen Augen als sehr kompetent und als sympathisch erscheinen lassen.

Er wusste, wie man mit Menschen umgehen muss, damit man sie politisch richtig einsetzen kann, damit man zu politisch tragbaren Ergebnissen kommt. Dafür hat er ein gutes Gespür gehabt. Das hat er gut gemacht. Er war sicherlich keiner, der die Partei programmatisch vorangebracht hat. Aber er hatte ein gesundes Gespür dafür, was machbar war. Dabei hat er Gerhard Schröder in erstaunlicher Weise den Rücken freigehalten. Auch, wie ich es empfunden habe, immer sehr loyal.

**Müntefering galt immer als Mann, mit dem man nicht diskutieren konnte. Sie haben das schon angedeutet, haben Sie es anders wahrgenommen?**

Er war sicherlich kein geistiger Überflieger. Doch man konnte ihn auch überzeugen. Deshalb ist mir Ihr Urteil zu hart.

**Das kam mir auch nicht so vor. Ich war bei mehreren Wahlkampfveranstaltungen dabei und habe da festgestellt, dass er den Jugendlichen zugehört hat, wenn da Diskussionen zu Stande kamen.**

Also, ich habe das auch so gesehen. Das kann man ihm nicht vorwerfen.

[...]

**Zuletzt, die allgemeine Bewertung. Müntefering war ein Mann der zweiten Reihe. 1996 konnten sie sich bei Wolfgang Clement eine bundespolitische Führungsrolle vorstellen. Doch dann wurde Müntefering Bundesgeschäftsführer, Generalsekretär, Fraktionsvorsitzender, Parteivorsitzender, Vizekanzler, Arbeitsminister und wieder Parteivorsitzender. Ich frage mich immer noch, warum kam es dazu. Haben Sie eine Erklärung?**

Ja, das war sicherlich die Notsituation der Partei. Für die SPD sind ja diese zehn, zwanzig letzten Jahre eine *unglaubliche Belastung gewesen. Damit fertig zu werden, hat eine unglaubliche Erschwerung auch für die Funktionäre bedeutet. Wenn ich noch daran denke, wie ich in der Politik anfing – in den 60er- und 70er-Jahren. Da gab es für uns natürlich eine klare Marschrichtung: Mit den Gewerkschaften Arm in Arm die Situation des arbeitenden Menschen verbessern. Und in der Folgezeit ist dann ein durchgreifender gesellschaftlicher Wandel eingetreten. Den arbeitenden Menschen im damaligen Sinne *gibt es gar nicht mehr oder nur noch in Restbestände. Und die Gewerkschaften sind völlig aus dem Ruder gelaufen, teilweise sogar uninteressant geworden. Dabei waren sie immer Fixpunkte sozialdemokratischer Programmatik und Politik.

Ich wüsste heute nicht mehr, was ich den Leuten erzählen sollte. Jedenfalls müsste ich ihnen etwas ganz anderes erzählen. Ich habe das in meinem Buch versucht anzudeuten: Die SPD muss völlig abrüsten, das was hundert Jahre ihr Trumpfass, nämlich die Sozialpolitik, war, sticht nicht mehr. Es ist ihr bis heute nicht gelungen, und sie hat noch nicht mal den Versuch unternommen, etwas Neues an diese Stelle zu setzen. Ich erinnere mich noch an die Diskussion um das Berliner-Nachfolge-Grundsatzprogramm. Damals hat mich Jochen Vogel empört gefragt, ob ich auf dem Parteitag, auf dem wir das neue Programm beschlossen haben, nicht mitgestimmt habe. Ich habe ihm geantwortet: Jochen, es ist mir egal, wofür ich mal gestimmt habe, ich sehe heute nicht die Grundlage für ein neues Grundsatzprogramm. Wir haben nicht die Kraft dazu. Was man vor ein paar Jahren beschlossen hat, ist heute vollkommen egal. Vogel reagierte völlig fassungslos. Er hat mich beschimpft und war bitterböse. Und doch ist es genauso gekommen. Auf das Berliner Grundsatzprogramm bin ich bei tausend Versammlungen kein einziges Mal angesprochen worden.

Was ich damit sagen möchte: Es ist heute unheimlich schwer, die Sozialdemokratie zu neuen Ufern zu führen. Nach dem Rücktritt von Lafontaine und nach dem mutigen Agieren von Gerhard Schröder habe ich gedacht, wir kriegen die Kurve zu einer neuen Ausrichtung. Wir streifen den sozialpolitischen Ballast ab und gaben der Partei eine neue programmatische Richtung. Oder als Alternative wir verzichten auf eine ideologische Ausrichtung und starten als neue Partei frei nach dem amerikanischen Vorbild ohne Programmatik und ohne Ideologie in den Wettbewerb mit der anderen großen Volkspartei. Beides ist aber nicht geschehen. Es gibt heute immer noch große Teile in der Partei, die sagen, wir brauchen nur zurück zur alten Sozialpolitik zu gehen und die Welt wäre wieder in Ordnung.

Das ist ein fataler Irrtum! Ich will damit nur deutlich machen, wie *unheimlich schwer es Müntefering hatte, *einigermaßen Kurs zu halten. Und das ist ihm doch weitgehend gelungen.

**Sie haben gerade indirekt die Agenda 2010 angesprochen. Es wird immer gesagt, dass Müntefering die Agenda 2010 der Partei übergestülpt hat und er eigentlich nicht zu Diskussionen bereit war. Ist das ein Versäumnis der Führung?**
Das kann ich nicht sicher beurteilen. Für Schröder stimmt das vermutlich in gewisser Weise. Der hat diese Basta-Mentalität immer ein bisschen verkörpert. Bei Müntefering habe ich das eigentlich *nie vermutet. Aber da war damals natürlich auch der Zeitaspekt. Wenn man zu dem Punkt eine lange Diskussion eröffnet hätte, dann wäre die Reform gescheitert. Das war ein solcher Durchbruch und das war auch eine erhebliche Chance für die Partei.
Aber dass Frau Merkel in ihrer Regierungszeit solche wirtschaftspolitischen Erträge einfahren konnte, ist *nur darauf zurückzuführen, dass Gerhard Schröder ihr vorher den Weg geebnet hatte. Er hatte das umgesetzt, was Helmut Kohl über Jahre hinweg versäumt hatte. Insofern war die Agenda 2010 eine ganz große Chance. Darüber konnte man natürlich keine langen Unterbezirksparteitage abhalten. Dass es letztendlich so jammervoll gelaufen ist und die Chance von der Partei nicht genutzt wurde, ist wirklich schade.
Überhaupt: Bei Berücksichtigung von all den Diskussionen in der Partei wird man auf Parteitagen nie eine Vision entwickeln können. Das kann nur ein Einzelner. Und das *muss man dann der Partei – das können Sie so nennen – ‚überstülpen'. In jedem Falle muss man es in einem begrenzten Diskussionszeitraum bisweilen mit Gewalt durchsetzen, wie es auch beim Godesberger Programm geschehen ist.
Das Godesberger Programm war, wenn ich das richtig sehe, die persönliche Leistung von Willi Eichler. Solche Formulierungen, diese herrliche Sprache, – – – da bekomme ich fast Tränen in den Augen. (emotional) Wie er dieses Godesberger Programm geschaffen hat, das ist heute wohl nicht mehr möglich.

**Vorletzte Frage: Ist Müntefering ein großer Sozialdemokrat? Sie haben vorhin schon Willy Brandt angesprochen und gesagt, ein Willy Brandt ist er nicht...**
Er ist natürlich ein ganz anderes Gardemaß. Dafür ist Müntefering zu bieder. Aber er ist ein anständiger Kerl und insofern ein guter Mann und vielleicht (nachdenklich) kann man sogar sagen ein großer Mann.

**Letzte Frage: Wann sind sie Müntefering zum letzten Mal begegnet. Was haben sie ihm gesagt? Wenn sie ihm nochmal begegnen würden, was würden Sie ihm sagen?**

Das letzte Mal bin ich ihm beim Geburtstag von Herbert Schnoor begegnet. Da gab es in Düsseldorf einen sicherheitspolitischen Dialog, eine Podiumsdiskussion zu Ehren von Schnoor (August 2007, Anm. d. Autors). Da war auch Müntefering zugegen. Dort habe ich auch das letzte Mal persönlich mit ihm gesprochen und ihm gesagt: Franz, halt die Ohren steif und halte deine Linie durch. Lange durchgehalten hat er sie ja dann nicht mehr.

Wenn ich ihn heute sehen würde, würde ich ihm sagen: Du hast Dich nach Kräften bemüht, Du hast getan, was Du konntest, aber die Partei hat es nicht begriffen.

**Das ist ein schönes Schlusswort. Vielen Dank.**

## III. Interview mit Frank-Walter Steinmeier am 12.01.2010

**Herr Steinmeier, wann sind Sie Müntefering das erste Mal begegnet?**

Anfang der 90er-Jahre. Vermutlich gemeinsam mit Gerhard Schröder, bei dem ich in den ersten Jahren Büroleiter war. Wenn ich mich recht erinnere, war das eine Veranstaltung in Nordrhein-Westfalen, im Ruhrgebiet, bei der ich Müntefering das erste Mal persönlich gesehen habe. Gekannt habe ich ihn bis dahin natürlich schon.

**Was haben Sie damals über ihn gedacht? Sahen Sie in ihm den neuen starken Mann der Sozialdemokratie?**

Nein, weder hab' ich einschätzen können, was aus Franz Müntefering wird, noch weniger einschätzen können, was aus mir selbst wird. Ich war zu dem Zeitpunkt gerade frisch gewechselt aus der Wissenschaft in die Politik. Wobei das damals 'ne Entscheidung war, bei der ich für mich noch nicht entschieden hatte, ob das ein endgültiger Wechsel von der Universität in die Politik sein wird. Aber nach dem Ende der Promotion war für mich jedenfalls klar, ich musste was anderes tun, bevor man, bevor ich gegebenenfalls dann in eine Organisation einsteige. Aber wie das so ist mit Entscheidungen im Leben, manchmal wird aus solchen — — —, aus solchen Testversuchen, die man mit sich selbst startet, dann was Dauerhaftes. Bei mir war das so. Und deshalb konnte ich weder für mich einschätzen zu dem Zeitpunkt, dass die nächsten 20 Jahre, bis heute, ich in der Politik sein würde. Und erst recht konnte ich nicht einschätzen, welche Möglichkeiten und auch politische Karriere noch auf Franz Müntefering wartet.

**Sie sprechen Gerhard Schröder an. Er war ja nicht immer beliebt in der SPD. Zumindest an der Parteibasis nicht. 1995 wird Müntefering Bundesgeschäftsführer und wirbt als erstes für eine Reintegration Schröders. Hat man das in der Staatskanzlei in Hannover auch so aufgenommen?**

Was heißt Reintegration?

**Dass Schröder wieder eine führende Rolle übernehmen soll, so hat es damals Müntefering und später auch Lafontaine gesagt. Unter Scharping war Schröder ja eher ...**

Ja klar, das ist ganz natürlich so. Schröder und Scharping waren Konkurrenten in der Frage der Kanzlerkandidatur 1994. Es gab die Ausscheidung durch eine Mitgliederbefragung, bei der sich Scharping durchgesetzt hat. Und natürlich hinterlassen solche Konkurrenzen auch Spuren bei den Beteiligten. Aber natürlich hat der Ausgang bei der Bundestagswahl 1994 eine Diskussion über die Kandidatur 1998 hervorgerufen bei der Scharping und Schröder nicht mehr in der Konkurrenz standen, sondern – das hat jeder in Erinnerung – Lafontaine und Schröder. Schröder hat für sich damals die Latte sehr hoch gelegt, hat angekündigt, nur dann zu kandidieren, wenn er sein Landtagswahlergebnis von 1994 nochmals deutlich verbessert. Das hat er eindrucksvoll geschafft und deshalb mit Selbstbewusstsein den Hut in den Ring geworfen. Lafontaine hat das — — akzeptiert, und der Wahlausgang ist mir jetzt in guter Erinnerung.

**Stichwort Müntefering. Welche Rolle hatte Müntefering in dieser Zeit gehabt. Einige sagen, er agierte mehr wie der Parteivorsitzende, weniger wie der Bundesgeschäftsführer. Wie haben Sie das in Erinnerung?**

Ich weiß nicht, wer das sagt, ich weiß auch nicht, ob ich da der wirklich zuverlässiger — — Bewerter oder Ratgeber in der Frage bin. Nur nach *meiner Wahrnehmung war es nicht so. Franz Müntefering hatte — auf Grund seiner Position natürlich eine herausgehobene Position in der Partei. Die hat er nicht verweigert. Die hat er ausgefüllt, aber die Position des Parteivorsitzenden dabei nicht in Frage gestellt. Insofern hat er da keine Kompetenzen, ja keine Kompetenzen angemaßt, die er da in seiner Rolle nicht gehabt hätte.

**Sie haben es bereits angesprochen. Lafontaine auf der einen Seite, Schröder auf der anderen Seite. Müntefering eigentlich in der Mitte. Es wurde immer gesagt, Schröder misstraue Müntefering, und Müntefering könne nicht mit Schröder. War das tatsächlich so?**
**Müntefering wollte zwischenzeitlich sogar das Amt des Wahlkampfleiters niederlegen – so einige Zeitungsberichte. Nur eine Zeitungsente?**

Ich weiß es nicht von Franz Müntefering und ich hab es damals nicht wahrgenommen und insofern glaube ich in der Tat, dass nichts dran ist. Natürlich war Franz Müntefering in *seiner Position als Geschäftsführer unter einem Parteivorsitzenden Lafontaine eingerückt. Aber ich habe in der, ich habe die Phase nach der Landtagswahl in Niedersachsen und bis zur Bundestagswahl 1998 so in Erinnerung, dass er den Wahlkampf von Gerhard Schröder mit den Möglichkeiten, die das Willy-Brandt-Haus, damals noch die Baracke, später das Willy-Brandt-Haus, hatten, gefördert hat. Natürlich hat Gerhard Schröder als Ministerpräsident aus Niedersachsen, aus Hannover kommend, Wert darauf gelegt, dass *seine Handschrift in diesem Wahlkampf erkennbar wird. Durch seine Person sowieso, aber auch durch den Wahlkampfstil. Das musste sich zusammenrütteln zwischen denjenigen, die in der Staatskanzlei in Niedersachsen drauf geschaut haben, und denen, die die professionelle Wahlkampfführung in der Baracke oblag. Das hat auch Diskussionen gegeben. In manchen Punkten sicherlich auch Differenzen. Aber es war ein großartiger Wahlkampf mit einem noch großartigeren Ergebnis.

**Da stimme ich zu. Ein Politologe sagte einmal: Mit Müntefering an der Spitze entstand bald ein strategisches Zentrum, deren „Aushängeschilder Lafontaine und Schröder bald keine Chance mehr hatten, eine Alternativstrategie zu entwickeln. Die Zentralbegriffe waren gesetzt. Der Diskurs lief. Die Linie war festgelegt. Beide mögliche Kandidaten waren beteiligt, aber sozusagen ohne ihr Wissen." Ist das einfach nur eine Analyse eines Politologen oder war es tatsächlich so?**

Vielleicht ist es sogar gar ein Satz, der positiv auf Müntefering gemünzt war. Ich kann nur sagen: In diesem Wahlkampf 1998 hätte die Möglichkeit so dafür nicht bestanden. Schröder, der Kandidat Schröder, war *kein Gewächs der Baracke und kein Gewächs aus der Kultur der Parteigremien, sondern hatte sich durchgesetzt als Kandidat, als erfolgreicher Ministerpräsident, damals knapp acht Jahre im Amt. Und von daher: Selbst wenn der ein oder andere das so vorgehabt hätte, war mit einem Kandidaten Schröder neu zu planen. Schröder *ist Sozialdemokrat und insofern, glaube ich, ist die Tatsache, dass es Begrifflichkeiten gab, wie Sicherheit im Wandel oder ‚Innovation und Gerechtigkeit', den wir damals im Wahlkampf gebraucht haben, war ja nichts, was man Schröder aufpflanzen oder implantieren musste, etwas was ihm fremd gewesen wäre. Sondern das waren ja damals Begrifflichkeiten, mit denen wir auch damals in der Partei umgegangen sind. Insofern, glaube ich, ist es wirklich ein bisschen der Blick von allzu großer Ferne, als ob der damalige Kandidat Schröder von der Baracke, von der Wahlkampfleitung oder aber vom Bundesgeschäftsführer fremdgesteuert gewesen wäre. Das *ist, glaube ich, eine falsche Sicht der Dinge. Und so wie *ich Franz Müntefering später kennengelernt habe, gehört auch er zu denjenigen, die sozusagen das, was Personen mitbringen in Auseinandersetzungen, auch immer respektiert haben. Ich habe das *selbst erfahren und Schröder 1998 auch.

**Ich war überrascht, deswegen frage ich nach, Müntefering war als Kanzleramtschef im Gespräch, dann als Fraktionsvorsitzender, am Ende wurde er Verkehrsminister. War das dann nicht dennoch in gewisser Weise eine Abschiebung?**
**Wenn man sich Kurt Bodewig, Reinhard Klimmt, Manfred Stolpe, Wolfang Tiefensee anschaut. Alles Personen…Beispiel Manfred Stolpe, der eigentlich schon Rentner war, und das dann auch immer wieder betont hat…**

(schmunzelt) Ich meine, dazu gehörte auf der einen Seite seine Entscheidung ins Kabinett zu gehen, der auf der anderen Seite natürlich eine Zahl von Bewerbern für Kabinettsposten für die die Zahl der Minister im Kabinett nicht ausreichte. — *Ich kann nicht beurteilen, ob Franz Müntefering jemals als Chef des Kanzleramtes im Gespräch war. Meines Wissens war das nicht der Fall. — Die Entscheidung ist ja dann auch zu Gunsten von Bodo Hombach ausgefallen, hat getragen bis ins Jahr 1999 hinein. Insofern standen zur Auswahl andere Ministerposten. Walter Riester war schon teil des Wahlkampfteams und deshalb ging an ihm als Arbeitsminister kein Weg vorbei. Franz Müntefering hat dann das größte Investitionsressort bekommen. Insofern, glaube ich, hat *er das damals nicht als Abstufung erfahren in dem von Ihnen beschriebenen Sinne. Aber natürlich hat alle Welt wahrgenommen, dass dann bei den Veränderungen in der Parteispitze, die notwendigen Neubesetzungen, Franz Müntefering denn auch bereit war wieder in die Partei zurückzukehren. Und da seine Verantwortung übernehmen. Etwas, dass er dann auch für einige Zeit getan hat und dann nochmal zurückzukommen.

**Drei Spiegel-Journalisten haben das Treffen von Ihnen und Schröder mit Müntefering beschrieben. In einem Hannover Restaurant soll das gewesen sein. Müntefering musste demnach sehr lange überlegen, ob er das Amt des Generalsekretärs annimmt. War das tatsächlich so?**

— — — — Ich muss einen Augenblick nachdenken, ich meine, ich muss mich nochmal in die Gesprächssituation hineindenken — — — —

Also ich erinnere mich so, dass Franz Müntefings Einwand im Grunde genommen war, dass er 'ne ähnliche Funktion, denn die Generalsekretärsfunktion haben wir erst geschaffen mit ihm,

**die kam neu hinzu...**

..., dass eine schlichte Rückkehr auf eine Funktion des Bundesgeschäftsführers, die er gerade erst, im Grunde genommen erst einige Monate vorher, verlassen hatte, natürlich auch ein etwas komisches Bild abgibt und für ihn jedenfalls keine zuträgliche Variante wäre. — *Ich hab das Gespräch so in Erinnerung, dass er — keine grundlegenden Schwierigkeiten damit hatte, sich den Wechsel vom Kabinett auf eine Parteifunktion vorzustellen. Das nicht. Eher sozusagen eine nicht leicht begründbare Runde über den Bundesgeschäftsführer, ein paar Monate Verkehrsminister und dann wieder den Bundesgeschäftsführer ihm nicht sehr behagte, und ich *kann ihnen jetzt nicht mehr sagen, ob wir schon in dem Gespräch — mit der Generalsekretärsvariante operiert haben, oder ob das erst danach entstanden ist. (Stimme wird langsamer) Ich hab' das so in Erinnerung, dass wir das schon in diesem abendlichen Gespräch erwogen haben, dann mit dieser Variante ins Rennen zu gehen. *In der Erwartung, dass der Parteitag das auch so mittragen wird. *Nicht nur die Wahl von Müntefering, sondern auch die dafür notwendige Satzungsänderung.

**Es soll die Forderung von ihm gegeben haben, freie Hand bei Personalentscheidungen zu bekommen. Darüber soll Schröder zunächst nicht ganz begeistert gewesen sein. Matthias Machnig sollte mitgehen, auch Kajo Wasserhövel...War das eine Bedingung?**

Er hat darum gebeten, aber falsch ist, dass Schröder damit Schwierigkeiten gehabt hatte. Weil, dat kennen wir nun alle aus unserem politischen Job, dass sie ohne einen Kreis von ein paar Vertrauten — solche relativ anspruchsvollen Wechsel in der Regel auch nicht würden. Ich meine, jeder braucht eine ein wenig belastbare Arbeitsatmosphäre *um sich, weil sie im Grunde genommen ja keinen Tag Schonfrist haben. Dass heißt, sie müssen im Grunde genommen, angekommen im neuen Amt, am nächsten Tage wieder sprechfähig sein vor Mikrophonen, Kameras. Und insofern kann man sich keine Auszeit zum Anlernen, zum Eingewöhnen und Gewöhnen an neues Personal lassen. Von daher ist das schon sinnvoll, dass man bei dem Wechsel in dieser Größenordnung auch die Freiheit gibt, ein paar von den Personen mitzunehmen, die man im näheren Umfeld, an die man sich im näheren Umfeld gewöhnt hat. *Nichts, dem Schröder widersprochen hätte oder bei dem ich jedenfalls gespürt hätte, dass er da Unbehagen hatte.

**Okay, mit der...**

Kajo Wasserhövel war damals auch — Matthias Machnig war sozusagen der bekannte und enge Mitarbeiter von Franz Müntefering. Kajo Wasserhövel kannte ich, hatte ich auch gesehen, aber war jetzt nicht so, war jetzt keiner, der *damals schon herausragenden Leute in seinem Umfeld.

**Wenn Sie jetzt Kajo Wasserhövel und Matthias Machnig ansprechen... In der „Zeit" stand einmal, dass Münteferings engster Führungskreis „Boygroup" genannt worden ist. Nur ein Zeitungsartikel oder war das tatsächlich so?**

Wie man's nennt. Ich meine, dass gibt es ja überall. Bei, äh, das gegenwertige Kanzleramt wird als Girlscamp beschrieben, Müntefering vielleicht als Boygroup, bei uns im Kanzleramt haben die damals gesagt — Hannover Seilschaft oder irgendsowat, als Sigrid Krampitz und ich da waren, mit Schröder zusammen. *Klar, ich meine, dass neue Bezeichnungen, die auch Schlagzeilencharakter haben, dafür entwickelt werden, ist das eine. Das andere ist, das wissen Sie auch, ist die Notwendigkeit mit ein paar Vertrauten zu arbeiten, mit denen man ein *noch offeneres Wort als sonst schon pflegt. Das ist einfach notwendig. Und das hat Franz Müntefering mit seinen Leuten natürlich auch gehabt. Am Anfang stärker mit Matthias Machnig, später, das ist die Zeit, die Sie wahrscheinlich intensiver beobachtet haben, mit Kajo Wasserhövel.

**Wie haben Sie diesen Kreis wahrgenommen? Wenn Sie die Hannover Seilschaft ansprechen, da war es ja auch ein enger Führungskreis, an den man gar nicht ganz so einfach rankam.**

Krampitz hatte eine andere Rolle. Sie war Büroleiterin von Schröder. Natürlich auch jenseits des Politischen. Dazu gehört schon, dass man in der Lage sein muss, zu schweigen, nicht nur gegenüber Journalisten zu schweigen. Ich glaube, das, was ich vorhin angedeutet habe, dass natürlich in den unterschiedlichen Kulturen, die sich ausgeprägt hatten, auf der einen Seite in der Baracke, auf der anderen Seite bei uns damals in der niedersächsischen Staatskanzlei, waren da Homogenisierungsprozesse erforderlich. Das war 1998 in der Frühphase, nachdem die Kandidatur von Schröder entschieden war, nicht so ganz einfach. Natürlich hatte sich die Baracke auf einen, vielleicht nicht auf einen Kandidaten, aber auf einen Wahlkampf festgelegt, und der Vorgang dort, Schröder'sche Handschrift unterzubringen, war natürlich einer, bei dem man auch ein bisschen Beharrung, in manchen Fällen auch Widerstand zu überwinden hatte. Und gleichwohl, glaube ich, haben wir das ordentlich miteinander hingekriegt. Ich hab' dann später mit Matthias Machnig die gesamten Koalitionsverhandlungen betreut. Im November, Oktober, Anfang November 1998. Da ging das dann schon — recht gut miteinander. Aber natürlich sind das unterschiedliche Rollen und *deshalb auch manchmal etwas unterschiedliche Interessen. Das ist ja in der Politik nichts Ungewöhnliches. Und das ist, wenn ich das so sage, auch noch kein Qualitätsausweis oder 'ne Bewertung, die etwas über die Qualität der Zusammenarbeit zuließe. Wichtig ist ja, dass selbst wenn man von unterschiedlichen Kulturen kommt, oder unterschiedliche Interessen wahrnehmen muss, Arbeitsergebnisse liefert. Und die haben wir, glaube ich, in dieser Phase jedenfalls hingekriegt.

**Worauf ich hinaus möchte: 2005, kann man sagen, zerbricht diese Boygroup. Lars Kühn wird Sprecher des neuen Parteivorsitzenden, als Müntefering zurückkommt, muss er zurücktreten, beziehungsweise muss ins Archiv gehen, Matthias Machnig geht ins Umweltministerium zu Sigmar Gabriel, nur Kajo Wasserhövel folgt Müntefering.**
**Überspitzt gesagt: War Müntefering mit dieser Boygroup alles, aber ohne sie dann,, 2008/2009 weniger oder nichts mehr? Es fand ja eine gewisse Entzauberung statt…**

— Na, 2005 ist etwas kaputt gegangen. Die Vorgänge, die zu seinem Rücktritt führen, geführt haben, sind bekannt. Ich glaub', die muss man sich hier auch nicht memorieren. Aber die Folge davon war natürlich, dass die Leute, die bis dahin für ihn gearbeitet haben, in dieser Zusammensetzung, für *ihn zumindest nicht mehr zur Verfügung standen. Matthias Machnig hat ja, bevor er im Umweltministerium ankam, noch einige Runden in der Wirtschaft gedreht, er war bei einem privaten Beratungsunternehmen, war aber dann, glaube ich, sehr froh, dass sich 'ne Chance eröffnete in die Politik zurückzukommen. Lars Kühn haben Sie eben selbst erwähnt. Kajo Wasserhövel ist dann *derjenige geblieben, der über die Phasen, die sich dann anschlossen, am engsten Kontakt zu ihm gehalten hat, dann im Arbeitsministerium auch mit ihm gemeinsam gearbeitet hat. — — Nach dem erneuten Wechsel oder nachdem wir Müntefering dann zurückgeholt haben — *hat er sich 'ne neue Mannschaft stricken müssen, bei der Kajo Wasserhövel zu seinen engsten Mitarbeitern gehörte. *Andere sind dann neu hinzugekommen. Machnig natürlich nicht. Er war ja Staatssekretär im Umweltministerium. Und, ich glaube, dass es auch mit Wasserhövel und Machnig so nicht mehr gegangen wäre. Damals gab es da einen klaren Abstand zwischen Machnig und Wasserhövel. 2008 und 2009 waren diese sozusagen auf gleicher Höhe angekommen. Beide waren Staatssekretäre, *beide hatten ihr gerüttelt' Maß an Erfahrung in der politischen Exekutive gesammelt. Insofern, glaube ich, war, selbst wenn das, wenn Müntefering es ge*wollt hätte, hätte man beide, auf derselben Ebene an der Parteispitze für ihn arbeiten, so auch nicht mehr zusammengekriegt. *Aber andere Leute sind hinzugekommen. Das Wahlergebnis spricht eine Sprache, und die bedeutet ein bitteres Wahlergebnis für die SPD. Trotzdem würde ich sagen, dass wir in diesem Jahr 2009, 'nen ordentlichen Wahlkampf gemacht haben. Und ich meine, dass, was ich in den Veranstaltungen dargestellt haben, hat, *spricht ja dafür. Ich hab ja nun eins, zwei, drei, *vier Wahlkämpfe relativ hautnah miterlebt. — *Was die Stimmungen in den Veranstaltungen angeht, *was den Besuch in den Veranstaltungen angeht, war das sicherlich besser als 2005. Was die Auseinandersetzung mit der Kandidatin angeht, sicherlich schwieriger als 2005. Damals sozusagen noch Kohls Mädchen, dass ins Amt strebte, und entsprechend qualifiziert wurde und inzwischen eine Auseinandersetzung mit einer Kanzlerin. Aber selbst die ist, wenn ich ans Duell denke, ganz gut gelungen. *Aber das Wahlergebnis stimmte eben nicht. Insofern würde ich sozusagen den etwas leichtfertigen Rückschluss darauf, ob Müntefering nicht die geeigneten Leute um sich hatte, diesen leichtfertigen Rückschluss würde ich so nicht machen. Wir haben alle miteinander verloren, wo immer es im Detail lag, es ist —, bei den Wählerwanderungen zwei Millionen nach links, zwei Millionen nach rechts, nein nicht ganz, ich weiß nicht, 1,4 glaube ich nach rechts und eine Million nach links und zwei Millionen ins Nichtwähler-Potential, sind eben die Ursachen auch nicht so ganz leicht zu erschlüsseln.

**Mit Blick auf Ihre Zeit. Ich würde Ihnen gerne dieses Foto zeigen [siehe Foto S. 149]. Das sind Müntefering und Lafontaine. Das ist im Jahr 2004, Juni 2004, Parteitag der saarländischen SPD. Fünf Jahre nach Lafontaines Rücktritt. Müntefering sprach eigentlich überhaupt nicht mehr mit Lafontaine. Gab es Überlegungen, Lafontaine doch wieder zu integrieren? Sie als Kanzleramtschef...**

(leicht unwirsch) Im Sinne von bitte, bitte machen oder wie?
Bevor er sich dann der Linkspartei angeschlossen hat, oder was meinen Sie?

**Bevor er sich der Linkspartei angeschlossen hat. Juni 2004. Anfang 2005 geht er dann zur Linkspartei.**

(Aufgeregt) Ja, ich meine ... (Pause und wieder sein gewohnt ruhiger Stil) Auch diejenigen, die nicht direkt Kontakt zu ihm hatten, wussten ja über einzelne Vertraute, und Reinhard Klimmt gehörte nun dazu, wie man im Hause Lafontaine denkt und wie insbesondere Oskar Lafontaine denkt. Insofern hat das immer mal wieder eine Rolle gespielt, ob es Sinn macht, auf ihn persönlich zuzugehen, ihn zu bewegen, auch seine damals ja schon drastische, öffentliche Kritik an der Bundesregierung, damals Rot-Grün, zu mäßigen. Aber dazu ist es letztlich nicht gekommen. Ob das an mangelndem Eifer von Seiten der damaligen Parteiführung, des damaligen Generalsekretärs oder des Parteivorsitzenden lag, ich weiß et nicht. *Aber meine Einschätzung war auch so, Lafontaine *hat sich sehr, sehr schnell von dem zu lösen versucht, für das er in der Wahl, und letztlich in dem ersten halben Jahr der Bundesregierung gestanden hat. Und nicht jedes von ihm öffentlich gebrauchte Argument war ja bekannter Maßen richtig, wie zum Beispiel das, dass er ein heftiger Streiter gegen das Balkanengagement gewesen wäre. Viele haben es im Kabinett nicht wahrgenommen.

**Ich hab es in der Biographie von Joschka Fischer gelesen. Der hat es ja nochmal ausdrücklich betont, dass es so nicht gewesen ist.**

N'...

**Aber, man muss ja trotzdem sagen, Sie haben auf dem Presseabend der SPD vor dem Parteitag gesagt, dass sie Lafontaine zumindest schon wieder grüßen, wenn sie ihm begegnen. Bei Müntefering wirkte immer eine gewisse Sturheit mit. In Zeitungsinterviews hat er immer wieder gesagt, ich könnte gar nicht mit der Linkspartei, weil da ja Lafontaine drin ist.
Ist da nicht eine zu große Sturheit dagewesen, dass man nicht gesagt hat: Lafontaine, Du hast vieles falsch gemacht, aber wir brauchen dennoch kritische Denker wie dich in der Partei, in der Sozialdemokratie. Sonst wird die Linkspartei stark....**

Ja gut, ich mein', ich hab' das ja vorhin gesagt, es ist ja nicht so, dass man überhaupt nicht gewusst hätte, wie Lafontaine über die Sozialdemokratie und die Regierungspolitik der Sozialdemokratie der damaligen Regierungspolitik von Gerhard Schröder dachte. Und daran hat nicht Franz Müntefering, sondern viele andere zuletzt, vor allen ding Gerhard Schröder selbst auch kalkuliert, ob es Sinn macht, ihn unter diesen Voraussetzungen zu bewegen, da eine andere Haltung einzunehmen. Denn die wäre ja erforderlich gewesen, da ein Reintegrationsprojekt zu starten, wie sie es vorhin genannt haben. — Ich glaube, die Bewertung, von außen jedenfalls sah anders aus, *ich kenne heute auch den ein oder anderen, der sagt, wenn man den Lafontaine nur damals richtig angesprochen hätte, er wäre schon irgendwie wieder vernünftig geworden, ins Boot zurückgekommen. Ich weiß et nicht. Kanzler, Generalsekretär, und Parteivorstand oder jedenfalls viele, die ihm angehört haben, haben das anders beurteilt. Und aus heutiger Sicht ist es verschüttete Milch. Aber ich meine, gut, sie schreiben eine Biographie über Müntefering, deshalb müssen sie so fragen, das ist klar. Aber es klingt ein bisschen so, als hätte die *ganze Steuerung über solche Fragen nur Müntefering oblegen...

**Er war der Parteivorsitzende...**
..... An der Parteispitze ist ja die Frage einer gemeinsamen Einschätzung etwa zu einer in Gründung befindlichen Linkspartei aus vorhandenen Gruppierungen heraus, etwas, was im Dauergespräch war, natürlich auch die Rolle Lafontaines und anderer, die drohten in diese Richtung zu gehen. — Es gab da keine Debatte, die ich so in Erinnerung habe, dass Müntefering nun kategorisch derjenige gewesen wäre, der im Unterschied zu anderen gesagt hätte, auf keinen Fall nehmen wir Kontakt, nehmen wir irgendwie Kontakt zu Lafontaine auf. Ich glaube, wir müssen einfach, selbst wenn das ein paar Jahre her ist, uns doch daran erinnern, dass die Einschätzung so war, das war nicht allein Müntefering Einschätzung. Der Ärger Lafontaines, *vielleicht über die Regierungspolitik der SPD, über die Person Gerhard Schröders, über Bodo Hombach, über den er sich sehr geärgert hat, aber ich bin mir sicher, am *meisten über sich selbst, dass dieser Ärger so groß war, dass keine Chance bestand zu einer veränderten Haltung.

**Zwei Fragen noch: Zur Person Müntefering. Müntefering sagte bei seiner Abschiedsrede auf dem Parteitag: „Irgendwer hat gemeint, ich sei ein autoritärer Knochen. Ich habe diese Charakterisierung immer mit Amüsement betrachtet. Zum Abschied darf ich nun erleichtert feststellen. Ich bin diesbezüglich unerkannt durch die lange Zeit der Ämter gegangen. Es war mir eine Ehre und es war mir ein Vergnügen."**
**Wie haben Sie Müntefering kennengelernt. Auch als diesen autoritären Knochen oder war er im persönlichen Gespräch anders?**

Absolut. Ich meine, er hatte seinen Arbeitsstil. Das ist wahr. Und — der Arbeitsstil war schon so, dass er sich dazu bekannt hat, und das versteh' ich auch. Das man besser mit Positionen an Diskussionen herangeht. Auch jemand, der oft keine ausführlichen, aber doch in der Positionierung er*kennbaren Papiere gemacht hat, meistens kurz und knapp, aber meistens mit irgendwelchen Positionierungen und Papieren in Diskussionen... *wer das autoritär empfindet, mag das so sehen. Ich hab ja nun, insbesondere in den letzten Jahren mit ihm, in seiner Zeit als Verkehrs- und Arbeitsminister, anfangs aus der Rolle des Kanzleramtschefs, später des Kabinettskollegen und Vizekanzlers mit ihm zu tun gehabt. — *Mir gegenüber kann ich jedenfalls nur sagen, — war das ein Verhältnis, bei dem ich mich, jedenfalls von ihm, nicht dominiert gefühlt habe. Wissen Sie, wir dürfen uns ja auch nicht naiver stellen, als wir sind. Wer in solchen Positionen ankommt —, der schafft es nicht, ohne ein gerütteltes Maß an Selbstvertrauen und auch Selbstbewusstsein. Insofern treffen da immer noch unterschiedliche Typen aufeinander. — Aber schon Typen, in der Regel ausgestattet mit Vorstellungen, mit einem starken Willen. — Wobei nicht erstaunlich ist, dass beim Zusammentreffen solcher Menschen nicht auch gelegentlich mal Hitze durch Reibung erzeugt wird. Ich find das im Prinzip nicht schlimm und deshalb sage ich, obwohl wir unterschiedliche Typen sind, obwohl wir unterschiedliche Wege in der Politik genommen haben, — hab ich jedenfalls, und das sehen Sie ja auch daran, — dass ich derjenige war, der Müntefering im Grunde genommen ins Amt zurückgeholt hat, immer der Auffassung war, das ist ein *wirklicher politischer Profi ist, — und mit dem man das, was an Ideen und Vorstellungen auf unserer Seite bestand, und mit seinem professionellen Verständnis von Politik ganz gut übereinbringen kann. Es ist uns über geraume Zeit lang gut gelungen. Wir haben elf Jahre regiert, in unterschiedlichen Positionen da miteinander gearbeitet, seit letztes Jahr September ist das *leider verändert, ich bedaure das in höchstem Maße, ich habe mir was anderes gewünscht, aber dat müssen wir nun so akzeptieren.

**Letzte Frage: Müntefering sagte einmal über Herbert Wehner, der sei wie ein Onkel für ihn gewesen. Zwischen den beiden liegen rund 34 Jahre. Zwischen Ihnen und Müntefering liegen immerhin 16 Jahre. Was war Müntefering für Sie?**

— Das mit dem Onkel kann ich nicht sagen, weil Wehner damals schon Onkel hieß, bevor Müntefering auf eine Frage hin diese Verwandtschaftsbezeichnung so übernommen hat. — — Müntefering war für mich schon einer — vor dem ich Respekt hatte von seiner langen Geschichte in der Partei. Ich glaube, auch zu denjenigen zu gehören, die wissen, was er so gelegentlich ertragen hat, in seinen, vor allen ding in seinen Funktionen in der Partei. — Für mich war er auch ein Ratgeber, auch was Wahlkämpfe angeht. — Und was politische Inhalte angeht, so kommen wir vielleicht von unterschiedlichen Ecken des Geschäfts. — Aber wir haben das in den Phasen, in denen wir Regierungsämter inne gehabt haben, finde ich sehr, sehr ordentlich zusammengekriegt. Und das liegt daran, glaube ich —, dass Franz Müntefering einer ist, der Partei achtet, — — der die Formalien in der Partei bis hin zur detaillierten Vorbereitung von Parteitagen und Beschlüssen auf Parteitagen — mit *ungeheurer Intensität gewidmet hat. — Aber gleichwohl wusste und, dass zeichnet eben Menschen aus wie ihn, dass man in Regierungsämtern, in Regierungspolitik auch nicht vollständig aus Parteitagsbeschlüssen ableiten kann, sondern — wissen und sich erinnern muss wo man her kommt. Und sich in Regierung und insbesondere in Regierungskoalitionen doch in Verantwortung und Selbstbewusstsein — zu Positionen durchringen muss, die nicht unbedingt die eigenen sind, die Sozialdemokratischen, die eigenen Sozialdemokratischen sind. Aber Positionen, die verantwortbar sind und die vor allen ding zum Ziele habe, was für die Menschen im Lande zu bewegen. Die Welt ein Stück besser zu machen.

**Herr Steinmeier, ich würde gerne noch weiter fragen, ich weiß, sie haben den nächsten Termin. Deswegen glaube ich, ist das an dieser Stelle nicht mehr angebracht.**

Danke.

**Lassen Sie mich persönlich sagen, ich hoffe ja, dass Sie 2013 der neue Kanzlerkandidat, der neue alte Kanzlerkandidat der SPD sein werden.**

Ja, aber sie kennen auch das Geschäft...

**...Ich kenne es auch...**

...und wissen auch —, dass Wahlergebnisse Entscheidungen vorstrukturieren. Von daher, glaube ich, sind andere Lösungen wahrscheinlicher (lacht).

**Vielen Dank.**

## IV. Interview mit Kajo Wasserhövel am 25.01.2010

*Kurze Vorrede*

Eine Stunde haben wir. Weil ich dann noch einen Termin hab'. Da muss ich hinradeln.

**In drei Jahren geht es wieder in den Bundestag – für Sie mit neuer Kandidatur?**

*Das weiß ich noch nicht. Also, das war ja vom Ergebnis so *heftig, auch im Wahlkreis, was die Bundestagswahl insgesamt anging, aber auch in dem Wahlkreis, dass ich mir da jetzt ein bisschen Zeit nehme, um mich dann zu entscheiden.

**Das kann man verstehen nach dem Wahlergebnis. Ich habe jetzt mit ein paar Leuten gesprochen – mit Steinmeier, mit Älteren wie Friedhelm Farthmann – und die waren alle der Meinung, dass kann man niemandem anlasten, das ist einfach seltsam gekommen.**

Mmh...

**Sie sind ja als Redenschreiber zu Müntefering gekommen, wenn ich das richtig recherchiert habe. Wo haben Sie ihn damals kennengelernt?**

Ich hab' angefangen 1991 als Juso-Jugend-Bildungsreferent im Westlichen-Westfalen. Damals war noch Hermann Heinemann der Bezirksvorsitzende und Franz Müntefering war erster Stellvertreter und zuständig für Personal. Und mein Vorstellungsgespräch, da hab' ich ihn kennengelernt. *Ganz kurz kennengelernt. Weil das ja eine Entscheidung war, die die Jusos getroffen haben, aber er war damals dabei. *Und dann, ja, immer sporadische Begegnungen, weil ich ja dann auch immer beim Bezirksvorstand mit dabei gewesen bin. Bezirksausschuss. Aber so richtig *kennengelernt habe ich ihn dann eigentlich erst in seiner Zeit im Ministerium.

**Wie sind Sie dahin gekommen?**

— Der Matthias Machnig war damals Büroleiter im Arbeits- und Sozialministerium. *Den kannte ich über die Juso-Arbeit, weil er im Juso-Unterbezirk Münster aktiv war. Und ich war in der Juso-Hochschulgruppe. Und der rief mich dann an. Und fragte mich dann, ob ich Interesse hätte, ins Ministerium zu wechseln. Das hab' ich dann gemacht Anfang '95, im Februar glaube ich. Und hab' dann gedacht, so, jetzt bleibst du im Landesministerium und schreibst ewig Reden über Kindergarteneröffnung und 20. Jahrestag, was weiß ich, Bundesverband künstliche Niere und solche Geschichten. Ja, und dann kam Mannheim und dann die Möglichkeit, mit nach Bonn zu gehen ins Erich-Ollenhauer-Haus und da hat er mich gefragt. Und ich hab' gesagt: Ja.

**Und dann waren Sie Büroleiter?**

*Ne, erst mal nicht, erst mal war ich persönlicher Referent, Matthias Machnig war Büroleiter, und dann haben wir, ja, diese Zeit von '95 bis '98 dann, schon sehr *intensiv miteinander verbracht, um die Bundestagswahl vorzubereiten. Und die Voraussetzungen dafür zu schaffen, dass man die auch gewinnen kann.

**Diese kurzen Sätze, um kurz auf die Reden einzugehen, kamen die von Ihnen oder kamen die von Müntefering?**

*Ne, die sind schon von ihm (lacht). Also, Redenschreiber von ihm zu sein, ist schon 'ne Sache, wo man 'ne hohe Frustrationstoleranz braucht. Weil, man schreibt die Reden, man bereitet das vor, man stellt das Material zusammen und denkt, oh, das ist jetzt super toll, was man da aufgeschrieben hat. Und ich hatte dann meinen ersten Flash, als ich ihn dann mal begleitet habe bei 'ner Veranstaltung und gesehen hab', wie er sich dann im Wagen darauf vorbereitet hat. Also er hatte dann meine Rede auf dem Schoß und hat die dann durchgelesen. Und hatte dann einen kleinen zusammengefalteten Zettel. Und hat sich da zehn Stichworte aufgeschrieben und dann frei gesprochen.

**Aha...**

*Gut, er hat dann gesagt, gut, ich brauche das, einfach auch 'ne gute Rede im Entwurf, um die eigenen Gedanken auch nochmal zu, nochmal zu sortieren. — Und den einen oder anderen Punkt herausfinden, aber er verwendet da seine eigene Sprache. Und ich hab' auch nie versucht, jetzt in *einer Rede, die ich geschrieben hab', aber jetzt Müntefering-Deutsch zu schreiben. Sondern da das so geschrieben, wie ich meine, wie man die Punkte ansprechen kann – und dann halt er halt das daraus gemacht, was er daraus machen *wollte.

**Okay, das war nicht immer das Gleiche, aber im Sinn, im Inhalt das Gleiche, aber die Sprache...**

ICH hab' mich darüber gefreut, wenn, ich sag' mal, ich den Dingen nahe genug gekommen bin, und er bestimmte Argumentationsmuster einfach aufgenommen hat. Und ich hab' auch 'ne Zeit lang gebraucht, um das *richtig zu verstehen, weil — — — *Er hat 'ne sehr, ja, karge Sprache, und auch die kurzen Sätze, das ist ja alles legendär, wie er redet. Und viele Leute neigen dazu, ihn intellektuell zu unterschätzen. Also da ist auch bei *vielen – ist mir über die Jahre immer wieder begegnet – 'ne Hybris drin, weil die 'nen akademischen Hintergrund haben. Und sich Dinge anders erschließen als er. Und dann zu schnell drüber weggehen. Und manchmal nicht so schnell verstehen oder nicht verstehen wollen, dass da mehr Tiefgang dahinter ist, als manche das *vermuten.

**Das heißt, sie würden das, ich hatte mit einem Gesprochen, der meinte, diese kurzen Sätze, er war begeistert davon, aber sie sagen auch etwas über die Person aus, über die Denkstrukturen der Person. Das würden Sie also nicht sagen?**

— *Nein.

**Sie sind ja dann Bundesgeschäftsführer. Sind weiter bei Müntefering dabei. Man sagt, ich hab' das in mehreren Biographien über Schröder gelesen, dass es in der Baracke einige Leute gab, deren Lebensaufgabe es war, Schröder als Kanzler zu verhindern. Gehörte Müntefering auch dazu?**

Nein.

**Man kann also einfach sagen: Nein.**

Ich weiß auch nicht, welche Leute das sind. Also, es gab (lacht) *natürlich dann die Voraussetzungen, unter denen Müntefering damals gesagt hat, ich werd' Bundesgeschäftsführer. Und es war Sommer — — '95 waren (es) ja (noch) *andere (Voraussetzungen). Rudolf Scharping war Vorsitzender und dann gab's da 'nen ziemlichen Trubel. Ich bin eingestiegen *richtig erst auf dem Mannheimer Parteitag. Und in den Vorbereitungen zu dem Mannheimer Parteitag. Und Lafontaine war dann Vorsitzender. Und Müntefering hat die Aufgabe übernommen, die Partei gut auf die Bundestagswahl '98 vorzubereiten. Und auch die, den Prozess zwischen Schröder und Lafontaine zu managen. Und *natürlich war die Situation im Erich-Ollenhauer-Haus Anfang 1995 so, dass das sehr polarisiert war. Also, das war 'nen bisschen so 'nen War-Lord-System. So würd' ich das mal beschreiben. Und gab' natürlich Leute, direkt um Oskar Lafontaine herum, der Büroleiter damals, der Joachim Schwarz aber auch andere, die *natürlich auf 'ne Kandidatur, 'ne Kanzlerkandidatur von Lafontaine zugearbeitet haben. Aber die Vorstellung, *wie muss das eigentlich sein und *wie kann man die Bundestagswahl gewinnen, die war dann schon 'ne etwas andere. Bei mir und bei Matthias Machnig auch. Und ich denke auch bei Franz Müntefering.

**Das heißt, es ging eher zu Schröder hin?**

Ab 'nem bestimmten Punkt: Ja.

**Es hieß ja, „mit Müntefering an der Spitze entstand bald ein strategisches Zentrum, deren Aushängeschilder Lafontaine und Schröder bald keine Chance mehr hatten, eine Alternativstrategie zu entwickeln. Die Zentralbegriffe waren gesetzt. Der Diskurs lief. Die Linie war festgelegt. Beide mögliche Kandidaten waren beteiligt, aber sozusagen ohne ihr Wissen." Welche Rolle spielte Müntefering in diesem Geflecht dazwischen? Einige sagen, er fungierte, wie ein Parteivorsitzender und weniger wie ein Bundesgeschäftsführer. Kam Ihnen das auch so vor?**

Er war mit Sicherheit damals schon stärker als die vorhergehenden Bundesgeschäftsführer. Günter Verheugen und auch Karlheinz Blessing, der ja auch nur 'ne relativ kurze Zeit Bundesgeschäftsführer gewesen ist, weil er ver*schiedene Dinge mitgebracht hat, also, so 'nen Prozessverständnis von Politik. Das ist ganz wichtig, also *nicht situativ mal hier, mal da, dieses und jenes zu veranstalten, sondern die Prozesse schon langfristig anzulegen und zu organisieren. Er ist gegen *vieles, was da so gedacht und behauptet wird, jemand, der im Team arbeitet, in 'nem engen Team, dem er auch vertrauen muss. Das ist schon klar. Das ist deswegen wichtig, weil – sie kennen das – wer baute das siebentorige Theben? Und so weiter. Das ist *nie 'ne singuläre Veranstaltung von einer Person. — *Er ist jemand, der 'ne starke Hausmacht mitbrachte mit Nordrhein-Westfalen und dem Bezirk Westliches-Westfalen.

Viel politische Erfahrung. Er kannte die *Bundespolitik über die Fraktionsarbeit. Und das hat ihn schon stark gemacht. Das ist ganz klar. Und er hat es verstanden, die, ja, verschiedenen Charaktere, die es da gegeben hat, auch so zusammenzubringen, dass dann *insgesamt was Gutes daraus wurde. Und die Linien, die aufgebaut wurden, also die erste Stabilisierungsphase '96 oder dann '97, ‚Innovation und Gerechtigkeit' als den Begriff der Innovation zu entwickeln und so. Das waren Sachen, die waren eben auch mit allen besprochen. Im kleinen Kreis. Aber die waren schon besprochen. — Und von daher alternativlos. So würd' ich das sehen, weil weder Lafontaine noch Schröder Persönlichkeiten sind, die sich mal hier oder da hinstupsen lassen. Also das, die haben da schon ihr eigenes Gewicht auch gehabt in dem Geflecht.

**Ich hätte jetzt gedacht, dass Müntefering ja eigentlich, man sagt ja immer, er \*diente den Leuten. Das heißt, da diente er ja eigentlich dem Parteivorsitzenden, aber arbeitete trotzdem gleichzeitig für Schröder. Das war doch wahrscheinlich auch schwiertig?**

Er hat ja schon '95 auf dem Mannheimer Parteitag als er dann sich als Bundesgeschäftsführer zur Verfügung stellte. Das war ja kein Wahlamt. Der wurde ja in den Parteivorstand berufen dann. Da hat er in seiner Antrittsrede gesagt, ich weiß nicht mehr die genaue Formulierung, aber das er Bundesgeschäftsführer der *Partei ist. Und nicht einer Person. Um damit, ich sag mal, auch 'nen *Handlungsspielraum zu markieren von Anfang an, der aber auch wechselseitig akzeptiert worden ist. — *Das war auch nicht spannungsfrei gegenüber Schröder aber auch nicht spannungsfrei gegenüber Lafontaine. Das war, aus eigener Kraft und auch noch mit eigenem Ge*wicht, Macht die er da hatte.

**Es war ja dann ein grandioser Wahlkampf mit Ihnen und Machnig und Müntefering. Müntefering hoffte danach, Kanzleramtschef zu werden oder zumindest Fraktionsvorsitzender. Dann ist er Verkehrsminister geworden. Hat er das dann nicht in irgendeiner Weise als Abschiebung empfunden? Wenn man sich jetzt die anderen Verkehrsminister anguckt, die dann danach eigentlich auch sehr schnell verschwunden sind. Klimmt, Bodewig, Stolpe, der eigentlich schon in Rente war, auch Tiefensee.**

*Ich weiß nicht, was er da persönlich, '98, sich für sich vorgestellt hat. *Ich hab' ihn immer anders kennengelernt. Also, auch anders erlebt und erfahren. Er hat die Arbeiten, die er machen konnte, und die Möglichkeiten ge*nutzt und auch gerne genutzt. Und *das *komische ist, was diese Verkehrsministerzeit anging, das alle möglichen Leute immer meinten, er sei da immer irgendwie ganz unglücklich (gewesen). Und alles ganz schrecklich oder so. Aber er hat den Job gerne gemacht. Ich mein', ich war ja in der Zeit auch Büroleiter im Verkehrsministerium. Und Matthias Machnig war Staatssekretär. Und trotzdem gab's auch ein Problem, das muss man einfach sehen. Weil die Startphase, der rot-grünen Koalition war *grottig. Die SPD hat in — '99 Landtagswahlen verloren, auch schlechte Ergebnisse erzielt. Die Konflikte, die's mit Lafontaine auch gab und mit ihm und Schröder gab, es hat 'ne Auseinandersetzung gegeben dann über die Frage, wer übernimmt den Fraktionsvorsitz. Das erinner' ich noch. Aber das der Bodo Hombach gesetzt war als Kanzleramtsminister und auch im Duo mit Steinmeier, das war für mich eigentlich klar, ich glaub', für ihn auch.

**Fraktionsvorsitz hätte er aber gerne gemacht?**

Ich glaube, wenn die Konstellation so gewesen wäre, dann hätte er's gemacht. Und das wär wahrscheinlich auch ganz gut gewesen, wenn er's damals gemacht hätte. Aber: Schnee von gestern.

**War das Genugtuung? Hat man Genugtuung empfunden, als er dann doch noch Generalsekretär geworden ist?**

Der Begriff der Genugtuung gefällt mir nicht. Weil, ich hab' viele Leute in der Politik kennengelernt und kenne sie auch, die getrieben sind von offenen Rechnungen. Oder irgendwie meinen, also, man wird *ihnen nicht gerecht, oder das, *was sie machen, wird (ihnen) in Wirklichkeit nicht gerecht oder so. Und, ich glaube nicht, dass er das so gesehen hat. Ich hab's selber auch nie so gesehen. Sondern, es war *ganz klar, dass wir ein Problem *hatten in der Abstimmung zwischen Regierung, Fraktion und *Partei. Es war klar, dass die Partei eben in *großer Unruhe war zu Beginn der rot-grünen Koalition. Dazu kamen auch Linienkonflikte, so würd' ich das mal nennen, *nicht so sehr zwischen, eigentlich zwischen Schröder und Lafontaine, aber, ich sag' mal, das, was da Bodo Hombach veranstaltet hat, hat nicht unbedingt dazu beigetragen, die ganze Situation da zu beruhigen. Das eskalierte ja dann auch im Sommer '99. Und da gab's unterschiedliche Gedankengänge. Also, die Sache mit dem Generalsekretär, die hat sich spät entwickelt. Es gab' Überlegungen, die Führung in der *Parteispitze zu verändern, ob man da nicht mit 'nem ersten herausgehobenen stellvertretenden Parteivorsitzenden arbeiten muss, weil …

# ...mit Müntefering? ...

Weil nach dem 11. März 99 und der *Doppelfunktion, die dann Schröder übernommen hat als Kanzler und als Parteivorsitzender, klar war, dass das ein bisschen schwierig ist. Und gut, irgend*wann im *Spätsommer '99 gab's dann mehr Klarheit und auch dann die Entscheidung, man *macht da 'ne Veränderung in der Struktur, man schafft die Funktion des Generalsekretärs, der im Prinzip als, ja, jedenfalls in der Person Müntefering als geschäftsführender *Vorsitzender, so würd' ich das mal formulieren, agiert und dem Kanzler den Rücken frei hält.

**Und vorher gab's auch schon Überlegungen, ihn zum stellvertretenden Parteivorsitzenden zu machen. Ich hab' auch gelesen, es gab auch ganz kurz Überlegungen, ihn zum Parteivorsitzenden zu machen....**

Am 11. März 99 waren wir zusammen in Erfurt. Wir hatten ein Gespräch mit Richard Dewis, der ja dann auch einen ganz anderen Weg genommen hat (lacht). Ich will's mal so formulieren. Wir saßen da, wie heißt das Ding da? Keine Ahnung. Irgendwie so'n *wildes Tier [Anm.: „Zum Eber"]. Und dann klingelten plötzlich die Handys. Und dann war klar, dass der Lafontaine hingeschmissen hat. Wir konnten das erst alles gar nicht glauben. Wir dachten zuerst nur als Finanzminister. Und dann auf der Rückfahrt kam dann raus, auch als Parteivorsitzender. Und auf der Rückfahrt haben viele Leute angerufen. *Und einige Leute haben Müntefering auch gedrängt, den Parteivorsitz zu übernehmen. Und er hat kategorisch gesagt, klipp und klar: Nein. Weil da immer die Erwartung drin lag von einigen in der Partei, dass er 'ne Gegenlinie aufmacht gegenüber den Sozialdemokraten in der Bundesregierung. Und das war für ihn ausgeschlossen. Weil da ein anderes Grundverständnis da ist und er hat immer die Auffassung gehabt, erst das Land und dann die Partei und das diejenigen die in der Regierung sind und *exekutiv *handeln, das primär auch haben müssen. Also auch demokratietheoretisch, das auch haben müssen. Das ist etwas, das *parteipolitisch immer schwer zu akzeptieren ist. Wenn man in der Partei ist, denkt man immer ein bisschen anders. Aber da ist er *tief verfassungstreu.

**Stichwort Lafontaine, wenn Sie das gerade ansprechen. Sie hatten ja gerade gesagt, getrieben von offenen Rechnungen gibt es immer wieder welche, die in der Politik sind. War Müntefering in Bezug auf Lafontaine auch in irgendeiner Weise getrieben von einer offenen Rechnung, von die-**

ser großen menschlichen Enttäuschung? Dass er ja eigentlich am kategorischsten von allen sich immer noch hingestellt hat, auch 2009 wieder gesagt hat, also es geht ja schon mit der Linkspartei nicht, weil ich persönlich mit Lafontaine: das geht nicht.

Er *hat ab und zu in Gesprächen zitiert, 'nen anderes Gedicht: Alle Zehn Jahre ein großer Mann, wer zahlt denn die Spesen? Und — das hat er immer auf Lafontaine bezogen. Weil das natürlich ein unglaublich *begabter *Mann gewesen ist, Politiker gewesen ist, der sich aber so entwickelt hat, dass er die, die, die Power, die er hat, die Kraft die er hat, destruktiv eigentlich umsetzt. So, wenn ich das jetzt mal auf die SPD beziehe, aber auch mal darüber hinausgehe. So. Und es *hat ja am Anfang *Vermittlungsversuche gegeben, Versuche, Kontakt aufzunehmen, ich meine, man muss sich das ja mal vorstellen, der hat die Sachen da hin geschmissen, und war irgendwie ‚incommunicado'. Da kam keiner an ihn ran. Und selbst die guten Freunde. Ich mein', der hat ja abends vorher noch mit verschiedenen Leuten zusammengesessen. Gernot Erler, Ludwig Stiegler und so weiter. Müssen se' die mal fragen, wie das gewesen ist. Und, — *für *niemanden ansprechbar, dann dieser Auftritt auf dem *Balkon, dann ist das ja immer mehr abgedreht gewesen. Also von wegen, mit dem Buch „Das Herz schlägt links" und dann plötzlich als Bildzeitungskolumnist. Dann die Versuche, auch der Saarländer immer wieder ihn auch ins Boot zu holen, mit ihm irgendwo ein Modus vivendi zu finden, was nicht geklappt hat. Können Sie mal Heiko Maas fragen, welche Erfahrungen er mit Oskar Lafontaine gemacht. (lacht) Die können Ihnen da lustige Geschichten erzählen oder Reinhard Klimmt. Seine alten Buddies. — Und das ist natürlich alles etwas, was Müntefering immer *miterlebt hat. So. Und er hat, es gab *einen gemeinsamen Auftritt, nicht gemeinsamen Auftritt, aber einen Auftritt, wo, eine Veranstaltung, Landesparteitag im Saarland, wo er gewesen ist. Wo Lafontaine gewesen ist...

...**die war das...** *(reicht ihm ein Foto, siehe Seite 149)*

Ja, ja, ja, ja. Und *das war — — da ging nichts mehr.

**Das hat mich nämlich überrascht. Das heißt, es gab tatsächlich von der Müntefering-Seite Überlegungen oder auch Versuche, Lafontaine in irgendeiner Weise zu reintegrieren?**

Na ja, *nicht mehr ins Zentrum reinzuholen. Nachdem, was da gewesen ist. Weil da klar war, da war das Porzellan zerdeppert, aber irgendwie einen Umgang miteinander zu finden, der irgendwie einiger Maßen okay ist. Weil, natürlich, Lafontaine war *Parteivorsitzender oder Kanzlerkandidat, der, 1990 war der Kanzlerkandidat, auf den ist ein Attentat verübt worden, der hat die ganze Oppositionsstrategie mitgemacht '98, hat eine *wichtige Rolle gespielt. Auch für den Wahlsieg '98. 'Ne große Anhängerschaft in der Partei. Und dass das *nicht gut ist, ein so, praktisch verbrannte Erde da zu haben, das war allen *klar. Und das *ist probiert worden, nicht von Müntefering selber, aber von anderen immer wieder, irgendwie ins Gespräch zu kommen und so weiter. Und Lafontaine hat damit gespielt, das ausgenutzt, *taktisch, die Leute auch *verarscht, anders kann ich das überhaupt nicht formulieren. Und immer zum geeigneten Zeitung dann, wenn man Schwierigkeiten hatte, dann reingetreten. Und so. Das lässt man dann ein oder zweimal mit sich machen, aber dann ist auch gut. — Ich meine, das ist ganz normal, dass man dann sagt, so, das reicht mal langsam hier.

**Aber bei Müntefering war das Porzellan aber eigentlich auch relativ schnell zerbrochen? Ich hab jetzt ein Zitat von 2001, wo er meinte: „Den kann nur jemand einladen, der auf Augenhöhe mit Lafontaine ist. Und wer ist schon auf Augenhöhe mit Lafontaine. Kennen Sie jemanden?".**

Na ja gut, man *kennt sich (lacht). — — Das ist schon 'ne Hybris, die dieser Mann an den Tag gelegt hat, und auch nicht erst seit dem 11. März 1999, sondern auch vorher. — Was viele ja auch schnell vergessen haben, die ihm nachgeweint haben. Aber gut. Schwierige Story.

**Ich frage mich das deswegen, weil ich mich immer frage, was eigentlich gewesen wäre, wenn man zum Beispiel auf dem Parteitag, wenn Müntefering zu ihm gesagt hätte: „Oskar, du sagst nicht immer unsere Meinung. Das ist nicht die Meinung der Bundesregierung. Aber du bist ein Teil der SPD. Wir brauchen kritische Denker." Hätte man nicht Lafontaine so zumindest auf unterer Ebene, in irgendeiner Weise integrieren können? Oder ging da gar nichts? War er enttäuscht, nach so einem Parteitag. Da musste er ja wahrscheinlich auch über seinen Schatten treten, als er da nochmal mit Lafontaine zusammengekommen ist.**

Ich *glaube, dass er das ab einem bestimmten Punkt nüchtern gesehen hat. Und die Art und Weise, wie Lafontaine gegangen ist, hat zu 'ner *tiefen Ernüchterung da bei ihm geführt (lacht), ich will's mal so sagen. Und das dann *nach so einem Parteitag oder auch bei *vielen Sachen, die danach passiert sind, dann die *Ernüchterung vielleicht nochmal ein zusätzliches Ausrufezeichen bekommen hat. Aber das alle Überlegungen, den *irgendwo, ich sag mal, das zu normalisieren, sich erübrigt haben, weil es genügend Rückmeldung gab von Leuten, die mit ihm Kontakt hatten oder wo man gehört hatte, der und der hat sich mit dem getroffen. Und man ja auch mitgekriegt hat, dass Lafontaine ab 'nem bestimmten Zeitpunkt eigentlich relativ systematisch auf eine Schwächung der SPD hingearbeitet hat. *Ihm das alles hinzuschieben, ist totaler *Quatsch. Das hat man schon selber produziert, das ist überhaupt keine Frage. Aber das er *Teil des ganzen Prozesses ist und ein nicht unwichtiger Teil. Das würde ich schon so sehen.

**2009 war er ja selber unzufrieden. Bei der Elefantenrunde sagte er: Das haben wir nicht gewollt.**

Ja, ja...

**Sie sind ja ziemlich schnell zu einem der engsten Vertrauten von Müntefering aufgestiegen. War das ein langer Weg so ein Vertrauen aufzubauen? Oder war Müntefering da sehr offen?**

— — — — — Muss ich jetzt selber mal drüber nachdenken. War das ein langer Weg? Ja, fand' ich schon. Also, dass das nicht mal eben... *Er ist nicht jemand, der — *sofort aufmacht. Also überhaupt nicht. Das ist ganz klar. Sondern auch abwartet. Und die Leute auch erst mal kennenlernen muss. Politik ist so 'nen verquatschtes Gewerbe. Und — es gibt ja auch genügend Beschreibungen, wie viel — *Deformiertheit da so stattfindet (lacht). Und — — der nimmt sich dann einfach seine Zeit. So hab ich das empfunden. Und *Geduld muss man da haben. Und gute Arbeit abliefern. Und, ich sag mal, das Vertrauen auch dann sich erarbeiten. So hab' ich das *gesehen. Und das ist die eine Seite und die andere Seite ist, dass er als *Chef toll ist. Würd' ich sagen. — Ich hab' viele Leute auch in der Politik erlebt, auf *Spitzenebenen, die ja alle unter einem *enormen Druck stehen. Von draußen oder auch in sich. Sehr unterschiedliche Charaktere. Und, — — die sich nicht immer unbedingt ganz fein verhalten. Also, es gibt ja auch Leute, von denen man *weiß, die also, was weiß ich, sehr große Stimmungsschwankungen haben, die cholerisch sind oder was auch immer. Er ist ein sehr *ruhiger Typ einfach, auch sehr ausgeglichen. Und wenn er schlechte Laune hat, dann wird er ein bisschen schweigsamer (lacht). Ich hab' den nie ausflippen sehen. Ich meine, ich hab' mit Müntefering jetzt seit, ja '95, vierzehn Jahre intensiv zusammengearbeitet, hab' ich kein einziges Mal erlebt. So. Und ich hab' auch nie erlebt, dass er irgendwie, wenn irgendwie ein Problem entsteht, dass er jemanden hinschiebt, von wegen, da haben meine Mitarbeiter irgendwie Mist gebaut. Hab' ich nie erlebt. *Nie. Sondern...

**...das kommt ja auch sehr häufig vor...**

Ja, das kommt sehr häufig vor. Oder Sachen für sich reklamiert, die er nicht gemacht hat. So. Verstehen Sie, was ich meine?

**...ja...**

Das sind so Sachen, die sind vielleicht Sekundärtugenden, aber die sind, wenn man so *intensiv arbeitet, soviel Zeit da investiert, schon wichtig. *Dann *auch den Freiraum, den man kriegt, den hatte ich irgendwie ab '95 eigentlich dann anwachsend, dass ich kleinere Projekte gemacht hab', größere Projekte, und dann halt, bis hin zum Wahlkampf, wo ich bestimmte Teile der Kampagne dann auch machen konnte, und organisieren konnte. Und dann auch in der Zeit ab '99, wo er Generalsekretär war. Im Wahlkampf 2002 auch, der sehr kompliziert gewesen ist. Dann auch in der Fraktionszeit, und 2005 sowieso und jetzt auch.

**Zu Müntefering gehörte ja auch diese sehr enge Boygroup, wie sie von Journalisten gern beschrieben worden ist. Wer gehörte zu dieser Boygroup und wer hat welche Funktion in dieser? Oder gab es sie eigentlich gar nicht so, wie man sie immer hochgeschrieben hat?**

— Ja, ja, gut, unter Boygroup wurde verstanden hin auf '98 der Michael Donnermeyer, als Pressesprecher, Matthias Machnig als Büroleiter und damals technischer Wahlkampfleiter, *Ich 'nen bisschen mit sozusagen als persönlicher Referent. *Und — *das hat sich ja dann verändert. Also der Michael Donnermeyer ist dann irgendwann nach Berlin gegangen. Lars Kühn ist dann Pressesprecher geworden. Matthias Machnig ist 2002 ausgestiegen. Ich hab' 'ne andere Funktion dann gehabt. Der Andreas Kuhlmann ist dann Büroleiter geworden. *Jetzt, in den letzten Jahren, 'ne *starke, wichtige Rolle gespielt, hat die Svenja Hinrichs. Im Ministerium schon. Aber dann halt auch jetzt im Wahlkampf nochmal. Also es ist nicht nur Boygroup. Also... — — — —

Es gab einfach Leute, würd' ich mal so sagen, die wirklich zum Team gehörten, wie das eigentlich bei *allen ist. Bei Schröder war das die Sigrid Krampitz und Bela Anda und Carsten Heye und der Albrecht Funk. Bei Steinmeier gibt's auch bestimmte Leute, die sozusagen da die *direkte Arbeit machen.

**Man kann in einem solchen Kreis ja schnell immun werden gegen die Außenwelt. Es gibt ja durchaus welche, die da sagen, dass das so gewesen sei. Würden Sie das auch im Rückblick sagen, hätte man teilweise offener sein müssen oder ist man eigentlich offen gewesen aus Ihrer Sicht?**

— — — — Diejenigen, die das sagen, haben das so empfunden (lacht). Was soll ich dazu sagen? Ich fand's nicht. Ich mein', wir haben *kommuniziert ohne Ende, kann ich nur sagen. Also sowohl in der Zeit im Erich-Ollenhauer-Haus, im Willy-Brandt-Haus, in der Fraktion auch. Und Müntefering und eigentlich die Leute, die mit ihm direkt zusammengearbeitet haben, auch. Es ist ja nicht so gewesen, dass wir montags da rein gekommen sind und dann haben wir uns da an Tisch gesetzt zu viert. Und haben geredet, und dann sind wir in unseren Büros gegangen und haben es abgeschlossen. Und mit keinem geredet. Und haben uns wieder in seinem Büro getroffen. Und wieder nur untereinander geredet. Das ist ja quatsch. Waren permanent dauernd in der Kommunikation drin. — — — *Was damit *gemeint oder ich glaube *was damit beschrieben wird, ist einfach, was wir *nicht gemacht haben. Permanent alles zu Markte tragen. Ja, das ist schon etwas, was wir nicht getan haben. Und was, glaube ich, auch mit dazu beigetragen hat, dass wir da ganz gute Sachen hinbekommen haben. Ich mein', '98 hat gut geklappt, Zwei-zwei hat auch gut geklappt, Zwei-fünf haben wir, glaub' ich, einiger Maßen was rausholen können, noch. Zwei-neun, da war nichts mehr zu retten. Ich will's mal so sagen. Aber es gibt auch viele, die machen das auch anders. — — — — Dass erlebe, oder hab' ich ja auch oft genug erlebt, die im Grunde genommen permanent über alles reden; nicht nur *intern, sondern auch gegenüber Journalisten. Diese *Abgeschlossenheit ist ja auch medial kolportiert worden. Immer sehr stark. Und natürlich 'ne Menge damit zu tun, dass der Umgang mit den Medien — — kontrollierter und konzentrierter gewesen ist, als das manche andere machen. — — Gibt halt unterschiedliche Wege nach Rom. Sie müssen Ihren Keks essen, sonst. Ich mach' mir nochmal einen Kaffee.

**Ich nehme auch noch einen...**

(geht zur Kaffeemaschine) Können ruhig weiter fragen...

**Okay. Ich wollte nochmal auf die Boygroup eingehen. Sie ist ja trotzdem nach und nach zerbrochen. Bis 2002 war das ja ein grandioses Team, wo sie ganz vorne mit dabei waren, Matthias Machnig auch, Lars Kühn auch. Dann ist ja Matthias Machnig zuerst gegangen, und Lars Kühn hat – so hat's der Spiegel mal geschrieben – den Fehler gemacht, dass er bei Kurt Beck noch Pressesprecher war. Sehen Sie das auch so, warum durfte Lars Kühn nicht mehr zurückkommen? Und warum Matthias Machnig?**

Also, Matthias Machnig hat ja für Franz Müntefering schon viel früher gearbeitet als Büroleiter im Arbeitsministerium, aber auch schon als er parlamentarischer Geschäftsführer gewesen ist. Und für den Matthias Machnig war das 2002 der Punkt, wo er im Grunde genommen da seinen eigenen Weg auch gehen wollte. Das war eine Entscheidung, die er getroffen hat. Und —— der ist ja dann 2002 ausgeschieden. Hat dann gearbeitet, bei 'ner Unternehmensberatung, und ist ja dann Zwei-fünf, als Sigmar Gabriel dann Umweltminister wurde, als Staatssekretär wieder rein. Und ist ja jetzt Wirtschaftsminister in Thüringen und alles sozusagen für ihn ja auch *gut gelaufen. Und beim Lars war das so, als der Michael Donnermeyer wegging, war die Frage, wer übernimmt die Funktion des Sprechers. Und der Lars war dabei, ich glaub' seit '97 oder '98. Da war der damals irgendwie Referent in der Pressestelle und so weiter. Und ist dann Sprecher geworden, hat den Job dann auch wirklich sehr gut gemacht. 2005 wollte er aber auch nicht wechseln, sondern dann eben im Willy-Brandt-Haus bleiben. Stefan Giffler ist dann Sprecher geworden, der vorher bei Hans Eichel gewesen ist. Und der Stefan Giffler hat den Job im Arbeitsministerium auch für Müntefering und auch in 'ner Zeit wo Müntefering ja auch Vizekanzler gewesen ist und auch diesen ganzen Koordinierungskrempel auch gemacht, sehr gut gemacht. Und das war nicht 'ne Entscheidung jetzt, ich mein', da kann ich jetzt erzählen, was ich will, es wird sowieso immer wieder anders geschrieben werden, von wegen, das war die große Rache dieses kalten Münte-Systems und so weiter und so weiter. 2008, das war 'ne Entscheidung für Stefan Giffler. Weil der Stefan einfach in den Jahren *intensiv mit Müntefering zusammengearbeitet hat. Und gut zusammengearbeitet hat. So, und *viele Dinge auch ein bisschen mitbegleitet hat. Ich sag' mal so: neben her. Als Müntefering dann auch aus der Regierung ausgeschieden ist und so weiter und so weiter.

Das heißt, es war jetzt gar nicht so 'ne, wie Sie es sagen, keine so große Abrechnung, sondern die Gegebenheiten haben sich einfach geändert? Und es war ein anderer Sprecher da.

Man *muss, wenn man solche Jobs macht, ob man nun Sprecher ist oder Bundesgeschäftsführer oder was auch immer *immer wissen, dass das 'ne Sache auf Zeit ist. — Das muss man auch akzeptieren. Weil, wenn man es nicht macht, dann wird man, dann wird man nicht so richtig glücklich dabei. So würd' ich mal sagen. (Schaut auf seine Uhr)

**Wie spät haben wir's?**

Haben noch zwanzig Minuten.

**Zwanzig Minuten. Das schaffen wir.**

Sie können dann gerne noch, wenn Sie noch Sachen haben, noch nacharbeiten und mir nochmal 'ne Mail schicken.

**Das ist super. 2001 steht in einer Biographie über Gerhard Schröder, dass Müntefering eigentlich schon da der heimliche Parteivorsitzende war. Steinmeier zur gleichen Zeit eigentlich der heimliche Kanzler. Schröder demnach bisweilen gar melancholisch, lethargisch, ja lustlos. Waren die beiden, Müntefering und Steinmeier, die wahren Regierenden?**

Nein. Schröder war der Kanzler und das Alphatier in der ganzen Veranstaltung. Das haben auch alle akzeptiert. Das war bei Steinmeier so. Und das war bei Müntefering auch so. Ich mein', das ist auch — — das gab immer Phasen, wo's 'nen bisschen langsamer gegangen ist (lacht) und Phasen, wo's 'nen bisschen intensiver gewesen ist. Aber wenn man mal die Zeit zwischen 1998 und 2005 in 'ner Chronologie aufschreibt. *Was in den Jahren alles gelaufen ist und gemacht worden ist. Dann war das *hochverdichtet Politik von Schröder. Und im Jahr 2001, im Jahr 2000 hatten wir Steuerreform, [...], hatten das NPD-Verbot, zumindest die Auseinandersetzung, glaube ich, war auf jeden Fall 2000. Wir hatten in 2001 dann natürlich in der zweiten Jahreshälfte dann den 11. September und alles, was daraus resultierte. Vorher die Auseinandersetzung um die Mandatsverlängerung Mazedonien und was nicht alles. Ne, also das hab' ich überhaupt nicht so empfunden und Schröder hat mit 'ner *unheimlichen Power und Wucht dann in bestimmten Situationen das Ding

gedreht. Das war 2002 ab dem Sommer so. Das war 2005 erst recht so. — —
Er hat *gut, es hat gut harmoniert. So würd' ich das empfinden. Zwischen
Schröder und Steinmeier und Müntefering auch. In der ganzen Koordinierung.
Also, da hat's nicht wilde Konflikte gegeben. Es hat *dann später nach der
Bundestagswahl 2002 aufbauend Probleme gegeben. Aber jetzt nicht zwischen
den Personen, sondern *objektiv. Weil eigentlich 'ne Agenda nicht vorbereitet
gewesen ist für die zweite Legislaturperiode. Und dann die Landtagswahlen
Anfang 2003 verloren gegangen sind, alle gesagt haben, der Schröder soll jetzt
endlich mal die lange Linie klar machen und dann kam irgendwie der 14. März
2003 (mit) der Agenda-Rede und den Konflikten, die sich dann in der Partei
daraus ergeben haben.

**„Partei gut, Fraktion gut, Glück auf", hat Müntefering auf einem Parteitag gesagt. Wird das nur von Journalisten geschrieben, oder hat Müntefering diese Wort bewusst gewählt und die Regierung tatsächlich ausgelassen?**

— — — — — Ich weiß noch auf dem Parteitag in Bochum (lacht) wie die
Stimmung gewesen ist. Und es war alles ganz schrecklich und furchtbar. Und
er war noch unsicher, ob er da überhaupt in die Debatte einsteigen soll. Es war
unklar. Dann haben wir irgendwie nochmal miteinander am Rande vorne an
der Bühne miteinander geredet, hab' nochmal gesagt, ich find's gut, wenn du
jetzt mal rein gehst. Die müssen jetzt mal *vernünftig angesprochen werden
und der Laden muss jetzt auch mal ordentlich aufgemischt werden, und er hatte die Debatte die ganze Zeit verfolgt und sich wieder diesen kleinen Spickzettel fertig gemacht. — Und das dann so auf den Punkt gebracht. Und das *kann
er gut und das *konnte er gut. Das war Zwei-fünf so und an anderen Parteitagen, wenn's sein musste, ja dann auch. So. So 'ne Formel, das ist nicht voll
unbewusst. — (nachdenklich) Das würd' ich schon sagen. Sondern, da war
schon Unzufriedenheit da. Aber das war dann schon das *Maximum an Deutlichkeit. Der Rest wurde dann intern miteinander besprochen.

**Müntefering sei „heimlicher Vorsitzender, faktischer Generalsekretär und Fraktionsvorsitzender in einer Person", schreibt die Süddeutsche Zeitung im Dezember 2003. Also, drei Monate bevor er wirklich Parteivorsitzender wird. Wieder aus Ihrer Sicht: War Müntefering tatsächlich eine solche Personalunion, der hat ja dann sozusagen alle Ämter inne, wenn man dieser Analyse glauben darf.**

— — — — — Er ist ja nach der Bundestagswahl 2002 Fraktionsvorsitzender geworden und hat die Fraktion, die Fraktion auch *gut geführt. Es hat ja am Anfang da auch Zweifel gegeben, ob er das überhaupt vernünftig machen kann. Und so weiter. Und die Fraktion hatte auch 'nen stärkeres Selbstbewusstsein dann. *Und mit dazu beigetragen, dass das ganze laufen konnte und funktionierte in 'ner Zeit, wo die Spannungen eigentlich von Monat zu Monat zugenommen haben. Also dann vor allem auch mit der Agenda-Politik. Und all den Konflikten, die sich da ergeben haben. Und er hatte schon 'ne starke Stellung in dem ganzen Geflecht. Ja. Und, gab halt dann immer mehr Leute, die gesagt haben, es *muss etwas verändert werden, was die Darstellung auch der Partei angeht. Und 'ne Entlastung auch von Schröder in der Doppelfunktion. Und dann haben die beiden sich ja darauf verständigt. Und dann hat er Anfang 2004, April war das, glaub' ich, war der Parteitag, den Parteivorsitz übernommen.

**War das von langer Hand geplant? Wurde da lange drauf hingearbeitet?**

— — — — Ne. Das war ein Gedanke, den *viele hatten in der Partei, und den er immer, also, ich hab' *selten Situationen erlebt, wo er heftig reagiert hat. Und ich erinnere eine Situation, wo ich ihm das gesagt hab', wo ich gesagt hab': Eigentlich *musst du das machen, und so weiter und so weiter, wo er super sauer geworden ist. Das einzige Mal.

**Das war also vorher, wo sie ihm das gesagt haben?**

Ja.

**Wo man gesehen hat, mit Schröder ist das irgendwie...**

...*schwierig, weil er die Zeit einfach nicht hatte, und die Belastung über die Regierungsarbeit. Und man muss ja überlegen, was das für eine Zeit auch gewesen ist. Was da alles gewesen ist. Und, ne, das würde ich so nicht sehen. Und es nicht diese — — diese *Machthungrigkeit, die da immer unterstellt wird oder so. Da ist er zu sehr „Camus". Also, es hat auch Debatten in *Nordrhein-Westfalen gegeben über die Frage, wer soll eigentlich Ministerpräsident werden nach Rau. Wenn er es gewollt hätte, hätte er es auch werden können. Dann wär's nicht Wolfgang Clement geworden. Wollt' er nicht.

**Die hat's gegeben, das stimmt. Gab's diese Debatten tatsächlich in großer Form?**

Ja, in großer Form, die gab's nicht auf Kongressen, aber *intern gab's die natürlich schon. Und wenn er's gewollt hätte, dann wär' er es geworden. Aber das wollt' er nicht. Es gibt ja immer den Satz von ihm: „Ich weiß, was ich kann und ich weiß, was ich nicht kann." *Dass er exekutiv gut ist, das hat man dann gesehen in der Zeit der Großen Koalition. Als er Vizekanzler gewesen ist. Aber das war'n Sachen, die — —, die er nicht, also er hat ja den Parteivorsitz nicht *gesucht oder angestrebt oder so. Überhaupt nicht.

**Nochmal kurz einen Sprung nach damals, nach Nordrhein-Westfalen. Woran hat man es gemerkt, dass er es auf jeden Fall bekommen hätte. Weil Clement ja langzeitig als ausgemacht als Nachfolger von Rau galt und Müntefering war einfach so plötzlich durch seine Arbeit Konkurrent geworden?**

Er war als Sozialminister sehr populär. Er hat 'ne gute Arbeit als Sozialminister gemacht. Partei auch stark hinter sich gehabt. Wenn er das gewollt hätte, hätte er es werden können. Bin ich fest von überzeugt.

**Als Müntefering dann doch noch Parteivorsitzender geworden ist. Das schönste Amt neben dem Papst. Haben Sie einen Wandel des Führungsstils bei ihm wahrgenommen? Weil es ja dann auch eine Doppelbelastung war. Sie sprechen es ja selber gerade an. Dass es eine wirklich harte Aufgabe gewesen ist. 2004 und 2005.**

— — — — Ich hab' in der persönlichen Zusammenarbeit das mit ihm *nicht erlebt. Aber die Zeiten wurden *heftiger, das muss man ja sehen. Also, er hat Anfang 2004, im April, den Parteivorsitz übernommen. Wir hatten direkt dann mehrere Landtagswahlen, die Europawahl 2004, kurze Zeit danach die Katastrophenergebnisse, die's da gegeben hat. — Dann die *Auseinandersetzung um die Reformpolitik, auch in der Bundestagsfraktion. Alles Zwei-vier dann auch ablief mit — — ja, mit Protesten, mit Diskussionen, mit Veranstaltungen. Dann der Hinlauf zu der Landtagswahl in Nordrhein-Westfalen. — — — —
– war uns *schon ein zunehmender steiniger Weg (lacht). Also dass er einfach geguckt hat, wo läuft denn das eigentlich hin und in welche Schwierigkeiten kommen wir rein. Und *kann ich eigentlich die Regierungsfähigkeit von Seiten der SPD weiter sicherstellen. Als Fraktionsvorsitzender. Als Parteivorsit-

zender. Und, was kommt da eigentlich, was sind die Erwartungen auch an ihn? Es gab' ja viele in der Partei, die die Sache mit Müntefering so verstanden haben, so, jetzt bauen wir mal das Gegenlager zum Kanzleramt auf. Und das hat er so *nicht gesehen. Und auch nicht so gewollt.

**„Anführer der innerparteilichen Opposition"? Das hat die Süddeutsche Zeitung mal geschrieben.**

War er nicht. Nein, das war er nicht. Ich denke mal, dass er, er *hat ja auch frühzeitig auch angefangen, die Reformpolitik zu erklären. Ist da unterwegs gewesen. Wir haben 'ne Veranstaltungstour da organisiert von Seiten der Fraktion. Wo er in den Regionen diskutiert hat mit verschiedenen Leuten. Und, ne, ne, der hat ja schon. *Er hat ja damals, als der Schröder die Rede gehalten hat am 14. März, wobei's ja viele Vorabstimmungsrunden gegeben hat. Und viele, die dann sagten, sie seien überrascht worden, die waren vorher bei den Runden auch dabei. Aber das ist wohl halt das Übliche. Er hat ja damals in der Bundestagsdebatte gesagt, für diese Politik, Herr Bundeskanzler, haben Sie die Unterstützung in der SPD-Bundestagsfraktion. Und sozusagen da die Zusage abgegeben. Und daran hat er sich auch gehalten. Und so hat er sich auch Zwei-vier verhalten. So hat er sich Zwei-fünf verhalten. Und so hat er sich verhalten an den Tagen um die NRW-Landtagswahl herum. Und an dem Abend selber. Und auch über den ganzen Wahlkampf und auch dann —— im Grunde genommen dann *nach der Bundestagswahl Zwei-fünf.

**Es stand mal in einer Zeitung, dass Müntefering schon in Regierungstagen über die Wendeltreppe zu Frau Merkel gegangen sein soll, und dort die große Koalition ausgekaspert haben soll.**

Steht viel in Zeitungen.

**Steht viel in Zeitungen. Schröder wollte auf dem Parteitag angeblich nicht mehr neben Müntefering sitzen, weil sein Umfeld gestreut haben soll, Schröder stehe nicht mehr zur Verfügung.**

Hätte, wäre, sollte: Wer ist Münteferings Umfeld?

**Das weiß ich nicht. Es stand nur da: Münteferings Umfeld.**

Ja, ja, das kenn' ich auch mit den Umfeldern (lacht). Aber ich weiß, dass ich sowas *nicht veranstaltet habe. Und die zwei Leute, die da sonst noch in Frage kommen, auch nicht.

**Okay.**

*Zu der Sache vor der Wahl. Der hat Wahlkampf gemacht, wie *blöde. Ich mein', erinnern Sie sich an seinen Auftritt da, ich weiß' nicht, in Homburg, wo er dann umgekippt ist und so weiter. Und gekämpft, gekämpft, gekämpft. Und Schröder auch. Und viele, die sich da — die da *super schlau sind, die hab' ich im Juli, August 2005 nicht gesehen. Und die hingen alle heulend in der Ecke. So. Und richtig gekämpft haben die beiden. Und irgendwann, als dann bemerkt wurde, da geht was, sind dann ein paar andere auch mit eingestiegen. So. Und dann kam das Ergebnis an dem Sonntag, irgendwie hatten wir das Gefühl: Da kann was gehen. An dem Samstag kamen die ersten Meldungen rein, da ist ein bisschen was in Bewegung. Aber richtig deutlich konnte man das nicht. Am Sonntagmittag kam dann plötzlich die Meldung: *Wir liegen nicht nur einiger Maßen stabil, sondern die Union stürzt total ab. Dann, in 'ner kleinen Runde saßen wir da zusammen, und da war die Frage, wer geht in die, in die Berliner Runde rein und dann, eigentlich 'ne spontane Entscheidung, dass das der Schröder selber macht. Und dann als er dahingefahren ist. Noch die Meldung: Mit den Überhangmandaten reicht's. Und er ist dann sozusagen aus diesem — (lacht) *Überschwang heraus da eingestiegen und hat da diese Nummer abgeliefert. Aber es war ja klar, die Ergebnisse sind so, wie sie sind. Dann wurden alle Parteien angeschrieben. Die FDP wurde angeschrieben. Die FDP hat gesagt, wir machen nicht *mit. So. Und dann kann man sich ja auf den Kopf stellen. Aber es war klar, man kriegt keine Ampel hin. Ab 'nem bestimmten Punkt. So. Es gab *natürlich irgendwelche super genialen Leute, die dann anfingen mit israelischer Lösung und so. Die ein, zwei Jahre, die anderen zwei Jahre. Ich mein', total lächerliches Zeug. Erwachsene Menschen, die alle den Führerschein haben, die dann so 'nen Kram da meinten, als tolle Idee haben zu können. Und — — das sehe ich nicht, dass da ein Konflikt war zwischen ihm und Schröder. Der *Schröder hat Zwei-fünf in den Bundestagstagswahlkampf wie ein wilder Stier (lacht), um einen Filmtitel zu bemühen, gekämpft, weil er der Partei auch was zurückgeben wollte. Das hat er mir persönlich so gesagt am Abend des TV-Duells. So. — Der wusste das auch, dass er da mit seiner — *Wucht, die er da eingesetzt hat, auch nach der Bundestagswahl, jetzt mein' ich nicht den Abend, aber auch in den Tagen danach, — die Verhandlungsbedingungen für die SPD hin auf die Große Koalition verbessert hat. Er ist ja nicht — — — doof. So. Und dann gab's die Vorbereitungen auf die Große Koalition, das ist immer alles eng miteinander besprochen worden. Also, das ist wirklich — Quark.

**Dann kam die Große Koalition und es kam die Kampfabstimmung zum Generalsekretär, wo sie Generalsekretär werden sollten. Waren Sie überrascht von seinem Rücktritt, als es nicht geklappt hat?**

An dem Tag selber nicht. — —

**Haben Sie gehofft, dass es noch klappt, oder war es eigentlich am Ende so, dass man gesagt hat: So, das ziehen wir jetzt durch?**

— Na ja, das hat ja auch 'ne lange Vorgeschichte, weil es ja schon im *August im Präsidium 'ne kurze Sequenz dazu gab. Wie machen wir das eigentlich in der Parteiführung dann danach. Müntefering hat das dann angesprochen. So, wir müssen darüber *reden. Hier im kleinen Kreis. Ich hoffe, dass das dann nicht in der Zeitung landet. Wir müssen aber irgendwie darüber reden und so weiter und so weiter. Und das Ergebnis war, dass dann 'nen paar Tage später Heidi Wieczorek-Zeul dann rausgegangen ist und dann — verschiedene Zeitungsmeldungen da kamen. Man merkte, es scheint jetzt irgendwie wenig gefruchtet zu haben. — Und — — — *Ich persönlich hatte am Samstag — gedacht, das klappt nicht, das war am 31. die Sitzung und an dem 29., ja dann. Weil mich die Andrea da *angerufen hat und gesagt hat: Sie *kandidiert. Und, so wie ich sie kennengelernt habe, in dem Moment ich davon ausgegangen bin, dass sie ihre Truppen da beieinander hat. — Das es *so *deutlich ausfällt, damit hatte ich nicht gerechnet. War ja 'ne ziemliche Klatsche. — Dass er für so einen Fall nicht mehr antritt als Parteivorsitzender, das hat er mir vorher gesagt. Das war mir dann *klar. — — Ja, dann passierte das halt. Und dann gab's 'ne Sitzungsunterbrechung und dann ging's hoch in den Präsidiumssaal und hat das da dann erklärt. Dann runter in die Pressekonferenz und dann unmittelbar im Anschluss sind wir rüber ins Adenauer-Haus gefahren, um dann die Koalitionsverhandlungen zu beginnen. Das war ein toller Tag, ja.

**Hat er sich in den folgenden Monaten, in den folgenden Jahren darüber geärgert, nicht mehr Parteivorsitzender zu sein?**

*Nein...

**Ganz klares Nein. Aber...**

*Nein, aber — nach seinem Verständnis und das ist eines, was ich *teile, — *muss 'ne Partei *Führung, der Parteivorstand, demjenigen oder derjenigen, den sie nach vorne stellt, auch die Möglichkeiten dazugeben. Und dazu gehört schon, dass der oder diejenige, mit dem man am engsten zusammenarbeitet als Vorsitzender, das ist der Generalsekretär, jemand sein muss, dem man da absolut vertraut. Wenn man sagt, du sollst zwar da vorne stehen, — aber eigentlich trauen wir dir nicht. — Dann soll man das auch direkt klipp und klar sagen. — —

**Das heißt?**

— — *Die Leute — — Manche hab'n ja gesagt, das hätt' man nicht wissen können. Das ist ein bisschen lächerlich, also, weil es vorher auch relativ klar war.

**Er hat es deutlich gemacht?**

Ja. *Er wollte nicht — — "Basta" machen. Also, er wollte sich nicht da hinsetzen in den Parteivorstand und sagen, passt mal auf Leute, wenn ihr den Kajo nicht wählt, dann tret' ich zurück. Das hat er nicht gemacht. — Das musste schon ein Mandat sein aus eigener Legitimität heraus. Ich verstehe nicht, ob Sie verstehen, was ich damit meine?

**...verstehe ich...**

Weil uns das dann sowieso später eingeholt hätte. Wenn man das anders gemacht hätte. Und das ist ja der Treppenwitz bei der ganzen *Nummer (lacht), dass er das nicht gemacht hat und dann im Nachhinein die Leute dann gesagt haben, so, sie wollten jetzt mal Schluss machen mit Basta-Machen. — Aber gut, egal.

**Als er dann zurückgekommen ist, war das für Sie überraschend?**

— — — Zwei-acht meinen Sie jetzt?

**Zwei-acht. Ich springe jetzt ein bisschen, damit wir das mit der Zeit schaffen.**

— — — — — Ab 'nem bestimmten, also, also, ich sag' mal so. Ich hab', Zwei-fünf war das klar, *so, jetzt ist das mit dem Parteivorsitz zu Ende. Und dann ist er in die Regierung gegangen und ich bin mit ins Ministerium und hab' da die Koordinierungsarbeit gemacht und — — *da war das eigentlich ein Kapitel, das abgeschlossen war. So hab' ich das gefunden und, glaube ich, er auch. Und erst *recht — Ende Zwei-sieben, als er als Vizekanzler ausgestiegen ist, um sich um Ankepetra zu kümmern — — — *Parallel lief das aber auch nicht so richtig rund. — Es gab die kurze Platzeck-Phase dann bis Ostern 2006. Dann — die Zeit von Kurt Beck, am *Anfang —, ja, ganz stabil, aber dann doch zunehmend mit Schwierigkeiten versehen. Und *viele, die sich Sorgen machten, wie soll das eigentlich Zwei-neun bei der Bundestagswahl laufen? — — *Ich war nicht überrascht, als er mich an dem Sonntagmorgen angerufen hat, ich war auf 'ner Dienstreise in den Staaten, in Philadelphia, genau, und da hat er mich angerufen. Und an dem Morgen war ich dann nicht sehr überrascht.

**Aber davor, es war zumindest abzusehen, dass er in irgendeiner Weise wieder mit dabei ist.**

Dass er mithilft — ja, klar — —

**Also diesen Putsch, wie Beck ihn gerne beschreibt, den gab es nicht?**

— Nein.

**Dass ist das, was ich von bisher allen Interviewten gehört habe, dass das kein ...**

— Also, der Franz Müntefering hat mal gesagt, wenn ich mal gegen 'nen Baum fahre, dann muss der Kurt Beck Vorsitzender werden. — So, *als er noch Vorsitzender gewesen ist. Er hatte auch kein Problem mit Kurt Beck. — Und, es hat aber Probleme gegeben *objektiv zwischen der Partei und der Fraktion und denjenigen, die für die SPD in der Großen Koalition waren. Das ist, da kann man ein eigenes Buch drüber schreiben (lacht). Über die ganzen Schwierigkeiten, die es da so gegeben hat, und woran die eigentlich so liegen. Und — daraus ist viel Reibungsfläche entstanden. Das muss man sehen. Dazu kam dann *taktische Ungenauigkeiten, um's mal so zu formulieren. Und, ja, kommunikative Fehler, die *Beck ja dann auch gemacht hat. — — So, und dann gab's ja viele, die gesagt haben, Müntefering muss da mithelfen und mit einsteigen wieder. Er hat ja auch signalisiert, ich bin *da und ansprechbar. Und dann halt diese Gespräche, die da stattgefunden haben, wo die sich miteinander verständigt hatten, als Beck und Steinmeier und Müntefering. — Und — dann ja die Reaktion von Beck auf die Berichterstattung vom Samstagabend vorher. *Wobei, das find' ich irgendwo auch nicht — so *richtig zwingend, weil — — Also, entweder man sagt, das ist jetzt 'ne Konstellation, die trägt, die machen wir jetzt so, und dann darf man sich jetzt auch nicht irgendwie von 'nem Kommentar von irgendjemanden irgendwie um 20 Uhr Abends, keine Ahnung, irritieren lassen. Oder man sagt, das mach' ich nicht *mit. Eins von beiden. Aber zu sagen, ich mach' da mit und dann gibt's drei Kommentare und dann, so, jetzt schmeiße ich die Brocken. Das finde ich ein bisschen — schwer nachzuvollziehen.

**Muss ich auch sagen. Sie kamen dann zurück, Müntefering kam zurück und Münteferings Leute beschrieben die Organisation im Willy-Brandt-Haus nach der Rückkehr als schockierend. Als vorletzte Frage. Oh, wir sind schon ein paar Minuten über die Zeit.**

Ein paar Minuten haben wir noch.

**Was genau war es, dass Sie — — *Was hat Sie gestört, als Sie da zurückkamen?**

*Normalerweise braucht man zur Vorbereitung einer Bundestagswahl zwei Jahre. — — Weil sie Themen aufbauen müssen, Konfliktlinien aufbauen müssen, — die operativen Dinge lasse ich jetzt mal außen vor. Weil das kann man, vieles, was jetzt *praktisch im Wahlkampf gemacht werden muss, das kann man auch schneller machen, das haben wir Zwei-fünf auch schneller gemacht. Aber das Feld zu bestimmen, das Profil zu erarbeiten, das Zusammenspiel herauszubilden, das sind Sachen, die einige Zeit dauern. Und von daher war das klar, das ist jetzt — 'nen ziemlicher Noteinsatz, der da gemacht wird.

**Aber es war ja wahrscheinlich schon was da?**

Ja gut, es gab Vorarbeiten, die, damit konnt' ich aber nicht viel anfangen, ich will's jetzt mal freundlich formulieren. So. Aber das ist nicht der Punkt. Die operativen Dinge, die dann im Wahlkampf eine Rolle gespielt haben, die sind nicht entscheidend für *23 Prozent. Sondern, das sind Sachen, die sich über einen sehr, sehr langen Zeitraum aufgebaut haben. Das sind verschiedene Faktoren, die da 'ne Rolle *spielen. Und — dazu kam ja dann, es gab die Neuaufstellung, es gab den Parteitag und dann passierte diese Nummer da in Wiesbaden und damit war klar, dass wir zu Beginn des Jahres 2009 eine Landtagswahl haben (lacht), die wir wahrscheinlich nicht gut bestehen *werden. Und daraus abgeleitet auch, dass wir 'ne Bundesversammlung haben, in der wir keine Mehrheit haben. Gleichzeitig aber an dieser *grandiosen Kandidatur von Gesine Schwan unbedingt festgehalten werden muss. Und damit im Grunde genommen schon die ersten drei, vier Monate des Jahres — eher aus einer Defensivlage herausgeführt werden mussten. Dazu kam dann, zweitens, 'ne Fehleinschätzung über die Gründe der — Niederlage bei der Europawahl 2004 und daraus abgeleitet auch 'ne Fehlentscheidung, was das — Erwartungsmanagement, um mal Neudeutsch zu sprechen, was die Europawahl 2009 angeht. — Und dazu kam eine staatspolitisch verantwortliche und *richtige Entscheidung, dass man die Themen, die natürlich 'ne riesengroße Rolle gespielt haben, Wirtschaftskrise und was muss man jetzt tun, nicht parteipolitisch nutzt. — — Also gegen manches, was dann da rhetorisch abgelaufen ist, hat man's nicht gemacht. Sondern man hat dafür gesorgt, das ist auch richtig so gewesen, dass die Regierung weiterarbeiten konnte. Und dabei war klar, dass das bestenfalls Null zu Null läuft. Und ob das das Bankenrettungspaket ist, oder das Konjunkturprogramm oder was auch immer. So, wenn man jetzt ganz brutal nur parteipolitisch gedacht hätte, dann hätte man alle Themen gegen die Wand klatschen lassen und mit den Fingern auf die Union gezeigt. Es war richtig, das nicht zu machen. Denn den Preis hätten andere *bezahlt. Aber das sind alles Dinge, die mit 'ne Rolle gespielt haben. Dann für den Verlauf des Jahres 2009, aber viel, viel *wesentlicher aus meiner Sicht sind *zwei Faktoren. Zum einen der Verschleiß, der ganz natürlich ist, wenn man elf Jahre regiert. Und, zum zweiten, dass viele — *inhaltliche Entscheidungen aus diesen elf Jahren *nicht wirklich innerhalb der Partei aufgearbeitet worden sind, sondern immer wieder nur ein Formelkompromiss hier und da gemacht worden ist. Aber die Konflikte nicht aufgelöst worden sind. Und das hat immer mehr Kraft gekostet. Und dazu geführt, dass da nicht mit voller Überzeugung da gekämpft worden ist.

**War Müntefering danach überrascht, dass er gehen musste?**

Er war *geschockt bei der Europawahl. Und er hat das auch nochmal gesagt danach. Also, sozusagen, mit der Europawahl war ihm klar, wo da der *Korridor ist. — Und wir hatten alle *gehofft, dass wir besser abschneiden als 23 Prozent. — — Ich hab' selber immer einen Korridor im Kopf gehabt, der war relativ weit, irgendwie noch Ende, im Herbst 2008 — und der ist dann enger geworden mit bestimmten Dingen, also wie gesagt, diese Hessen-Geschichte hat das dann aus meiner Sicht schon ein bisschen reduziert und dann das *ein oder andere. Aber trotzdem, ich hatte auch nicht gedacht, dass wir da bei 23 Prozent durch die Ziellinie gehen. Aber da ist auch noch Luft nach unten. Das muss man sich einfach *klar machen. — Wir haben vor der Bundestagswahl '98 mal 'ne recht, — 'ne sehr *weitreichende Untersuchung gemacht, wie eigentlich das engere Kernwählerpotential der SPD ist. Und die *ganz enge Stammwählerschaft der SPD lag da damals so bei 13, 14 Prozent. Dazu kommt ein weiteres Feld von ungefähr 13, 14 Prozent — und da ist man ungefähr dann bei der Größenordnung. — — Da wird man nun sehr, sehr langfristig wieder rauskommen. — Wenn man auch mit in den Blick nimmt, was sich eigentlich in der — gesellschaftlichen Struktur, was die Kommunikationslandschaft angeht, aber auch was die soziale Struktur angeht, sich verändert hat. Und wenn man als Partei darauf — *mittelfristig reagieren muss. Das kann man nicht irgendwie mit ‚ein bisschen hier, ein bisschen da' in den Griff bekommen.

**Ich würde noch weiter fragen, ich mache aber die letzte Frage jetzt. — Müntefering sagte einmal über Herbert Wehner, der sei wie ein Onkel für ihn gewesen. Die beiden lagen ungefähr 30 Jahre auseinander. Sie und Müntefering auch. Was ist Müntefering für Sie gewesen?**

'Nen toller Chef.

**Ein toller Chef? Das ist ein schönes Schlusswort.**

Ja, 'nen toller Chef, hab' viel gelernt.

**Danke schön.**

## V. Interview mit Franz Müntefering am 23.02.2010

**Herr Müntefering, wie fühlt man sich nach sechs Monaten „außer Dienst", um ein Schmidt-Zitat heranzuziehen?**

Ich bin nicht, ja, bin nicht außer Dienst. Bin noch Bundestagsabgeordneter. Und seh' da 'ne ganze Menge an Dingen, die ich noch tun *kann. Also außer Dienst bin ich noch nicht. Das bin ich dann, wenn ich mal aus dem Bundestag ausgeschieden bin.

**Ich hab' auf dem Parteitag herumgefragt, was Ihre Leistung für die Sozialdemokratie ist. Was denken Sie, haben die geantwortet?**

Unterschiedliches. Die werden wahrscheinlich freundlich gesagt haben, ja, der hat 'ne ganze Menge getan, aber natürlich sind auch in den letzten Jahren 'ne Menge an Problemen *dagewesen, die er auch nicht hat bewältigen können. So ungefähr ist, glaube ich, die Stimmung gewesen.

**Es kam eigentlich fast nur Lob. Und das Lob kam dann hauptsächlich über die Wahl 1998. Ihr großer Verdienst sei das, haben die gesagt. Das ist *das, womit wir Müntefering verbinden. Zufrieden darüber?**

Ja — — aber das würde ich auch nicht so übertrieben sehen. Ich glaube, dass '98 die Zeit ziemlich reif war. Der Kohl hat den Fehler gemacht wieder anzutreten. Wir war'n gut drauf. Schröder und Lafontaine haben 'nen guten Wahlkampf gemacht. Und ich hab' meinen Teil dazu beigetragen. *Aber es gibt viele andere Dinge auch, die mindestens so anstrengend war'n. Ja.

**Einige scheinen das jetzt kaputtreden zu wollen. Ich hab' das jetzt mehrmals gehört bei Gesprächen: „Ach, das war eigentlich nur der Schröder. Und ohne Schröder hat man ja jetzt gesehen, klappt das nicht." Was würden sie denen sagen?**

Ja, Schröder war Kanzler. Er war, ich war *nie Kanzler. Er war Kanzler und na*türlich ist das im hohen Masse abhängig von der Person, die ganz vorne steht. Und der Kanzler ist natürlich im Leben und in der Erfahrung der Menschen und der Gesellschaft sehr viel mehr als ein Parteivorsitzender. Und diese Ordnung habe ich auch immer so gesehen. Und da muss man sich auch sehr dran halten. Das darf man nicht umstürzen. Parteivorsitzender ist der Vorsitzende von fünfhundert, sechshunderttausend Sozialdemokraten. Aber der Kanzler ist der Kanzler von 82 Millionen Menschen. Das ist eine andere Dimension. 'Türlich war er der Richtige.

**Und damals im Wahlkampf? Das heißt, die Leute, die das eben sagen, sagen, Wahlkampf war ja eigentlich gar nicht Müntefering Verdienst, sondern eigentlich Verdienst auch von Schröder. Ohne Schröder – ich seh' das persönlich nicht so – ohne Schröder habe das jetzt nicht mehr geklappt.**

— — Ja, ich hab' das ja eben schon gesagt. Bei dem '98er Wahlkampf: das war 'ne Gemeinschaftsleistung. Aber da war irgendwie die Zeit auch reif. Wie es in der Demokratie ist, es geht mal rauf und mal runter. 2002-Wahlkampf war schon *sehr viel schwerer. 2005 hat's dann eben nicht mehr gereicht für eine eigene, von uns geführte Koalition. Und in der Großen Koalition war das ein schwieriges Stück. Das war mir von vornherein klar, aber das war eine Frage auch — — der Verantwortung für das Land. Und ich glaube, dass es richtig war, 2005 dann in dieser Situation die Große Koalition zu machen. Und Dinge durchzusetzen, die für das Land wichtig war'n. Ich glaub', dass wir da keine schlechte Politik gemacht haben in der Koalition.

**Schmerzt es, wenn man jetzt sieht, wie die Koalition gestartet ist und es jetzt einen Vorsprung von neun Prozentpunkten auf der linken Seite vor SchwarzGelb geben würde?**

Na gut, das ist so in der Demokratie. Da darf man nicht sentimental sein. Das schmerzt nicht *nur. Das macht natürlich auch Spaß, das muss ich auch zugeben. So ganz bin ich ja noch nicht raus aus — — aus der Bereitschaft, auch auszuteilen zu anderen Sachen. Das, was da veranstaltet wird, ist schon ein ziemlich dickes Stück. Und Merkels Zeit, dafür wird das Land einiges bezahlen müssen zum guten Schluss. Weil sie das, was man eigentlich erwarten darf, erwarten muss an dieser Stelle, nämlich eine vernünftige Führung zu organisieren, nicht *macht. Und das ist für die Entwicklung dieses Landes nicht gut.

**Ich habe mit Herrn Steinmeier gesprochen. Und Herr Steinmeier und ich waren auch der Meinung, dass danach die Sozialdemokraten das wahrscheinlich wieder ausbaden dürfen. Neue Reformen machen dürfen. Und in den Umfragen dann vielleicht wieder absacken.**

Das — — Na gut, also, das muss man dann mal, muss man mal abwarten. Das ist nicht immer so, dass man für, dass für die richtige Politik auch die nötige Unterstützung dann bekommt. Da muss man ver*suchen, das, was man tut und für richtig hält, auch populär zu machen. Und das gelingt einem nicht immer. Auch in den Wahlkämpfen dann nicht. Das ist schon so. Aber im Moment. Die jetzige Koalition, das, was da vorne stattfindet. Das sind keine Irren, wie manche glauben, dass die kreuz und quer und hier und da hin hopsen, sondern das sind schon so 'ne Mischung aus Hasardeuren und Hütchenspieler. Das ist schon gefährlich. Und das wird nach der Landtagswahl in Nordrhein-Westfalen auch nochmal ein Stück offensichtlicher werden. Die sind sich nicht uneinig, sondern sie taktieren im Moment – vor dem Hintergrund von Nordrhein-Westfalen. Und das kommt dann schon. Die Stunde der Wahrheit, die kommt schon.

**Ihre Prognose für die Wahl in Nordrhein-Westfalen?**

Kann man nicht im Moment geben. *Aber — — das sagt auch schon was: nämlich unklar die Situation. Alles möglich. Im Gegensatz vorm halben Jahr. Da war das noch ganz klar. Im September, wenn wir da gleichzeitig Landtagswahl gehabt hätten, dann wär' das verloren gewesen. Im Moment kann man nur sagen, dass man in Nordrhein-Westfalen noch nicht weiß, was kommt. Aber, — — der Rüttgers hat ja — — oft nicht recht, sag' ich mal, aber an einer Stelle hat er recht: Er hat nämlich Angst davor, dass er verliert am 9. Mai. Und die Angst ist berechtigt. Da hat er recht. *Das merkt man, dass das jetzt anfängt, dass die da zittern. Und, im Moment sind die Zahlen sogar gegen ihn. Aber das sind noch einige Tage bis dahin. Und man wird seh'n, was da passiert. Jedenfalls, Nordrhein-Westfalen *ist machbar für uns.

**Als stärkste Fraktion oder als Regierungsbeteiligung?**

Man kämpft immer um die stärkste Fraktion. Das ist ganz klar, das muss das Ziel sein. Und da sind Dinge bewegbar in Nordrhein-Westfalen.

**Ich möchte einen Bogen zum Anfang Ihrer Kariere spannen. Sie sind praktizierender Katholik. War das damals, in einer Partei, die eigentlich nicht für Katholiken so offen war, schwierig in die SPD einzutreten? Damals gab es circa 15 bis 20 Prozent Katholiken in der SPD...**

Na ja, ich bin nicht rein geboren. Meine Eltern waren von zu Hause aus Zentrums-Leute, das war die katholische Volkspartei aus der Zeit von vor dem Krieg. *Das Telefon klingelt. Müntefering steht auf und geht zu seinem Schreibtisch.* Ja? — — Hallo? Es war einer dran, der sagte, habe mich verwählt. Weiß ich nicht, was der wollte. — — Also, das war da nicht üblich. Für meinen Vater waren Sozialdemokraten evangelische Flüchtlinge, so diese Richtung falscher Glaube und dann noch aus der Heimat vertrieben. So kann man das schon darstellen. Auf der anderen Seite steckte im Katholizismus 'ne Menge an... meine Mutter hätte das „Nächstenliebe" genannt. In der Partei, hab' ich dann gelernt, sagen die Solidarität dazu. Also das Bemühen, da Gerechtigkeit zu üben und zu organisieren. Ich hab' da keine, ich hab' da nichts, keine Schwierigkeiten gehabt. Also sozusagen die Verlängerung in die Politik hinein da aus der katholischen Ecke heraus. Und das waren interessanterweise in den Jahren zum *ersten Mal junge Leute meiner Altersklasse, die so aus den klassischen Familien kamen und die dann zur Sozialdemokratie gegangen sind. *Ausgelöst ist das Ganze ganz sicher '59 mit dem Godesberger Programm, wo die Sozialdemokraten erklärter Weise Volkspartei wurden, ihren Frieden machten *nicht nur mit der Bundeswehr und dem Soldatentum, was auch ganz schwierig war, sondern auch mit der Freiheit der Religion. Ausdrücklich gesagt haben, wir kommen von da, aber auch natürlich aus dem Humanismus und auch der Aufklärung. Aber es war die Zeit vorbei, wo irgendeiner angeguckt wurde, weil er dabei war in der Kirche. Trotzdem ist 1972 im Balve (Ort in NRW; Anm. d. A.), ich hab' das selbst nicht mitbekommen, aber es wurde mir erzählt, es da noch einen Pfarrer gab, einen Pastor gab, der hat gebetet: Bewahr uns Gottes Hand vor Feuer, Not und BRANDT. (lacht)

**(lacht)**

Also, hat auch nichts genutzt. Also das war 1972. *Also, das hat sich immer mehr verlaufen. Also die Frage des Glaubens oder Nicht-Glaubens und des Politik-Machen-Könnens und wo man Politik macht. — — Ich hab' mal — — Bekannten aus anderen Parteien, ganz vorne in der Spitze, vor ein, zwei Jahren gesagt, ich hab jetzt in der Politik viele Menschen kennengelernt, und viele von denen, die ich kennengelernt habe, von denen wusste ich *nicht, ob die was glaubten und was sie glaubten und auch ob die nichts glaubten. Und das Problem für mich ist, ich kann die nicht unterscheiden, die die glauben und die die nicht glauben. *Was heißt das eigentlich? Da haben ja einige von denen zugestimmt, so ist es ist.

**Wenn man sich die Zahlen anguckt, deswegen bin ich auch auf die Frage gekommen, sind ja wirklich noch in den 80ern noch, da hatte ich die ersten Zahlen dazu, da waren 20 Prozent in der SPD – das heißt, es ist ja immer noch irgendwie wahrscheinlich so, dass man sagt, wenn man in die SPD geht, da sind wenige Katholiken.**

Ja, das sind alte Traditionen, das ist schon so. Also der Teil des Sauerlandes, wo ich da zuhause bin, der ist katholisch. Dieser Kur-Kölschen, da ist die CDU stärker und der evangelische, der protestantische, der Süden-Teil, da ist die SPD stärker. Das sind so Traditionen, die haben sich entwickelt, eigentlich mit der *Religion hat das nichts mehr zu tun, sondern das sind Netzwerke, das sind Traditionen, die sich da fortsetzen. Aber das ist nicht aus dem Glauben heraus abgeleitet. Das ist weg, deshalb ist das auch labil. Da kann keiner draufsetzen, weder wir bei den Protestanten noch die Anderen bei den Katholiken. Und das ist bei den Muslimen ja längst auch — eine ganz neue Dimension, die sich da reinspielt in das ganze Feld.

**Also, sie sind nicht einfach nur so beigetreten, sondern es war ja schon eine bewusste Entscheidung. Sie sind ja dann gleich in der Lokalpolitik aktiv geworden. Kann man das so sagen?**

Ja, ja….

**Was reizte sie an der Lokalpolitik? Wollten Sie damals schon mehr?**

Ich hab' bis 18 Fußball gespielt. Sieben Jahre gelesen. Jetzt mal ganz grob eingeteilt. Und dann hat mich so einiges geärgert, weil da in der Kommunalpolitik ein paar Dinge stattfanden, die ich nicht gut fand. Also da ging's um Grundwasser, was das kostet. Da ging's um Zensur. Und da hab' ich einfach, da war ich noch gar nicht Parteimitglied, da hab' ich gegen gemobbert, gegen den Rat da. Und da bin ich '65, es war Bundestagswahl, hab' ich beschlossen, die SPD gewinnt. Hat 'se aber nicht. Und dann bin ich zur SPD gegangen und hab' gesagt, so, jetzt, mein Gefühl ist, ich muss jetzt hier helfen. Und ich komm' jetzt. Da haben die erst ganz verwundert geguckt und der, der Parteivorsitzende der SPD hat sich extra geduscht und fein angezogen und kam dann zu mir in die Wohnung, die wollten mal gucken, ob ich da jetzt als U-Boot komme oder was das war. Es war ja gar nicht vermutet, dass ich da sein würde. Und dann hab' ich gemerkt, als ich da war, dass da alle Türen offen waren. Das man sehr schnell Dinge bewegen konnte und das man da gut mitarbeiten konnte. — — *Inhaltlich hab' ich nie ein Problem gehabt, was ich irgendwie aus dem Katholizismus her mit der SPD verbinden würde. Und das wurde immer offener. Ich hab' immer mehr Leute getroffen, die auch dazugehören. Hans-Jochen-Vogel und solche Leute. Und auf der anderen Seite dann Johannes Rau bei den Protestanten dann. Also, das war alles aufgearbeitet. — Und hat mir keine Schwierigkeiten gemacht. Und dann hab' ich mich in die Kommunalpolitik reingehängt. In der Tat. '69 bin ich dann zum ersten Mal in den Rat gekommen. Hab' einige jüngere Freunde mitgenommen. Die haben dann auf Anhieb drei von sieben Wahlkreisen gewonnen. Das war so 'ne kleine Revolution da im Ort. Und dann hat sich das eigentlich normalisiert, dann ist das Spektakuläre da auch ein Stück von weggegangen. Und als ich dann da drin war, hab' ich natürlich sehr schnell auch den Horizont über den kommunalen Bereich hinaus in die Landes- und die Bundespolitik erlebt. Auf Parteitagen, in Seminaren, in Veranstaltungen, die man mitgemacht hat. Hab' sehr viel gelernt. Die Partei war für mich auch nochmal so was, wie 'ne Volkshochschule. Da fehlte mir was. Da wusste ich viel nicht. Und da hab' ich tolle Leute kennengelernt, dann auch.

**Sie kommen ja dann, sie haben Herrn Friedhelm Farthmann ja bereits angesprochen, in den Bundestag. Sind ja dann wahrscheinlich schon**

mehr, als sie eigentlich vorhatten in der Partei. Hatten Sie da keine Ambitionen mehr auf höhere Ämter. Sie waren dann zehn Jahre im Bauausschuss, Schröder war zwischendurch auch kurz da, war dann schon Ministerpräsident in Niedersachsen, sie waren weiterhin im Bauausschuss. Dann kam Vogel, dann kam Scharping – und da waren Sie dann nicht mehr im Bauausschuss. Gab's da keine Ambitionen auf Höheres?

Gegen alle Vermutungen, die sich dann nach so einer beruflichen Entwicklung dann herausstellen, und das war immer so. Ich hatte eigentlich gar keinen Ehrgeiz irgendwas zu sein oder irgendwas zu werden. Und, ich bin, es gibt Leute die sind, es gibt Menschen, die sind eitel und es gibt Menschen, die sind ehrgeizig. *Ehrgeizig war ich *nie. Das hat mich wirklich überhaupt, das ist mir egal gewesen und geblieben und so ne'. Und — zu dem Eitel *sag' ich jetzt mal nichts. Ich mein, das ich nicht die Spiegel-Eitelkeit meine, sondern das ist natürlich eine andere Art und Weise, sich zu verstehen und so. *Jedenfalls (nimmt einen Schluck Kaffee) ich war da in dem Ausschuss da, und da hätt' ich mich nie um irgendwas gedrängelt oder so. Ich hab' dann in der Partei im Bezirk, im Unterbezirk Westliches-Westfalen Politik mitgemacht. Und so. —
— Das hat mich aber nicht —— groß —— dann zu irgendwelchen Wünschen gebracht. Ich hab' sogar mal 1980, '82, das war die letzte Phase Schmidt, da hab' ich lange überlegt, ob ich aus der Politik rausgehe, weil ich fand das alles ganz fürchterlich in der Zeit, was da passierte und dann verloren war. Die Kanzlerschaft. Und Kohl kam. Und das war eine Zeit, in der ich eigentlich keine große Lust mehr hatte, und aus der Zeit stammt meine Erkenntnis: Opposition ist *Mist. Seitdem hab' ich gedacht, das muss zum Regieren kommen. *Und das wär' auch '89, '90 soweit gewesen mit Kohl. Aber da hat den die Einheit dann gerettet. Und dann, so ist er dann lange drangeblieben. Und *alles was danach kam, das waren alles immer wieder Situationen, wo ich in Funktionen kam, wo mich Leute angesprochen haben. Eines Tages hat mir Vogel gesagt, du sollst parlamentarischer Geschäftsführer werden und dann hat Johannes Rau mich angerufen und hat gesagt, du musst Sozialminister werden. Und dann bin ich dem Farthmann nochmal gefolgt. In Nordrhein-Westfalen. Wo noch der Heinemann dazwischen war. Und dann hat Scharping mich angerufen und gesagt, du musst jetzt Bundesgeschäftsführer werden. Und dann hat Schröder gesagt, du wirst jetzt Minister. Und wenn ich das nicht geworden wär', hätte ich auch damit leben können. Es gibt *eine *einzige Aus-

nahme in der ganzen Sache. Und das war '99. Als es uns nach einem halben Jahr Regierungszeit Rot-Grün ganz schlecht ging. Am 11. März war der Lafontaine getürmt. Es gab Schröder-Blair-Papier. Die Koalition trudelte. Und ich bin zu Schröder gegangen und hab gesagt. Wir müssen was machen da. Wir brauchen 'nen Generalsekretär, der jetzt die Partei versucht zu organisieren und das Ganze, was wir machen müssen, durchzuziehen, durchzusetzen. Dann hat er gesagt, ja, aber es gibt ja keinen, da müssen wir einen machen. Wer soll das denn machen. Dann hat er sagt, am besten ich. So, das war das *einzige Mal. Das haben wir dann auch so gemacht. Alles was danach kam, dann hat 2002, hat er gesagt, du musst jetzt Fraktionsvorsitzender werden. War eigentlich gar nicht meine Sache. Aber Struck war dann Verteidigungsminister. Und Schröder sagte, musst' jetzt. Dann kam eine *ganz schwere Phase, 2002, 2003, die Arbeitsmarktreform. Es war 2003. *Bis 2005. Da war die richtig harte Zeit. Bis es dann nach gut drei Jahren nicht mehr weiterging und wir die vorgezogene Wahl dann gesucht haben. — Weil wir nicht mehr weiter wussten. — 2004 hat er mir dann gesagt, jetzt musst's Parteivorsitzender werden. — Ja, und 2008 hat mich dann Steinmeier angerufen und gesagt, jetzt musst du nochmal Parteivorsitzender werden. So war das immer. Das war alles immer nicht, da hab' ich nicht drauf hingearbeitet und so. Ich halt' das übrigens für 'ne Sache, die einen stark macht. Wenn man für das arbeitet, wo man ist. Und wenn man *nicht arbeitet irgendwo unter dem Gedanken, da will ich hin. Was muss ich tun, damit ich dahin komme. Ich hab' mich immer *voll in diese Sache rein begeben, die ich gerade gemacht habe. Und das ist jetzt auch wieder so. Ich hab' da überhaupt kein, kein, ich bin da ziemlich schmerzfrei. Keine Entzugserscheinungen oder sowas. Das verändert sich das Leben. Hab' jetzt bei meiner Frau ein Praktikum gemacht, ich weiß jetzt wieder wie man Karten löst für die U-Bahn und wie man einkauft. Das muss man alles wieder lernen. Muss noch ein bisschen Autofahren üben. Hab ich 18 Jahre lang nicht. Das verlernt man nicht, aber trotzdem ist es gut, wenn man aus Sicherheitsgründen nochmal guckt, ob man da noch richtig verkehrstauglich ist. Und hab' dann immer wieder Ideen, was ich denn eigentlich machen kann, und wo ich was machen will. Ob ich dafür in die Zeitung komme, das ist mir ziemlich egal.

**Sie sagen gerade, sie haben auf die Ämter nicht hingearbeitet. Wenn man jetzt zum Beispiel den Parteivorsitz nimmt, da haben sie der Tissy Bruns**

gesagt, dass das Amt einfach zu schön war, als das man es nicht hätte annehmen können. Das heißt: Hat man nicht, wenn jetzt so einen Wunsch hat, und das eigentlich auch toll findet, wenn man das Amt bekommt, will man das Amt dann nicht eigentlich auch schon im Voraus haben?

— — — — — *(mit bedächtiger Stimme)* Ich glaub' sogar, dass das einer meiner Fehler ist, ein großes Wort, aber das war einer der falschen Züge, die wir gemacht haben, dass ich Parteivorsitzender geworden bin, 2004. Schröder hätte es bleiben sollen. Und ich hätte da Fraktionsvorsitzender sein sollen. Weil, was dann passierte, war, ich war dann Parteivorsitzender und Fraktionsvorsitzender. Mit dem *Weggehen von Schröder aus der Funktion des Parteivorsitzenden entstand der Eindruck in der Mitgliedschaft, bei manchen auch in der Öffentlichkeit. *Der Müntefering, der verändert das jetzt, der macht das jetzt anders, das wollte der aber überhaupt nicht. Er wollte ja sogar auf derselben Linie bleiben. Und insofern gab's dann, daraus ist auch Enttäuschung gewachsen. Die haben eigentlich gedacht, als der ging, jetzt kommt der, so, und jetzt woll'n wir mal gucken, wie wir das alles machen. Das wollte ich aber gar nicht. So, und wir wären zu zweit wären wir stärker gewesen. Wenn er da geblieben wäre, und ich hätte das absichern können, wären wir stärker gewesen. So hatte ich das plötzlich alles allein vor der Tür. — — Oder viel *mehr. Er war ja auch noch dabei. Aber nun, er war dann Kanzler. — Ich war sozusagen in der Partei für das Ganze da verantwortlich. Das war, das haben wir nicht besonders klug gemacht. *Aber es war schon so, was ich der Tissy Bruns auch gesagt habe, (mit freudiger Stimme) also Parteivorsitzender werden können und dann wirklich sagen können, ne, das mach' ich nicht. Das hat dann meine Eitelkeit wahrscheinlich, *nicht den Ehrgeiz, sondern die Eitelkeit hat das dann überfordert, ja. Das war ich dann doch zu gerne, ja, gebe ich zu.

**War da die verständliche Eitelkeit sozusagen über die Vernunft gekommen? Weil…**

Kann man so sagen. Ich bin ja nicht, als der Schröder mir das gesagt hat, hab' ich ja nicht gesagt, Okay, das mach' ich, sondern das hat ja Wochen gedauert. Weil ich hab' ihm erst mal, ich hab' das ge*sehen, dass das Probleme geben wird, hab' gesagt, das ist nicht *gut, du musst das bleiben. Und so. Hin und her und hin und her. War irgendwann, beim so und so vielten mal, als er das gesagt hat, hab' ich dann gesagt, okay. Und, da war ich halt nicht gut genug *(lacht kräftig)* Trotzdem, hat Spaß gemacht. *(lacht)*

**Warum 2004? 1999 gab's auch schon kurze Überlegungen, dass sie da Parteivorsitzender werden?**

*(trinkt einen Schluck Kaffee)* Sie meinen die Situation als Lafontaine ging?

**Genau...**

Na ja, da haben mich dann ein paar im Auto angerufen. Ich war in Weimar, ich saß im Elefanten, so heißt die Kneipe da *(gießt sich Kaffee ein)* und wollte das alles nicht glauben. Was der Lafontaine da gemacht hat. *(nimmt sich einen Keks und taucht ihn in die Kaffeetasse)* Und auf der Fahrt dann nach Bonn hab ich erst den Schröder angerufen und gesagt, du musst das jetzt machen. Und zweitens haben mich einige angerufen und gesagt, *du musst das jetzt machen. Da hab' ich gesagt, *Aus, *Schluss und so weiter, der wird das jetzt, der macht das jetzt. An dem Abend bin ich dann auch in Bonn bei ihm gewesen.

**So wurde es Schröder. Beim Parteivorsitz: Sie haben der Tissy Bruns auch gesagt, man muss sich Zeit erkämpfen, wenn man jemand in der Zeit „als ich Parteivorsitzender und Fraktionsvorsitzender war, gefragt hat, wie das mit dem Problem X ist und ich darauf antwortete: Ich weiß es nicht so genau, fragen Sie in sechs Wochen oder einem halben Jahr wieder. Wie lautet am nächsten Tag die Überschrift: Müntefering weiß nicht mehr Bescheid." Nun lautete sie 2005: „Der Franz ist nicht mehr der Fels in der Brandung, der er sein kann. Wir haben alle Angst." War das aus Ihrer Sicht auch so, dass sie nicht mehr für die Fraktion der Fels in der Brandung waren? Ein Fraktionsmitglied hatte das damals so gesagt.**

*(schweigt)* ————

**War das zu viel, diese Doppelbelastung?**

Ja, ich mein klar, Fraktionsvorsitzender zu sein und Parteivorsitzender zu sein, das war schon ... Der Vogel hat mal zu mir gesagt, das ist wie als wenn ein

Expander gezogen. Wenn du das auf der einen Seite loslässt, fliegt das ganze Ding um die Ohren. Und von beiden Seiten. Der war das auch 'ne Zeit. Das ist fast zu viel. Und mir hat neulich nochmal einer von meinen, von den Sicherheitsleuten oder so erinnert, da fuhren wir Abends, fuhren wir um neun Uhr, zehn Uhr fuhr ich dann ins Willy-Brandt-Haus und hab' dann da weiter gearbeitet. Da lag der Schreibtisch auch voll. *(leicht erregt)* Also das konnten sie einfach physisch, nicht war, ich war am Rande meiner Möglichkeit, zumal ich ja privat dann immer auch *noch X Probleme hatte — — Das hat einen fast zerrissen dabei. Da hat man auch keine Zeit mehr gehabt, noch bestimmte Dinge zu organisieren. Da hab' ich mir *wahrscheinlich mehr dann letztlich aufgeladen, als man also einfach tragen kann. Und die Zeiten waren schwirig und es waren keine Mehrheiten mehr sicher. *(ruhigere, langsamere, beinahe melancholische Stimme)* Also, im Nachhinein hat's dann immer welche gegeben, sagt dann, wieso habt ihr das denn gemacht und so. Da ging das in Nordrhein-Westfalen, da ging das auf frappierende Weise schief das Ding. Und dann haben wir einfach, das war nicht mehr zu erkennen, dass man da noch würde durchregieren können. — — *Das wär' 2006 für die Bundestagswahl für uns nicht besser geworden, als es 2005 war. Und dann haben wir, man muss ja sehen — ein Prozentpunkt mehr für uns und das ganze Ding wär' anders gewesen. Das war ja alles 2005 noch, also, alle die sagen, das konnt' man erkennen, das konnt' man *nicht erkennen. Wir haben das fast, fast, ganz klein haben wir das hingekriegt. Aber: Knapp verloren ist auch verloren. Gut. *Und dann entstand die Frage, was macht man denn jetzt aus der Situation heraus, und da war aus meiner Sicht die Gesamtverantwortung — unweigerlich führte zur Großen Koalition. Wir hätten sonst sagen müssen, müsst nochmal wählen, oder wir hätten sagen sollen, müsst' ihr halt 'ne Minderheiten-Regierung machen. Das wär' alles nicht gut gewesen. Und die Große Koalition hat *gute Arbeit gemacht. Alles in allem, besonders ganz am Anfang und besonders jetzt in der Finanzkrise, ich glaub' in den Geschichtsbüchern wird mal stehen, dass die Große Koalition eigentlich ganz gut war. Aber — gut, das hat uns bei der Wahl dann nicht so weit geführt, dass wir wieder hätten regieren können. Und nun muss man halt da neu aufbauen. Das ist aber jetzt auch ganz konsequent.

**Stichwort 2005. Sie sagen: ein Prozentpunkt, dann wäre es was geworden. Dieser eine Prozentpunkt ist ja, wenn man so möchte, von der Linkspartei geklaut worden, unter anderem von Oskar Lafontaine. Wenn man jetzt**

auf die Zeit des Parteivorsitzes 2004 zurückdenkt, bis dahin hatten Sie ja nach meinen Informationen nie wieder mit Lafontaine geredet?

Das ist richtig, ja. Ich mein', wir hatten uns mal gesehen, aber *nicht gesprochen. Nicht gesprochen. *(Münteferings Körperhaltung, die bisher stets offen war, den einen Arm auf den Nachbarstuhl abgelegt, mit der anderen Hand immer mal wieder gestikulierend, verändert sich mit einem Mal. Die Arme verschränken sich nun vor seinem Körper. Es wirkt abwehrend.)*

**Und da gab es ja 2004 dieses Zusammentreffen auf dem Parteitag der Saarländischen SPD. Ich habe hier einmal ein Bild davon heraus gekramt. Das ist fünf Jahre nach Lafontaines Rücktritt. Ich möchte Sie jetzt eigentlich verschonen mit Lafontaine, weil Sie wahrscheinlich immer wieder darauf angesprochen werden als Sozialdemokrat.**

*(Müntefering nickt und lächelt kurz)*

**Nur zwei Sachen dazu. Gab es kurzzeitig Überlegungen, Lafontaine wieder zu reintegrieren in die Partei?**

Bei mir nicht, nein. Die Saarländer haben natürlich immer Kontakt gehalten. Es gab auch welche, die mit ihm gesprochen haben. Aber — — ich stand dem immer voller Unverständnis gegenüber. Das muss ich gestehen. Ja *(nachdenklich)*. Es gab, ich *weiß auch nicht, ob es überhaupt die Bereitschaft gegeben hat. Im Nachhinein werden dann immer alle möglichen Sachen da erzählt und so weiter. *Ich werf' ihm vor, dass er — — die Partei da verraten hat, und das er ganz gezielt in den Jahren danach, unter zu Hilfename von Boulevard und anderen Dingen, da Geschichten aufgebaut hat, die für uns lebensgefährlich wurden. Dass er ganz gezielt gegen uns in Stellung gebracht hat. Und was Sie eben sagen, ist richtig. Er hat uns auch 2005, 2006 die weitere Regierungsmöglichkeit vermasselt. *(insgesamt mit sehr ruhiger Stimme)* Dadurch dass er das aufgebaut, das ist ganz klar.

**Aber hat man diese Gefahr dann nicht, es ist natürlich auch irgendwie müßig darüber zu diskutieren, aber hat man diese Gefahr dann nicht in gewisser Weise verkannt. Ein Politikwissenschaftler, Joachim Raschke,**

hat gesagt: „Der sehnte sich nach Liebe von seiner alten Partei." Hätte man nicht sagen können: ‚Lieber Oskar, das, was Du sagst ist, nicht unsere Meinung, aber wir brauchen kritische Denker. Oskar, bleib in der SPD. Und das ist gut so.'?

Also, das haben ihm sicher welche gesagt. Nicht ich als Parteivorsitzender. Auch weil ich gar nicht weiß, wie er damit umgegangen wäre. Ob das fair geblieben wäre. Aber das da immer welche waren, die gesagt haben, bleib dabei, bring dich ein und so, das ist ganz sicher so. Aber, da gab's keine Chance.

**Würden Sie ihm heute die Hand zur Versöhnung reichen?**

Die Hand reichen immer. Ich meine unter Menschen tut man das, das ist ganz klar. Aber — Versöhnung ist das falsche Wort. Aber ich weiß nicht, was ich mit ihm versöhnen soll. Er ist auf einem anderen Trip gewesen und hat da zum Schaden der SPD —— ja, viel Unheil angerichtet. Im politischen Bewusstsein und auch in der Mehrheitsbildung bei uns im Land. ————

**Ich würde nochmal auf die Fraktion eingehen. Und mit dem Thema Lafontaine abschließen.**

Mmh...

Es ist ein Thema, dass ich möglichst immer nur kurz behandele, auch mit den anderen, mit denen ich gesprochen habe. Gerade in den ersten zwei Jahren als Fraktionsvorsitzender hatte man den Eindruck, zumindest hatten diesen einige Zeitungen, sie seien der Anwalt der Fraktion, der auch mal gegen die Bundesregierung arbeitete. Die taz schrieb dazu einmal: „Franz Müntefering ist der Einpeitscher der Fraktion, ganz im Sinne des Kanzlers. Von Fall zu Fall ist er aber auch zugleich die Spitze der innerparteilichen Opposition." Überspitzt gesagt: Haben Sie gegen die Regierung gearbeitet?

Ne. Nicht. — Aber der Gesetzgeber ist der Bundestag und das ist die Bundestagsfraktion und die Fraktionen, das sind die Abgeordneten. — Das ist mein Verfassungsverständnis. Also, es gibt nichts Höheres als gewählte Abgeordnete. Das ist der Gesetzgeber. Und — wir haben ja keine Regierungsverfassung, sondern eine Verfassung der gewählten Abgeordneten, die eine Regierung bilden. Und deshalb *kann Regierung mit einem Parlament nicht machen, was sie will, sondern, wenn man das aufgibt, das Selbstverständnis von Parlament, von der parlamentarischen Souveränität, muss man so schon genug abzwacken, dann gibt man sich ganz auf. Das heißt, man muss dann, aus der Fraktion heraus auch in der Lage sein, 'ne Regierung zu koordinieren. Die Lebenswirklichkeit ist ja nicht so, wie man sich das gemeinhin vorstellt. Dass die meisten Gesetze aus der, aus dem Bundestag herauskommen, sondern das sind halt meistens Regierungsvorarbeiten, weil das größere Potential in den Ministerien sitzt. Und man muss immer aufpassen als, als, als Fraktion, dass nicht die Regierung so dominant wird, dass sie die Gesetze macht und wir nur dafür da sind, dass sie abgehakt werden. Sondern man muss sie dazu zwingen, dass sie einen früh genug informieren, dass sie auch Kontakte *halten und dass man in der Gesetzgebungs..., im Entwurf auch entsprechend berücksichtigt ist. Und, da gibt's natürlich in den, in den Ministerien so Mentalitäten, so, dass machen wir jetzt schon irgendwie. Muss man aufpassen, ne. *Das meinen die wahrscheinlich. Da hat es *einige solche Situationen gegeben. Aber das war nicht ein Arbeiten gegen die Regierung, sondern — — das war'n immer bei mir *immer das Bemühen und die Unterstützung für die Regierung. Natürlich immer auch die Erwartung, dass sie sagt, rechtzeitig sagt, was sie *will und sie nicht versucht, den Gesetzgeber auszuhebeln. — — — — —

**Wenn man das anguckt, ich hab' auch wieder ein bisschen was gelesen, ein bisschen mit Leuten gesprochen, die sagen, am Anfang des Fraktionsvorsitzes, das war toll. Da sind Sie auf die Leute zugegangen. Dann wieder der Parteivorsitz. Einer sagt: Im Westlichen-Westfalen damals, da war die Diskussionskultur wirklich groß und am Anfang in der Fraktionszeit auch noch. Aber dann war's irgendwann „stalinistisch". Dieser Vorwurf kommt ja immer auf, was sagen sie zu solchen Vorwürfen?**

*(nachdenklich)* Ja, böswillig, ja. Das kann ich schon sagen. *(überlegend)* Stalinistisch ist ein *starkes Wort. — — — — — Ist falsch. — — — — — *(nimmt einen Schluck Kaffee)* Da werden im Nachhinein eben immer alle möglichen Geschichten erzählt. Als wir die Gesetze, die Arbeitsmarktreformgesetze beschlossen haben. Das war alles zwischen 2003 und Ende 2004. In dem Jahr, da

war natürlich — —, sagen wir, die Dinge waren diskutiert. Sie waren angeschoben. Sie wurden dann in Gesetze gefasst und umgesetzt und in der Zeit hat es viele namentliche Abstimmungen gegeben. Ich mein', was ich gemacht habe und ich hab' mir ja auch immer wieder Gedanken gemacht darüber, vielleicht rührt das Ganze, der Eindruck auch *daher, dass ich darauf bestanden habe, dass wir alle Gesetze namentlich verabschieden. — — — — — Weil das war, wir hatten eine Mehrheit von — — drei oder vier Stimmen. Das wurden dann noch weniger, weil noch irgendeiner ausschied, wie das war. Ich glaube, wir hatten dann, so, ich hab' einige Male freitags, — — bin ich zu Hause losgegangen, hab' gesagt, ich weiß nicht, als was ich wieder komme heute Abend. Aber wenn sie da unten vorsitzen und Sie brauchen dreihundert*eine Stimmen — — und sie wissen, dass können maximal dreihundertdrei sein, die hier sitzen. Und wenn Sie dann als Fraktionsvorsitzender sich umdrehen, und denken sie, es sind dreihundert*eins, dann sind das dreihundert gezählt. Dann stimmen die *alle mit, ne. Dann, ich bin immer sitzen geblieben, hab' *immer abgewartet, bis das Ergebnis da war. Weil ich hab' immer gedacht, Mensch, irgendwann kann das ja auch mal schief gehen. Es ist *immer gut gegangen. Wir hatten immer die Mehrheiten gehabt. Aber da musst' ich natürlich *auch entsprechend agieren in der Fraktion. Und denen sagen, Leute, also entweder, oder. *Ihr könnt auch „oder" machen, aber „*entweder". Und zwar alle müsst' Ihr mitstimmen. *(nachdenklich)* Das hat der Stalin nicht gemacht so was. Das war was ganz anderes bei dem.

**Waren Sie trotzdem irgendwann überrascht, zum Beispiel bei so einer kleineren Entscheidung, wie dem Wehrbeauftragten 2005. Das plötzlich die Fraktion die Zustimmung verweigern wollte?**

*(Atmet tief ein)*

**Und damit ja auch ein bisschen Protest wahrscheinlich, der vielleicht nicht angebracht war, aber trotzdem irgendwie geäußert worden ist.**

Na ja, das war halt, ich hatte damals das Empfinden, dass das so ein gruppenbedingtes Verhalten gewesen ist. Der Reinhard Robbe war ja einer der Sprecher der Seeheimer. — — Und nicht immer zimperlich auch mit den anderen da. Ich hab ihn kennengelernt als einen sehr souveränen Mann und ich finde er macht einen guten Job. Ich fühl mich da sehr bestätigt. Und, ja, — — hätt' man vielleicht jemanden suchen sollen, um das zu vermeiden, der da weniger exponiert war auf der ein oder anderen Seite. Aber trotzdem war die, war die Wahl richtig. Da hat sich ja dann noch jemand dagegen gemeldet und so. Ich weiß, ich hab das gar nicht so dramatisch empfunden, da werden jetzt irgendwelche Sachen gesucht, was ist denn da groß passiert. Da waren damals welche unzufrieden. Von der Gruppe und von der Gruppe. Und weil der von der *anderen Gruppe war. Und keine der Gruppen hat 'ne Mehrheit in der Fraktion. Wie man da so 'nen Exponierten so 'ne exponierte Figur, das wär' genauso gewesen, wenn ich einen von links-außen genommen hätte. Da hätten die anderen wahrscheinlich gesagt, ne', nicht einverstanden und so. *Also, das hab' ich nicht so dolle empfunden.

**Ich würde nochmal einen Bogen zurückmachen. Auf Ihre Zeit im Westlichen-Westfalen. Ein Weggefährte sagte mir: „Müntefering hat sich im Westlichen-Westfalen hochgedient als treuer Parteiarbeiter, was er auch auf jeden Fall war – das möchte ich nicht negativ verstanden wissen –, aber ohne jeden Glanz und Gloria. Hochgedient im guten Sinne des Wortes. Bieder, Anständig, ohne Allüren, ohne sonst was, aber auch ohne jede programmatische oder führungsmäßige Qualifikation." Würden Sie dieser Beschreibung zustimmen?**

— Ja, gedient ist so ein, da drin steckt so ein bisschen, dass ich das gemacht hätte, um irgendetwas zu werden. Da so gedient. So war das nicht. Ich war in meinem Unterbezirk im Hochsauerland — — da aktiv und von dort aus bin ich in den Bezirksvorstand geschickt und gewählt worden. Und hab' dann, ja, als Sauerländer in diesem — natürlich von den großen Städten dominierten Bezirksvorstand gesessen. Mit Herrmann Heinemann und Karl Liedtke. Das waren die großen Leute damals in der Zeit. Werner Figgen habe ich auch noch gekannt. *Ja gut, ich hatte keine Lust an spektakulären Dingen, also, sagen wir mal so, ich hatte es nie darauf abgestellt jetzt irgendwelche — — großen Sachen zu machen damals. Vielleicht meinen die das. Weiß ich nicht. *Was die Führungsqualität angeht — — gut, auch da war das so, sowohl im Hochsauerland, als auch in WW, dass die gesagt haben, du musst da jetzt irgendwie was machen. Heinemann hat dann gesagt, du musst jetzt hier stellvertretender Vorsitzender werden in WW. Das war ich über acht Jahre oder sowas. Bis ich dann auch wirklich Vorsitzender geworden bin. — — Also, ich seh' das nicht so, dass jemand, der irgendwo dann in der Spitze leitet und lenkt, dass der vorher irgendwie einen aufregenden Lebenslauf gehabt haben muss. Das glaub' ich nicht, dass man das braucht. Das ist *naturell natürlich auch bedingt, da gibt's unterschiedliche Menschen. Also, wenn ich da nicht Vorsitzender geworden wär', das hätte mich auch nicht großartig berührt, sag' ich mal. Aber ich hab's *gern gemacht. Und ich fand' das gut.

**Als Sie dann Vorsitzender geworden sind, werden Sie ja kurze Zeit danach Arbeitsminister in Nordrhein-Westfalen, werden ja dann auch ganz schnell als Ministerpräsidentenkandidat gehandelt. Das auch immer mit dem Verweis darauf, dass sie den Vorsitz des stärksten Landesverbandes oder des stärksten Bezirksverbandes inne haben, nämlich des Westlichen Westfalen. Dann werden sie Bundesgeschäftsführer, wieder spielt das Westliche-Westfalen eine Rolle. Welchen Einfluss hatte aus Ihrer Sicht der Vorsitz im Westlichen-Westfalen für Ihrer weitere Karriere?**

— — Nun ja, ich glaube, dass das schon die Basis war für den Arbeits- und Sozialminister. Das war ja so, dass Hermann Heinemann Bezirksvorsitzender war in der Zeit, er war Arbeits- und Sozialminister, und ich bin ihm dann als Bezirksvorsitzender gefolgt. Und er ist dann als Minister *unerwartet zurückgetreten, das war 1991, nein '92 im Sommer. — — '92 im Sommer ist Hermann Heinemann zurückgetreten — Übrigens im Streit auch mit Farthmann. Ich weiß nicht, ob er dazu auch was gesagt hat? Da will ich mich aber nicht einmischen. Heinemanns Idee war aus unserem persönlichen Kennen — über die Jahre, wir haben da ja, da haben wir schon 20 Jahre zusammengearbeitet. *(sehr ruhig)* Und *er hat offensichtlich Rau gesagt, nimm den dafür. Und das Arbeits- und Sozialministerium war *vorher bei Farthmann, dann bei Heinemann. Und Heinemann wollte sicher, wenn der Chef vom Westlichen Westfalen, der Ehemalige geht, dass da auch ein Westlicher Westfale wieder ist. Und da hat Rau mich gefragt, August, September, und da hab' ich gewartet bis Dezember, das hat ganz lange gedauert…

**…genau, drei Monate…**

Rau war damals krank, er hatte 'ne schwere Operation und ich hab' ihn dann besucht in Neuenahr. In so 'nem Hotel, ja, das weiß ich noch wie heute, wo ich da war. Und da haben wir im Grunde besprochen, dass ich das jetzt doch mache. Und das war dann der 8. Dezember *(klopft mit seinen Fingern auf den Tisch)*, 7. oder 8. Dezember 92, wo ich dann Arbeits- und Sozialminister wurde in Nordrhein-Westfalen, ein grünliches Jackett anhatte mit einer grauen Hose und einer unsäglichen Krawatte, weil ich nichts anderes dazu *hatte. Aber das nur nebenbei. Ja, wahrscheinlich bin ich nur Arbeits- und Sozialminister geworden, weil ich das war, aber das ist an vielen Stellen in der Politik so. Wenn man nicht irgendwas hat, wenn man nicht irgendwo die Menschen überzeugt, dann fragt, dann sagt der ehemalige Minister wahrscheinlich dem Landesvorsitzenden und Ministerpräsidenten nicht: nimm den! Und dann sagt der Rau nicht zu dem, du musst das jetzt machen. So ist das, ja. — Und dann irgendwie 2005 (er meint 1995; Anm. d. A.) im September hat mich dann Scharping angerufen und hat gesagt, Du *musst jetzt Bundesgeschäftsführer werden. Ja, das wusst' ich auch nicht genau, wieso. Vorher hatte mich allerdings Engholm schon gefragt, das weiß man eigentlich überhaupt nicht. *(mit sanfter Stimme).* Als Engholm Parteivorsitzender wurde, hatte der mich auch angesprochen und gesagt, so, lass uns mal sprechen über Bundesgeschäftsführer. Da bin ich gewesen. Und das war aber für uns beide erkennbar keine Perspektive. Und dann ist es Verheugen geworden. Ja. Und als Verheugen dann zurücktrat, da hat Scharping mich angerufen, aus *welchen Gründen auch immer. Ich hab' mich da nicht beworben. Und irgendeiner — —, irgendein Rau oder wer auch immer, muss ihm das wahrscheinlich geflüstert haben. Denn so genau kannte ich Scharping überhaupt nicht. — Und als Minister in Nordrhein-Westfalen, das war 'ne schöne Zeit. Meine Frau hat immer geraten, bleib in Nordrhein-Westfalen, das ist schön da. *(lacht)*

**Aber mit Scharping in Nordrhein-Westfalen – da waren Sie ja schon bei Verhandlungskommissionen mit dabei. Da hieß es: Wenn der Müntefering mit dabei ist, dann kann nichts mehr schief gehen. Es war eine Verhandlungskommission zur Sozialversicherung. Da war Scharping wohl auch dabei, dann sind sie dazu gekommen. Und da hieß es eben: Wenn der Müntefering dabei ist, dann kann nichts mehr schief gehen. Vielleicht kommt's daher mit dem Scharping.**

*(Murmelt etwas Unverständliches)*

**Aber wie war das: 1995 hat Scharping Sie angerufen. Aber noch im September '95 haben Sie verkündet, für das Amt des Bundesgeschäftsführers nicht zur Verfügung zu stehen. Wie kam es dann doch dazu, dass Sie es dann doch machen wollten? Rau soll sehr stark versucht haben, Sie zu überreden...**

— — — —

**...wenn man den Zeitungen glaubt...**

Tja —, ich hab' dafür die Sache, das *muss am Freitag gewesen sein oder so, als der Verheugen zurückgetreten ist. Jedenfalls ich hab' dann dem Scharping gesagt, dass muss ich mir überlegen. Also meine Frau war sowieso sofort dagegen. Hat gesagt, so, wir sind jetzt hier in Bonn. Und insofern sprach das alles dafür, das war ja die Örtlichkeit. Da mussten wir nicht mehr nach Düsseldorf und so. *Aber, bleib in der Landespolitik. Hab ich gesagt, das muss ich mir überlegen. Dazu brauch' ich ein paar Tage. Da bin ich unterwegs gewesen. Ich hab' nur in Erinnerung, dass ich in *dieser Woche in Gelsenkirchen Buer III gewesen bin, ein Ortsverein, in dem ich Mitglieder geehrt habe. Da waren zwei alte *Genossinnen, wie wir sagen, und die haben gesagt, Junge, was macht ihr eigentlich, die Partei. Das ist *ganz schrecklich mit Euch und so. Und dann. Die wussten natürlich gar nicht, dass ich unter dieser Frage stand damals, ob ich das machen will. Und Ihr müsst was *tun. Frauen, die irgendwie 85 oder 90 waren, aus meiner Sicht damals jedenfalls sehr alt. Heute relativiert sich das ja alles, wenn man älter wird. Jedenfalls haben die mir gesagt, was seid ihr eigentlich alles für Weicheier. Dann haben die mir aus dem Krieg erzählt, wie die vor den Nazis wegmussten, dass ihre Männer ausgehalten haben, ich dachte, Scheiße, vielleicht *(mit freudigerer Stimme)* kannst Du ja doch, vielleicht kannst ja doch ein bisschen was nützlich sein. Und *danach, nicht weil irgendwer aus der Spitze mich bequatscht hat, die haben natürlich auch immer auf mich eingeredet, aber in *Erinnerung geblieben ist mir das Gespräch mit diesen beiden Genossinnen, die das aber überhaupt nicht gewusst haben, hinterher. Weshalb ich dann gesagt hab', okay, ich mach' das, ich geh' dahin. Und dann bin ich am 16. September — — — — —, ne, am 16. Oktober war Parteivorstand, — — — — das war der Parteivorstand, in dem Scharping *einstimmig als Parteivorsitzender wieder vorgeschlagen wurde. Ich saß als Bundesgeschäftsführer in spe, der auf dem Parteitag dann bestätigt werden sollte. Und ihn im Vorstand dann auch so als in spe bestätigt wurde. Neben Lafontaine. Und *alle haben aufgezeigt, — alle. — — — — Und vier Wochen später, am 16. November —, ich glaube, das sind die Daten, 16. Oktober, 16. November. — — Oder damals 16. November, ne', ich glaube Oktober, November, am 16. November dann, 15., da war dann der Sturz von Scharping und da war ich plötzlich Geschäftsführer bei Lafontaine. — — Und auf dem Parteitag — — — — Dieser Wechsel von Scharping zu, zu Lafontaine, das war natürlich auch ein Stück. Aber das war dann weg. *Jedenfalls war jetzt der Vorsitzende neu gewählt. Und nun ging's um Geschäftsführer und dann bin ich da vorne hingegangen und hab' gesagt, Genossen, das ist alles ein Durcheinander. Schon den ganzen Tag hier. Jetzt zieht das mal richtig durch und wählt mich jetzt einfach mal da hinein. So ungefähr *(lacht)*. Das ist nie richtig gewürdigt worden *(lacht)* dieser arrogante Spruch *(lacht)*.

**Sie sind ja mit sehr gutem Ergebnis dann gewählt worden…**

Das weiß ich gar nicht, war auf jeden Fall befriedigend für mich. Das hat mich auch nicht so groß aufgeregt. Ob's jetzt 85 oder 70 Prozent war'n. Ich weiß nicht, war auf jeden Fall ganz gut. *Und ich hab' von Anfang gesagt, ich bin der Geschäftsführer der Partei, nicht vom Vorsitzenden. Insofern kann ich das machen. — — Das war — für alle Beteiligten nicht immer ganz einfach, weil ich immer diese Meinung *sehr stark vertreten habe, da.

**Die Nordrhein-Westfalen galten ja immer als diejenigen, deren Lebensaufgabe es war, Schröder zu verhindern. Standen Sie zunächst auch in dieser Tradition – als Bundesgeschäftsführer?**

— Nö, nö, das Ganze hatte ja ein Vorspiel, das ging ja um die Frage, wer wird Parteivorsitzender. — Und in dem Spiel um die Frage des Parteivorsitzes gab es eine Mitgliederbefragung. Und da standen Scharping, Schröder und Heidi Wieczorek-Zeul. In dieser Entscheidung damals habe ich für Scharping argumentiert und auch für ihn gestimmt. — Die *meisten aus NRW, sicher nicht alle. Was *Schröder wusste. Was der natürlich auch gesehen hatte. Was ihn aber nicht davon abgehalten hat, dann doch mit mir zusammenzuarbeiten, gut zusammenzuarbeiten. Was auch immer zeigt, dass da — auch viele Gerüchte Feindschaften gibt. Das ist alles Quatsch. *(atmet tief ein)*

**Das wäre jetzt die nächste Frage...**

...ich war noch grad dabei, den Zusammenhang da nochmal genau zu suchen. Also, — — *ich hab' nicht gegen Schröder da agitiert. *(überlegend sprechend)* *Das *war dann ganz *klar, ich glaube, ich überlege, die Wahl von Schröder in Niedersachsen vom 02. März, wahrscheinlich gewesen in dem Jahr, 2. März, und es war vorher klar, wenn er da richtig gewinnen würde, dann würde er das sein. Das ergab sich einfach aus der Situation, in der wir uns da bewegten. *Ich hab' als Geschäftsführer damals immer noch schiss gehabt, dass der Kohl irgendwie den Schäuble da auf die Bühne schieben würde. Und sagen, so der macht das jetzt. Das wär' für uns sehr viel schwieriger gewesen. — Und als ich den Kohl irgendwann im Fernsehen gesehen habe, ich glaub', in so 'ner alten Weste, wo er gesagt hat, er tritt wieder an, da hab' ich gesagt, jetzt mach' die Sektflasche auf. Das war die Entscheidung für '98, fand' ich dann ganz toll. — Da haben wir auch einen guten Wahlkampf hingelegt. — — — — Ja, auf dem Parteitag, das war alles ein bisschen verwunderlich. Aber dann war halt Lafontaine Vorsitzender. Mit dem ich auch gut, meinem Empfinden nach gut zusammengearbeitet. Der hat auch — die Partei dann — *gut in den Wahlkampf geführt. — — Und, das wir da so gewonnen haben '98, ist auch ein Verdienst mit gewesen von ihm. Ganz *klar. Als Parteivorsitzender hat er da sehr erfolgreich die Linie drauf gehabt. War'n uns nicht immer einig, aber das muss ja auch nicht so sein. — Deswegen war die Enttäuschung riesengroß an diesem 11. März '99, als er ging.

**Lafontaine wollte sie ja sogar eigentlich als Kanzleramtschef haben. Dann sollten Sie Fraktionsvorsitzender werden. Am Ende sind Sie dann zunächst Verkehrsminister geworden. Empfanden Sie da Zorn, Enttäuschung über Schröder. Wurde das als Abschiebung aufgefasst?**

Ich war Verkehrs- und Bauminister. Ich hatte ja, also, irgendwie, ich war ja wohnungs- und städtebaupolitischer Sprecher, was Sie eben schon beschrieben haben. Da war natürlich das kleine Schlösschen, das Ministerium des Bauministers da in Bonn, war natürlich das *Schönste, was man sich vorstellen konnte. Jetzt war ich plötzlich *beides. Und war da in einem ganz anderen Ministerium, Verkehrsministerium da. — — Ich hab' da viel gelernt. Da ist mir immer nachgesagt wurden, das hätte — hätte mir nicht so gefallen. Das ist falsch. Und in 'nem dreiviertel Jahr kann man da keine großen Sachen machen, trotzdem hab' ich ein paar große Dinge gemacht. *Eben war'n welche von der Bausparkasse, und die hab'n nochmal erinnert, an soziale Stadt. Die hab' ich '99 in dieser sehr kurzen Zeit die Idee von der Sozialen Stadt, das hab' ich da begonnen das Projekt. Und das hat dann ganz schön Fahrt bekommen. — *Aber auch andere Sachen, gut. Nein, — ich war entspannter Minister dort. Ich hab' da, und das war auch ein bisschen hektische Zeit, weil da der Umzug organisiert wurde. Und ich hab' in der Zeit *jede Menge —, jede Menge — — *Bauten hier in Berlin, entweder den Spatenstich oder — — das, den Abschluss des Gebäudes da miterlebt. Und Richtkränze hochgezogen. Immer war der Bauminister dran. — — Also, das war ja auch ein …, '99 sind wir dann nach Berlin gezogen mit dem Bundestag. — — Und das war noch in meiner Zeit, ja. — — Da war das so wie hier, noch so 'nen bisschen aus Koffern alles.

**Zum Bundesgeschäftsführer noch eine Sache: Ein Politologe schrieb dazu einmal: „Mit Müntefering an der Spitze entstand bald ein strategisches Zentrum, deren Aushängeschilder Lafontaine und Schröder bald keine Chance mehr hatten, eine Alternativstrategie zu entwickeln. Die Zentralbegriffe waren gesetzt, der Diskurs lief. Die Linie war festgelegt. Beide mögliche Kandidaten waren beteiligt, aber sozusagen ohne ihr Wissen." Würden Sie dem zustimmen?**

Na ja, das kann man alles so und so beschreiben. Wenn man Bundestagswahl machen will, dann braucht man dazu schon 'ne gewisse Vorbereitung. Wir *hatten was vorbereitet und diese Sache mit Innovation und Gerechtigkeit, die wir damals als Titel genommen hatten als Slogan, als Überschrift, die *passte in die Zeit. Und da ist, da sind auch gar keine Versuche gemacht worden, irgendwas zu ändern dabei. Wir hatten diese Kampa gemacht, diese außerhäusliche Wahlkampfleitung, es war das erste Mal so, und das war alles ein bisschen spektakulär und neu gemacht. Was hätten se' auch dagegen sagen sollen, da hat auch keiner den Versuch gemacht. Aber ich glaube nicht, dass die irgendwas anders machen wollten. — — Ich glaube im Nachhinein, dass wir uns nicht intensiv genug auf's Regieren vorbereitet haben. Aber das will ich mir nicht persönlich anrechnen lassen. *(freundlich)* Da müssen andere dann auch für grade stehen. Ich fand', als wir dann '98 regieren konnten, dass wir da, — — — — ich hatte schon immer Skepsis, wenn von dem Projekt, von Rot-Grün, von dem Projekt gesprochen wurde. Ich hab das mehr für 'ne normale Koalition gehalten, da. Und — es war'n zu viele da, die glaubten, einfach weil wir regieren, wird schon alles gut. Das war aber nicht so. Und daraus entstanden dann viele Probleme. Lafontaine, der sich da *verschätzt hatte über seine Funktion als Finanzminister. Der sich große wirtschaftspolitische Kompetenzen erhoffte, hat sich ein Superministerium zusammengeschnitten, hat gedacht, von dort aus, kann er das ganze Ding lenken, was dann aber nicht *funktionierte. — — Nicht nur wegen Schröder nicht, sondern weil man ja in einer solchen Koalition natürlich den kleinen Koalitionspartner auch noch immer dann auf der anderen Seite hat. — *Ich hab' mit ihm darüber ja nie gesprochen, aber er hat sich da irgendwie verhoben an der Stelle. Und hat da falsch eingeschätzt, hätt' mich fragen sollen, hätt' ich ihm sagen können.

**Wie wichtig war die Boygroup für sie in diesen zehn Jahren.**

Bitte was?

**Die Boygroup.**

Ach, die Boygroup. — — Ja, die hab' ich nie so genannt. Deswegen hab' ich nochmal nachgefragt, jetzt. Ja, gut, es waren immer Leute, die — — ich kannte. Sowohl Machnig als auch Wasserhövel. Als auch Donnermeyer, damals noch dabei. Die kannt' ich alle aus Westlichen-Westfalen. Machnig war da damals Juso-Vorstand, Westliches-Westfalen, als ich da stellvertretender Vorsitzender war. Und ich habe Kajo Wasserhövel im Westlichen-Westfalen als Jugend- und Bildungsreferent eingestellt nachdem Donnermeyer gegangen war; den hatte ich vorher eingestellt. — Und insofern *kannten wir uns. Und die hab'n immer wieder welche mitgezogen. Und das war — *Ja *das *war ein Gutes, dann ist irgendwann der Andreas Kuhlmann noch hinzugekommen. Es war ein gutes Vertrauensverhältnis, was sich da aufgebaut hat. Und das war auch mein Arbeitsstil, im Grunde brauchte ich immer Leute, mit denen ich permanent reden konnte. Da war die Tür immer auf. — Und da konnte auch kontrovers diskutiert werden. Und da musste ich nicht Angst haben, da kommt irgendwas in die Zeitung oder die organisieren irgendwas da gegen mich oder an mir vorbei oder so. Und das hat immer gut funktioniert. Das war'n auch unterschiedliche Generationen, die war'n ja alle so 20 bis 25, 30 Jahre jünger als ich. Das heißt, sie hatten auch einen anderen Bekanntenkreis, ein anderes Lebensgefühl, hat uns auch geholfen, glaub' ich. In dieser ganzen Sache. Das war — — ideale Linie. Ja.

**War das ein Problem, dass die dann so 'nen bisschen zerbrochen ist. Lars Kühn nicht mehr dabei. Machnig nicht mehr dabei, nur noch Wasserhövel am Ende eigentlich 2008, als sie wieder gekommen sind.**

Och, da war'n auch andere, die dazu gekommen sind, das kann man so nicht sagen. Ne. Also ich glaub', da ist also vom *Impuls ist da eigentlich nichts verloren gegangen. Aber das zeigt auch, dass man mit 'nem guten Wahlkampf, mit 'nem *guten Wahlkampf alleine, den haben wir auch jetzt wieder gemacht, dass man damit nicht 'ne Wahl gewinnt, sondern man muss auch sozusagen auf der Höhe der Zeit sein mit seinen Themen und die Menschen erreichen. Und das war 2009 eben ganz erkennbar *nicht. Da kann man noch viel drüber reden, wieso das so ist, wieso sich das dahin entwickelt hat. Bisschen demokratisches Auf und Ab dabei. Aber andere Dinge haben auch 'ne Rolle gespielt. — — Aber die Arbeit, die da vom Haus geleistet worden ist, zum Schluss von Wasserhövel und all denen, die dazu gehörten. Giffler wär' zu nennen, Kuhlmann wär' zu nennen, Anja Surmann die im Ministerium dabei gewesen ist. Also, das war schon alles 'ne gute, 'ne gute Truppe da. Glaub' ich, ist nichts verloren gegangen an Impulsen.

**Ärgern Sie sich, dass Sie wiedergekommen sind. Sie hätten als *der Mythos der SPD eingehen können, 2008, wenn Sie nicht wiedergekommen wären? Ich meine, vielleicht wären Sie jetzt dann wieder gekommen.**

Nein, ich ärgere mich nicht. Das *war — — nochmal ein Stück — — Solidarität und auch — — dem Steinmeier helfen dabei — — — — Als das, als er mich angerufen hat, da wusst' ich, dass das ganz schwer werden würde. Aber – – ich glaub', es wär' für die Partei noch schwieriger geworden, wenn er und ich es nicht gemacht hätten.

Ja, Ihre Umfragewerte auf dem Spiegel-Treppchen waren ja stets bei 50 Prozent, während Kurt Becks am Ende bei 20 waren. Steinmeier hingegen immer auch weit oben. Drei Fragen am Ende noch, schaffen wir das noch?

Mmh...

Es soll schon vor der Neuwahl 2005, vor der Wahl, Gespräche mit Frau Merkel gegeben haben: über die Wendeltreppe. Der Spiegel hat mal geschrieben: „Wehner war auf jeden Fall dafür, dass die SPD an der Macht blieb – und eines Tages war Brandt nicht mehr Kanzler." Kann man bei Müntefering überspitzt sagen, dass muss nicht unbedingt meine Meinung sein: „Müntefering war auf jeden Fall dafür, dass die SPD an der Macht blieb – und eines Tages war Schröder nicht mehr Kanzler."

Ne — —. Ich hätte es *sehr begrüßt, wenn wir es 2005 mit Gerd Schröder wieder geschafft haben. Es hat danach auch viele Gespräche noch zwischen uns gegeben, was man jetzt eigentlich machen kann. Auch nach seinem furiosen Auftritt da am Wahlabend. — *Er hat in den Koalitionsverhandlungen noch sehr geholfen. Hat das sehr staatsmännisch und sehr verantwortlich gemacht. — Ne. Ich hätt' mir sehr *gewünscht, wir hätten es weitermachen können. Aber, es war *so. — Und für die Demokratie war es *historisch ganz wichtig, dass die Sozialdemokraten an dieser Stelle nicht gekniffen haben, sich nicht davon gemacht haben. Das wird in hundert Jahren immer noch so gewesen sein. Dass die an der Stelle nicht gesagt haben, Land, jetzt gucken wir mal zu, wie's geht. Sondern das wir unseren Job gemacht haben. Und Steinmeier und Gabriel und, und Steinbrück und Scholz und Zypries und wie sie alle hießen, Ulla Schmidt, wir haben einen ganz guten Job gemacht in dieser Regierung. Und hab'n die CDU *weit, *weit von deren Rezepten weggekriegt. Die marktradikalen Konzepte, die die hatten.

**Was war aus Ihrer Sicht das Amt, das sie am meisten gemocht haben?**

— — — —

**...Sie hatten ja eigentlich alle Ämter inne gehabt...**

Ja, da würde ich sagen, Schriftführer im Ortsverein (lacht leicht).

**Und zum Schluss nochmal eine Frage, die mich persönlich interessiert. Hat Steinmeier nochmal die Chance, Kanzlerkandidat zu werden?**

Die Chance hat er ganz sicher, ja, das wird sich 2012 oder so entscheiden. Ich hab' mit ihm darüber aber nicht gesprochen. Weil ich glaube, dass man im Moment einfach das machen muss, was ich vorhin schon mal für mich beschrieben hab' als Ideal, einfach seinen Job machen. So gut, wie's geht. Alle Beteiligten müssen ihren Job machen. So gut es geht. Und, wenn dann mehrere da sind, die für sowas in Frage kommen, ist das immer gut. Und dann muss man sich entscheiden, rechtzeitig vorher, was man macht. — Bei Steinmeier war das ein bisschen, 2008, früh, früher Start, ein Jahr vorher, das kann man sehen, wir haben *Längen gehabt, hat uns auch nicht geholfen dabei. Aber gut. Also — jedenfalls hab' ich im Moment das Gefühl, dass, so wie diese Koalition sich darstellt, allen Leuten im Lande klar wird, — — da ist vieles labil, da ist vieles ungeklärt. Großes Vertrauen haben die nicht verdient. Und die Sozialdemokraten werden Schritt für Schritt, ich glaube, dass Gabriel und Steinmeier das in der Zusammenarbeit das gut hinkriegen. Und dass viele andere auch mithelfen dabei. Werden wir auch wieder Vertrauen gewinnen, da an der Stelle. Und dann werden wir sehen, was 2013 ist. — *Wer das dann macht, das wird später zu klären sein. Aber ist immer gut, wenn man mehrere hat, die das können.

**Sind Sie wieder mit dabei?**

2013 soll für mich der Bundestag zu Ende sein. Ansonsten gibt's in der Demokratie ja keinen Schaukelstuhl, wie ich schon mehrmals gesagt habe. Und solange der Kopf in Ordnung ist, werde ich meinen Senf dazu beitragen, was nicht heißt, dass ich irgendwo zu lesen oder zu hören bin. Das kann sich auch in ganz anderen Sachen abspielen. *(wirkt nachdenklich)*. Ich glaube nicht, dass die Bedeutung sich daran misst, wie oft der jetzt, ob er bestimmte Funktionen hat, in bestimmten Medien ist, es gibt immer viele Möglichkeiten der Einflussnahme.

**Herr Müntefering, vielen Dank.**

# Dank

Mein Dank gilt Ulrike, Alexander und Katharina Kohlmann sowie Julia Frese.

Außerdem bedanke ich mich bei Prof. Dr. Franz Walter und Dr. Matthias Micus, allen Interviewten sowie bei Marie Meihsner und Anke Hanne.

# GÖTTINGER JUNGE FORSCHUNG

Schriftenreihe des Göttinger Instituts für Demokratieforschung
Herausgegeben von Dr. Matthias Micus
ISSN 2190-2305


1   *Stine Harm*
    Bürger oder Genossen?
    Carlo Schmid und Hedwig Wachenheim - Sozialdemokraten trotz bürgerlicher Herkunft
    ISBN 978-3-8382-0104-7

2   *Benjamin Seifert*
    Träume vom modernen Deutschland
    Horst Ehmke, Reimut Jochimsen und die Planung des Politischen in der ersten Regierung Willy Brandts
    ISBN 978-3-8382-0105-4

3   *Robert Lorenz*
    Siegfried Balke
    Grenzgänger zwischen Wirtschaft und Politik in der Ära Adenauer
    ISBN 978-3-8382-0137-5

4   *Johanna Klatt*
    Rita Süssmuth
    Politische Karriere einer Seiteneinsteigerin in der Ära Kohl
    ISBN 978-3-8382-0150-4

5   *Bettina Munimus*
    Heide Simonis
    Aufstieg und Fall der ersten Ministerpräsidentin Deutschlands
    Mit einem Geleitwort von Heide Simonis
    ISBN 978-3-8382-0170-2

6   *Michael Lühmann*
    Der Osten im Westen – oder: Wie viel DDR steckt in Angela Merkel, Matthias Platzeck und Wolfgang Thierse?
    Versuch einer Kollektivbiographie
    ISBN 978-3-8382-0138-2

7   *Frauke Nicola Schulz*
    „Im Zweifel für die Freiheit"
    Aufstieg und Fall des Seiteneinsteigers Werner Maihofer in der FDP
    ISBN 978-3-8382-0111-5

8   *Daniela Kallinich*
    Nicolas Sarkozy
    Vom Außenseiter zum Präsidenten
    ISBN 978-3-8382-0122-1

9   *Sebastian Kohlmann*
    Franz Müntefering
    Eine politische Biographie
    ISBN 978-3-8382-0236-5

10  *Ralf Schönfeld*
    Bundeskanzleramtschefs im vereinten Deutschland
    Friedrich Bohl, Frank-Walter Steinmeier und Thomas de Maizière im Vergleich
    ISBN 978-3-8382-0116-0

**In Vorbereitung:**

*Lars Geiges*
Fußball in der Arbeiter-, Turn- und Sportbewegung
Ein zum Scheitern verurteiltes Spiel?
ISBN 978-3-8382-0225-9

## *Abonnement*

Hiermit abonniere ich die Reihe **Göttinger Junge Forschung (ISSN 2190-2305)**, herausgegeben von Dr. Matthias Micus,

- ❏ ab Band # 1
- ❏ ab Band # ___
  - ❏ Außerdem bestelle ich folgende der bereits erschienenen Bände:
    #___, ___, ___, ___, ___, ___, ___, ___, ___, ___, ___, ___

- ❏ ab der nächsten Neuerscheinung
  - ❏ Außerdem bestelle ich folgende der bereits erschienenen Bände:
    #___, ___, ___, ___, ___, ___, ___, ___, ___, ___, ___, ___

- ❏ 1 Ausgabe pro Band           ODER           ❏ ___ Ausgaben pro Band

Bitte senden Sie meine Bücher zur versandkostenfreien Lieferung innerhalb Deutschlands an folgende Anschrift:

*Vorname, Name:* _____

*Straße, Hausnr.:* _____

*PLZ, Ort:* _____

*Tel. (für Rückfragen):* _____ *Datum, Unterschrift:* _____

### Zahlungsart

- ❏ *ich möchte per Rechnung zahlen*
- ❏ *ich möchte per Lastschrift zahlen*

bei Zahlung per Lastschrift bitte ausfüllen:

Kontoinhaber: _____

Kreditinstitut: _____

Kontonummer: _____ Bankleitzahl: _____

Hiermit ermächtige ich jederzeit widerruflich den *ibidem*-Verlag, die fälligen Zahlungen für mein Abonnement der Schriftenreihe **Göttinger Junge Forschung** von meinem oben genannten Konto per Lastschrift abzubuchen.

*Datum, Unterschrift:* _____

Abonnementformular entweder **per Fax** senden an: **0511 / 262 2201** oder 0711 / 800 1889
oder als **Brief** an: *ibidem*-Verlag, Julius-Leber Weg 11, 30457 Hannover oder
als e-mail an: ibidem@ibidem-verlag.de

*ibidem*-Verlag

Melchiorstr. 15

D-70439 Stuttgart

info@ibidem-verlag.de

www.ibidem-verlag.de
www.ibidem.eu
www.edition-noema.de
www.autorenbetreuung.de

www.ingramcontent.com/pod-product-compliance
Lightning Source LLC
Chambersburg PA
CBHW051804230426
43672CB00012B/2632